개정증보판

칼뱅의 생애와 작품 세계

개정증보판

칼뱅의 생애와 작품 세계

불페레트 더 흐레이프 지음 | 박경수 옮김

Johannes Calvijn :
Zijn werk en geschriften

대한기독교서회

개정증보판

칼빈의 생애와 작품 세계

2016년 8월 25일 초판 1쇄

지은이 불페레트 더 흐레이프
옮긴이 박경수
펴낸이 서진한
펴낸곳 대한기독교서회
편집책임 편집2팀

등록 1967년 8월 26일 제1967-000002호
주소 06173 서울시 강남구 테헤란로 103길 14(삼성동)
전화 출판국 553-0873~4, 영업국 553-3343
팩스 출판국 3453-1639, 영업국 555-7721
e-mail cls1890@chol.com
http://www.clsk.org
facebook.com/clskbooks

직영서점 기독교서회
종로5가 기독교회관, 전화 744-6733, 팩스 745-8064

값 19,000원 **책번호** 2196
ISBN 978-89-511-1857-9 93230

Johannes Calvijn: Zijn werk en geschriften

서문

칼뱅 연구 입문서는 결코 불필요한 사치가 아니다. 제네바의 개혁자는 단지 30년이라는 시간 동안 보통 사람이 평생에 걸쳐 연구하고 음미해도 모자랄 저술을 남겼다. 더욱이 칼뱅이 살던 시대가 우리가 사는 시대와 아주 멀리 떨어져 있으며, 우리 시대의 생활이 칼뱅 시대의 생활과는 완전히 딴판이라는 점은 두 시대의 간극을 좁히는 것을 어렵게 만든다. 칼뱅이 다양한 학문 장르를 사용했다는 사실은 그의 글과 말을 촉진시킨 요소들에 대한 전반적인 묘사가 환영을 받고 있는 또 다른 이유이다.

칼뱅의 작품 중에는 당연히 『기독교강요』가 가장 널리 알려져 있다. 『기독교강요』는 칼뱅이 그 형식과 내용에 관해 아주 세심하게 작업한 작품이기 때문에, 누구나 쉽게 다가갈 수 있는 가장 중요한 자료로 여겨질 만하다. 비록 칼뱅에게 의지하고자 하는 사람들이 『기독교강요』를 거의 사용하지 않거나 알지 못하고 있지만 말이다. 『기독교강요』를 읽는 데 도움의 손길을 펼치는 것은 결코 불필요한 일이 아니다.

칼뱅이 쓴 여러 주석들에서 우리가 『기독교강요』의 신학자와 전혀 다른 사람을 발견하는 것은 아니지만, 이 주석들에서 드러나는 칼뱅의 모습은 상당히 놀라운 면이 있다. 『기독교강요』에서 보이는 칼뱅이 전부라는 환상을 갖지 않도록 하기 위해, 주석들에서 드러나는 칼뱅에 대한 특별한 시각은 반드시 필요한 것이다.

『종교개혁총서』(*Corpus Reformatorum*)에 들어 있는 많은 저술들에서, 우리는 종교개혁의 논쟁자, 변증자, 그리고 옹호자로서의 칼뱅과 만나게 되고, 그의 목소리는 오늘날 우리에게도 여전히 유효하다. 복잡다단한 현대사회의 특징들에 비추어볼 때 충분하지 않을지는 모르지만, 그가 말하는 종교개혁에 대해 알게 되는 사람은 누구나 사실상 그것으로 넉넉할 것이다.

또한 칼뱅의 설교들이 있다. 우리가 설교를 통해 만나는 칼뱅은 『기독교강요』, 여러 신학논문들, 심지어 주석들에서 만나는 칼뱅의 모습과는 다르다고 한다. 칼뱅의 모습을 가장 잘 보여주는 것은 그의 설교이다. 설교에서 그는 위로의 말에 갈급해하는 대부분 피난민들인 회중과 직접적으로, 눈과 눈을 마주친다. 설교에서 그는 부드러운 열정을 지닌 목회자였다.

그렇다면 교리신학자, 주석가, 논쟁자, 그리고 목회자라는 네 명의 칼뱅이 있단 말인가? 만약 면밀한 연구를 통해, 여기서 우리가 다루고 있는 것이 단지 한 사람, 즉 갑작스러운 회심(subita conversio)을 통해 하나님이 그를 부르셨을 때 그의 마음이 부드럽게 되어(docilitas) 가르침을 받을 만하게 된 사람임을 밝혀주지 않는다면, 우리의 결론은 네 명의 칼뱅이 되고 말 것이다. 칼뱅은 마음과 정신이 조화되고, 또한 지성과 신앙이 조화되고, 하나님의 말씀에 따라 그를 섬기고자 하는 열망을 지닌 삶을 산 인간이 아니었던가?

이러한 조화를 발견하기 위해서 우리는 칼뱅이 살았던 시대를 이해해야 하고, 그 시대적 배경 아래서 그의 작품들을 조망해야 한다. 칼뱅의 신학은 진공상태에서 불시에 나온 것이 아니라 이전 시대의 신학과 긴밀히 연결되어 있었다. 이것이 바로 그의 영향력이 멀리, 지금까지도 미칠 수 있는 이유이다. 우리가 오늘날 종종 배워야만 하는 어떤 것들이 그에게는 분명하였다. 즉 갱신이 과거와의 단절을 드러내야만 하는 것은 아니고, 참된 개혁도 반드시 혁명으로 귀결되어야 하는 것은 아니라는 사실이다.

이 책의 저자 흐레이프는 칼뱅에 대한 방대한 2차 문헌들과 칼뱅 자신이 직접 쓴 많은 저술들에 대한 입문서의 형태로 자신의 연구를 겸손하게 내놓는다. 이 책은 매력적인 여행을 시작하려는 여행자에게 주어진 안내 자료와 같은 책이다. 이 책은 경로를 담고 있고, 흥미로운 장소들을 알려주며, 오늘날에도 우리를 놀라게 하는 풍광들을 여기저기서 보여준다. 칼뱅 연구에 대한 이러한 안내서를 진심으로 환영하지 않을 사람이 누가 있겠는가? 이 책으로 우리는 개혁자 칼뱅을 알게 된다. 이 책으로 우리는 충분한 경험을 얻을 수 있고, 그래서 나중에는 혼자서도 길을 갈 수 있게 된다. 어떤 상황에서든 인간은 하나님 앞에 서 있다는 것을 기억해야 할 필요가 있는 시대에 우리는 칼뱅이 신뢰할 만한 안내자라는 것을 발견하게 된다. 따라서 칼뱅에 대한 진정한 연구는 경건을 증진하는 데 이바지할 수 있다. 이런 점에서 이 책은 진정한 가치를 지닌다.

빌럼 판 엇 스페이커르

초판에 대한 머리말

칼뱅은 교회사에서 가장 중요한 인물들 중 하나로, 명망이 높은 인물이다. 하지만 그는 정확히 어떤 사람이었고, 또 어떤 글을 남겼는가? 이 질문에 대답하기 위해서 우리는 많은 책들을 참조할 수 있다. 그렇지만 내가 칼뱅을 좀 더 잘 이해하려고 작정하고 특별히 그의 저작들을 연구하고자 했을 때 나는 도움이 될 만한 입문서를 찾을 수 없었다. 당신이 들고 있는 이 책은 이러한 필요를 채우려는 하나의 시도이다.

나는 이 책에서 먼저 칼뱅의 생애를 개관하였다. 누군가의 저작들을 파고들기 전에 사람들은 당연히 그 저자에 관해 뭔가를 알고 싶어 한다. 제대로 된 장편의 전기를 쓰는 것은 내 의도가 아니었다. 그래서 제1장에서 칼뱅의 생애를 개관하면서, 나는 먼저 그가 제네바로 귀환하기까지를 다루었다. 그런 다음 1541-64년 사이에 일어난 많은 사건들 중에서 그를 이해하는 데 중요하다고 생각되는 몇몇 사건을 택하였다. 이런 방식을 통해 내가 그의 생애에 대해 신뢰할 만한 서술을 제공했기를 소망한다.

뒤이은 장들에서 나는 칼뱅의 저술들을 개관하고자 했다. 개관을 위한 가장 좋은 방법은 내가 생각하기에 주제별로 다루는 것이다. 덧붙여, 그 주제들을 대체로 칼뱅의 생애를 따라 순서대로 다루었다. 그래서 제2장에서는 칼뱅의 초기 출판물들을 다룬 다음, 제3장에서는 "칼뱅과 성서"를 논하였다. 1535년에 그가 성서를 프랑스어로 번역하는 데 관여하였기 때문이다. 제3장에서 나는 또한 그의 주석들, 강의들, 설교들, 그리고 주간 성서연구모임도 다루었다.

그렇지만 내가 칼뱅의 생애 순서대로만 따라간 것은 아니다. 나는 얼마간 주제들의 논리적인 순서도 따라갔다. "초기 작품들"(제2장)과 "칼뱅과 성서"(제3장)를 논한 다음, 제4장에서 교회를 세우는 일과 그와 연관된 문제들을 다루었고, 제5장에서는 "로마가톨릭과의 논쟁"의 범주에 속하는 저작들을 다루었다. 제6장에서는 다른 분파나 개인과의 논쟁을 다루었고, 제7장에서는 일치를 향한 칼뱅의 열망과 그에 따른 논쟁들을 다루었다. 제8장에서는 『기독교강요』를, 제9장에서는 아직 논의되지 못한 기타 저작들을 다루었다. 제10장에서는 칼뱅의 편지들을 일별하고, 그의 서신 일부를 검토함으로써 그 중요성을 증명하고자 노력하였다. 마지막 장은 앞으로의 연구를 위해 중요한 참고문헌 자료를 담고 있다.

어떤 특정한 주제에 관해 이 책을 참고하고자 하는 사람들은 차례와 색인에서 출발하기를 권한다. 왜냐하면 내가 자료들을 다룬 방식은 특정 주제를, 사람들이 일반적으로 기대하는 곳에서 항상 다루고 있는 것은 아니기 때문이다. 예를 들어 예정론은 "교리적인 주제들에 대한 논쟁"에서 아주 간략하게만 취급되는데, 왜냐하면 나는 그것을 선택에 관한 주간 성서연구모임과 관련해서 이미 다루었기 때문이다. 나는 또한 알베르투스 피기우스와의 논쟁과 『하나님의 영원한 예정에 관하여』(*De aeterna Dei praedestinatione*)도 칼뱅과 로마가톨릭의 논쟁에 관한 장에서 다루고자 했고, 그래서 거기서도 예정론을 다루어야만 했다. 차례와 더불어 색인도 이 책을 통해 길을 찾고자 하는 사람들에게 도움이 되기를 바란다.

이 책은 칼뱅 연구를 시작하려는 사람들과 이미 그 연구에 착수한 사람들 모두를 위한 입문서로 썼다. 각 장들은 모두 충분히 더 확장될 수 있다. 『종교개혁총서』, 번역서들, 2차 문헌들에 대한 참고문헌이 도움이 되기를 바란다. 2차자료들을 모두 언급하는 것은 불가능했다. 왜냐하면 사람들이 칼뱅에 관해 엄청나게 많은 글을 썼기 때문이다. 따라서 나는 가장 최근의 문헌들을 포괄하려고 노력하였고, 거기서 여러분은 더 오래된 자료들의 목록도 발견할 수 있을 것이다.

이 책이 칼뱅 연구에 막 뛰어들려는 누군가에게 도움이 될 수 있다면 이 책을 쓴 나의 목적은 달성된 것이다.

개정증보판에 대한 머리말

이 책의 초판은 1989년에 출판되었다. 초판의 머리말에서 나는 이 책이 칼뱅 연구에 뛰어들려는 누군가에게 작은 도움이 되기를 바라는 소망을 밝혔다. 그 이후로 나는 많은 사람들이 이 책을 사용했다는 사실에 적잖이 놀랐다.

그동안 칼뱅 연구는 약화되지 않았는데 그간 출판된 논문과 책의 수가 그것을 말해준다. 칼뱅의 작품에 대한 새로운 편집본과 번역서들도 나왔다. 따라서 증보판에서 나는 1989년 이후에 출판된 것들을 포함했다. 이런 작업을 통해 나는 이 책이 계속하여 칼뱅과 그의 작품들에 관한 연구를 하는 데 유용한 자원이 되기를 소망한다.

불페레트 더 흐레이프

옮긴이 서문

이 책이 빛을 보기까지 우여곡절이 있었다. 사실 옮긴이가 이 책을 처음 번역한 것은 10년 전이다. 칼뱅 연구에 큰 도움이 되겠다 싶어 번역을 하고 원고를 출판사에 넘기고 책이 나오기를 기다렸다. 그런데 그때 황대우 박사와 김미정 씨의 공역으로 다른 곳에서 먼저 책이 출판되었다. 저작권 문제를 미리 알아보지 못한 것이 불찰이었다. 어쩔 수 없이 번역 원고를 묵혀둘 수밖에 없었다. 그런데 10년이 지나면서 상황이 달라졌다. 이 책의 저자인 흐레이프 박사가 2006년(영어 번역판은 2008년) 개정증보판을 펴냈다. 초판이 나온 1989년(영어 번역판은 1993년) 이후로 거의 20여 년 동안 진척된 칼뱅 연구의 변화로 인해 수정하고 보완해야 할 내용과 자료가 늘어난 것이다. 개정증보판은 이런 변화를 담고 있다. 따라서 옮긴이는 초판의 번역자이자 오랜 동료인 황대우 박사에게 개정증보판을 함께 공역으로 다시 출판하자고 제안하였고 그렇게 하기로 뜻을 모았다. 하지만 여러 사정과 상황 때문에 결국 혼자서 일을 마무리하게 되었다. 옮긴이가 일의 과정을 장황하게 밝힌 이유는 소중한 학문적 동료인 황대우 박사에게 고마운 마음을 전하고, 개정증보판의 출판을 흔쾌히 허락해준 대한기독교서회에 감사를 표하고 싶어서이다.

이 책은 칼뱅이 남긴 작품에 대한 체계적인 안내서이다. 저자는 먼저 칼뱅의 생애를 상세하게 소개한다. 그리고 이어서 칼뱅의 작품을 주제별로 정리하여 소개한다. 칼뱅의 주저인 『기독교강요』뿐만 아니라 그의 주석과 설교와 강의, 교회를 올바르게 세우기 위해 썼던 글, 로마가톨릭이나 동시대의 인물들과 벌인 논쟁을 담은 글, 개인적 편지까지 망라하여 다루고 있다. 그 작품이 나오게 된 역사적이며 신학적인 배경, 내용, 영향까지 핵심적이며 요약적으로 제시하고 있다. 이 책은 칼뱅의 글을 본격적으로 읽기 원하는 사람이라면 누구든지 참고해야 할 가이드북의 역할을 할 것이다.

이 책은 칼뱅을 찾아가는 여행에 꼭 필요한 지도이다. 어느 지역을 여행하자면 지도가 가장 필수적인 준비물이다. 이 책은 칼뱅이라는 인물이 어떤 사람이며, 어떤 생각을 품고 살았는지를 아는 데 가장 기본적인 정보를 제공한다. 16세기 교회개혁자 칼뱅이 어떤 문제를 가지고 고민했는지, 그 문제를 해결하기 위해 어떤 노력을 했는지, 그 문제의 해결책으로 제시한 것이 무엇인지를 알 수 있도록 우리를 안내한다. 더욱이 이 문제를 다룬 1차자료와 2차자료의 자세한 소개는 칼뱅 사상을 더 깊이 알기 원하는 독자들이 무엇을 읽어야 할지를 제시한다. 이 책을 따라가다 보면 칼뱅이라는 한 사람의 전체적인 면모와 만나게 될 것이다.

작은 책 한 권이 빛을 보는 데에도 많은 사람들의 도움이 있었다. 대한기독교서회는 옮긴이에게, 묵어서 향이 좋은 포도주 같은 오랜 친구이다. 항상 지지하고 격려해주는 서진한 사장님, 편집부 식구들에게 감사를 드린다. 특별히 나와 함께 신학의 길을 동행하는 학생들에게 항상 고맙다. 그들이 있어서 내가 이 길을 갈 수 있고, 소망을 가질 수 있고, 외롭지 않다. 또한 책의 부록에 나오는 칼뱅 작품 목록을 일목요연하게 정리해준 김미형 목사님께 여기서나마 고마운 마음을 전한다. 마지막으로 흐레이프 박사가 말했듯이 이 책이 칼뱅에 대해 관심을 갖고 연구하려는 사람에게 작은 도움이 된다면 그것으로 충분하다.

2016년 8월

광나루 연구실에서

박경수

약어표

AESC	*Annales: Economies, socieétés, civilisations*
ARG	*Archiv für Reformationsgeschichte*
ARG.B	*Archiv für Reformationsgeschichte, Beiheft*
BHR	*Bibliothéque d'humanisme et renaissance*
BPfKg	*Blätter für pfälzische Kirchengeschichte und religiöse Volkskunde*
BSHAG	*Bulletin de la socieété d'histoire et d'archéologie de Genève*
BSHPF	*Bulletin de la socieété l'histoire du protestantisme français*
BSRK	*Bekenntnisschriften der reformierten Kirche*
CO	*Ioannis Calvini opera quae supersunt omnia* (Corpus Reformatorum, vols. 29-87)
COR	*Ioannis Calvini opera omnia: Denuo recognita et adnotatione critica instructa notisque illustrata*
CR	*Corpus Reformatorum*
CRHPhR	*Cahiers de la Revue d'histoire et de philosophie religieuses*
CTJ	*Calvin Theological Journal*
Ep.	*Ioannis Calvini Epistolae* (*COR*, series VI)
EvQ	*Evangelical Quarterly*
FZPhTh	*Freiburger Zeitschrift für Philosophie und Theologie*
JPH	*Journal of Presbyterian History*
JR	*Journal of Religion*
JSG	*Jahrbuch für schweizerische Geschichte*
LCC	*Library of Christian Classics*

MGKK *Monatsschrift für Gottesdienst und kirchliche Kunst*

MQR *Mennonite Quarterly Review*

NAKG *Nederlands archief voor kerkgeschiedenis*

NTT *Nederlands theologisch tijdschrift*

OS *Johannis Calvini opera selecta,* ed. Peter Barth, Wilhelm Niesel, and Dora Scheuner

RHPhR *Revue d'histoire et de philosophie religieuses*

RKZ *Reformierte Kirchenzeitung*

RThPh *Revue de théologie et de philosophie*

SC *Supplementa Calviniana*

SCJ *Sixteenth Century Journal*

SJTh *Scottish Journal of Theology*

SVRG *Schriften des Vereins für Reformationsgeschichte*

ThBl *Theologische Blätter*

ThRef *Theologia Reformata*

ThStKr *Theologische Studien und Kritiken*

TRE *Theologische Realenzyklopädie*

WA *Martin Luthers Werke, Weimar edition*

WAB *Martin Luthers Werke, Briefwechsel,* Weimar edition

WThJ *Westminister Theological Journal*

ZKG *Zeitschrift für Kirchengeschichte*

차례

제2장 초기 작품들

제3장 칼뱅과 성서

제4장 교회를 세우다

제5장 로마가톨릭과의 논쟁

제1장

칼빈 생애에 대한 개관

Zicht op het leven van Calvijn

1. 젊은 시절과 제네바에 도착하기 전까지 받은 교육

장 코뱅(Jean Cauvin, 칼뱅의 원래 이름)은 프랑스 북부 피카르디의 작은 마을인 누아용에서 1509년 7월 10일 태어났다. 그의 아버지 제라르 코뱅(Gérard Cauvin)은 퐁레베크 인근 출신이지만 1479년에 누아용에 정착했으며, 주교인 샤를 드 앙제(Charles de Hangest)에 의해 참사회의 일원으로 고용되어 다양한 행정 일을 보았다. 그는 1497년에 잔 르프랑(Jeanne Lefranc)이라는 경건한 여인과 결혼했으나, 이 여인은 칼뱅이 어릴 때 죽었다. 칼뱅은 『성유물에 관한 논문』(*Treatise concerning Relics*, 1543)에서 어릴 때 어머니와 함께 성 안나의 유골이 안치되어 있다고 전해지는 오르깡(Orcamps)의 수도원을 방문한 일을 회상하고 있다.(*CO* 6:442)

칼뱅의 생모가 죽은 후 칼뱅의 아버지는 재혼하였다. 칼뱅의 형 샤를(Charles)은 사제가 되었으나 후에 이단으로 정죄를 받고 1537년 파문당한 채로 죽었다. 칼뱅에게는 동생이 둘 있었는데, 앙투안(Antoine, 또 다른 형제 앙투안은 어릴 때 죽었다.)은 후에 칼뱅과 함께 제네바로 가서 여러 가지로 그를 도왔고,[1] 다른 동생 프랑수아(François)는 어린 나이

---

1) 1548년 앙투안의 아내 안네(Anne)는 간통을 저질렀다는 혐의로 시의회에 고발당했으나 증거 부족으로 기소되지는 않았다. 하지만 그녀는 남편과 함께 컨시스토리에 출두해야 했는데, 컨시스토리는 두 사람을 화해시키려고 애썼다. 이 시도는 성공적이었다. 그렇지만 이들의 결혼생활은 안네가 칼뱅의 집에서 일하던 하인과 간통함으로써 1557년 이혼으로 끝났다. 그녀는 제네바에서 추방당했다.

에 죽었다. 칼뱅에게는 아버지가 재혼하여 낳은 이복 여동생도 둘 있었는데, 그중에서 마리(Marie)가 더 잘 알려져 있다. 마리는 앙투안처럼 칼뱅과 제네바에 동행했다. 칼뱅이 다닌 최초의 학교는 누아용의 참사회가 소년들을 위해 운영하던 콜레주 카페트(Collège des Capettes)였다.

1525년까지 누아용의 주교였던 샤를 드 앙제는 귀족 출신이었다. 칼뱅은 샤를의 형이자 몽모르[Montmor: 필립 샤프는 자신의 책 『스위스 종교개혁』(교회사 전집 제8권)에서 Montmor 가문이 아니라 Mommor 가문이라고 주장했다—옮긴이 주]의 귀족이던 루이 드 앙제(Louis de Hangest) 가족과 깊은 관계를 맺고 있었다. 예를 들면 칼뱅은 루이의 자녀들을 가르치는 가정교사 일을 하면서, 자신도 그 가정에서 귀족의 예법들을 배웠다. 칼뱅의 나이 11세 때 그의 아버지가 그를 위해 성직록을 받을 수 있는 자리를 확보해주어, 칼뱅은 1521년 5월 19일에 성직록을 받게 되었다. 이 성직록은 누아용 대성당에 속한 제진(Gésine)의 제단을 섬기는 성직자에게 주어지는 소득의 4분의 1을 가져다주었다. 칼뱅의 아버지는 칼뱅이 사제가 되기를 원했다.

1523년 8월에 칼뱅과 (루이의 아들인) 요아킴과 이브(Joachim and Yves de Hangest)는 공부를 하러 파리로 이사하였다.[2] 그곳에서 장 발리에르(Jean Vallière)가 루터주의 사상을 따른다는 이유로 8월 8일에 처형되었다. 1519년 초 이래로 지식인들은 바젤에서 인쇄된 루터의 작품들을 읽고 있었지만, 파리의 소르본 신학부 교수들은 1521년 4월 15일에 루터의 가르침을 정죄하는 교황 레오 10세의 지시를 따랐다. 4개월 후에 파리의 최고법원은 루터의 모든 작품을 금지시켰다.

---

2) 1523년 8월이 일반적으로 받아들여지는 날짜이다. 그러나 T. H. L. Parker, Appendix 1, "Arguments for Re-dating," in *John Calvin*(Philadelphia, 1975), 151-161에서는 칼뱅이 더 이른 시기(1520-21)에 파리에서 공부를 시작했다고 추정한다.

1523년경 프랑스에는 많은 사상이 출현하였다. 특별히 자크 르페브르 데타플(Jacques Lefèvre d'Étaples, 라틴 이름으로는 Jacobus Faber Stapulensis)의 영향력은 주목할 만했는데,[3] 그는 생제르맹데프레(Saint-Germain-des-Prés)의 수도원장인 기욤 브리소네(Guillaume Briçonnet)의 초청을 받아 1508년경 파리로 왔다.[4] 르페브르는 수도원에서 방해받지 않고 성서와 교부들에 관한 연구와 주석저술에 전념할 수 있었다. 그는 성서와 영적인 생활, 그리고 교회갱신에 관심을 가진 젊은이들을 주위에 규합하였다. 소르본 학자들로부터 루터주의 사상에 동조하는 자라는 의심을 받게 되어 1521년 파리를 떠나야 했던 르페브르는 자신의 추종자들과 함께 모(Meaux)로 피하였는데, 그곳은 브리소네가 1515년 12월 31일부터 주교로 있던 곳이었다. 르페브르의 그룹에는 기욤 브리소네, 기욤 파렐, 제라르 루셀(Gérard Roussel), 피에르 카롤리(Pierre Caroli), 프랑수아 바타블(François Vatable) 등이 속해 있었다. 이들 중 몇몇은 브리소네의 관구에서 일했는데, 그곳에서 브리소네는 회중들을 바르게 인도하기 위해 많은 관심을 기울이고 있었다. 앙굴렘의 마르가리타(Marguerite of Angoulême)가 르페브르의 그룹을 지원하고 보호하였는데, 마르가리타는 프랑수아 1세의 누나인 동시에 알랑송(Alençon)의 공작부인이었다.

그러나 1523년 소르본의 학자들은 모에 머물고 있던 이 그룹에 반격을 가하였다. 브리소네 주교는 이단 혐의를 받게 되었으며, 개혁으로

---

3) *TRE*, s. v. "Faber Stapulensis"; Hermann Dörries, "Calvin und Lefèvre," *ZKG* 44(1925): 544-581; 그리고 Richard Stauffer, "Lefèvre d'Étaples, artisan ou spectateur de la Réforme?" *BSHPF* 113(1967): 405-423을 참조하라.[이 글은 또한 *Positions luthériennes* 15(1967): 247-262; 그리고 Richard Stauffer, *Interprétes de la Bible: Études sur les réformateurs du XVIe siècle*(Paris, 1980), 11-29에서도 발견된다.]

4) *TRE*, s. v. "Briçonnet, Guillaume" 참조.

경도된 자들에 반대해서, 그들이 루터주의로 경도되었든 아니면 단순히 가톨릭교회 안에서 온건한 변화를 추구하든지 간에 어떤 조처를 취할 것을 강요받았다. 루터의 가르침은 정죄를 받았고 그의 책을 읽는 것도 금지되었다. 파렐은 1523년 모의 그룹을 떠나지 않을 수 없었는데, 브리소네가 설교자들의 자유를 제한했기 때문이다. 프랑수아 1세가 1525년 파비아에서 신성로마제국의 카를 5세(그는 1522년 프랑스로부터 밀라노를 획득하였다.)에게 패해 마드리드의 감옥에 갇혀 있는 동안 브리소네는 최소 한 번 이상 국회 앞에 출두해야 했으며, 모의 그룹은 완전히 해체되었다. 르페브르, 루셀, 카롤리는 1525년 슈트라스부르크로 피하였다.

처음 파리에 도착했을 때 칼뱅은 삼촌 리샤르(Richard)의 집에 머물렀지만, 몇 달 후에는 콜레쥬 라 마르슈(Collège de La Marche)에서 지내게 되었다. 그곳에서 받은 인문주의적 교육은 대학에서의 공부를 위한 준비였다. 입문과정에서 먼저 문법, 수사학, 논리학(이른바 중세학교의 세 학문)에 집중하고 그 후 산수, 기하학, 천문학, 음악(이른바 중세학교의 네 과목)을 배웠다. 이러한 7과목에 대한 공부는 석사 시험으로 끝나게 된다. 시험을 통과한 사람은 누구나 문학석사 학위를 받고 대학에서 신학이나 법학, 의학 공부를 계속할 수 있었다.

라 마르슈 학교에서는 코르디에(Mathurin Cordier)가 라틴어를 가르쳤다.[5] 칼뱅은 이 학교에 불과 몇 달밖에 다니지 않았지만, 코르디에는 칼뱅에게 깊은 인상을 남겼음에 틀림이 없다. 코르디에는 새로운 교수방법으로 유명했는데, 그는 학생들이 무엇보다 먼저 그리스도를 사랑하도록 가르침을 받아야 한다고 생각하였다. 1550년 칼뱅은 자신의 데살로니가전서 주석을 코르디에의 가르침에 대한 감사의 표시로 그에게

5) J. Lecoultre, *Maturin Cordier et les origines de la pédagogie protestante* (Neuchâtel, 1926).

헌정하였으며, 1559년 코르디에는 제네바 아카데미의 교사가 되었다.

파리에 머무는 동안 칼뱅은 자신의 이름을 라틴식의 칼비누스(Ioannis Calvinus)로 바꾸었는데, 이것이 나중에 프랑스어로 장 칼뱅(Jean Calvin)이 되었다. 1523년 말경에 그는 보다 명망이 있는 콜레쥬 몽테규(Collège Montaigu)에 입학했다. 그곳은 에라스무스와 라블레가 수학한 학교였다. 몽모르 가문 아이들의 가정교사로 칼뱅까지 돌보고 있던 사람이 이렇게 학교를 옮기는 일에 관계하였다. 1514년부터 1528년까지 콜레쥬 몽테규의 교장은 피에르 땅페트(Pierre Tempête)였다. 땅페트는 보수적인 스콜라학자였던 노엘 베디에(Noel Bédier, Beda)의 후계자였는데, 베디에는 학교와 긴밀히 연관되어 있었으며 소르본에서의 신학 관련 직책에는 더욱 깊이 관계되어 있었다. 당시 학교를 지배하던 엄격한 분위기는 땅페트의 '무서운 폭풍'(horrida tempestas)이라는 별명에서 잘 드러난다. 바로 이 학교에서 칼뱅은 논쟁하는 방법을 배웠는데, 이것은 교과과정에서 중요한 위치를 차지하였다. 공동생활 형제단(Gerhard Groote, Thomas à Kempis와 그의 작품 『그리스도를 본받아』)을 포함한 현대적 경건(devotio moderna) 운동 역시 그곳에서 영향력이 있었지만, 어느 정도였는지 말하기는 어렵다.[6] 철학과 신학은 모두 유명론의 영향을 받고 있었다.

콜레쥬 몽테규 교수 중 스코틀랜드 출신 학자인 존 메이저(John Major[Maior])가 있었는데, 그는 철학과 신학 훈련을 받은 인물이었다. 메이저는 루터를 위클리프와 후스와 비교하면서 루터에 대해 반대하였다. 메이저가 칼뱅에게 미친 영향에 관한 연구들은 많이 있지만, 칼뱅

---

6) J. F. G. Goeters, "Thomas von Kempen und Johannes Calvin," in *Thomas von Kempen: Beiträge zum 500. Todesjahr 1471-1971*(Kampen, 1971), 87-92.

이 정말 메이저의 수업을 들었는지에 대해서는 의문이 있다.[7)] 콜레쥬 몽테규의 교수진 중에는 스페인 출신의 철학자 안토니오 코로넬(Antonio Coronel)도 있었는데, 그는 아리스토텔레스, 스토아주의, 에피쿠로스, 플라톤 철학을 가르쳤다.[8)]

이 시기에 칼뱅은 콥 가문의 몇몇 사람과 우정을 쌓아나갔다. 기욤 콥(Guillaume Cop)은 프랑수아 1세의 왕궁 주치의였고, 그 덕에 다양한 인문주의 그룹 및 개혁 그룹과 교제하고 있었다. 그의 네 아들이 모두 학교 친구들이어서 칼뱅은 자주 콥의 집을 방문했다. 그래서 칼뱅 자신도 그러한 교제에 접하게 되었다. 콜레쥬 몽테규에 있을 때 칼뱅이 1528년 파리에서 공부를 시작한 로욜라의 이냐시오(Ignacio de Loyola)를 만났는가 하는 것은 확실치 않다.

1527년 9월 27일 칼뱅은 누아용에서 멀지 않은 생마르탱 드 마르테빌(Saint-Martin-de-Martheville)의 목사직에서 나오는 수입을 두 번째 학업을 위한 성직록으로 받았다. 그러나 1527년 칼뱅의 아버지는 누

---

7) 메이저와 칼뱅의 관계에 대한 다양한 견해에 관해서는 A. N. S. Lane, *John Calvin: Student of the Church Fathers*(Edinburgh, 1999), 16-25를 참조하라. 전체 장(章) "Calvin's Use of the Fathers and the Medievals"(15-66)은 *CTJ* 16(1981): 149-205에 실린 논문의 수정본이다. 칼뱅에게 미친 메이저의 긍정적 영향에 대해서는 Alister E. McGrath, "John Calvin and Late Mediaeval Thought: A Study in Late Mediaeval Influences upon Calvin's Theological Development," *ARG* 77(1986): 58-78; McGrath, *A Life of John Calvin*(Oxford, 1990), 36-39를 참조하라.

8) 칼뱅과 철학의 관계에 대해서는 Charles B. Partee, *Calvin and Classical Philosophy*(Leiden, 1977); Gerd Babelotzky, *Platonische Bilder und Gedankengänge in Calvins Lehre vom Menschen*(Wiesbaden, 1977); N. T. van der Merwe, "Calvin, Augustine and Platonism: A Few Aspects of Calvin's Philosophical Background," in *Calvinus Reformator: His Contribution to Theology, Church and Society*(Potchefstroom, 1982), 69-84를 참조하라.

아용의 참사회와 직무상의 문제로 갈등을 겪고는, 칼뱅에게 신학보다는 법학을 공부하라고 충고하였다. 이러한 충고의 배후에는 칼뱅이 아마도 성직록 없이 공부를 해야 할지도 모른다는 두려움과 더불어, 젊은 칼뱅이 법학을 공부하면 미래에 더 많은 기회를 얻을 수 있으리라는 생각이 작용했음이 틀림없다.(『시편 주석』의 서문을 참조하라–*CO* 31:32)

파리에서는 (시민법이 아닌) 교회법만 공부할 수 있었기 때문에 칼뱅은 1527년 말 혹은 1528년 초에 오를레앙 대학으로 옮겨갔다. 오를레앙 대학에서는 유명한 법학자 피에르 드 레스투알(Pierre de L'Estoile)이 가르치고 있었다. 드 레스투알의 박식함은 칼뱅에게 매우 인상적이었다. 오를레앙에서 칼뱅은 멜히오르 볼마르(Melchior Wolmar)를 만나게 된다. 볼마르는 루터의 영향을 받은 사람이었으며 그리스어를 가르치고 있었다.[9] 칼뱅이 법학을 공부하기로 결정하자 볼마르는 그리스어를 배우라고 권하였다. 오를레앙에 있는 동안 칼뱅은 파리에서 공부하고 있던 사촌 올리베탕(Pierre Robert Olivétan)을 알게 되었을 것이다. 테오도르 베즈에 따르면(*CO* 21:121) 올리베탕이야말로 칼뱅에게 참된 종교에 대해 가르침으로써 그로 하여금 성서를 읽고 로마가톨릭의 미신에서 돌아서도록 한 사람이었다. 이 시기에 칼뱅의 친구로는 프랑수아 다니엘(François Daniel), 프랑수아 드 코낭(François de Connan), 그리고 니콜라스 두셔맹(Nicolas Duchemin) 등이 있었다.

1529년 여름, 칼뱅과 다니엘과 두셔맹은 오를레앙에서 드 레스투알의 보다 정통적이고 전통적인 강의를 듣는 대신 부르주(Bourges) 대학으로 옮겼다. 그곳에는 유명한 이탈리아 법학자요 인문주의자로 역사철학 학교의 창설자인 안드레아 알치아티(Andrea Alciati)가 가르치고 있

---

9) D.-J. de Groot, "Melchior Volmar, ses rapports avec les réformateurs français et suisses," *BSHPF* 83(1934): 416-439를 보라.

었기 때문이다. 알치아티는 앙굴렘의 마르가리타가 초빙해 왔는데, 1527년 재혼으로 나바라의 왕비가 된 그녀는 베리(Berry)의 여공(女公)으로서 부르주 대학의 후원자 역할을 하였다. 1529년 볼마르 또한 마르가리타의 초청으로 부르주에 왔으며, 그와 함께 당시 매우 젊은 나이의 베즈(Théodore de Beze)도 왔다. 칼뱅은 분명 볼마르의 집에서 베즈를 알게 되었을 것이다.

이 시기의 중요한 사건 중 하나는 소르본 대학이 『능력의 한계』(*Determinatio facultatis*)라는 문서를 1530년 4월 30일 파리에서 출판한 것이다. 이 문서는 바로 같은 해에 프랑수아 1세가 세운 왕립대학 교수들이 성서 본문에 대한 학문적인 주석을 지지하고 있다고 비난하였다. 이 왕립대학 학장은 왕의 사서이자 위대한 인문주의 학자인 기욤 뷔데(Guillaume Budé)였다.[10] 왕에게 대학 설립을 권고한 사람도 바로 그였다. 왕립대학의 다른 교수들로는 피에르 다네스(Pierre Danès, 그리스어), 프랑수아 바타블(François Vatable, 히브리어)이 있었다. 소르본 대학은 루터주의로 경도된 이 교수진에게 의심의 눈초리를 보냈다.

1531년 3월 파리로 돌아올 때, 칼뱅은 두셔맹의 『반박변증』(*Antapologia*)을 출판하기 위해 가지고 왔다. 1531년 3월 6일 칼뱅은 이 책의 서문을 썼는데, 이것이 자신의 첫 출판물이었다. 파리에 있는 동안 아버지가 위독하다는 소식을 듣고 칼뱅은 곧장 누아용으로 갔다. 그의 아버

---

10) François Wendel, *Calvin: The Origins and Development of His Religious Thought*, trans. Philip Mairet(New York, 1963; Durham, NC., 1987), 130. "칼뱅의 작품은 뷔데의 여러 중요한 흔적들을 간직하고 있다. 이러한 점은 Bohatec이 세심하게 지적해왔다." Josef Bohatec, *Budé und Calvin: Studien zur Gedankenwelt des französischen Frühhumanismus*(Graz, 1950) 참조; 뷔데에 관해서는 또한 *TRE*, s. v. "Budé, Guillaume"를 참조하라. 그리고 칼뱅과 인문주의와의 관계는 François Wendel, *Calvin et l'humanisme*(Paris, 1976)를 참조하라.

지는 1531년 5월 26일에 죽었다. 칼뱅의 형 샤를은 2년 전 교회로부터 출교 처분을 받은 아버지가 교회에 묻힐 수 있도록 참사회와 협상을 벌였다.

칼뱅은 오를레앙을 거쳐 파리로 돌아왔다. 이번에는 1530년에 새로 설립된 왕립대학(후에 프랑스 대학이라 불림)에서 언어를 더 공부할 생각이었다. 왕립대학은 인문주의적 가르침과 성서적 신앙을 연결하려고 노력하고 있었다. 칼뱅이 히브리어를 배우기 시작한 것은 아마도 이때쯤일 것이다. 파리에서 그는 콥 가문과의 친분을 새롭게 할 기회를 가졌고, 개혁운동에 동조적인 부유한 상업가 에티엔느 드 라 포르주(Étienne de La Forge)의 집도 정기적으로 방문하였다. 박해가 계속되자, 비슷한 생각을 가진 사람들이 설교자 제라르 루셀의 지도 아래 그 집에서 은밀하게 회합을 가졌다. 칼뱅은 파리에서 몇몇 가정에 머물다가 마침내 포르테 대학에 숙소를 정하였다.

1532년 4월 4일, 칼뱅은 자신의 첫 저서로 로마 철학자였던 세네카의 『관용론』(*De clementia*)에 대한 주석을 출판하였다. 그리고 1532년 5월에 오를레앙으로 돌아가, 그곳에서 법학 공부를 마치기 위해 최소한 1년을 보냈다. 칼뱅은 1533년 10월 27일 파리에서 프랑수아 다니엘에게 개인적인 편지를 보냈는데(*CO* 10b:25-26, *Ep*. 1:12), 이것이 현존하는 가장 오래된 칼뱅의 편지이다. 이 편지에서 칼뱅은 지난 몇 달 동안 일어난 중요한 몇 사건들에 대해 언급하였다.

10월 1일에는 나바라 대학에서 온 학생들이 앙굴렘의 마르가리타와 궁정 설교가인 루셀을 조롱하는 연극을 공연하였다. 더욱이 소르본 대학의 신학교수들은 마르가리타의 『죄 많은 영혼의 거울』(*Miroir de l'âme pécheresse*, 1531)을 금서목록에 올렸다. 마르가리타는 이를 자신의 남동생인 프랑수아에게 불평하였고, 프랑수아는 이 문제에 대한 조사를 명하였다. 기욤 콥의 아들이자 1533년 10월 10일 이래 대학의 학장이었던 니콜라스 콥은 대학 측에 비난을 철회할 것을 권고하였다. 이러한 사건들에 대한 칼뱅의 기술에서 그가 항상 마르가리타, 루셀, 그리고 콥의 편을 들고 있다는 것은 주목할 만하다.

1533년 11월 1일(만성절), 새 학기 개강 모임에서 니콜라스 콥은 많은 교수들과 교회 고위 성직자들 앞에서 격렬한 어투로 연설을 하였다. 그 연설에서 콥은 그리스도교 철학에 대해, 그리고 율법과 복음의 관계에 대해 설파하였다. 콥은 파리 의회에 고발되었으나, 소환당하기 전에 도시를 빠져나갔다. 프랑수아 1세는 "저주받은 루터주의 분파"를 박해하기로 결심하였다. 칼뱅 역시 자신의 책과 편지들을 남겨둔 채 체포되기 전 비밀리에 도시를 탈출해야 했다. 칼뱅은 파리 근교 어딘가에 머물다가, 한 번 파리로 되돌아왔다가 1533년 말 혹은 1534년 초에 프랑스 남부 생통주(Saintonge) 지역으로 떠났다. 그곳에서 칼뱅은 샤를 데스페빌(Charles d'Espeville)이라는 가명을 사용하면서 루이 뒤 티예(Louis du Tillet)의 집에서 상당 기간 머물렀다. 뒤 티예는 클레(Claix) 지방의 목회자이자 앙굴렘 대성당의 참사회 의원이었다. 거기서 칼뱅은 평화롭게 지내며 뒤 티예의 이례적으로 넓은 도서관에서 『기독교강요』의 초판 작업을 할 수 있었다.

1533년 칼뱅은 『시편 주석』의 서문에서 스스로 밝히고 있는바 어쩌면 갑작스럽고도 예기치 못한 회심을 경험했을 수도 있지만, 이것은 확실한 것이 아니다.[11] 칼뱅은 『시편 주석』 서문에서 자신이 교황제도의

11) Paker는 칼뱅의 회심을 1530년 이전으로 본다. Appendix 2, "Calvin's Conversion," in *John Calvin*, 162-165를 참조하라. 칼뱅의 회심에 관해 많은 글들이 씌어졌지만, 우리는 여기서 단지 다음의 2차 문헌들만 언급한다. Paul Sprenger, *Das Rätsel um die Bekehrung Calvins*(Neukirchen, 1960); Willem Nijenhuis, "Calvijns 'subita conversio': Notities bij een hypothese," *NTT* 26(1972): 248-269; Ernst Koch, "Erwägungen zum Bekehrungsbericht Calvins," *NAKG* 61(1981): 185-197. 라틴어 subitus는 '갑작스럽게'와 '예상

미신들에 철저히 빠져 있었다고 고백한다. 전혀 예기치 못한 회심을 통해 하나님께서는 그를 "가르침을 받을 수 있는 상태"(docilitas)로 만드셨다. 즉 성서의 말씀을 들을 수 있도록 준비시키셨다. "누구든지 자신이 가르침을 받을 수 있음을(docilis), 언제나 배울 준비가 되어 있음을 보여주지 못한다면 아무도 좋은 선생(doctor)이 될 수 없다."(고전 14:31에 대한 주석)

1534년 4월 칼뱅은 80세가 된 르페브르를 만나러 네락(Nérac)으로 갔다. 르페브르는 앙굴렘의 마르가리타 소유인 네락에 있는 한 성에서 말년을 보내고 있었다.(그는 1536년 죽었다.) 칼뱅은 클레락(Clairac)에 있는 대성당에서 살고 있던 궁정 설교가 제라르 루셀을 방문하기도 했다.

1534년 5월 칼뱅은 자신이 받아오던 교회 성직록 수입을 포기하였다. 25세가 되면 공식적으로 교회를 맡아 섬기든지, 성직록을 포기하든지 둘 중 하나를 택하는 것이 당시의 관습이었기 때문이다. 칼뱅은 위험을 무릅쓰고 파리 인근에 머물면서 드 라 포르주의 그룹을 방문했다. 그곳에서 아마도 유명한 재세례파이자 플랑드르 출신 설교가인 퀭탱 티프리(Quintin Thieffry)를 만났을 것이다. 칼뱅은 파리에서 의학을 공부하고 있던 미카엘 세르베투스(Michael Servetus)가 만나고 싶다고 해서 그와 만날 약속을 했지만, 이 만남은 이루어지지 못하였다. [니콜라스 콜라동(Nicolas Colladon)에 따르면—*CO* 21:57, 8:481] 세르베투스가 나타나지 않았기 때문이다.

하지 못하게'라는 의미를 지닐 수 있는데, Nijenhuis는 *TRE*, s. v. "Calvin, Johannes"(7:570)에서 후자를 강조하였다. "전에는 생각해본 적도 없고, 이전의 인간 사상이나 경험과 아무런 접촉점도 없지만, 전적으로 성령께서 하신 일이다. subita conversio라는 문구로, 칼뱅은 다메섹 도상에서의 사도 바울의 경험의 유비를 따르고자 했고, 또한 자신의 사역의 근거를 하나님의 특별한 부르심에서 찾고자 했다."

칼뱅은 뒤 티예와 함께 클레를 경유하여 푸아티에(Poitiers)에 있는 지지자들에게로 가서, 그 도시 외곽 생브누아(Saint-Benoît)의 한 동굴에서 설교를 했다. 그들은 크로텔레(Crotelles)의 작은 마을에서 새로운 형식의 성만찬을 거행하기도 했다. 1555년 2월 20일자 편지에서 칼뱅은 푸아티에의 회중들에게 "당신들이 얼마간 우리의 가르침을 받은 것은 하나님께서 당신들의 구원을 위해 기꺼이 우리를 사용하셨기 때문"(*CO* 15:437)이라는 것을 상기시켰다. 칼뱅은 뒤 티예와 함께 푸아티에를 떠나 오를레앙으로 가서, 그곳에서 『영혼수면론 반박』(*Psychopannychia*)을 저술했다.

1534년 10월 17-18일 밤에 미사의 성만찬을 비방하는 내용을 담은 플래카드들이 파리 곳곳(심지어 왕의 침실 문에도)과 나라 전체에 붙었다.[12] 이 내용의 초안자는 앙투안 마르쿠르(Antoine Marcourt)였는데, 그는 리옹(Lyons)에서 강제로 쫓겨난 후 뇌샤텔에서 목회자가 된 사람이었다.[13] 인문주의자였던 기욤 뷔데로부터 얼마간 자극을 받은 국왕이 모종의 조치를 취했고, 프랑스의 상황은 점차로 매우 위험해졌다. 11월에 수백 명의 사람들이 체포되었고, 잇달아 많은 사람들이 처형을 당했다.(그중에 에티엔느 드 라 포르주도 포함된다.) 칼뱅과 뒤 티예는 슈트라스부르크를 거쳐 바젤로 피하였다.[14]

---

12) Appendix 1, "The Placards of 1534" [Robert Hari, "Les Placards de 1534," in *Aspects de la propagande religieuse*(Geneva, 1957), 114-119를 번역한 것임], in John Calvin, *Institutes of the Christian Religion*(1536 edition), ed. Ford Lewis Battles, rev. ed.(Grand Rapids, 1986), 339-342를 참조하라.

13) 마르쿠르는 1538년 6월부터 1540년 9월까지 제네바의 설교자였다. Gabrielle Berthoud, *Antoine Marcourt, réformateur et pamphlétaire du "Livre des Marchans," aux placards de 1534*(Geneva, 1973).

14) Paul Wernle, *Calvin und Basel bis zum Tode des Myconius, 1535-1552*(Tübingen, 1909); Eugénie Droz, Chemins de l'hérésie: Textes et documents, 4 vols.(Geneva, 1970-76), 1:89-129.

칼뱅은 바젤에서 마르티아누스 루키아누스(Martianus Lucianus)라는 가명으로 지냈다. 칼뱅에게 가장 중요한 친구들로는 1531년 바젤의 개혁자였던 요하네스 오이콜람파디우스를 계승한 미코니우스(Oswald Myconius)와 슈트라스부르크의 목회자 볼프강 카피토(Wolfgang Capito)가 있었다. 칼뱅은 또한 바젤에서 그리스어를 가르쳤던 시몬 그리내우스(Simon Grynaeus)를 알게 되었고, (베즈에 따르면— *CO* 10b:124) 히브리어를 가르치던 세바스찬 뮌스터(Sebastian Münster)의 강의도 들었으며, 변호사였던 보니파키우스 암머바흐(Bonifacius Amerbach)와도 친분을 가졌다.

바젤에 있는 동안 칼뱅은 1년 전부터 그곳에 와 있던 니콜라스 콥(Nicolas Cop)과 다시 만나게 되었다. 칼뱅은 후에 제네바에서 함께 일하게 될 피에르 비레(Pierre Viret)도 만났고, 1536년 2월에는 하인리히 불링거(Heinrich Bullinger)와도 만났는데, 취리히에서 츠빙글리의 계승자였던 그는 여러 프로테스탄트 도시들이 파송한 대표들의 모임에 참석하고 있었다. 1535년 6월에 바젤에 정착하여 1536년 7월 12일 세상을 떠난 에라스무스와 접촉했는지 여부는 알 수가 없다.

1535년 6월 4일, 올리베탕의 프랑스 번역본 성서가 출판되었다. 칼뱅은 이 책의 라틴어 서문을 썼으며, 신약성서 바로 앞에 있는 두 번째 서문도 1545년 이래로 칼뱅이 쓴 것으로 추정되고 있다. 칼뱅은 또한 이 번역본의 개정 작업에도 협력하였다.

이 시기에 칼뱅은 크리소스토무스 설교집의 서문을 썼으며, 1535년 완성된 자신의 『기독교강요』 초판 작업도 어느 정도 진척시켰다. 『기독교강요』의 서문은 8월 23일 날짜로 기록되어 있으며, 프랑스 국왕 프랑수아 1세에게 헌정하였다. 라틴어 초판은 1536년 3월 바젤에서 출판되어 금방 다 팔렸다.

『기독교강요』가 출판되기 직전인 1536년 2월에 칼뱅은 자신의 옛 가명인 샤를 데스페빌이라는 이름으로 루이 뒤 튀예와 함께 이탈리아를 여행했다. 칼뱅은 몇 주 동안 개혁적 성향을 지닌 르네 공작부인(Renée of France)의 집에서 환대를 받으며 지냈다. 그녀는 프랑스 국왕 루이 12세의 딸이자 프랑수아 1세의 처제였다.[15] 칼뱅은 페라라에서 프랑스 출신의 프로테스탄트 망명자들을 만났는데, 프랑스 시인 클레망 마로(Clément Marot)도 그중 한 사람이다. 칼뱅은 또한 프랑스에 있는 친구들에게 편지하였고, 그중 두 편지는 1537년 바젤에서 출판되었다. 첫 번째 편지는 르 망(Le Mans)의 주교관구에서 교회 직책을 맡고 있던 두셔맹에게 보낸 것이고, 두 번째 편지는 올레롱 관구의 주교로 임명받은 제라르 루셀에게 보낸 것이었다. 칼뱅이 페라라에 머물고 있던 동안 로마 가톨릭 교도였던 데스트(Hercule d'Este) 공작이 모든 손님에게 궁을 떠나달라고 요청하였는데, 이것은 교황의 요청에 따른 카를 5세의 압력 때문이었다.

칼뱅과 뒤 튀예는 아오스타를 거쳐 바젤로 되돌아갔지만, 칼뱅은 곧 다시금 프랑스로 떠났다. 프랑스에는 한시적인 특사가 선포되어 있었다.(피난민들이 돌아오는 것을 허락하면서 이단적인 사상을 6개월 안에 포기할 것을 요구하였다.) 파리에서 칼뱅은 친구들을 찾아보았고, 완전히 프랑스를 떠날 생각으로 신변을 정리하였다. 그의 동생 앙투안과 여동생 마리가 그와 동행하였다. 원래의 계획은 슈트라스부르크로 가서 온전한 평안 가운데 연구에 전념하는 것이었지만, 프랑수아 1세와 카를 5세 사이에 전쟁이 발발하자 칼뱅은 군대로 인해 막힌 길을 우회해서 가야 했다. 그는 제네바에서 하룻밤만 머물 생각이었다.

---

15) H. Lecoultre, "Le Séjour de Calvin en Italie d'aprés des documents inédits," *RThPh* 19(1886): 168-192; C. A. Cornelius, *Der Besuch Calvins bei der Herzogin Renata von Ferrara im Jahr 1536*(Freiburg, 1892).

2. 제네바 1차 체류(1536-38)

1536년 제네바는 대략 인구 1만 명이 사는 도시였다.[16] 제네바는 1526년 사보이 공국에게서 독립을 쟁취하고, 베른 주와 프라이부르크 주와 더불어 이른바 동맹협상(combourgeoisie)을 체결하였는데, 한 도시가 어려움에 처하면 다른 도시들이 도움을 제공한다는 내용이었다.[17] 제네바의 주교였던 피에르 드 라 봄(Pierre de La Baume)은 대체로 사보이의 원조에 의존했고, 따라서 제네바에 사보이 공(公)의 세력을 회복시키려고 애썼다. 반면에 기욤 파렐과 그 지지자들은 1532년 이래 제네바에도 베른에서처럼 종교개혁을 도입하려고 노력했다. 베른의 원조로 제네바는 사보이 공과 주교의 멍에에서 완전히 벗어날 수 있었다. 로마가톨릭과 주교의 원조를 받던 프라이부르크는 동맹에서 탈퇴하였다. 제네바는 또한 베른에 맞서 독립성을 유지하는 데 성공하였다. 비록 제네바가 1536년 8월 7일 베른과의 조약에서 베른의 허락이 없이는 다른 어떤 동맹에도 참여하지 않고 비무장 도시로 남아 있겠다는 약속을 했지만 말이다. 이 조약이 있기 얼마 전인 1536년 5월 21일 제네바의 모든 시민은 파렐의 지도 아래 종교개혁을 받아들일 것을 맹세하였다.[18]

---

16) Amédée Roget, *Histoire du peuple de Genève depuis la Réforme jusqu'à l'Escalade*, 7 vols.(Geneva, 1870-83); Michel Roset, *Les Chroniques de Genève*(Geneva, 1894. Henri Fazy에 의해 편집되어 출간); Jean-Antoine Gautier, *Histoire de Genève des origines à l'année 1691*, 9 vols.(Geneva, 1896-1914); E. William Monter, *Calvin's Geneva*(New York, 1967).

17) Emile Dunant, *Les Relations Politiques de Genève avec Berne et les Suisses de 1536 à 1564*(Geneva, 1894); Eugène-Louis Dumont, "Histoire des traités," in *Genève 26-27 mai 1976, commémoration des traités de combourgeoisie avec Fribourg, Berne 1526 et Zürich 1584*(Geneva, 1976), 49-59.

18) J. M. Lange van Ravenswaay, "Calvin und Farel-Aspekte ihres Verhältnisses," in *Actes du colloque Guillaume Farel*, ed. Pierre Barthel et

칼뱅이 제네바를 통과하고 있을 때 뒤 튀예가 이 사실을 알게 되었다. 1534년 공식적으로 제네바의 목회자가 된 파렐도 칼뱅이 나타났다는 소식을 듣고서 그에게 제네바에 남아 이 도시의 종교개혁을 진척시킬 수 있도록 도와달라고 강권하였다. 이에 관해 칼뱅은 후에 자신의 『시편 주석』 서문에서 이렇게 기록했다. "기욤 파렐이 나를 조언이나 권고로서가 아니라 무서운 저주로 제네바에 억류하게 하였다. 마치 하나님께서 나를 사로잡기 위해 하늘에서 손을 뻗어 내 위에 얹는 것 같았다."[19] 칼뱅은 몇 가지 문제들을 정리하기 위해 바젤로 갔다가, 1536년 9월 5일 이전의 어느 날부터 제네바의 생피에르 교회에서 교사로(sacrarum literarum doctor) 바울서신을 강해하기 시작했다.

10월에 파렐과 피에르 비레는 공개적인 종교토론에 참여하기 위해 칼뱅을 로잔으로 데리고 갔다. 그 토론에서 칼뱅은 교회 교부들에 대한 박식함으로 강한 인상을 남겼다. 제네바로 돌아오기 전에 칼뱅은 또한 베른에서 개최된 다른 종교회담에도 참여했는데, 거기서 약 300명의 스위스 목회자들이 비텐베르크 협약과 제1 스위스 신앙고백(즉 제2 바젤 신앙고백)을 심의하였다. 이 신앙고백은 1536년 바젤에서 기초한 것으로서, 츠빙글리와 오이콜람파디우스의 영향을 받았다. 일치를 열망하던 마르틴 부처와 볼프강 카피토가 비텐베르크 협약에 대해 설명하였다. 이 회담에서 칼뱅이 어떤 공헌을 했는지는 분명하지 않다. 부처(*CO* 10b:67-68, *Ep.* 1:27)와 카피토(*CO* 10b:75, *Ep.* 1:30)가 칼뱅에게 12월 1

---

al., 2 vols.(Lausanne, 1983), 1:63-72; Charles B. Partee, "Farel's Influence on Calvin: A 'Prolusion'," in *Actes du colloque Guillaume Farel*, 1:173-186.

19) Henri Heyer, *L'Église de Genève, 1535-1909*(Geneva, 1909); Henri Naef, *Les Origines de la Réforme à Genève*, 2 vols.(Geneva, 1936; reprint, 1968); Robert M. Kingdon, "Calvin and the Government of Geneva," in *Calvinus ecclesiae Genevensis custos*, ed. Wilhelm H. Neuser(Frankfurt am Main, 1984), 49-67.

일 쓴 편지를 보면 그들이 칼뱅에게서 많은 것을 기대했음을 알 수 있다. 부처는 특히 주님의 성만찬에 대한 이해를 둘러싸고 독일인들과 스위스인들을 연합해줄 회담을 개최하는 데 관심을 가졌다.

칼뱅은 1537년 이전에 이미 제네바에서 목회자로 활동하였다. 1537년 1월 13일 제네바 목회자들은 시의회에 일련의 문서들을 제출했는데, 거기에는 제네바 교회의 개혁을 위해 반드시 거쳐야 하는 중요한 단계들이 기술되어 있었다. 이 문서들이 수용됨에 따라, 제네바의 모든 거주민은 교회에 대한 자신들의 관계를 분명히 해야 했다. 신앙고백서(Instruction et confession de foy)가 모든 거주민 앞에 제출되었지만, 그에 대한 서명 동의는 순조롭게 진행되지 않았다. 시의 불안을 선동하던 재세례파 사람들이 또 다른 문제를 제기하였다. 1538년 1월에 목회자들이 신앙고백에 동의하지 않는 사람들을 성만찬에서 제외하려고 했을 때, 시의회는 그런 조치를 허락하지 않았다. 시의회가 베른의 요청으로 베른식 교회예식을 제네바에 도입하려고 했을 때는 긴장이 고조되었다. 목회자들이 이러한 변화를 받아들이려고 하지 않았기 때문에, 시의회는 그들이 1538년 4월 23일까지 제네바를 떠나야 한다고 결정하였다.[20] 칼뱅과 파렐은 베른과 취리히를 거쳐 바젤로 갔다.

3. 슈트라스부르크 체류(1538-41)

파렐은 바젤에서 몇 주간 체류한 후에 뇌샤텔로 가서 그곳의 목회자가 되었다. 칼뱅은 자신의 연구에 전적으로 전념하면서 『기독교강요』 라틴

---

20) Frans Pieter van Stam, "Farels und Calvins Ausweisung aus Genf am 23. April 1538," *ZKG* 110(1999): 209-228.

어 제2판을 준비하기 위해 바젤에 머물고자 하였다. 그러나 1538년 9월 초에 마르틴 부처와 볼프강 카피토가 계속해서 칼뱅에게 슈트라스부르크로 올 것을 권유했다.[21] 칼뱅은 부처의 강권(『시편 주석』 서문을 보라 —*CO* 31:26-27)에 못 이겨, 최근 400-500명의 프랑스 난민들로 구성된 교회의 목회자가 되었다. 이곳에서 목회자로 있으면서 칼뱅은 예배예식의 구조에 대해 많은 생각을 했다. 1539년 칼뱅은 지역학교에서 신약성서를 가르치는 책임도 맡게 되었다.

슈트라스부르크에 체류하는 동안 칼뱅은 몇 가지 중요한 저술들을 출간하였다. 1539년 그는 라틴어로 된 『기독교강요』 제2판을 출간했는데, 1536년 초판에 비해 분량이 3배나 되었다. 1540년에는 그의 많은 주석 중 『로마서 주석』이 처음으로 세상에 나왔다. 이 시기에 칼뱅은 또한 평신도들에게 성만찬의 의미를 설명해주는 글을 써달라는 요청에 응답하기도 했다. 그 결과물인 『성만찬에 관한 소논문』(*Petit traicté de la saincte cène*)은 1541년 제네바에서 출간되었다.

슈트라스부르크에 도착하자마자 칼뱅은 오랫동안 친분을 나눠오던 몇몇 사람들의 비극적인 소식을 접해야 했다. 1538년 10월 초에는, 제네바에서 추방당한 후 오르베의 목회자가 된 엘리 코롤트(Élie Corauld: Couraut라고도 한다—옮긴이 주)가 죽었다는 소식을 들었다. 그리고 사촌

---

21) Alfred Erichson, *L'Église française de Strasbourg au XVIe siècle (Strasbourg, 1886); François Wendel, L'Église de Strasbourg, sa constitution et son organisation*(Paris, 1942). 칼뱅의 슈트라스부르크 체류에 관해서는 Émile Doumergue, *Jean Calvin: Les Hommes et les choses de son temps*, 7 vols.(Lausanne, 1899-1927), 2:293-298, 376-524; Jacques Pannier, *Calvin à Strasbourg*(Strasbourg, 1925); Jean-Daniel Benoît et al., *Calvin à Strasbourg, 1538-1541*(Strasbourg, 1938); Wendel, *Calvin: The Origins*, 57-68; Richard Stauffer, "L'Apport de Strasbourg à la Réforme française par l'intermédiaire de Calvin," in Stauffer, *Interprètes de la Bible*, 153-165를 참조하라.

인 올리베탕이 이탈리아에서 죽으면서 자신에게 많은 책을 남겼다는 소식도 들었다. 마지막으로 그는 1537년 제네바를 떠난 루이 뒤 튀예가 프랑스의 로마가톨릭교회로 복귀했다는 소식에 비탄에 잠기기도 하였다.

칼뱅은 여러 책무를 감당하는 와중에, 1539년 9월과 10월에 슈트라스부르크에서 목회자가 되려고 애쓰던 피에르 카롤리(Pierre Caroli)와도 관계를 맺었다. 슈트라스부르크에 머무는 동안 칼뱅은 많은 사람들과 접촉했는데, 그 만남들이 지니는 특별한 성격 때문에 언급할 필요가 있다. 테오도르 베즈에 따르면(*CO* 21:62) 칼뱅은 오랜 논쟁 끝에 1537년 1월 13일 목회자직에서 면직된 폴 볼츠(Paul Volz)의 귀환에 중요한 역할을 하였다. 볼츠는 이전에 비텐베르크 협약에 서명하라는 시의회의 요구를 거부했다. 1539년 7월 그는 공개적으로 [카스파르 슈벵크펠트(Kaspar Schwenckfeld)의 영향으로 성만찬과 유아세례에 대해 일탈적인 견해를 지녔던] 자신의 과오를 끊어버리고 복직되었다.[22)]

재세례파였던 장 스토르더(Jean Stordeur)는 칼뱅의 영향으로 아내와 아들과 딸과 함께 슈트라스부르크 교회에 가입하였다. 1540년 봄에 그가 흑사병으로 죽자, 1540년 8월 6일 칼뱅은 미망인 이들레트 드 뷔르(Idelette de Bure)와 결혼하였다. 칼뱅은 1539년 5월 19일 편지에서 이미 파렐에게 결혼할 뜻을 밝혔고, 거의 결혼이 이루어질 뻔한 것도 여러 번이었다. 그러나 이런저런 이유로 인해 그 일들은 무위로 끝났다. 칼뱅과 이들레트의 결혼은 슈트라스부르크에서 공식적으로 이루어졌고, 교회 예배에서 파렐이 확실하게 확정하였다.

1542년 7월 28일 칼뱅과 이들레트는 자크라는 남자아이를 낳게 된다. 그러나 미숙아로 태어난 어린 아들은 곧 죽고 말았다.(8월 19일 피에

22) Robert Stupperich, "Calvin und die Konfession des Paul Volz," *RHPbR* 44(1964): 279-289 참조.

르 비레에게 보낸 편지를 보라—*CO* 13:430) 이들레트도 1549년 3월 29일 죽었다. 칼뱅은 4월 7일 자신의 아내에 대해 비레에게 이렇게 편지하였다.(*CO* 13:230-311) "살아 있는 동안 그녀는 제 직무수행을 도와준 신실한 동역자였습니다. 그녀는 제가 가는 길에 조금도 걸림돌이 되지 않았습니다." 칼뱅은 또한 파렐에게 보내는 한 편지에서도 아내의 죽음에 대해 언급하였다.(4월 2일자—*CO* 13:228-229) 이들레트가 임종 시에(첫 결혼에서 낳은) 그녀의 자녀들에 대해 아무 말도 하지 않았기 때문에, 칼뱅은 다른 사람들 앞에서 그녀에게 자신의 아이들처럼 보살피겠다고 말해주었다. 그녀는 그 아이들을 이미 주님께 의탁했다고 대답했다. 그러자 칼뱅은 그렇다고 하더라도 자기가 아이들을 위해 할 수 있는 일들을 막을 수는 없을 것이라고 말했고, 그녀는 "그들이 주님의 사랑을 받는다면 또한 당신에게 맡겨질 것임을 알고 있습니다."라고 대답했다. 1557년 칼뱅은 자신의 의붓딸인 주딧이 간통죄로 적발되었을 때 참으로 부끄러워하였다.

슈트라스부르크에 머무는 동안 칼뱅은 1539년 '보헤미안 형제단'과도 접촉하였다. 그들 중 한 명인 마티아스 케르벤카(Mattias Cervenka)가 얼마간 부처의 집에 머물렀을 때 칼뱅은 그곳에서 그와 대화를 나누면서 그뿐만 아니라 보헤미안 형제단에 관해서도 알게 되었다. 보헤미안 형제들이 칼뱅 자신의 몇몇 저작들에 대해 알고 있음도 알게 되었다. 슈트라스부르크에서 칼뱅은 남부 독일에서 온 백작 기욤 퓌르스텐베르크(Guillaume de Fürstenberg)도 만났는데, 그를 위해 몇 가지 변증적인 저술의 초안을 잡아주기도 하였다.

슈트라스부르크 바깥에서 이루어진 만남들도 칼뱅에게는 대단히 중요한 것이었다. 1539년 2월 칼뱅은 요하네스 슈투름(Johannes Sturm)과 함께 자발적으로 프랑크푸르트로 갔다. 황제 카를 5세는 그곳에서 투르크족의 위협에 대항하는 자신의 투쟁에 대해 독일 프로테스탄트 영주들의 지지를 얻어내고자 협상을 시도하고 있었다. 황제는 또한 프로테스탄트 영주들이 프랑수아 1세와 연합을 이루는 것을 막고자 하였다. 군사적 지원에 관한 토론을 하면서, 영주들은 황제가 자신들의 신학적이며 교회적인 요구들을 긍정적으로 검토하게 만드는 데 성공하였다. 카를 5세는 종교회담을 소집하여 그 결과를 제국의회에 제출함으로써 독일에서 교회개혁을 일으키겠다고 약속하였다.[23)]

프랑크푸르트에 있으면서 칼뱅은 프랑스에서 박해받고 있는 프로테스탄트들을 위한 지지를 구하였다. 그는 또한 필립 멜란히톤과 종교적, 교회적 문제들에 대해 대화하기를 원했다. 두 사람의 대화에서 토론의 주제가 된 것은 칼뱅이 초안하여 1538년 10월에 비텐베르크로 가는 부처 편에 부친 성만찬에 대한 12개 조항(해당 편지는 분실되었다.)이었다. 멜란히톤 자신은 그 조항들에 동의했지만, 그러면서도 루터란 가운데는 성만찬에서의 그리스도의 임재에 관해 "더욱 액면 그대로" 생각하는 사람들이 있기 때문에 이 조항들이 비텐베르크와 취리히를 하나로 묶는 데는 적절하지 않다는 점을 지적하였다. 칼뱅은 멜란히톤과 교회치리의 필요성, 많은 루터란 의식들, 그리고 교회에서의 성상들에 대해서도 토의하였다.

카를 5세가 프랑크푸르트에서 약속한 종교회담이 1540년 6월 하게나우(Haguenau)에서 시작되었다. 칼뱅은 이 회담에 참석하였으며, 잇따라 열린 보름스(Worms)와 레겐스부르크(Regensburg) 회담에도 참여하였다.

마지막으로 우리는 칼뱅이 슈트라스부르크에 머무는 동안 제네바와 접촉한 데 대해 기술해야 한다. 그는 떠나 있는 동안에도 제네바

---

23) Frankfurter Bestand의 내용에 대해서는 *Die Vorbereitung der Religionsgespräche von Worms und Regensburg 1540/41*, ed. Wilhelm H. Neuser (Neukirchen, 1974), 75-85를 참조하라.

를 결코 잊지 않았다. 1538년 10월 1일 칼뱅은 "제네바 교회를 떠난 이후 그곳에 남아 있는 주 안의 형제들"에게 편지하였다.(*CO* 10b:251-255) 그 편지에서 칼뱅은 어려운 상황에 처한 그들이 해야 할 바가 무엇인지를 상기했다. '그들이 사람들을 통해 겪게 되는 고난은 무엇이든지 사람을 도구로 이용하는 사탄에게서 비롯된 것이다. 그들은 악을 악으로 갚아서는 안 되고 하나님 앞에서 겸비해야만 한다. 매질이 자신들의 구원에 도움이 된다는 사실에서 위로를 찾고, 신뢰는 언제나 하나님께만 두어야 한다.'라고.

1538년 10월 24일 파렐에게 보내는 편지에서(*CO* 10b:273-276) 칼뱅은 현재 혼란의 와중에 있는 제네바의 상황을 의논하였다. 파렐과 칼뱅을 지지하는 사람들은 파렐의 이름을 좇아 자신들을 기욤파(Guillermins)라고 불렀다. 그들 중에는 아미 페랭(Ami Perrin: 시의회의 일원), 앙투안 소니에(Antoine Saunier: 1536년 5월에 세워진 Collège de La Rive의 교장), 그리고 마튀랭 코르디에(Mathurin Cordier: 1537년 이래 같은 학교에 몸담았다.)와 같은 사람들이 포함되어 있었다. 그들은 새로 온 목회자들(한 번도 떠난 적이 없는 Henri de La Mare 이외에, Jacques Bernard, Jean Morand, Antoine Marcourt와 같은 목회자들이 있었다.)을 인정하려고 하지 않았으며, 자신들이 성만찬에 참여해야 할지 말아야 할지에 대해서도 알고 싶어 하였다.

칼뱅은, 그리스도인은 분열에 대해 강한 혐오감을 가져야 하고, 할 수 있는 한 항시 분열로부터 멀리 떨어져 있어야 한다고 대답한다. 말씀과 성례의 사역이 본질상 너무나 거룩하고 존중을 받을 만한 것이기 때문에, 이 두 가지가 있는 곳에는 어디든지 교회가 존재한다. 따라서 칼뱅의 지지자들은 비록 새로운 목회자들이 목회자의 직책을 맡게 된 과정에 비난받을 만한 점이 있다고 할지라도 성만찬의 교제에 불참해서는 안 된다. 설교가 전적으로 순수하지 못하다는 사실도 성찬 참여를 거부할 사유는 못 된다. 칼뱅은 일찍이 무지한 흔적을 지니고 있지 않은 교회는 거의 없다고 말하였다.

제네바에서 성탄절에 거행된 성만찬이 베른의 관습에 따라 거행되었기 때문에 소니에와 그 추종자들은 참여를 거부하였다. 그 결과 소니에, 코르디에, 그리고 많은 사람들이 제네바에서 추방당하였다. 1538년 12월 31일, 제네바에 새로 온 목회자들은 시민정부나 치리와 같은 문제와 교회의 관계에 대한 자신들의 인식으로 인해 야기된 이러한 무질서를 통제할 수 없었고, 그래서 결국 시의회에 자신들의 면직을 요청하였다.

베른의 몇몇 목회자들이 제네바 교회의 통탄할 상황에 관심을 갖게 되어 1539년 3월 12일 모르제(Morges)에서 회의를 개최하였다. 그 회의에 파렐과 제네바의 목회자들과 인근 교회들의 대표들이 참여하였다. 제네바의 목회자들이 자신들에게 맡겨진 직책을 받아들이기 전에 먼저 추방당한 목회자들과 의논을 했어야 했다는 점을 인정한 후에야 화해가 이루어졌다. 그들은 또한 예전에 간과하던 많은 문제들에 주의를 기울이겠다고 약속하였다.[24] 회의 보고서를 슈트라스부르크에 있던 칼뱅에게 보냈다. 칼뱅은 주님 안에서 더 많은 일치가 이루어지기를 기대했지만, 그나마 불일치의 병이 끝나고 있다는 점에 대해 기뻐하였다. 적어도 회복이 시작된 것이다.

이 와중에서 로마가톨릭은 칼뱅과 파렐이 쫓겨난 이후 제네바의 어려운 상황을 틈타 이익을 취하고자 하였다. 카르팡트라의 추기경 사돌레토가 제네바에 편지를 썼는데, 이 편지에는 결국 칼뱅이 답장하였다.

베른과의 관계에서도 몇 가지 문제가 발생했는데, 이 문제들은 파렐과 칼뱅의 추종자들에게 유리하게 작용하였다. 1539년 6월 베른 시

---

24) 합의 문서에 대해서는 A.-L. Herminjard, *Correspondance des réformateurs dans les pays de langue française*, 9 vols.(Genenva, 1866-97), 5:243을 참조하라.

의회는 제네바 대표들과 체결한 협정문 사본을 제네바 시의회에 보내어 그 비준을 청하였다. 그러나 이로 인해 제네바에 문제가 발생하였다. 왜냐하면 21개 조항으로 이루어진 이 협정은 제네바에 매우 불리했기 때문이다. 여기서 문제가 된 것은 원래 제네바의 지배를 받고 있던 영토들에 대한 베른의 권리주장을 더 많이 받아들인 것이었다. 이러한 조항은 1536년 당시 베른과 제네바 사이에 합의한 부분이 아니었기 때문에, 제네바 시의회는 반역적인 협상대표들을 비난하기 시작하였다. 시의회에서 칼뱅과 그 동료들의 추방에 관여한 자들과 협상대표들과 뜻을 같이 하는 자들을 Articulants 혹은 Artichauds라고 불렀는데, '조국에 대한 배반자'라는 의미였다. 이로써 기욤파의 영향력이 증대되었다.

6월 25일 칼뱅은 제네바에 있는 자신의 지지자들에게 편지를 쓰면서(*CO* 10b:351-355) 그곳 상황에 대해 언급하였다. 칼뱅은 제네바의 목회자와 회중 사이에 다시 일치의 길이 놓이기를 원하였다. 그는 회중과 목회자 양쪽의 책임을 다루었다. 그는 목회자들을 비판할 수 있는 회중들의 권리를 빼앗으려고 하지 않았다. 참된 목자는 탐욕스러운 이리와 구별되어야만 한다. 회중들도 목회자들이 자신들의 소명에 순종하는지 살펴야 한다. 그러나 제네바에 관한 한, 칼뱅은 자신의 지지자들에게 제네바에서 일하는 목회자들의 권위를 인정할 것을 요구했다. 왜냐하면 제네바의 목회자들이 (구원에 꼭 필요한) 가장 중요한 그리스도교 신앙의 항목들을 충실하게 전하고 있고 성례를 베풀고 있었기 때문이다.[25)]

1540년 3월 29일 칼뱅은 파렐에게 보내는 한 편지에서(*CO* 11:30-31), 제네바에서 많은 일들이 일어나고 있으니만큼, 자신은 그 일들에 관해 파렐이 말해주기를 오래전부터 바라고 있었다고 썼다. 2월에 '배반

---

25) D. Nauta, "Calvijns afkeer van een schisma," in *Ex auditu verbi: Theologische opstellen aangeboden aan Prof. Dr. G. C. Berkouwer* (Kampen, 1965), 131-156을 참조하라.

자'(Articulants)들과 '기욤파'(Guillermins)는 서로 간의 분쟁을 수습하였다. 그리고 사람들이 칼뱅의 귀환을 위해 노력하고 있다는 소식이 제네바에서 들려왔다. 그러나 칼뱅은 자신이 매일 천 번 넘게 죽을 수밖에 없었던 (제네바 체류라는) 십자가를 짊어지기보다는 차라리 다른 방식으로 백 번 죽는 것이 낫다고 생각했다. 내친김에 칼뱅은 자신의 제네바 귀환을 위해 애쓰는 사람들을 막아달라고 파렐에게 호소하였다.

칼뱅은 1540년 5월 파렐에게 보낸 편지에서(*CO* 11:37-42) 제네바의 불화와 분쟁이 끝난 데 대한 기쁨을 표하였다. 비록 양측이 하나님과의 평화보다 상호화해에 더 의존함으로써 그리스도 안에서 완전히 하나가 되지는 못했음을 알고 있었지만 말이다. 그러나 다행스럽게도 치유의 징후가 있었다. 칼뱅은 자신이 결코 제네바로 돌아가고 싶지 않다는 것도 언급하였다. 칼뱅은 자신이 제네바에서 추방당했을 때 하나님께서 자신을 어떤 소용돌이에서 구해주셨는지를 더더욱 분명하게 깨달았다. 그는 곧 파렐이 슈트라스부르크에 도착할 것이라고 기대했다. 그러면 두 사람은 제네바의 상황(제네바 시의회는 6월 17일 하나님께로 돌이켜서 4-5년 전의 상황으로 돌아가기로 결정했다.)에 대해 더 많이 토의할 수 있을 것이었다. 칼뱅과 파렐은 6월 말에 만나 함께 하게나우로 갔다.

1540년 9월 21일 제네바 시의회는 열렬한 기욤파인 아미 페랭에게 칼뱅을 제네바로 돌아오게 할 방법을 강구하라는 지시를 내렸다. 같은 해 7월과 9월, 목회자들 가운데 모랑(Morand)과 마르쿠르(Marcourt)가 각각 제네바를 떠났다. 앙리 드 라 마르(Henri de La Mare)와 자크 베르나르(Jacques Bernard)는 남았고 샹페로(Aimé Champereau)는 최근에 합류하였다.

1540년 10월과 11월에 칼뱅은 여러 경로를 통해 제네바로 돌아오라는 압력을 받았다. 10월 초에 파렐이 여러 통의 편지를 가지고 슈트라스부르크로 왔는데 마르쿠르, 코리디에, 비레가 그의 귀환을 촉구하였다. 칼뱅은 10월 21일 비밀리에 파렐에게 편지하여(*CO* 11:90-93), 돌아갈 것을 생각하니 마음 깊은 곳에서 오싹해지고, 제네바에서 내내 겪었던 것들이 생각난다고 하였다. 칼뱅은 또한 하나님께서 슈트라스부르크에서 자신에게 주신 사명이 자신을 묶고 있다고 느꼈다. 게다가 하나님께서 자신을 구해내신 바로 그 위험한 곳으로 돌아가는 것은 어리석은 일이 될 것이었다. 자신은 참으로 제네바에 쓸모 있는 사람이 될 수 있을 것인가? 그의 양심은 분열되었다. 과거에 자신과 파렐에게 상처를 입힌 베른 사람들이 이제는 도움을 줄 준비가 되었는가? 제네바에 있는 그들의 동료들은 어떤가? 칼뱅은 더 이상 어떻게 해야 할지 모르겠다고 말했다. 나 대신에 왜 파렐을 부르지 않는가? 칼뱅은 자신의 소명을 소홀히 하고 싶지 않았지만 심히 괴로웠다. 가고 싶은 마음이 들지는 않았지만, 칼뱅은 다른 사람들의 충고를 들을 준비가 되어 있었다. 그러나 우선 그는 보름스로 가고자 했는데, 그곳에서 하게나우 회담의 후속회담이 열리기로 되어 있었기 때문이다.

제네바 의회는 10월 13일 칼뱅에게 귀환을 요청하는 편지를 보내기로 결의했다.(짧은 공식편지를 10월 22일 보냈다—*CO* 11:94-95) 이 편지는 칼뱅을 이틀 동안이나 혼란에 빠뜨렸다. 10월 23일 칼뱅은 제네바 교회에 대한 자신의 애정을 표하는 답장을 보냈다.(*CO* 11:95-97) 하지만 그는 참으로 진퇴양난에 빠졌다. 한편으로는 제네바로 돌아오라는 부름에 직면하여 하나님의 도움으로 순종하기를 원했지만, 다른 한편으로는 하나님께서 이미 자신에게 맡겨주신 사명을 쉽게 포기할 수도 없었다. 그는 항상 목회자는 부름받은 자리를 지켜야 한다고 가르치지 않았던가? 목회자는 내적인 확신과 성도들의 동의 없이는 그 위치를 떠나서는 안 된다고 가르치지 않았던가?

다음 날인 10월 24일, 칼뱅은 파렐에게 편지하면서(*CO* 11:99-100) 만일 이 일이 자신에게 달려 있다면 자신은 파렐이 원하는 것을(즉 제네바로의 귀환) 하고 싶지 않으나, "내가 내 자신의 주인이 아님을 잘 알기 때문에, 나의 심장을 참된 제물로 하나님께 바치고자 합니다."라고 고백하였다. 이 표현은 칼뱅의 모토가 되었으며, 이는 심장을 붙들고 있는 손 그림과 "즉시 그리고 진심으로"(prompte et sincere)라는 글이 새겨진 그의 문장(emblem) 속에 잘 나타나 있다.

이런 내적 혼돈과 불확실성 속에서 칼뱅은 제네바에서 온 편지를 슈트라스부르크의 목회자들 앞에 내놓았다. 그들은 제네바 교회의 유익과 발전을 진심으로 바라고 있었기 때문에 어떤 식으로든 제네바 교회를 돕고 싶어 하는 사람들이었다. 칼뱅이 제네바 의회에 보낸 10월 23일자 편지에 의하면, 슈트라스부르크의 목회자들은 칼뱅이 보름스로 여행할 동안 비레를 제네바로 초청할 것을 제안하였다. 그리고 비레는 실제로 초청되었다. 1541년 1월 비레는 베른의 양해 하에 6개월간 제네바에 머물기 위해 로잔을 떠났다. 1541년 5월 그의 임기는 6개월 더 연장되었다.(*CO* 11:228-229) 비레의 초청 가능성을 언급한 다음 칼뱅은 편지에서 하나님께서 모든 것을 인도해주실 것이라고 말했다. 동시에 그는 하나님과 제네바 시민들이 허락한다면 자신도 제네바를 섬기기 위해 최선을 다하겠다고 약속했다.

10월 24일 칼뱅과 요하네스 슈투름은 슈트라스부르크를 떠나 보름스로 갔다. 그러나 보름스에서도 칼뱅의 머릿속은 제네바로 돌아가는 문제로 꽉 차 있었다. 10월 27일에 칼뱅은 10월 22일자 공식편지(*CO* 11:94-95)를 가지고 온 제네바 대표단을 만났다. 이들은 먼저 슈트라스부르크로 갔다가 거기서 칼뱅을 만나지 못하고 보름스로 온 것이었다. 슈트라스부르크 의회는 칼뱅이 그곳에 없었기 때문에 대표단에게 어떤 약속도 하려고 하지 않았지만, 제네바 의회에 편지를 써 보냈다.(*CO* 11:102) 슈트라스부르크 의회는 또한 칼뱅이 제네바 대표단에게 아무런 약속도 하지 않았다는 것을 분명히 확인하기 위해 재빨리 보름스에 가 있던 슈트라스부르크 대표단에게 사절을 보냈다.

제네바 대표단을 만나 이야기를 나눈 후에 칼뱅은 11월 12일 제네바 의회에 편지를 썼다.(*CO* 11:104-106) 그 편지에서 칼뱅은, 자신은 제네바로 돌아갈 준비가 되었지만 그러기 위해서는 슈트라스부르크의 동의가 필요하기 때문에 지금 당장 행동에 옮길 수는 없다고 말했다.

칼뱅은 11월 13일 파렐에게 보낸 편지에서(*CO* 11:113-114) 자신을 복잡하게 만드는 문제가 무엇인지 말하였다. 칼뱅은 분명한 결정을 내릴 수가 없었다. 보름스에 있던 슈트라스부르크 대표들은 이 문제를 숙고한 끝에 베른이 동의하지 않는 한 칼뱅이 귀환을 약속해서는 안 된다는 결론에 도달했다. 카피토는 귀환에 찬성하지 않았고, 부처는 칼뱅을 슈트라스부르크에 붙잡아 두어서는 안 된다고 말하였다. 11월 13일 보름스에 와 있던 슈트라스부르크와 바젤 목회자들은 제네바에 편지를 썼고(*CO* 11:106-113), 제네바 대표들은 칼뱅과 목회자들의 편지들을 가지고 제네바로 돌아갔다. 제네바는 편지의 내용을 잘 받아들였다.

파렐은 12월 22일 보름스에 도착하여 며칠간 머물렀다. 12월 24일 칼뱅은 뇌샤텔에 있는 목회자들에게 편지를 써서 파렐 편에 보냈다.(*CO* 11:133-135 참조) 이 편지에서 칼뱅은 별다르게 진행된 것이 없고 아직 실제 회담이 시작되지도 않았다고 기록하고 있다. 그는 프랑스에서 박해받는 형제들의 입장을 변론하겠다고 약속했다.

1541년 1월 23일 슈트라스부르크로 돌아온 칼뱅은 제네바로 돌아오라는 압력을 여기저기서 계속 받았다. 심지어 1538년 자신을 극렬히 반대하던 자크 베르나르(Jacques Bernard)에게서도 귀환을 요청하는 편지를 받았다.(*CO* 11:147-148) 그러나 이 편지는 칼뱅에게 좋은 인상을 주지 못하였다.(*CO* 11:165-166에 있는 칼뱅의 답변 참조) 칼뱅은 제네바에서 온 사절에게 제네바 의회에 보내는 편지를 써주면서(1541년 2월 19일－*CO* 11:158-159), 제네바를 위해서도 자신이 레겐스부르크에서 열리는 종교회의에 참석해야 한다고 대답하였다. 또한 비레가 1월에 목회자로 제네바를 섬기기 위해 그곳으로 간 것을 매우 기뻐하였다. 그리고 자신도 적절한 때에 갈 수 있기를 희망하였다.

파렐에게 보낸 한 편지(1541년 3월 1일-*CO* 11:169-170)를 보면, 칼뱅은 자신이 제네바로 빨리 돌아가야 한다고 분명하게 공표한 파렐의 편지에 흠칫 놀랐던 듯하다. 칼뱅은 자신의 당혹감을 깨닫고 "당신이 나에게 내지른 벼락들이 이상하게도-무슨 이유인지 나는 모르지만-나를 두렵게 만들고 완전히 뒤집어 놓았습니다."라고 적어 보냈다.

1541년 4월 29일 칼뱅은 파렐에게 편지하여(*CO* 11:174-180), 제국의회가 끝나면 자신은 부처와 함께 레겐스부르크에서 제네바를 거쳐 슈트라스부르크로 갈 예정이라고 말했다. 5월 1일 제네바 의회는 칼뱅에 대한 추방령을 철회하고 만장일치로 그를 다시 부르기로 결정하였다. 칼뱅, 파렐, 소니에, 그리고 다른 사람들이 하나님의 사람들로 떠받들어졌다.

제국의회가 종교회의의 '결정'에 대한 심의를 다 마치기도 전에 칼뱅은 부처와 멜란히톤의 바람과는 달리 슈트라스부르크로 돌아가기로 했다. 레겐스부르크에서의 체류가 너무 길어져서 칼뱅은 이제 슈트라스부르크로 돌아가야 한다고 느꼈던 것이다. 그는 6월 25일 슈트라스부르크에 도착했다.

6월 20일, 즉 칼뱅이 제네바로 돌아오기 전에, 그리고 의회가 6월 초에 뇌샤텔에서 코르디에를 제네바로 데려오려 했으나 실패했을 때, 의회는 세바스티앙 카스텔리옹(Sébastian Castellion)과 다른 한 사람을 학교의 교장으로 추천하였다.[26] 1540년 5월 경제적으로 어려운 형편에 있

---

26) Ferdinand Buisson, *Sébastien Castellion, sa vie et son oeuvre*, 2 vols.(Paris, 1892; reprint, Nieuwkoop, 1964); Étienne Giran, *Sébastien Castellion et la Réforme calviniste*(Paris, 1914); Hans Martin Stückelberger, "Calvin und Castellio," *Zwingliana* 7(1939): 91-128; *TRE*, s. v. "Castellio, Sebastian."

던 카스텔리옹은 칼뱅과 함께 며칠을 지내기도 했다. 카스텔리옹은 제네바에서 3개월 일하고 사임하였는데, 아무런 급료를 받지 못했기 때문이었다. 코르디에를 제네바로 초청하려는 두 번째 시도가 실패하고 나서야 카스텔리옹과의 새로운 계약이 이루어졌다. 비록 공식적인 목회자는 아니었지만 그는 방데브르(Vandoeuvre)라는 작은 마을에서 교회 예배를 인도하기로 하였다.[27] 제네바에 머무는 동안 카스텔리옹은 종교교육을 위한 교과서를 저술했는데, 그 책은 성서의 이야기들을 대화 형식을 빌려 라틴어와 프랑스어로 들려주고 있다.(*Dialogi sacri*)

1541년 7월 25일 나바라의 왕비인 앙굴렘의 마르가리타가 자기 동생 프랑수아 1세의 이름으로 칼뱅에게 감사 편지를 보냈다. 왜냐하면 보름스에서 종교회의가 열리는 동안 칼뱅은 멜란히톤과 부처와 더불어 헤센의 필립에게 독일의 프로테스탄트 영주들과 프랑스의 왕이 카를 5세에 반대하는 동맹을 맺을 것을 (성과는 없었지만) 촉구하였기 때문이다. 그러한 동맹이 체결되었다면 프랑스 프로테스탄트의 박해를 끝낼 수 있었을 것이다.

칼뱅은 1541년 9월 초 마침내 제네바로 떠났다. 칼뱅은 그동안 여러 상황 때문에 자신이 떠날 수 없었던 것이라는 인상을 주었다. 8월 13일 칼뱅은 비레에게 보낸 편지에서(*CO* 11:261-263) 자신이 레겐스부르크에서 돌아온 즉시 제네바로 가지 않은 것을 수백 번 후회했다고 기록했다. 그랬더라면 그에게 더 많은 평안이 있었겠지만, 그는 갈 수가 없었다. 그동안 그는 강의는 그만두었으나 부처와 동행하고 싶은 마음에 출발을 미루고 있었다. 파렐이 강한 어조로 써 보낸 8월 25일자 편지가(*CO*

---

27) 칼뱅은 1544년 3월 비레에게 편지하여, 이 일은 자신이 알지 못한 채 결정된 것으로, 지금 카스텔리옹이 목회자 직책을 맡은 것이라고 여기는 것은 잘못된 것이라고 썼다.(*CO* 11:688)

11:265-266) 마침내 칼뱅으로 하여금 제네바로 향하도록 강제하였음이 분명하다.

4. 제네바 2차 체류(1541-64)

마침내 칼뱅은 제네바를 향해 출발했으며, 파렐이 어려운 상황에 처해 있다는 것을 들어 알고 있었던 그는 뇌샤텔을 경유하였다. 도덕적 악습에 반대하는 파렐의 강력한 설교가 몇 가지 문제를 일으킨 것이다. 1541년 9월 7일 칼뱅은 뇌샤텔에서 제네바 의회에 편지하여, 자신이 현재 파렐을 도울 일이 있는지 알아보기 위해 뇌샤텔에 있음을 알렸다. 칼뱅은 자신을 수행하도록 제네바 의회가 보낸 사절과 함께 다음날 베른을 거쳐 제네바로 갈 계획이었다. 칼뱅은 9월 13일 많은 추천서를 가지고 제네바에 도착했다. 그중 하나는 슈트라스부르크 의회가 보낸 추천서였다.(*CO* 11:267-268) 도착 즉시 칼뱅은 개회 중이던 의회로 가서 슈트라스부르크 의회와 목회자들이 보낸 편지들과 바젤 의회의 편지들을 전해주었다. 슈트라스부르크 목회자들은 이렇게 기록하였다. "칼뱅이 슈트라스부르크 교회들의 유익을 위해 돌아와야겠다고 생각할 때는, 즉시 그를 돌려 보내주셔야 합니다!"

칼뱅은 제네바에 6개월만 머물다가 슈트라스부르크로 돌아가려고 생각했다. 그러나 제네바 시의회는 교회질서를 위한 문서 작성에 참여하라는 칼뱅의 요구에 동의하였고, 일이 이렇게 되자 칼뱅은 시의회에 자신은 언제나 제네바의 종이 되겠다고 약속했다.(*CO* 21:282) 6명의 시의원과 칼뱅과 또 다른 4명의 제네바 목회자들로 이루어진 위원회가 새로운 교회질서에 대한 연구를 시작하여 9월 26일 의회에 초안을 제출하였다. 이 기간 동안 칼뱅의 아내를 제네바로 불러오고 짐을 옮길 채비를 하였다. 칼뱅도 목회자로서의 책임을 다시 맡았다. 칼뱅이 제네바로 돌아온 후 처음으로 예배를 인도했을 때, 이름이 알려지지 않은 한 친구에게 보낸 편지에서(*CO* 11:365-366) 그가 기록하고 있는 대로, 모든 사람은 칼뱅이 무슨 말을 할지 크게 걱정하면서 마음을 졸였다. 그러나 칼뱅은 이전에 일어났던 일에 대해서는 아무런 언급도 하지 않고 단지 직무를 맡은 자의 임무에 대해서만 간단히 말한 후에, 자신이 1538년 중단했던 바로 그 성서 구절을 설교하기 시작했다. 이로써 그는 과거의 일이 단지 자신의 직무수행 과정 중에 초래된 잠시 동안의 중지에 불과했음을 보여주고자 했다.

비록 칼뱅이 염두에 두었던 모든 것을 포함하지는 못했지만, 1541년 11월 20일 『교회법령』(*Les Ordonnances ecclésiastiques*)이 제네바 총회에서 승인되었다. 『교회법령』은 1547년에 내용이 추가되었고, 1561년에는 상당한 수정이 이루어졌다.

1) 칼뱅의 시민법 관여

1541년 11월 21일 『교회법령』이 총회에서 승인된 다음 날, 시민법을 개정하기 위해 의회가 세 사람을 임명해서 소위원회를 구성하였다. 칼뱅은 이 소위원회의 일원이었다.[28] 1542년 말경 칼뱅은 이 법률제정 작업

28) Marc-Edouard Chenevière, *La Pensée politique de Calvin*(Geneva, 1937; reprint, 1970), 197-221(Chapter 4, "Calvin et la constitution politique de Genève"); Robert M. Kingdon and Robert D. Linder, eds., *Calvin and Calvinism: Sources of Democracy?*(Lexington, MA, 1970); Andrew J. L. Waskey, Jr., "John Calvin's Theory of Political Obligation: An Examination of the Doctrine of Civil Obedience and Its Limits from the New Testement Commentaries," Ph.D. diss., University of Southern Mississippi, 1978; Harro Höpfl, *The Christian Polity of John Calvin*(Cambridge, 1982; reprint, 1985).

을 이유로 주일을 제외한 평일 설교는 면제받기까지 하였다. 1543년 1월 28일 제네바 총회는 법 집행에 관한 부분을 제외한 채 시민법을 채택하였다. 법 집행을 다룬 부분은 1544년 초에 채택되었다.

이 법은 완전히 새로운 것이 아니었다. 4명의 행정장관과 의회의 의무는 과거와 동일하였다. 그러나 정부의 형태가 더욱 귀족적이 되었기 때문에 시민들의 영향력은 다소 줄어들었다. 4명의 행정장관은 매일 만났다. 그들은 대체로 일주일에 세 차례 모이는 25인 소의회의 주요 구성원이었다. 시민만이 이 소의회의 구성원이 될 자격이 있었다. 우리가 흔히 '의회'라고 말할 때 보통은 이 소의회를 염두에 두고 있는 것이다.[29] 또 60명으로 구성되는 60인 의회가 있었는데, 이는 15세기부터 전해져 내려왔다. 60인 의회는 200인 의회가 세운 것으로 별다른 중요성은 없었다. 시민총회가 뽑은 200인 의회는 전직 그리고 현직 행정장관들과 함께, 4명의 행정장관을 제외한 소의회의 모든 구성원을 선출했다. 새로운 행정장관들은 은퇴하는 행정장관들이 작성한 8명의 후보자 명부 중에서 모든 시민(시민과 자유민)으로 구성된 총회에 의해 매년 선출되었다. 총회는 매년 두 차례 모였다.

시의 주민들은 시민(citoyens), 자유민(bourgeois), 거주민(habitants)으로 구성되어 있었다. 시민들은 제네바에서 태어나서 세례를 받은 사람들로 그들의 부모 역시 시민이었다. 자유민들은 오랫동안 제네바에 거주한 사람들로 자신들의 시민권을 구입한 사람들이었다. 그들은 소의회의 의원으로 선출될 수 없었다.(비록 자녀들은 될 수 있었지만 말이다.) 거주민들은 제네바에 등록된 외국인들로서 시에 의해 거주자로 인정되었

---

29) 칼뱅 시기의 의회 회의록 출판이 2003년 이후 진행 중이다. *Registres du Conseil de Genève a l'epoque de Calvin*, n.s., vol. 1, *Du 1er mai au 31 décembre 1536*, ed. Paule Hochuli-Dubois(Geneva, 2003); vol. 2, *Du 1er janvier au 31 décembre 1537*(Geneva, 2003).

지만 총회나 200인 의회나 60인 의회에 속할 수 없었다. 칼뱅은 세 번째 그룹에 속했다. 1559년 칼뱅에게 아무런 대가 없이 시민권이 제공되었으며, 칼뱅은 그해 12월 25일 그 제안을 받아들였다. 칼뱅은 자신에게 시민권을 부여해준 의회에 감사하면서, 행여 자신이 정치적 야심을 지녔다고 의심받는 일을 피하고자 자신은 결코 이를 요구한 적이 없음을 밝혔다.

2) 제네바에서의 갈등

칼뱅은 귀환해서 『교회법령』 입안과 시민법 개정을 통해 제네바 시의 일들을 처리하려고 실제적인 노력을 기울였지만, 문제는 여전히 발생하였다.[30] 이러한 문제들은 한편으로는 의회와 교회의 역할을 분명히 규정해야 할 필요성과 관련이 있고, 다른 한편으로는 제네바 시에 도입된 삶의 엄격한 방식을 반대하는 사람들과 관련이 있었다. 이런 사람들은 파당을 형성해서, 도시에서 일이 진행되는 방식에 더욱더 저항하고자 점차로 제네바의 자녀(enfants de Genève), 즉 오래된 제네바의 주민들과 뭉쳤다. 몇 세기 후에 이 당은 자유파(Libertines)로 알려졌다. 하지만 이 이름은 오해를 낳았는데, 칼뱅이 이름은 같지만 실상은 다른 리버틴 분파에 대항하는 작품을 남겼기 때문이다. 그러나 제네바의 자유파와 리버틴 분파 사이의 어떤 연관성도 증명되지 않았다.

(1) 파문권을 둘러싼 투쟁

우리는 의회와 교회의 투쟁을 살펴봄으로써 제네바에서의 갈등에

---

30) 이런 갈등에 대한 자세한 설명과 분석은 William G. Naphy, *Calvin and the Consolidation of the Genevan Reformation*(Manchester/New York, 1994), 84-120, 167-207을 보라.

대한 고찰을 시작할 것이다. 1541년 『교회법령』에 실린 규율과 파문에 관한 규칙을 실제 시행하는 데는 문제가 있는 것으로 판명되었다. 왜냐하면 『교회법령』은 파문의 권한을 교회가 가지는지, 세속의 관료들이 가지는지를 분명하게 밝히지 않았기 때문이다. 이와 관련해서, 1543년 3월 19일 누군가의 성만찬 참여를 금지하는 권한이 컨시스토리(Consistory)* 에 있는지 여부를 묻는 질문이 60인 의회에 상정되었다. 대답은 부정적이었다. 컨시스토리가 판결을 내릴 수는 있지만 처벌은 의회가 해야 한다는 것이었다. 그러나 컨시스토리에 통보되자마자 이 결정은 칼뱅의 격렬한 반대에 직면했다. 칼뱅이 이 결정에 전적으로 반대했기 때문에 의회는 그를 죽이든지 추방하든지 해야만 이 결정을 밀어붙일 수 있었다. 칼뱅과 몇몇 사람의 요청에 따라 의회는 임시회의를 개최하였고, 칼뱅은 자신의 입장을 설명함으로써 (칼뱅이 비레에게 편지한 것처럼-*CO* 11:521) 어려움 없이 자신의 뜻을 관철시킬 수 있었다.

파문의 권한을 둘러싼 교회와 세속권력 사이의 심각한 견해차는 1553년 미카엘 세르베투스 기소 때에 다시 불거졌다. 1553년 9월 1일, 1년 6개월 전에 음주로 인해 컨시스토리로부터 성만찬 참여를 거부당한 필리베르 베르텔리에르(Philibert Berthelier)가 성만찬에 다시 참여할 수 있게 해달라고 의회의 허락을 요청했다.[31] 칼뱅이 성만찬 참여를 허락하

---

* 제네바 컨시스토리는 칼뱅이 스트라스부르에서 제네바로 귀환한 1541년에 설립되었다. 컨시스토리는 제네바의 치리를 담당했던 기구로 12명의 평신도(장로)와 12명의 목회자로 구성되었다. 컨시스토리는 매주 목요일 정기적으로 모여 제네바 시민들이 복음에 합당하게 살아가도록 교육하고 상담하고 징계하는 기구였다. 컨시스토리 문서는 원본이 제네바 국립문서보관소에 잘 보존되어 있고, 로버트 킹던을 중심으로 한 몇몇 학자들이 만든 새로운 편집본이 제네바의 한 출판사(Librairie Droz)를 통해 발행되고 있다. 현재 프랑스어로 10권이 출판되었고(1996-2016), 영어로도 1권이 번역 출판되었다.(2000)-옮긴이 주

31) 베르텔리에르와 컨시스토리 사이의 갈등의 중요성에 대해서는 Walther Köhler,

거나 거부하는 권한은 컨시스토리에 속하는 것이라고 조언했음에도 불구하고 의회는 베르텔리에르에게 성만찬 참여를 승인해주었다. 다음 날인 9월 2일 의회는 칼뱅의 요구에 직면했다. 칼뱅은 『교회법령』에 의거하여 의회의 결정에 항의하였지만 성과는 없었다. 성만찬을 거행하기로 정해진 9월 3일 예배를 인도하면서, 칼뱅은 설교에서 자신의 입장을 분명히 하였다. 베르텔리에르는 의회로부터 이번에는 성만찬에 참여하지 말라는 경고를 받고, 성만찬에 참여하지 않았다. 오후 예배에서 칼뱅은 마치 고별설교를 하는 듯했다.[32)]

9월 7일 목회자들은 사태가 이렇게 흘러가는 데 대해 의회에 강하게 항의하면서, 1541년에 채택된 규정을 지키지 못하느니 차라리 죽거나 추방당하거나 또 다른 처벌을 받는 것이 낫다고 선언하였다. 의회는 목회자들에게 『교회법령』에 따라 그들의 정당함을 증명하라고 요구했고, 칼뱅은 목회자들을 대신하여 다음 날 의회에 답변을 제시했다. 목회자들에 따르면, 누가 성만찬에 참여할 수 있는지를 결정하는 것은 컨시스토리였다. 의회는 9월 18일 과거에 결정되었던 (그러나 서로 다르게 해석되었던!) 것을 계속 시행하기로 결정하였다.

11월 초에 베르텔리에르가 성만찬에 참여할 수 있도록 허락해줄 것을 다시금 요청하자 다시 투쟁이 시작되었다. 11월 7일 의회는 컨시스토리는 의회의 승인 없이는 누군가가 성만찬에 참여하는 것을 거부할 수 없다고 선언했으며, 이는 200인 의회에서 확정되었다. 칼뱅은 목회자들을 대표하여 이 결정을 받아들일 수 없다고 선포하였다. 상황이 막다

Das Ehe- und Sittengericht in den Süddeutschen Reichsstädten, den Herzogtum Württemberg und in Genf, vol. 2, Zürcher Ehegericht und Genfer Konsistorium(Leipzig, 1942), 605-614를 참조하라.

32) 베르텔리에르가 연루된 갈등에 대해서는 칼뱅이 9월 4일 비레에게 보낸 편지를 참조하라.(*CO* 14:605-606)

른 골목에 봉착했기 때문에 소의회와 대의회는 베른, 취리히, 바젤, 샤프하우젠의 조언을 구하기로 결정했다. 칼뱅은 11월 26일자 편지에서[*CO* 14:675-678; 이 편지는 장 뷔데(Jean Budé)가 전달하였다.] 취리히의 목회자들에게 제네바의 사태 추이를 설명하였다. 칼뱅이 이렇게 한 것은 그들이 곧 취리히 의회로부터 조언을 요청받게 될 것이 분명했기 때문이었다. 칼뱅은 파문에 대해 서로 다른 견해가 있다고 말한다. 어떤 사람들은 그리스도교적인 정부에서 그것이 필요 없다는 생각을 가지고 있다. 그러나 파문은 그리스도의 가르침과 합치하는 것이다. 칼뱅은 그것이 시행되지 않았던 곳들의 상황은 우리와 다르다면서 취리히의 목회자들에게 지금까지 제네바에서 이루어진 치리의 규율이 그리스도의 가르침에 어긋나는 것이 없음이 명백하지 않느냐고 묻는다. 그리고 만일 그렇다면 취리히 목회자들은 취리히 의회가 그 사실을 제네바 의회에 말하도록 모든 노력을 기울여야 한다고 말하고 있다.

12월 31일 칼뱅은 기욤 파렐에게 편지하여(*CO* 14:723-724), 취리히는『교회법령』에 어떤 변경도 가하지 말라고 조언하였고,[33] 바젤은 사안에 대한 아무런 언급 없이 기존 법령의 사본을 발송했고,[34] 샤프하우젠은 가장 큰 용기를 보여주었으며, 베른의 반응은 자신이 기대한 것보다 확실히 냉랭했다고 알렸다. 1554년 1월 1일 제네바 의회는 여러 도시에서 보내온 답변서들을 검토하였지만 아무런 결정도 내리지 않았다. 그 동안 베르텔리에르는 성만찬에 참여할 수 있다는 허락을 얻지 못하였

33) 또한 같은 날 칼뱅이 하인리히 불링거에게 보낸 편지를 참조하라.(*CO* 14:722-723) 제네바에게 보낸 취리히 의회의 답신에 대해서는 *CO* 14:699-703을 참조하라.

34) 이 문제는 바젤에 얼마간 논쟁을 촉발시켰다. Uwe Plath, *Calvin und Basel in den Jahren 1552-1556*(Zürich, 1974), 98-111을 참조하라. 샤프하우젠 의회의 답신을 풍부하게 인용하고 있는 것으로는, Jacobus Truger가 불링거에게 보낸 편지를 참조하라.(*CO* 14:710)

고, 그의 저항은 계속되었다.

의회는 1554년 10월 24일 위원회를 임명하여, 다시 한 번 파문권에 대해 연구하여 그 문제의 명확한 해결책을 찾아내도록 하였다. 1555년 1월 24일 60인 의회와 200인 의회는 『교회법령』을 고수하기로 결정하였다. 이것은 그들이 컨시스토리의 판단에 동의함을 의미하는 것이었다. 칼뱅은 하인리히 불링거에게 1555년 2월 24일 편지하여, "최근 마침내 긴 투쟁 끝에 파문권이 우리에게 속한다는 결정이 내려졌습니다."라고 썼다.(*CO* 15:449)

(2) 엄격한 생활방식에서 연유된 갈등

제네바 시에 도입된 보다 엄격한 생활방식에 대한 저항은 여러 경우에서 선명하게 볼 수 있다. 1545년 1월 피에르 아모(Pierre Ameaux)의 아내가 비도덕적인 행위로 정죄를 받았다. 아모는 이전에 카드 제조업을 했던 자로, 소의회의 의원이자 포병대의 주임이었다. 결혼은 취소되었고 아모는 재혼 허가를 받았다. 1546년 1월 26일, 아모는 자신의 최근 이혼 소송에서 칼뱅이 자신에게 반대하는 입장을 취했다고 확신하고서(1543년 12월 아모의 결혼생활에 심각한 문제가 있었다.), 칼뱅의 가르침과 생활을 강하게 비판하였다. 아모는 체포되었다. 소의회는 가볍게 처벌해야 할지 무겁게 처벌해야 할지 결정할 수가 없어서 이 문제를 200인 의회로 넘겼다. 200인 의회는 가벼운 처벌을 내리기로 결정하였다. 아모는 시의회 문 앞에 무릎을 꿇고 칼뱅에게 용서를 구해야 했다. 칼뱅 역시 처음에는 가벼운 처벌에 찬성하였고, 감옥에 갇힌 아모를 방문하고자 하였으나 의회는 이를 허락하지 않았다. 이후에 칼뱅(과 컨시스토리)은 의회의 판결에 동의하지 않았는데, 그것은 아모가 칼뱅이 교회의 중재 없이 7년 동안 이단적인 설교를 했다고 주장하면서 하나님을 공개적으로 모독했기 때문이다. 이제 칼뱅은 보다 엄격한 처벌을 원했다. 즉 아모가 속죄의 옷을 입고, 맨머리로, 손에는 횃불을 들고 감옥에서 도심까지 걸어가야 한다는 것이었다. 두 문 사이에서 무릎을 꿇고 하나님과 자비의 법정에 간절히 탄원해야 한다는 것이었다. 4월 8일 아모는 공개적인 참회를 행하라는 판결을 받았다.

1546년에는 춤을 금하는 법령을 어긴 일로 문제가 발생하였다. 춤을 금하는 것은 칼뱅이 제네바에 도착하기 훨씬 전에 확립된 것이다. 관련자 중에는 행정장관 코른(Amblard Corne)과 포병대의 수장 아미 페랭(Ami Perrin)도 있었다. 컨시스토리가 소집되었을 때 페랭의 아내는 컨시스토리의 구성원들을 거칠게 비난하였다. 그들이 자신의 가족(파브르 가문)을 상대로 무언가 꾸몄다고 믿었기 때문이다. 그들은 그녀의 아버지도 간통으로 조처했었다. 이와는 대조적으로 코른은 자신과 다른 사람들의 행위를 강하게 꾸짖으면서 죄를 자백하였다. 코른과 칼뱅은 예배 후에 페랭과 대화를 나누려고 했으나 페랭은 나타나지 않았다. 따라서 칼뱅은 페랭에게 편지를 써(*CO* 12:338-339), 교회 안에서 두 잣대를 적용할 수 없다고 말하였다. 그는 교회와 페랭 모두의 유익을 구하였다. 칼뱅은 자신이 곧 제네바를 떠나야 할 것이라는 페랭 가족의 협박에는 전혀 신경 쓰지 않았다. 칼뱅은 안일을 위해서나 개인적인 유익을 위해서 제네바에 온 것이 아니었기에 다시 떠나게 된다 하더라도 아쉬워하지 않았을 것이다. 그는 오직 자신의 책임을 다하고자 하였고, 페랭에게 하나님께 순종하고 공동체의 규율을 지키라고 요구하였다.

1546년 배우 루 모네(Roux Monet)는 자신이 속한 극단(劇團)이 도덕적인 무대 연극을 상연할 수 있도록 허락해달라고 의회에 요청하였다. 의회는 이 문제를 목회자들과 협의한 후에 허락하였다. 공연은 5월 2일 주일에 이루어졌다. 이 공연에 맞추기 위해 교회의 예배 시간이 변경되었다. 5월 24일 배우들은 1536년 부르주에서 공연한 바 있는 〈사도행전〉(The Acts of the Apostles)을 공연할 수 있게 해달라고 요청하였다. 이 공연을 위해서 2주의 시간과 거의 55명에 이르는 사람들이 필요했다. (아주 긴 이 연극을 짧게 줄이는 작업을 한) 아벨 푸팽(Abel Poupin)은 칼뱅과 더불어 처음에 완강히 반대했으나 다른 목회자들은 그러지 않았다. 칼뱅은 파렐에게 이렇게 편지하였다.(*CO* 12:347-348) "우리는 이 공연이 우리의 동의를 전혀 얻지 못했음을 밝힙니다. 우리가 너무 거세게 반대하면 우리가 얻고 있는 좋은 평판이 약화되거나 소멸될 수 있는 위험이 있기 때문에 반대 입장을 끝까지 밀어붙이고 싶지는 않지만 말입니다. 여흥을 원하는 모든 사람을 물리칠 수는 없다는 것을 깨닫습니다."

심지어 공연이 이루어지기 전 7월 4일에 미셸 콥(Michel Cop)은 설교에서 배우들을 매도하였고, 칼뱅이 이를 비판하지 않고 묵인함으로써 문제는 더욱 복잡해졌다. 배우들은 격노하여 자신들에게 공연을 허락해 준 의회에 도움을 구하였다. 칼뱅과 그의 동료 푸팽은 그들을 진정시키는 데 성공했지만, 어려움이 없었던 것은 아니었다.(칼뱅이 파렐에게 보낸 7월 4일자 편지를 보라—*CO* 12:355-357)

1546년 8월에 페랭-파브르 가문과 더 복잡한 문제가 발생하였다. 푸팽이 아미 페랭의 처남의 결혼식을 집전할 때였다. 질문을 듣지 못한 신랑이, "예"라고 답하라는 요구에 그만 머리를 좌우로 흔들었는데, 가까이 서 있던 아미 페랭이 웃음을 터뜨리고 만 것이다. 두 사람은 의회의 처벌을 받았다. 게다가 페랭의 처삼촌은 투옥되었다. 그리고 그 결혼식 전날 페랭의 어머니가 다툼 중에 가족 중 한 사람을 때려 소란을 일으켰다. 그녀는 컨시스토리 앞에 출두해야 했지만 도망쳤다. 칼뱅은 8월 11일 비레에게 편지하여(*CO* 12:368-370) 자신이 어떻게 해야 하는지 물었다. 침묵함으로써 한 사람(페랭)의 호의를 얻고 온 교회의 배반자가 되어야 하는가? 칼뱅은 페랭이 화를 낼 이유가 전혀 없다는 것을 분명하게 하기 위해서 자신이 많이 노력해야 한다는 것을 실감하였다. 더욱이,

페랭의 아내는 자중하도록 제재를 가해야만 했는데, 그것은 그녀가 사악한 것들을 붙들고 옹호하고 있기 때문이었다.

파렐은 페랭에게 편지하여 칼뱅과 화해하라고 호소하였다. 칼뱅은 그 편지를 미리 훑어보았는데, 나중에 페랭이 이 편지의 날카로운 어조에 격노했다는 것을 알고는 그 편지에 충분히 주의를 기울이지 않은 것을 후회하였다. 왜냐하면 칼뱅은 페랭이 그렇게 엄격하게 다뤄지는 것을 원하지 않았기 때문이다.(10월 12일자 파렐에게 보낸 편지를 보라—*CO* 12:395-396)

1547년 6월 27일 생피에르 교회의 설교단에는 비방문이 붙어 있었다. 칼뱅과 그 지지자들은 거칠게 비난받았고 죽음의 협박을 받았다. 의회는 그 비방문의 배후에 교회와 국가 모두에 대항하는 음모가 도사리고 있다는 혐의를 두고, 조사위원회를 임명하였다. 이 사건의 용의자 중 한 사람인 자크 그루에(Jacques Gruet)의 집을 수색하자 의회와 칼뱅을 비난하는 문서들이 발견되었다. 그루에는 자신이 그 비방문을 작성하여 설교단에 부착했다는 것을 시인하였다. 그는 7월 26일 참수되었다.[35]

1550년 그루에의 집에서 그가 쓴 책 한 권이 발견되었다. 그는 그 책에서 하나님의 존재를 부인하고, 거짓 교리가 성서에서 비롯된 것이라고 주장하면서, 동정녀 마리아를 매춘부, 예수 그리스도를 거짓말쟁이, 선지자들을 멍청이들, 사도들을 불한당들이라고 칭하였다. 의회가 칼뱅에게 조언을 구했을 때, 칼뱅은 적절한 조처를 취해야 한다고 주장하였다.(*CO* 13:568-570) 의회의 결정에 따라 이 책을 1550년 5월 25일 공개

---

35) 이 사건에서 연유된 몇몇 문서들, 즉 그루에가 쓴 비방문, 소환장, 그리고 판결문에 대해서는 *CO* 12:563-568을 참조하라. 또한 Henri Fazy, "Procés de Jacques Gruet, 1547," *Mémoires de l'Institut national genevois* 16(1886); M. François Berriot, "Un Procés d'athéisme à Genève: L'Affaire Gruet(1547-50)," *BSHPF* 125(1979): 577-592를 참조하라.

적으로 불태웠다.

1547년 9월 20일 의회 모임에서 아미 페랭은 자신의 아내와 장인을 수감한 데 대해 의회를 거세게 비난하였다. 페랭 또한 체포되었고, 10월 9일에 의회는 그에게서 지휘관직을 박탈하였다. 페랭에 대한 소송이 진행되는 동안 그에 대한 또 다른 고발장이 접수되었다. 지난 5월에 그가 파리에서 있었던 앙리 2세의 즉위식에 베른 대표로 참석했는데, 거기서 추기경 뒤 벨레(Du Bellay)가 카를 5세의 예상되는 공격에 대비하여 베른과 제네바 지역에서 수백 명의 기병대를 지휘할 권한을 주겠다고 한 제안에 그가 동의했다는 것이었다. 베른은 페랭을 지지하면서, 페랭에게 그러한 혐의를 제기한 로랑 메그레(Laurent Maigret) 역시 페랭이 파리에 머물러 있던 기간에 프랑스 궁정의 지원을 얻으려고 애썼다는 사실을 밝혔다. 메그레도 체포되었다. 의회에서는 격론이 벌어졌고, 11월 29일 페랭은 증거 불충분으로 석방되고 메그레는 계속 수감되었다. 12월 12일 칼뱅은 의회에 시의 무질서가 도시를 파괴할 뿐만 아니라 교회도 위협하고 있다고 지적하였다. 칼뱅은 12월 17일 비레에게 보낸 편지에서(*CO* 12:632) 도시의 상황을 볼 때 교회가 질서를 유지할 수 있으리라는 희망을 거의 가질 수 없다고 말했다. "정말이지, 하나님께서 그 손을 내게 내밀지 않으신다면 나는 상심할 수밖에 없습니다." 도시의 위협적인 무질서 때문에 의회는 칼뱅을 수장으로 하는 위원회를 구성하여 다양한 견해를 조정하려는 노력을 하였다.

제네바가 어려운 상황에 놓이자 파렐과 비레가 1548년 1월 초에 제네바로 와서 칼뱅을 돕고 각 당파에게 화해를 호소하였다. 이 두 목회자는 1월 10일 200인 의회의 환영을 받았다. 5일 후에 페랭이 화해의 정신을 보여주자, 의회는 다시금 그를 구성원으로 받아들였다. 메그레는 그 다음날 감옥에서 풀려나 모든 혐의를 벗었다.

1548년 여름 칼뱅은 1545년 2월 12일 비레에게 보낸 편지로(*CO*

12:32-33) 인해 어려움에 봉착했다. 그 편지에서 그는 의회선거에 대해 논하면서, 사람들이 그리스도 없는 그리스도교의 겉모양만으로 다스리려고 한다고 썼다. 문제의 편지는 페랭 가문의 한 사람이 훔쳐서 칼뱅에 대적하는 무기로 삼았다. 장 트롤리에(Jean Trolliet)가 이 편지를 프랑스어로 번역하여 몇몇 공개적인 사건들에 활용하였다. 9월 14일 칼뱅은 의회로 향하였고, 트롤리에 또한 출두를 명 받았다. 칼뱅은 자신이 그 편지를 썼다는 것을 인정하고 사과하였다. 의회는 두 사람에게 평화롭게 지낼 것을 권고하였다.

그러나 칼뱅에게는 그 편지의 부정적인 영향력이 가시지 않았다. 칼뱅은 비레(문제의 편지는 비레에게 보낸 것이었다.)와 파렐에게 도움을 요청하였다. 이 두 사람은 9월 말과 10월 초에 한 번 이상씩 차례로 의회에 나타났다. 10월 18일 의회는 마침내 그 문제가 해결된 것으로 간주했지만, 후에 칼뱅은 자신의 의무를 보다 책임감을 가지고 수행해야 했다.

1548년 가을은 칼뱅에게 또 다른 어려움의 시기였다. 로잔에서는 칼뱅을 가인이라 불렀으며, 곧 그가 제네바에서 쫓겨날 것이라는 소문이 퍼져나갔다.(10월 28일자 비레에게 보낸 편지를 보라—*CO* 13:92-93) 그리고 11월 선거에서는 칼뱅의 대적자들이 승리하였다. 그들이 이제 법집행과 관련된 중요한 요직을 차지했다. 칼뱅은 다가오는 행정장관 선거가 정부의 총체적인 변혁을 일으키지나 않을까 우려했다. 그동안 트롤리에는 칼뱅의 책과 설교에 반대하는 인쇄물을 만들고 있었다.(칼뱅이 파렐에게 보낸 11월 27일자 편지를 보라—*CO* 13:109-110) 칼뱅은 12월 12일 파렐에게 편지하면서 미래에 희망이 없어 보인다고 말했다.(*CO* 13:125-126) 12월 14일 칼뱅은 여러 가지 문제 중에서 페랭을 포함한 많은 사람들이 성만찬에 참여하지 않고 있는 문제를 의회에 내놓고 의회의 도움을 호소하였다. 12월 18일 의회는 페랭에게 해명을 요구하고, 불화를 중재하기 위해 할 수 있는 모든 것을 행한 후에, 상호조화를 증진하기 위해 의원들과 목회자들을 위한 식사 자리를 마련했다.

1549년 1월 18일 의회는 온 도시가 복음에 따른 개혁과 관련된 종교규칙을 지킬 것을 요구하는 선언서를 냈다.(*CO* 13:158-160) 모든 사람은 그리스도인의 삶을 살 것과 교회 예배에 충실하게 참석할 것을 권고 받았다. 규칙을 지키는지 살펴볼 책임을 맡은 사람들은 자신들의 직무를 확실히 수행해야 했다. 지도자의 자리에 있는 사람들은 좋은 본보기를 보여주어야 했다. 이 선언서는 다음 번 교회 예배가 있기 전에 공개하기로 하였다.

1549년 2월 아미 페랭이 최고 행정장관으로 선출되었다. 그러나 1555년 2월의 선거에서는 칼뱅의 추종자들이 완전한 승리를 거두었다. 네 명의 행정장관 모두가 칼뱅을 지지했고, 페랭의 추종자들(제네바의 자녀들)은 모든 면에서 영향력을 상실했다.

뒤이은 몇 달 동안, 많은 프랑스 피난민들이(대략 120명) 제네바 시민으로서 자신들의 권한을 얻어냈다. 페랭과 같은 오래된 제네바 가문들은 그렇게 많은 프랑스 난민들이 도시에 정착하고 있다는 사실을 점점 받아들이기 어려워했다. 페랭은 시민권을 획득한 프랑스 난민들이 투표에 참여하지 못하도록 하거나 10년 동안 무기를 소지하지 못하도록 하자는 법안을 제안했지만, 의회는 1555년 5월 6일 이를 거부했다. 페랭의 요구를 지지하기 위해 500명 이상의 시민들이 5월 16일 제네바에서 항의시위를 벌였다. 시위를 끝마치고 많은 사람들은 제네바의 자녀들(enfants de Genève)의 지도자들이 마련한 음식을 대접받았다. 밤 동안에 거리에서 소동이 벌어졌고, 행정장관인 오베르(Aubert)가 누군가를 체포하려고 하자 페랭은 자기 참모를 잡아챘다. 다음 날 조사가 이루어졌고, 5월 23일 몇몇 주모자들이 투옥되었다. 그 다음날 소의회와 대의회는 페랭의 사건을 다루었는데, 그는 다른 세 사람과 함께 도시에서 도망쳤다가 체포되었다. 연루된 자들 중 12명이 사형을 언도받았다. 그들 중 3명은 처형되었고, 나머지는 도망쳐 망명하였다. 베른의 의회가 그들을 원조하기 위해 나서서, 궐석으로 유죄판결을 받은 사람들을 위해 안전통행증을 요구했다. 그들 중 한 사람인 프랑수아-다니엘 베르텔리에르(François-Daniel Berthelier)는 제네바로 돌아왔다가 체포되어 9월 11일 참수되었다. 이 사건들은 페랭파의 종말을 의미했다.

제네바에서 일어난 일들은 다른 곳에서도 감정을 자극하였다. 제네바에서 일어난 사건을 기술한 6월 5일자 칼뱅의 편지를(*CO* 15:640-642) 받은 불링거는 칼뱅에게 더 상세한 소식을 물었다. 칼뱅은 다른 사람들, 예를 들어 취리히 의회, 샤프하우젠에 있는 동료들, 샤프하우젠 의회에 정확하게 알리려는 생각에서 불링거에게 좀 더 상세한 보고(6월 15일자—*CO* 15:676-685)를 보냈다. 베른은 페랭과 그 추종자들을 돕는 일을 계속하면서, 그들이 제네바로 돌아갈 수 있도록 허락할 것을 요구했다.

1555년 5월 페랭주의자들의 패배는 광범위한 영향을 미쳤다. 그 이후로 칼뱅은 편지에서 제네바 상황을 거의 언급하지 않았다. 도시의 투쟁은 끝이 났고, 이제 종교개혁을 계속 추진할 수 있는 때와 장소가 된 것이다. 칼뱅 역시 이웃 도시들의 교회 일에도 점점 연관을 맺게 되었다.

(3) 신학적인 갈등

아가서와 그리스도의 지옥강림에 관한 대립

신학적인 문제를 둘러싼 논쟁이 수차례 제네바에서 일어났다. 그중 하나는 1543년 12월에 라틴어 학교 교장이던 세바스티앙 카스텔리옹이 목사가 되고 싶다는 뜻을 피력하면서 일어났다. 의회는 그의 뜻을 들어 주려고 했지만, 『교회법령』에 규정되어 있는 대로 신청자와 목회자들의 성서연구모임(congrégation)을 진행하던 중 문제가 발생했다. 카스텔리옹은 솔로몬의 노래인 아가서에 대해 다른 견해를 가지고 있음을 암시했다. 그는 아가서를 솔로몬의 사랑노래라고 간주하고, 정경에서 제외하는 것이 더 좋다고 생각했다. 더군다나 그는 그리스도의 지옥강림이 십자가에서의 고통을 언급하는 것이라는 제네바 교리문답의 설명에 동의하지 않았다.

후자의 문제와 관련하여 목회자들은 카스텔리옹에게 적어도 교리문답에 있는 신앙의 요체에 동의를 표하라고 요구했다. 왜냐하면 그들이 회중들의 훈도와 관계된 신앙의 문제를 다양한 방식으로 이해하게 되면 회중들이 혼돈에 빠질 것이라고 느꼈기 때문이다. 하지만 토의의 주된 요점은 카스텔리옹의 아가서 이해였다. 합의는 이루어지지 않았고, 목회자들은 카스텔리옹에게 목사 직위를 허락할 수 없었다.[36]

카스텔리옹은 1544년 2월 학교의 교장직을 사임하고 로잔에서 일자리를 찾고자 했다. 칼뱅은 목회자들을 대표하여 추천서를 써주어 그를 도왔다.(*CO* 11:674-676) 이 추천서는 카스텔리옹이 왜 목회자로 받아들여지지 않았는지를 밝히고 있다. 교장으로서의 그의 공적은 칭송되었다. 그의 행동에도 비난할 만한 것이 없으며, 신앙의 근본적인 문제들에 관해서도 그는 아무런 사악한 것도 가르치지 않았다고 말하였다.[37]

카스텔리옹은 로잔에서 일자리를 찾지 못하고 제네바로 돌아왔으며, 1544년 5월 30일 금요일 고린도후서 6:4("오직 모든 일에 하나님의 일꾼으로 자천하여")를 본문으로 목회자들이 성서연구모임을 하던 모임에서 혼란을 일으켰다. 카스텔리옹은 바울과 제네바의 목회자들을 날카롭게 구별하였다. 칼뱅은 많은 외부 사람들 앞에서 일이 커지는 것을 원치

---

36) 또한 칼뱅이 비레에게 보낸 두 편지(*CO* 11:686-688, 690-691)를 보면, 카스텔리옹이 목회자로 오는 것을 칼뱅이 좋아하지 않은 것은 분명하다. 그렇지만 칼뱅은 진심으로 카스텔리옹이 일자리를 찾도록 돕고 싶어 했다.

37) 칼뱅이 5월 31일 파렐에게 보낸 편지를 참조하라.(*CO* 11:719-722)

않았기 때문에 이때 침묵하였다. 후에 칼뱅은 의회에 카스텔리옹을 고발했고, 카스텔리옹은 제네바를 떠나야만 했다. 카스텔리옹은 바젤에서 인쇄업자 오포랭(Oporin)에게서 편집교정 일을 얻었다. 1551년 그의 라틴어 성서 번역이 출판되었고, 그의 프랑스어 성서 번역은 1555년에 출판되었다. 1553년 그는 바젤 대학에서 그리스어 교수가 되었다.

예정론에 관한 갈등

1551년 제롬 볼섹(Jérôme Bolsec)을 상대로 소송이 제기되었는데, 그는 성서연구모임 중에 예정론을 논박함으로써 심각한 문제를 일으킨 인물이다. 볼섹은 1551년 12월 제네바에서 추방되었지만 그것으로 문제가 끝난 것은 아니었다.

1552년 6월 13일 칼뱅은 장 트롤리에에 관해 의회에서 불만을 털어놓았다. 이 사람은 1545년 제네바에서 목사가 되고자 했으나 다른 목회자들의 반대에 부딪쳐서 뜻을 이루지 못했다. 트롤리에는 후에 의회 검열관이 되었다. 칼뱅이 의회에 제기한 이 불만은 트롤리에가 공식적인 식사 자리에서 여러 가지 일로 칼뱅을 비난한 사실과 관련이 있었다.(*CO* 14:334-335) 트롤리에는 의회에 나와서 스스로를 변호하라는 요구를 받았다.(변호 내용을 알고 싶으면 *CO* 14:335-37을 참조하라.) 몇 차례의 논쟁이 있은 뒤인 9월 1일에, 예정론을 둘러싸고 의회에서 트롤리에와 칼뱅 사이에 논박이 벌어졌다.

트롤리에는 10월 3일 자신의 주장을 문서로 제출하였다.(*CO* 14:371-377 참조) 그는 칼뱅의 『기독교강요』(1551)에서 뽑은 몇몇 구절의 발췌문과 필립 멜란히톤에게 호소하는 글로 시작해서, 칼뱅이 죄의 근원을 하나님께 돌리고 있다고 비난하였다.

칼뱅은 10월 6일에 자신의 답을 의회에 문서로 제출하였다.(*CO* 14:378-383 참조) 그는 하나님을 죄의 창조자라고 말하는 것은 신성모

독이며, 트롤리에의 말이 자신을 불쾌하게 만들고 있음을 밝혔다. 트롤리에가 『기독교강요』에서 발췌해 예시한 것들은 문맥을 무시한 것들이었다. 트롤리에는 칼뱅이 주장하는 것과 칼뱅의 논박을 받는 자들이 주장하는 것을 혼동하고 있었다.

칼뱅은 자신의 답변서에서 필연적인 범죄(a necessary sinning)에 관해 언급하고 있지만, 죄를 범하는 모든 사람이 자신이 죄를 짓도록 강제받았다고 변명할 수는 없다.(필연성은 강제와는 다른 것이다.) 칼뱅은 유기되는 데는 두 가지 원인이 있다고 말한다. 하나는 하나님의 영원한 섭리 안에 숨겨져 있고, 다른 하나는 완전히 드러난 것으로 개인의 죄가 그 원인이다. 칼뱅에 따르면 문제의 핵심은 유기될 자들은 모두 자신들이 유죄이고 따라서 자신들이 당하는 정죄가 정당하다는 것을 스스로의 양심에 따라 깨닫게 될 것이라는 것이다. 그들은 이처럼 명백한 진리를 간과하고, 자신들이 유기된 데 대해 우리가 범접할 수 없는 하나님의 '법정'(Little Council) 탓을 하는 잘못을 범한다. 성서는 하나님께서 우리가 도달할 목표 지점을 택하셔서 우리 각 사람에게 예정해주셨다는 것을 분명히 보여준다. 그러나 왜 그리고 어떻게 이 일이 일어나는지에 대해서는 알 수 없다. 왜냐하면 이것은 우리에게 설명되지 않았기 때문이다.

칼뱅은 멜란히톤과 자신이 이 교리를 가르치는 방식에 차이가 있음을 인정했다. 멜란히톤은 너무나 기꺼이 인간의 이해력에 맞추어 설명하고자 했고, 칼뱅은 호기심을 가진 사람들이 하나님의 비밀을 지나치게 깊이 탐구할 어떤 기회도 주지 않으려고 했다. 멜란히톤은 이 주제에 대해 신학자로서보다는 철학자로서(그는 심지어 플라톤을 언급했다.) 말해왔다.[38] 하

38) 칼뱅이 1552년 11월 27일 멜란히톤에게 보낸 편지를 참조하라.(*CO* 14:415-418)

지만 칼뱅은 멜란히톤과 자신을 적대적인 관계로 보고자 하는 자들은 누구나 그 두 사람과 전체 교회에 커다란 불의를 행하는 것이라는 점을 명백히 했다. 마지막으로 칼뱅은 자신이 가르치는 것은 자기 자신의 머리에서 나온 것이 아니라 하나님에게서 받은 것이고, 자신은 진리를 위해 그것을 고수해야 한다는 것을 확신한다고 말했다.

1553년에 세르베투스 사건과 관련하여 중요한 신학논쟁이 벌어졌다. 1554년 6월 제네바 의회는 익명의 편지를 받았다. 이 편지에는 세르베투스, 볼섹, 그리고 다른 사람들에게 적대적인 입장을 취한다는 이유로, 칼뱅뿐만 아니라 뇌샤텔과 취리히의 의회와 목회자들까지 비난하는 내용이 담겨 있었다. 이 편지를 누가 썼는지는 분명하지 않지만, 칼뱅은 카스텔리옹이라고 생각하였다.[39] 칼뱅은 자신이 이 혐의들을 분명하게 벗지 않으면 더 이상 교회를 섬길 수 없다고 믿고, 이 문제에 관해 의회에 호소하였다.

의회는 칼뱅을 지지했지만 아무것도 할 수 없었다. 하지만 바젤에서는 켈리오 쿠리오네(Celio Curione)와 카스텔리옹에 반대하는 조처를 취했다. 이 두 사람 모두 1554년에 예정론에 관한 칼뱅의 사상을 공격했다. 쿠리오네는 1552년에 쓴 자신의 소논문 『복된 하나님 나라의 위대함에 관하여』(*De amplitudine beati regni Dei*)의 개정판에서 칼뱅을 간접적으로 공격했다. 그렇지만 이 소논문은 바젤의 동의를 얻지 못해 출판될 수 없었다. 유사하게, 카스텔리옹은 자신의 라틴어 성서 번역 개정판의 여백에 주석을 달아 로마서 9:13에 대한 칼뱅의 해석을 공격했지만, 그 주석을 빼라는 명령이 인쇄업자에게 내려졌다.[40]

---

39) 8월 7일 Simon Sulzer에게 보낸 그의 편지를 참조하라.(*CO* 15:209)
40) Plath, *Calvin und Basel*, 164-172.

5. 제네바 아카데미

제네바는 사보이의 공작이 제기하는 위협을 주시하고 있었다. 공작이 카토-캉브레지 평화조약(the Peace of Cateau-Cambrésis) 이후 제네바와 다른 영토들에 대한 권리를 다시금 주장할 수 있었기 때문이다. 도시의 요새화에 여념이 없을 때, 1559년 6월 5일 생피에르의 한 모임에서 칼뱅의 사회로 제네바 아카데미의 개원식이 있었다.[41] 슈트라스부르크에서 귀환한 후 1541년에 칼뱅은 이미 아카데미를 세울 계획을 갖고 있었지만, 여러 가지 이유로 성사되지 못하다가 1555년 제네바의 정치적 상황이 변한 후에야 빛을 보게 된 것이다. 1556년 프랑크푸르트로 가던 길에 칼뱅은 슈트라스부르크 아카데미의 책임자였던 요하네스 슈투름의 조언을 구하러 그곳을 방문하였다. 베른과의 새로운 조약 체결이라는 오랜 시간을 요하는 문제를 제외하고는, 아카데미의 설립이 주된 관심사였다. 먼저, 새로운 건물이 필요하였다. 1558년 초에 부르드푸르 구빈원 근처에 적당한 장소가 나왔다. 건축을 위해 시정부의 재정을 끌어올 수 없었기 때문에 칼뱅은 상당한 금액을 모금하는 책임을 맡았다.

칼뱅과 목회자들은 교과과정을 작성하여 의회에 승인을 요청하였다. 이미 있던 학교인 콜레주 드 라 리브(Collège de La Rive)는 새로운 아카데미 안에서 7학년으로 이루어진 초등교육기관(schola privata)이 되었다. 처음 두 학년에서 아이들은 프랑스어와 라틴어를 읽고 쓰는 것을 배웠다. 그 다음에 이들은 라틴어와 그리스어로 된 작품들에 집중하였다. 수업에서는 읽고 이해하는 것과 누군가의 사상을 말로 분명하게 표현하는 것이 특별히 강조되었다. 수요일에는 수업이 없었다. 아침에

---

41) Charles Borgeaud, *Histoire de l'Université de Genève*, vol. 1, *L'Académie de Calvin*, 1559-1798(Geneva, 1900).

학생들은 교회에 갔고, 오후에는 휴식시간을 가졌다. 토요일에 학생들은 그동안 배운 것들을 복습하고 다가오는 주일을 위해 교리문답을 공부하였다. 강의가 있는 날은 특별히 학교를 위해 마련된 교리문답에 들어 있는 기도로 시작하였다. 기도와 시편을 노래하는 것은 교과과정에서 확고한 위치를 차지했다. 학생들은 또한 주기도문, 사도신경, 그리고 십계명을 암송하도록 교육받았다. 교사들은 목회자들과 교수들의 임명을 받아 의회의 인준을 받아야 했다.

초등교육기관에 출석한 학생들은 비교적 덜 대중적인 교육기관인 고등교육기관(schola publica)에 진학할 수 있었다. 등록한 학생은 신앙고백서에 서명을 하고 다섯 명의 교수에게서 27강좌를 들었다. 교수들은 초등교육기관 교사들과 같은 방식으로 임명되었다. 히브리어 교수는 학생들에게 히브리어와 함께, 구약성서 중 한 권을 히브리어 주석서들을 사용해서 주석하는 법을 가르쳤다. 그리스어 교수는 그리스 철학자들(윤리가 특별한 관심사였다.)과 시인들의 책을 학생들과 함께 강독했다. '교양과목'을 맡은 교수들은 학생들에게 자연과학과 수학, 그리고 목회자와 변호사가 되기 위해 필요한 웅변술을 가르쳤다. 토요일 오후에는 몇몇 목회자들의 지도 아래 실천신학을 훈련하는 데 관심을 기울였다. 학생들은 설교를 하고 평가를 받았다. 그 밖에도 성서해석을 가르치는 두 명의 교수가 있었다. 칼뱅과 테오도르 베즈는 아카데미 초창기에 이런 역할을 감당하였다. 교수들은 또한 목회자들의 금요모임(성서연구모임)에 참석하였다. 포도 수확기에는 3주간의 방학이 있었다.

의회는 칼뱅에게 아카데미의 교수진을 확보하는 책임을 맡겼다. 그는 이 일에 그다지 성공을 거두지 못했다. 마튀랭 코르디에(Marthurin Cordier)를 초등교육기관 교사로 확보하려는 노력이 실패로 끝났는데, 이는 코르디에를 보내달라는 칼뱅의 요청을 로잔이 받아들이지 않았기 때문이다. 그러나 1562년 2월 16일 코르디에는 마침내 교사로 임명되었다. 82세의 나이에 말이다! 칼뱅은 또한 파리의 왕립학교에서 히브리어를 가르치던 장 메르시에(Jean Mercier)를 데려오는 데도 실패했다.(1558년 3월 16일자 편지－*CO* 17:94-95) 1563년에 칼뱅은 다시금 메르시에를 설득하고자 했다.(5월 3일과 10월 17일자 칼뱅의 편지를 보라－*CO* 20:4-5, 170-171) 유대인으로 케임브리지에서 히브리어를 가르치다가 하이델베르크에서 가르치고 있던 임마누엘 트레멜리우스(Immanuel Tremellius: 칼뱅의 교리문답을 히브리어로 번역하여 1554년 제네바에서 출판하였다) 또한 제네바로 와달라는 칼뱅의 초청을 거절하였다.(1558년 8월 29일자 칼뱅의 편지를 보라－*CO* 17:310) 베른 영내에 있던 로잔의 많은 교수들과 베른 사이에 벌어진 심각한 갈등은 칼뱅이 교수들을 확보하는 데 대단히 다행스러운 일이 되었다. 베른 의회는 파문권과 같은 교회문제들에서 영향력을 행사하기를 원했다. 1558년 10월 이 갈등으로 인해 베즈가 1549년 이래로 그리스어를 가르쳐온 로잔 아카데미를 떠났다. 피에르 비레를 포함한 다른 사람들도 나중에 베즈를 따랐다. 베즈는 제네바로 향했고 칼뱅의 제안에 따라 11월에 그리스어 교수로 임명되었다. 목회자가 되고자 했던 베즈의 소망은 1559년 3월에 이루어졌다. 히브리어에 앙투안-라울 셔발리에(Antoine-Raoul Chevallier), 그리스어에 프랑수아 베롯(François Béraud), 철학에 장 타곳(Jean Tagaut) 등 로잔에서 온 다른 사람들에게도 교수직이 주어졌다.

목회자들이 의회에 아카데미 교장으로 천거한 베즈는 1559년 6월 5일 생피에르 교회에서 취임연설을 하였다.(*CO* 17:542-547 참조) 시의 서기였던 미셸 로제(Michel Roset)가 학교 법령을[42] 큰소리로 낭독하고, 교사들이 그 법령과 신앙고백에 동의하는 맹세를 하고 난 다음이었

---

42) *Leges academiae Genevensis*(라틴어와 프랑스어 본문은 *CO* 10a:65-90을 참조하라.)

다. 아카데미가 있던 건물은 1564년까지 완공되지 않았다. 그 당시 대략 1,500명의 학생이 있었고, 대다수는 외국에서 온 사람들이었다. 그들은 신학이나 법학을 공부하였다.

6. 칼뱅이 다른 도시들과 맺은 관계

1) 베른과 제네바의 관계와 칼뱅

제네바와 베른 사이에는 이따금 긴장이 고조되었다. 칼뱅이 1541년 제네바로 귀환했을 때, 베른은 제네바 인근의 영토들에 대한 권한을 여전히 주장하고 있었다. 바젤은 중재를 요청받고서 18개월의 숙고 끝에 1542년 1월 입장을 공표하였다. 칼뱅은 제네바 의회가 임명한 자문위원회에 참여했다. 이 문제는 제네바와 베른이 함께 이끌어낸 협약을 제네바 시민들이 비준한 1544년까지 이어졌다. 두 도시의 긴장은 계속되었는데, 이런 긴장은 1546년에 제네바가 베른에게서 이탈하여 프랑스 왕의 편에 설지도 모른다는 베른의 두려움과 같은 정치적 문제와 연관되어 있을 뿐만 아니라 종교적인 문제와도 연결되어 있었다.

우리는 이미 베른 의회의 요청으로 제네바 의회가 1538년 몇몇 베른식 교회예식들을 도입하려고 했을 때 제네바에서 문제가 발생했다는 것을 언급하였다. 문제 중 하나는 주일이 아닌 날 맞게 되는 네 차례의 큰 축제, 즉 성탄절, 할례축일, 수태고지일, 승천기념일의 거행과 연관되어 있었다. 이 축일들은 제네바에서 1536년에 폐지되었다가 칼뱅과 파렐의 추방 이후에 복원된 것이었다. 1541년 제네바로 귀환한 칼뱅은 기존의 상황에 순응해야 했다. 1544년 의회는 축일들의 거행과 관련하여 독특한 변화를 시도했다. 앞으로는 축일 오전에만 일을 쉬고 교회예배를 드리고 난 다음 오후에는 모두 일터로 간다는 것이었다. 그러나 몇몇 사람들이 이 방침에 계속 항의했고, 축일 오후에 작업장을 열어야 할지에 대해 분쟁과 알력이 일어났기 때문에, 칼뱅은 1550년 11월 의회에 알력을 완화시킬 조처를 취하라고 요구했다. 그러나 칼뱅은 네 축일의 폐지에 대해서는 아무 언급도 하지 않았다. 그로서는 베른을 따르는 것도 상관없었기 때문이다. 따라서 1550년 11월 16일 의회가 네 축일을 폐지하기로 결정한 것은 칼뱅에게 굉장히 놀라운 일이었다. 만일 의회가 그에게 의견을 물었다면 그는 이러한 결정을 지지하지 않았을 것이다.(칼뱅이 1551년 1월 2일 존 할러에게 보낸 편지와 1551년 4월 23일 하인리히 불링거에게 보낸 편지들을 보라 ― *CO* 14:4-6, 104-105)

이와 같은 긴장관계는 예를 들면 1551년 발생한 일에서 볼 수 있듯이 격앙될 수 있는 여지가 많았다. 베른과 베른에 속해 있는 지역에서는 성만찬을 성탄절에 거행하는 것이 관습이었지만, 제네바에서는 12월 25일과 가까운 주일에 거행하였다. 1551년 12월 27일 (제네바의 관할권에 속해 있던) 주시(Jussy)의 목회자 장 드 생-앙드레(Jean de Saint-André)가 (베른의 관할권에 속해 있던) 퐁트네이(Fontenay) 부근에서 설교하면서, 베른의 관습에 따라 성탄절인 12월 25일에 성만찬을 거행한 회중들을 비난하였다. 1552년 2월 7일 생-앙드레가 베른 지역에 나타났을 때 그는 투옥되었다. 칼뱅은 제네바 의회의 편지를 가지고 생-앙드레를 돕기 위해 1552년 2월 17일 베른으로 갔다. 베른 의회와 의견을 나눈 후에 칼뱅은 2월 26일 제네바 의회에 보고하였는데, 제네바 의회는 3월 7일에야 생-앙드레가 자신이 밝힌 견해 때문에 베른 영토에서 추방되었다는 소식과 더불어 베른 의회로부터 편지를 받았다. 생-앙드레는 제네바 의회의 도움으로 4월에 제네바에서 목사가 되었고, 베른은 11월에 그에 대한 형량을 높였다.

제네바와 베른의 상호작용에서 주요한 요소 중 하나는 두 도시에서 교회와 정부의 관계가 달랐던 점이다. 제네바는 베른에 비해 교회가 정부에게서 보다 독립적이었다.[43] 예를 들면 베른 의회는 목회자들의 성서연구모임(congrégations)을 1549년에 폐지하였다. 제네바에서 볼섹 사건이 일어난 이후, 베른 의회는 자기 지역 목회자들이 설교에서 예정론을 가르치는 것을 금지하였다. 금령을 무시한 토농(Thonon) 지역의 몇몇 목사들은 해임되어 추방당했다. 베른은 자기 지역의 회중들이 제네바의 통제 아래 있는 지역에서 거행되는 성만찬에 참여하는 것까지 금지시켰다.

제네바는 볼섹이나 니옹(Nyon)의 목회자 앙드레 제베데(André Zébédée)와 같은 사람들이 베른과 그 영지에서 벌이고 있던 반(反)칼뱅적인 행동을 단순히 묵과하지 않았다. 하지만 제네바 목회자들과 심지어 로잔 목회자들의 항의서한도 아무런 효과가 없었다.[44]

1555년 3월 칼뱅과 행정장관 레몽 쇼베(Raymond Chauvet)가 여러 문제를 토의하기 위해 제네바를 대표해서 베른으로 갔다. 그러나 의회

---

43) Kurt Guggisberg, "Calvin und Bern," in *Festgabe Leonhard von Muralt* (Zurich, 1970), 266-285 참조.

44) 제네바 목회자들은 1554년 10월 4일 베른 의회에 편지를 썼다.(*CO* 15:250-252) 뒤이어 10월 6일 또 다른 편지를 써서(*CO* 15:256-258), Christophe Fabri를 통해 직접 베른까지 배달하였다. 베른은 11월 17일 베른 영지 안에 있는 목회자들에게 보내는 편지와 제네바 의회에 보내는 편지로 이에 답했다.(*CO* 15:311-314) 베른의 답신에 충분히 만족하지 못한 제네바의 목회자들은 11월 27일 의회와 협의를 거쳐 작성한 편지로 응답하였다.(*CO* 15:319-320) 또 다른 편지가 12월 29일 베른으로 급송되었다.(*CO* 15:363-364) 이 편지들에 언급한 불만들은 무엇보다 볼섹과 관련이 있었다. 또한 제네바 의회에 보낸 편지에 나타난 베른 의회의 반응에 대해서도(*CO* 15:400-404) 살펴보라. 그 편지에서는 제네바 목회자들에 대해 갖가지 비난을 가했다. 그리고 보(Vaud) 영지 내에 있는 목회자들에게 보낸 편지에서는(*CO* 15:405) 그들에게 확립된 관습을 지키라고 요구하였다. 1555년 2월 제네바와 로잔의 목회자들은 다양한 비방들에 대해서 베른 의회에 불만을 토로하였다.(*CO* 15:430-433)

와의 대화는 아무런 효력도 없었다. 예를 들어 베른 의회는 제네바 의회가 예정론에 대한 모든 출판물을 금지시키기를 원했다. 칼뱅과 쇼베는 4월 11일 제네바 의회에 이를 보고했다.

그 후 몇 달 동안 베른과의 서신왕래는 계속되었다. 칼뱅은 베른 의회에 두 번 편지했는데, 첫 번째는 그곳에서 대화를 나눈 바로 직후였다.(*CO* 15:550-551) 그 편지에서 칼뱅은 다른 것들보다도 예정론에 관한 책의 출판을 금하려는 베른의 시도에 대해서, 그리고 베른이 이해하는 개혁과 반대되는 내용을 담고 있는 책들을 불태우려는 베른 사람들의 계획에 대해서 언급하였다. 두 번째 편지에서(5월 4일—*CO* 15:600-604) 칼뱅은 제네바 목회자들이 예정론에 관해 1552년 작성한 문서를 베른이 거부한 것과, 베른이 그 주제에 관한 출판물을 금지하려고 애쓰고 있는 데 대해 더 구체적으로 다루었다. 칼뱅은 그처럼 심오하고 파악하기 어려운 신비는 자신이 그랬던 것처럼 절제와 겸손의 정신으로 기록되어야 한다고 믿었다. 그가 의도한 바는 인간의 무분별을 극복하고, 사람들이 호기심에 이리저리 휘둘리지 않고 하나님의 위엄을 예배할 수 있도록 그들을 가르치는 것이었다. 칼뱅은 예정론이 성서에 기록되어 있기 때문에 그것을 부정하는 것은 불가능하다고 썼다. 또한 여러 사람 중에서 장 랑게(Jean Lange)와 제베데로 인해 자신이 경험한 중상비방에 대해서도 언급했다. 칼뱅이 원한 것은 언제나 교회를 섬기는 것이었고 교회의 복음적 교리가 번성하는 것을 보는 것이었기 때문에, 그는 자신의 이름을 빌미로 신앙이 조롱받는 일이 없도록 의회가 조처해줄 것을 소망한 것이다. 로잔의 목회자들과 제네바 의회 또한 베른에(5월 2일과 5월 6일—*CO* 15:585-591, 608-613) 편지하였다. 이 문제들에 관한 서신왕래는 6월 초에 중단되었다.

이 문제들의 부정적 영향은 시민들(이른바 자유민들, bourgeoisie)의 권리에 대한 베른과 제네바 사이의 협약이 만료되는 1556년 2월 8일이다가오자 분명해졌다. 제네바 의회는 1555년에 협약을 계속 유지하는 데 찬성을 표하였으나 베른은 반응이 없었고, 한참을 재촉한 후에 베른이 규정을 변경하기를 원한다는 것을 알게 되었다. 변경하고자 하는 내용에는 제네바가 베른 이외의 어떤 다른 도시와도 동맹을 맺지 않는다는 약속도 포함되어 있었다.(이것은 1536년 두 도시가 합의한 사항이었지만, 시민권에 관한 조약에는 포함되지 않았었다.) 그러나 제네바는 베른의 동의 아래 다른 스위스 도시들과 협정을 맺어, 프랑스와의 관계에서 제네바의 입지를 강화할 수 있기를 원했다. 칼뱅이 이런 제네바 사람들의 생각을 선동하는 자라는 소문이 취리히와 도처에 퍼지기 시작했다.(1555년 9월 28일자 불링거의 편지 참조－*CO* 15:797-801) 따라서 칼뱅은 10월에 불링거에게 보낸 편지에서 자신을 변호하였다.(*CO* 15:829-836) 1556년 2월 8일, 아직 새로운 협약에 도달하지 못했을 때 제네바는 취리히와 바젤과 샤프하우젠에 도움을 호소했다. 협상이 재개되었지만 성과는 없었다. 1555년 5월 제네바를 떠난 페랭과 그 친구들도 제네바에 반대하는 활동을 계속했다.

1557년 가을, 외부 압력의 결과로 베른과 제네바 사이에 마침내 새로운 협약이 체결될 가능성이 커졌다. 스위스 도시들은 점차 제네바 편으로 돌아서서 스위스 동맹에 제네바를 포함하는 것을 지지하였다. 그러나 문제 해결의 실마리를 제공한 것은 사보이의 에마누엘레 필리베르토(Emanuele Filibert) 공이었다. 그는 1557년 8월 프랑스로 하여금 아버지가 상실한 영토들(제네바와 베른의 관할 아래 있던 지역들을 포함)에 대한 자신의 권리를 인정하도록 하는 데 성공하고는, 자신의 군대를 이용해 그 지역들을 되찾으려고 했다. 베른과 제네바는 이제 자신들의 자유를 위협하는 공동의 적에 직면했음을 깨달았다. 1558년 1월 9일 그들은 항구적인 동맹(alliance perpétuelle)을 결성했는데, 여기서 제네바는 처음으로 베른과 동등한 토대 위에 서게 되었다. 두 도시는 서로를 보호할 것을 맹세하였다. 베른은 제네바를 스위스 동맹에 포함하는 데 긍정적인 입장을 취했다. 제네바 사람들은 이제 자유롭고 독립적인 도시가 되었다는 사실을 축하하기 위해 축제를 열었다.

칼뱅은 제네바와 베른 사이에 일어난 일들에 계속적으로 관여하였다. 의회가 협약의 규정과 같은 문제에 관해 그에게 조언을 구했기 때문이다. 1556년 2월 21일 칼뱅은 베른 시의 서기였던 니콜라우스 주르킨덴(Nikolaus Zurkinden)에게 편지하여, 자신이 정치에 개인적으로 관여하고 있는 데 대해 자신은 거리를 두고 싶었지만 때때로 상황이 자신을 연루될 수밖에 없도록 밀어붙였다고 말하였다. 칼뱅은 한가한 방관자가 되기보다는 평화를 회복하기 위해 할 수 있는 모든 일을 하는 것이 더 낫다고 생각했다. 비록 이렇게 연루됨으로써 온갖 종류의 어려움을 겪게 되기는 하지만 말이다.(*CO* 16:43-45)

우리는 다른 편지들에서도 칼뱅이 베른과 제네바의 관계를 얼마나 중요하게 생각했는지를 알 수 있다. 예를 들어, 1556년 3월 1일에 불링거에게 보낸 편지에서 칼뱅은 제네바 사람들이 베른에게서 받아온 수치스러운 대접을 이제 더 이상 겪지 않기를 바라는 희망을 피력했다. 그는 기도와 관대함을 요청했다.(*CO* 16:52) 1556년 8월 프랑크푸르트로 가는 도중 바젤에 들렀을 때, 칼뱅은 그곳에서 제네바 의회에 편지하여 바젤에서 제네바 대표들이 경험한 것들을 알려주었다. 바젤, 취리히, 샤프하우젠에서 대표단은 추방된 페랭과 그 하수인들이 제네바에 대해 쏟아내는 비난을 반박해야 했다.(*CO* 16:270-271) 1558년 1월 9일 마침내 베른과 새로운 동맹이 체결되자 칼뱅은 그 다음날 슈트라스부르크에 있던 프랑수아 오트망(François Hotman)에게 편지하여 많은 토의 끝에 베른과의 영속적인 동맹이 결국 성사되었다고 말하였다. 칼뱅은 이 협약이 모든 논쟁에 종지부를 찍을 것이라고 생각하지는 않았지만 그래도 이 협약은 좋은 것이라고 생각했다. 왜냐하면 이제 공평한 중재자들이 불

화의 사건들을 수습할 것이기 때문이었다.(*CO* 17:15)

2) 칼뱅이 뇌샤텔과 프랑크푸르트와 맺은 관계

칼뱅이 많이 접촉한 몇몇 지역들이 있다. 우리는 칼뱅이 다른 지역에서 일어난 사건들과 어떤 관련을 맺었는지 조금이나마 이해하기 위해 특별히 뇌샤텔과 프랑크푸르트를 더 자세히 살펴볼 것이다.

뇌샤텔은 제네바에서 그리 멀지 않다. 파렐은 제네바에서 추방당한 후 1538년에 그곳의 목회자가 되었다. 칼뱅과 파렐은 정기적으로 만났고, 여러 상황에서 서로를 지원했으며, 자주 편지를 주고받았다. 우리는 칼뱅과 뇌샤텔 사이에 이루어진 몇 차례의 접촉에 대해 기술할 것이다. 이러한 접촉을 통해서 분명해지는 것은 칼뱅이 제네바에 고립되어 일한 것이 아니라 여러 차례 뇌샤텔의 사건들에 연루될 수밖에 없었다는 것이다.

1543년 5월 뇌샤텔의 종교법원은 칼뱅에게 그곳으로 와서, 삼위일체와 그리스도에 대해 비정통적인 견해를 가졌다고 그를 비난하는 장 쿠르투아(Jean Courtois)에 대항해서 스스로를 변호하라고 청하였다. 1542년 이래 뇌샤텔의 목사였던 쿠르투아는 자신의 처남 장 샤포노(Jean Chaponneau)의 격려에 고무되어 그런 일을 벌였다. 샤포노는 1537-38년에 뇌샤텔에서 목사가 된 자로, 한 차례 이상 파렐에게 어려움을 안겨준 인물이다. 칼뱅은 부르주에서 보낸 학창시절부터 샤포노를 알고 있었다. 그러나 칼뱅에게 종교법원의 초청이 너무 늦게 전달되는 바람에, 그는 문서로 자신을 변호할 수밖에 없었다.(뇌샤텔의 목회자들에게 보낸 5월 28일자 칼뱅의 편지를 보라 – *CO* 11:559-562)

1543년 11월 칼뱅은 뇌샤텔의 목회자들에게 보낸 편지에서 삼위일체와 그리스도의 위격에 관해 쿠르투아와 제네바에서 담화를 나누었다고 알렸다.(*CO* 11:652-654) 쿠르투아는 자신의 주장을 밀어붙이기 위해 제네바에 온 것이 아니라 배우러 왔다고 밝히면서, 자신은 칼뱅과 논의하는 것들에 동의할 준비가 되어 있다고 말했다. 쿠르투아는 또한 칼뱅이 교회에 불일치를 불러일으킬 위험에 관해 말한 것과 참된 지식과 교훈에 관해 말한 것들을 마음에 새겼다. 그는 자기 책임을 다하겠다고 약속했고, 칼뱅은 그를 자신의 동료 직분자들에게 천거하였다.

칼뱅은 1544년 11월 8일 제네바의 목회자들을 대표하여 뇌샤텔의 목회자들에게 편지를 썼는데(*CO* 11:762-766), 이 편지에서 그는 그곳 목회자들 사이에 상호견책(mutual censure)을 둘러싸고 벌어진 의견 차이를 다루었다. 뇌샤텔의 목회자들은 상호견책에 대한 규정을 마련해두고 있었지만, 앞에서 언급한 샤포노는 마태복음 18:15-17에 근거하여, 목회자들 사이에서는 이 관행이 불필요한 것이라고 간주하였다. 그는 이 주제에 대해 6가지의 명제를 제시하였으며, 모든 문제는 토론을 위해 제네바로 넘겨졌다.

칼뱅의 편지에 따르면 제네바의 목회자들은 그 규정이 유익하다고 생각했다. 견책은 함께 고심하게 해주고 전체 동료들의 권고를 증진시킨다. 그러나 토론에 앞서서 건전한 견책의 처방이 독이 되지 않도록 얼마나 깊은 주의를 기울여야 하는지를 강조하는 것이 유익하다.

샤포노는 다른 사람들의 의견에 동의할 것을 요구받았으나, 칼뱅에게 반감을 품었다. 칼뱅이 9월 17일 베른에서 제네바로 돌아가는 길에 뇌샤텔에 들렀을 때, 샤포노는 『기독교강요』의 여러 구절을 제시하면서 칼뱅에게 설명해달라고 하였다. 칼뱅은 편지로 그에게 답해주었다.(이 편지는 현재 분실되었다.) 샤포노는 12월 초에 칼뱅에게 비판조로 장문의 편지를 써서(*CO* 11:781-802) 그리스도의 신성에 대한 칼뱅의 견해를 논박하면서 그를 이단이라고 비난하였다. 제네바의 목회자들은 뇌샤텔의 목회자들에게 보낸 편지에서 이를 반박하였다.(*CO* 11:805-809) 칼뱅도

1545년 1월 21일 뇌샤텔의 목회자들에게 보낸 편지에서(*CO* 12:13-20) 샤포노의 공격에 대해 대답하였고, 샤포노는 1545년 한 해 동안 자신의 초기 입장 대부분을 포기하였다.(그는 1545년 10월 22일 죽었다.)[45]

1545년 8월 파렐을 목회자로 제네바에 초빙하려는 시도가 있었다. 이미 모로(Moreau)는 해임되고, 샹페로(Aimé Champereau)는 드렐랑(Draillans)으로 옮겨갔고, 마티어 드 제네스통(Matthieu de Geneston)은 역병으로 죽은 후였다. 그러나 이 시도는 성공하지 못했는데, 뇌샤텔이 파렐을 계승할 만한 인물을 찾지 못했기 때문이다.(몽벨리아르에서 떠나온 Pierre Toussaint이 천거되었었다 – *CO* 12:124-125) 9월 24일 미셸 콥이 제네바의 목회자가 되었고, 얼마 후에 니콜라스 데 갈라(Nicolas des Gallars)가 그 뒤를 이었다.

1551년 3월 4일 칼뱅은 뇌샤텔에서 개최한 대회에 참석하였다. 뇌샤텔 의회는 그 도시의 목회자들이 다양한 교회 규칙을 토의하기 위해 다른 도시의 목회자들까지 초청해서 함께 모임을 갖는 것을 허락했다. 이때 일을 기록한 보고서 중 하나가 칼뱅이 쓴 것으로, 뇌샤텔의 파스퇴르 도서관(Bibliothèque des Pasteurs)에 소장되어 있다.[46]

칼뱅은 1553년 3월에 당시 중병을 앓고 있던 파렐을 만나러 뇌샤텔을 방문하였다. 파렐은 칼뱅과 다른 몇 사람들 앞에서 유언을 남겼다. 칼뱅은 파렐이 곧 죽을 것이라고 생각하고 떠났지만 그는 회복되었다. 칼뱅은 3월 27일자 편지에서(*CO* 14:509) 진심으로 파렐의 건승을 기원하면서 그가 자신보다 더 오래 살았으면 좋겠다는 소망을 피력하였다.

1558년 9월 26일 칼뱅은 69세나 된 파렐이 프랑스에서 (어머니와 오빠와 함께) 피난 온 젊은 마리 토렐(Marie Torel)과 결혼하려는 데 크

---

45) 좀 더 자세한 정보는 *Guillaume Farel, 1489-1565*(Neuchâtel, 1930), 540-550을 참조하라.

46) 같은 책, 605-610.

게 충격을 받고 화가 나 있는 뇌샤텔의 목회자들에게 편지하였다.(*CO* 17:351-353) 당시 토렐과 그 어머니가 함께 파렐의 집에 거하고 있었다. 파렐은 아마도 7월쯤 칼뱅에게 자신의 계획을 사적으로 알린 것 같다. 칼뱅은 나이 차가 너무 많은 데 놀라, 파렐에게 도시 안에서 온갖 수군거림이 생기는 것을 방지하기 위해 결혼 계획을 공개하는 것이 좋겠다고 충고하였다. 파렐은 이 충고에 즉시 따르지 않았다.[9월 12일자 편지에서(*CO* 17:335-336), 칼뱅은 파렐의 초청을 받았지만 자신은 임박한 결혼식에 갈 수도 없고 가고 싶지도 않다고 쓰고 있다.] 칼뱅은 치리의 방식에 불만을 가졌던 뇌샤텔의 목회자들에게 편지하면서, 파렐이 미리 알려주지 않고 그런 일을 벌려 그들이 얼마나 마음이 상했을지 이해한다고 썼다. 칼뱅 또한 파렐이 하고 있는 일이 어리석다고 생각했지만, 그들에게 파렐이 지난 36년 동안 교회를 위해 했던 일을 기억해달라고 하였다. 파렐이 하려는 일을 인정해야 한다고 말하는 것이 아니라 단지 너무 거세게 반응하지는 말아달라는 것이었다. 칼뱅은 하나님께서 그들에게 충분한 지혜를 주셔서, 파렐의 행동으로 인해 상한 마음이 가능한 한 완화되고, 가엾은 형제 파렐이 슬픈 죽음을 맞지 않기를 소망하였다.

뇌샤텔과 달리, 프랑크푸르트는 제네바에서 멀리 떨어져 있었기 때문에 칼뱅이 그 도시와 많이 접촉했을 것 같지 않지만, 사실상 칼뱅은 많은 관련을 맺었다. 그 도시의 교회생활에서 일어난 일들에 칼뱅이 매우 밀접하게 연관되었다고까지 말할 수 있다.[47] 칼뱅이 제네바 이외에 다른 곳의 골치 아픈 상황에 얼마나 연루되었는지를 보여주기 위해 프랑크푸르트와의 접촉을 개관하고자 한다.

칼뱅이 프랑크푸르트와 접촉을 시작한 것은 1555년 초였다. 메리

---

47) Karl Bauer, *Die Beziehungen Calvins zu Frankfurt a. M.*, SVRG 38 (Leipzig, 1920).

가 여왕이 된 후 잉글랜드에서 피난 온 사람들이 프랑크푸르트에 교회를 세웠다. 예식을 둘러싸고 교회에 문제가 발생했다. 어떤 사람들은 공동기도서를 사용하기 원했고, 또 다른 사람들은 개혁교회 예식을 선호하였다. 후자에 존 녹스(John Knox)와 윌리엄 위팅엄(William Whittingham)이 포함되어 있었다. 이 두 사람은 1554년 12월 11일 칼뱅에게 조언을 구하는 편지를 보냈다.(*CO* 15:337-344) 이들은 잉글랜드 예식의 개요와 더불어 자신들의 비평적 해설을 첨부하면서, 이 예식에 잔존해 있는 어리석은 로마가톨릭 요소들을 칼뱅이 정죄해주기를 원했다.

1555년 1월 18일에 보낸 답장에서(*CO* 15:393-394), 칼뱅은 먼저 동일한 신앙 때문에 추방당한 형제들 사이에 불일치가 있다는 것을 알고 자신이 얼마나 안타까웠는지를 피력하였다. 칼뱅이 생각하기에, 피난민들이 언어와 종교적인 신념에 따라 속하게 된 교회에 적응해야 한다는 사실은 명백하였다. 그는 교회가 막 자리를 잡아가고 있는 와중에 기도와 다른 의식의 형태에 관해 논쟁하는 것은 부적절하다고 판단하였다. 그는 교회의 형성과정을 방해할 수 있는 완고함을 비난하고 있다. 그는 예배의 구조와 같은 비본질적인 문제에 관해서는 관대하고자 했지만, 또한 어리석은 고집으로 관습에 집착하려는 사람들에게 동조하고 싶지는 않았다. 잉글랜드 예식에 많은 부조리가 있지만 칼뱅은 참을 만하다고 말한다. 칼뱅이 말하는 바는 잉글랜드 예식에 상당히 많은 결함이 있기는 하지만, 개선이 이루어질 때까지 임시로 그것을 사용할 수 없을 만큼 경건을 위협하는 것 또한 아니라는 의미이다. 그러면서도 칼뱅은 새로운 교회를 형성하는 바로 이 시기가 예식을 개정하기에 좋은 때라고 말하기도 한다. 그러나 그는 연약함(즉 그러한 개정을 견뎌내지 못하는 상태)을 호소하는 사람들이 있는 상황에서는 심하게 개정을 밀어붙이지 말라고 경고한다. 칼뱅은 또 개혁교회 예식을 선호하는 사람들에게는 고집 때문에 새로운 교회를 세우는 일을 망치는 어리석음을 범하지 말라고 권고한다. 관련된 모든 당파가 어리석은 질투에 빠져서는 안 된다는 것을 명심해야 한다. 더욱이, 신앙을 위해 추방된 사람들이 이제 그 신앙을 저버렸다고 말하는 잉글랜드의 비방을 두려워해서도 안 된다. 오히려 피난민들은 진실한 신앙고백으로, 뒤에 남은 신자들로 하여금 깊은 성찰을 통해 자기 자신을 발견할 수 있도록 해주어야 한다.

프랑크푸르트의 영국인 교회는 당파 간의 타협을 이룰 수 있었다. 하지만 리처드 콕스(Richard Coxe)가 새로운 피난민들을 이끌고 왔을 때 다시 한 번 문제가 발생하였다. 콕스는 자신들의 예식과 교회조직을 확고하게 유지하고자 했다. 소책자를 통해 황제를 공격한 바 있는 녹스는 반대파들의 비난을 사 당국에 의해 추방되었다. 1555년 3월 25일자 편지에서(*CO* 15:523-524) 위팅엄은 다시금 칼뱅의 중재를 요청하였다. 콕스와 일단의 사람들은 4월 초에 칼뱅에게 현 상황을 알리면서 자신들이 몇 가지를 양보했다고 말하였다.(*CO* 15:552-554) 칼뱅은 5월 31일에 콕스에게 편지하여(*CO* 15:628-629) 화해를 이룬 것은 기쁘게 생각하지만 녹스를 다룬 방식에는 찬성하지 않는다고 답변했다. 일단의 콕스 측 사람들이 제네바로 올 수도 있다고 말한 데 대해, 칼뱅은 그 일이 상호조화를 해치면서까지 감행되지는 않았으면 좋겠다는 소망을 피력하였다.

1556년 9월 후반기에 일어난 여러 가지 불화와 관련하여 칼뱅은 2주 동안 프랑크푸르트에 머물렀다.[48] 이 불화들은 무엇보다 프랑스 피난민들의 교회와 연관된 것들로서, 교회 구성원들이 서로 다른 지역, 즉 잉글랜드와 베젤에서 왔다는 사실에서 연유한 것이었다. 심지어 목회자

48) 같은 책, 47-51.

인 발레랑 풀랭(Valérand Poullain)까지도 알력의 원인이 되었다. 칼뱅은 편지를 통해 평화를 이끌어 내려고 노력하였다.[49]

프랑크푸르트에 체류하는 동안 칼뱅은 7명으로 구성된 위원회를 주재했는데, 이 위원회에서는 풀랭의 사임을 권고하였다. 칼뱅은 또한 프랑크푸르트에서 유스투스 벨스(Justus Wels)와 이틀에 걸쳐 토론하였다. 벨스는 칼뱅의 예정론에 반대하면서 자유의지를 주창한 인물이다. 더불어 칼뱅은 영국 피난민 교회 회중과도 회합을 가지자고 제의하였다. 그러나 그는 루터란 목회자들과 접촉하는 데는 성공하지 못하였다.[10월 26일자 Wolfgang Musculus에게 보낸 편지에서(*CO* 16:319-321) 칼뱅은 프랑크푸르트에서의 경험을 이야기하면서, 프랑스 피난민들 교회에서의 논쟁을 "불쾌한 일"이었다고 쓰고 있다.]

1559년 2월 23일자 편지에서(*CO* 17:440-442 참조) 칼뱅은 다시금 불화가 불거진 프랑크푸르트의 프랑스 피난민 교회 안부를 물었다. 가장 심각한 문제는 두 목회자, 즉 풀랭을 계승한 기욤 우브라크(Guillaume Houbracque)와 프랑수아 페뤼셀(François Perrucel)의 다툼이었다. 칼뱅은 평신도들 사이의 알력도 교회를 병들게 하는 요인이 되는데, 하물며 평화의 사도들이 서로 치고받는다면 어떻게 되겠느냐고 물었다. 따라서 칼뱅은 서둘러 돕고자 했으며 평화를 파괴하는 알력에 종지부를 찍기를 열망하였다. 또한 그는 다른 소논문들과 함께 교회에 퍼져 나가고 있던 신비주의 서적 『독일신학』(*Theologia Germanica*)을 프랑스어로 번역하여 출판한 세바스티앙 카스텔리옹과 접촉하는 데 대

---

49) 예를 들어 칼뱅이 풀랭에게 6월 24일에 썼던 편지(*CO* 16:201-203), 프랑크푸르트 의회 의원이던 Johann von Glauburg(칼뱅이 레겐스부르크 회의에서 알게 된 자로, 칼뱅은 그에게 프랑스 피난민 교회의 분쟁을 중재해 줄 것을 요청하고 있다.)에게 보낸 편지, 교회 장로들과 집사들에게 보냈던 편지(*CO* 16:207-210), 그리고 전체 회중에게 보낸 편지(*CO* 16:210-213)를 참조하라.

해서도 경고하였다.

칼뱅은 또한 프랑크푸르트 교회의 일원으로 자신이 과거에 아주 열성적인 사람이라고 생각한 오귀스탱 레그랑(Augustin Legrand)에게도 편지하였다.(*CO* 17:442-443 참조) 칼뱅은 레그랑에게 죽음의 독으로 가득 찬 험담으로 교회의 평화를 해치지 말라고 진심으로 간청하였다. 다시금 교회 공동체와 평화를 회복함으로써, 비록 교회 안에 일치가 이루어지지 않더라도 그것이 그의 잘못은 아니게끔 하라는 것이었다.

3) 칼뱅이 프랑스와 맺은 관계

칼뱅이 프랑스와 맺은 관계를 완벽하게 설명하는 것이 우리의 의도는 아니다. 여기서 우리는 그가 당시 곤란한 상황에 빠져 있던 프랑스의 프로테스탄트에게 보여준 관심에만 초점을 맞추고자 한다. 1545년경 발도파 사람들은 자신들이 무서운 박해에 직면하고 있음을 깨달았다. 그 해 루앙(Rouen) 근처에서 끔찍한 살육이 발생해 수천 명의 사람들이 목숨을 잃었다. 칼뱅은 몇몇 발도파 사람들이 들려준 이야기에 큰 충격을 받았다. 1545년 5월 4일 칼뱅은 이 일에 대해 파렐에게 편지로 알리면서, 발도파를 위해 할 수 있는 일이 무엇인지 알아보려고 의회가 자신을 스위스 교회에 파송하기로 결정했음을 알렸다.(*CO* 12:75-76) 아마도 파렐은 베른에서부터 칼뱅과 동행할 수 있었을 것이다.

슈트라스부르크를 포함한 많은 도시들을 방문한 후에 칼뱅은 아라우(Aarau)로 갔다. 그곳에서는 발도파가 처한 곤경을 다루기 위해 취리히 주도로 많은 프로테스탄트 도시들이 회합을 갖고 있었다. 여기서는 박해받는 사람들을 위해 프랑수아 1세에게 보낼 탄원서를 작성하기로 결정하고, 왕이 이에 응한다면 사절단을 보내기로 하였다. 그리고 그 문제에 대해 계속 연락하기로 합의하였다. 이것은 칼뱅이 할 수 있는 최선

이었다.(5월 28일 비레에게 보낸 편지를 보라—*CO* 12:82-83)

그러나 칼뱅은 적대자들에 의해 불리한 입장에 놓여 있던, 박해받는 발도파에게 계속해서 관심을 가졌다. 그는 7월 24일 불링거에게 보낸 편지에서(*CO* 12:110-112), 프로방스의 통치자 그리낭(Aymar de Grignan) 백작과 투르농 추기경(Cardinal de Tournon)을 박해의 선동자들로 간주하였다. 그는 발도파를 위해 무엇인가를 행하도록 베른과 바젤에 촉구해야 한다고 하였다. 또한 불링거가 그 동료들과 더불어 정치 권력자들에게 호소하여 어떤 조처를 취하도록 요청하라고 권하였다. 같은 날(7월 24일) 칼뱅은 샤프하우젠의 목회자들, 바젤의 미코니우스(Oswald Myconius), 장크트갈렌의 바디아누스(Vadianus, Joachim von Watt)에게도 편지하였다.(*CO* 12:112-118) 그 결과 프랑수와 1세에게 스위스 사절단과 독일의 프로테스탄트 영주 대표단을 보내게 되었다. 감옥에 있던 발도파 사람들은 석방되었고 그중 많은 사람들이 스위스로 향했다.

1548년 1월에 제네바 의회는 앙리 2세로부터 편지를 받았다. 앙리 2세는 1547년에 프랑수아 1세를 계승하여 프랑스 왕이 된 후 1559년까지 통치하였는데, 아버지보다 한층 더 거세게 프로테스탄트를 박해하였다. 1547년 10월 8일 우선적으로 그는 이단들을 박해하기 위해 화형재판소(chambre ardente)를 설치하였는데 이로 인해 많은 저명인사들이 제네바로 피신하였다. 1548년 8월에는 로랑 드 노르망디(Laurent de Normandie), 1549년 5월 3일에는 테오도르 베즈(11월에 그는 로잔에서 그리스어 교수가 되었다.), 1549년 6월 17일에는 기욤 뷔데의 홀로 된 아내와 그 자녀들(뷔데는 1540년에 죽었다.), 1550년 11월 13일에는 인쇄업자 로베르 에티엔(Robert Estienne)이 제네바로 왔다. 위에 언급한 편지에서 앙리 2세는 서로 화합하여 카를 5세를 경계할 것을 요구하면서, 제네바를 곤경에 처하도록 버려두지 않겠다고 공언했다.(1월 15일 비레에게

보낸 칼뱅의 편지를 보라 – *CO* 12:651)

『샤토브리앙 칙령』(*The Edict of Châteaubriant*)이 1551년 9월 2일 프랑스에서 공식적으로 출판되었다. 칼뱅은 불링거에게 보낸 10월 15일자 편지에서(*CO* 14:186-188) 이 일에 대해 언급한다. 프로테스탄트 그리스도인들은 독살자들, 화폐 위조자들, 강도들도 누릴 수 있었던 것, 즉 최고법원에 호소할 수 있는 권리까지 박탈당해 왔다. 질서는 온데간데 없이 사라져 평범한 재판관들도 아무런 항소 절차 없이 즉시 프로테스탄트 신자들을 화형장으로 끌고 갈 수 있었다. 칼뱅은 가련한 형제들을 돕기 위해 최선을 다해야 한다고 생각했다. 그는 제네바와 3월 8일 동맹관계를 연장한 베른에게서 아무런 도움도 기대할 수 없다는 것을 심히 유감스럽게 생각하였다. 우리를 죽이려고 칼이 날을 세우고 있는데, 형제인 우리는 서로를 돌아보는 데 소홀하다고 칼뱅은 쓰고 있다.

1552년 2월 29일 칼뱅은 박해받고 있는 프랑스의 동료 그리스도인들을 변호하기 위해 독일로 가고자 하는 자신의 계획에 대해 의회와 상의하였다. 칼뱅은 자신이 그들을 위해 무언가 할 수 있으리라고 생각했다. 왜냐하면 1551년 10월 3일 프로테스탄트 영주인 작센의 모리츠(Moritz)가 황제 카를 5세에 대항해서 프랑스 앙리 2세와 동맹을 체결했고, 1552년 1월 15일 샹보르 조약(Treaty of Chambord)에서 모리츠가 메스(Metz), 툴(Toul), 베르됭(Verdun)과 같은 도시들에 대해 앙리의 관할권을 인정했기 때문이다. 이러한 합의들은 프랑스에 살고 있던 독일인들에게 유리한 것이었다. 프랑스 왕은 황제 카를 5세에 대항하여 싸우는 데 스위스 도시들의 도움이 절실히 필요했기 때문에, 칼뱅은 왕의 『샤토브리앙 칙령』으로 인해 심각한 어려움에 봉착해 있는 프랑스의 동료 그리스도인들을 위해 무언가 해낼 수 있으리라 낙관하였다. 이 칙령은 축제일에는 반드시 미사에 참여해야 하고 피난민들의 재산은 국가가 몰수한다고 규정하였다.

1552년 3월 6일 여정을 시작한 칼뱅은 파렐과 함께 베른에 들러, 프랑스에 있는 동료 그리스도인들을 위한 지원을 의회에 요청하였다. 그는 불링거에게 보낸 1552년 3월 13일자 편지에서 이에 관해 언급했다.(*CO* 14:302-305) 그 와중에 바젤에 도착한 칼뱅과 파렐은 프랑스 왕에게 사절단을 보내려는 스위스 네 도시의 계획에 바젤 의회가 동조해 주기를 희망하였다. 그러나 베른에서 칼뱅과 파렐은 지금 사절단을 보내는 것은 적절하지 않다는 대답을 들었다. 네 도시와 국왕 앙리 사이에 교환된 서신에서 앙리는 자신이 온화한 그리스도교 군주로 비춰지지 않는다는 사실에 화가 나 있음을 암시하였다. 이와 관련한 사람들의 만류로 칼뱅과 파렐은 베른에서 취리히로 가는 것을 단념하였다. 베른 사람들은 왕의 마음이 바뀌었다는 내용의 편지가 오기를 기다리려고 했다.

3월 21일 칼뱅은 제네바로 돌아와, 자신이 겪은 일을 의회에 보고하였다. 바젤에서부터 칼뱅과 동행한 마르티넹고(Caelso Martinengo)는 종교적인 이유로 브레시아(Brescia)에서 피난 온 이탈리아인으로서, 제네바의 이탈리아인 교회 목사가 되었다.

로잔에서 온 다섯 명의 프랑스 학생들이 막 공부를 마치고 고향으로 돌아가던 길에, 4월 30일 리옹에서 체포되어 5월 13일 사형을 선고받았다. 이로 인해 프로테스탄트 스위스에서는 그들을 구하기 위한 활동이 황급하게 전개되었다. 칼뱅 또한 그들과 다른 죄수들에게 편지를 쓰고(*CO* 14:331-334, 491-492, 561-564), 니콜라스 콜라동과 로랑 드 노르망디를 스위스 도시들에 보내 프랑스 왕에게 공동으로 항의하자고 촉구함으로써 이에 연루되었다. 그러나 학생들은 1553년 리옹에서 화형당하고 말았다.

1557년 9월 4일 파리에서는 학생들이 생 자크 거리에 있는 프로테스탄트 교회의 저녁 모임을 방해하는 일이 일어났다. 거의 200명의 교인들이 체포되었는데 많은 노인들과 여성들도 포함되어 있었다.

칼뱅은 장 뷔데를 독일로 보냈으며(*CO* 16:747 참조), 베른에게 호소하여 베즈가 독일로 가서 프로테스탄트 군주들과 신학자들의 모임에 참여할 수 있도록 해달라고 부탁하였다. 칼뱅은 뷔데와 파렐이 프로테스탄트 군주들을 설득해서 그들이 프랑스의 프로테스탄트들을 위해 나설 수 있기를 바랐다.

그동안 니콜라스 데 갈라가 파리의 목사로 파송되었고, 칼뱅은 그가 그 직무를 잘 감당해주기를 바랐다.(*CO* 16:627-628) 제네바의 목회자들도 편지로 파리에 있는 신도들과 접촉하였다.(*CO* 16:629-632) 칼뱅 역시 그곳 감옥에 수감된 여성들을 위로하는 편지를 썼는데(*CO* 16:632-634), 그들 가운데 세 사람은 1557년 9월 27일에 화형당하였다. 파리로 파송된 목회자로, 프랑스 상황을 칼뱅에게 정기적으로 알려주고 있던 장 마카르(Jean Macard)에게서 수감된 여성들 중 하나인 랑티니(Madame de Rentigny)가 남편의 강요에 못 이겨 미사에 참석했다는 소식을 듣고, 칼뱅은 1558년 4월 10일 그녀에게 편지하였다.(*CO* 17:131-132)

나바라의 왕 앙투안 드 부르봉(Antoine de Bourbon)이 프로테스탄트에 합류했다는 소식을 들은 칼뱅은 1557년 12월 14일 그에게 편지하여(*CO* 16:730-734), 프랑스에서 박해받는 프로테스탄트를 후원해달라고 간청하였다. 편지와 함께 칼뱅은 나바라의 왕에게 1543년 처음 출간된 자신의 『교회개혁의 필요성』(*Supplex exhortatio*)의 1544년 프랑스어 번역본을 보냈다.

가스파르 드 콜리니(Gaspard de Coligny)의 형제인 프랑수아 당들로(François d'Andelot)는 최초로 프로테스탄트에 합류한 프랑스 귀족 중 한 사람이었다. 당들로는 앙리 2세가 식사 중에 미사에 대한 견해를 물었을 때 밝힌 의견 때문에 투옥되고 말았다. 칼뱅은 (1558년 5월 말–*CO* 17:192-194, 1558년 7월 12일–*CO* 17:251-253) 그를 격려하는 편지들을 썼다. 당들로가 미사에 참여함으로써 많은 프로테스탄트를 실망시켰다는 이야기를 들었을 때(이것은 프로테스탄트 신앙에 대한 배교로 간주되었다.), 칼뱅은 자신이 당들로의 행동에 찬성하지 않는다는 것을 편지로 알렸다. 그러나 칼뱅은 한 번 실족한 것이 곧 옳은 길에서 벗어난 것을 뜻하는 것은 아니라는 사실을 행동으로 증명하라고 당들로에게 촉구하였다. 칼뱅은 어려운 상황에서도 그리스도를 따르라고 부탁하였다. 이후로 당들로는 프로테스탄트 공동체의 기둥과 같은 존재 가운데 하나가 되었다.

스페인과의 전투에서 몇 차례 패배를 경험한 후, 앙리 2세는 스페인의 필립 2세와 1559년 4월 3일 카토-캉브레지 평화조약을 체결했다. 두 왕은 이제 프로테스탄트 이단에 맞서 싸울 참이었다. 평화조약의 결과 1557년 생캉탱(Saint-Quentin)에서의 패배 후에 스페인에 포로로 잡혀 있던 가스파르 드 콜리니 장군이 프랑스로 돌아왔다. 콜리니는 겐트(Ghent)에 포로로 잡혀 있을 때인 1558년 프로테스탄트 신앙으로 회심했다. 1558년 9월 4일 칼뱅은 콜리니와 그의 아내 샬롯트에게 격려의 편지를 썼다.(*CO* 17:319-320, 321-322) 콜리니는 풀려난 후에 프로테스탄트들을 돕기 위해 왕의 궁전에서 영향력을 발휘하려고 애썼다.

칼뱅은 또한 1559년 5월에 『프랑스 신앙고백』(*Gallican Confession*)의 초안을 작성하는 역할을 감당하였다. 1559년 6월 앙리 2세가 프로테스탄트들을 맹렬하게 박해하라는 강한 어조의 교서를 내렸다. 파리 의회의 의장 중 한 명이었던 뒤 부르(Anne Du Bourg)가 이 조처에 반대했다가 앙리 2세의 사적인 개입을 통해 1559년 6월에 체포되어 1559년 12월 21일 화형을 당했다. 블로어(Ambrosius Blauer)에게 보낸 편지에서(1560년 2월—*CO* 18:13-16), 칼뱅은 뒤 부르의 순교에 대해 비교적 상세히 언급하였다. 앙리 2세가 친선 마상 창시합 대회에서 부상을 당한 후 얼마 지나지 않아 죽은 다음의 일이었다.(1559년 7월 10일)

칼뱅이 프랑스의 박해받던 프로테스탄트들과 얼마나 깊이 관계했는지는 그가 쓴 격려의 편지들을 보면 잘 알 수 있다.(1559년 6월 말에 쓴 편지는 *CO* 17:570-574를 보고, 1559년 11월에 쓴 편지는 *CO* 17:681-687을 보라.) 1559년 7월 19일 편지에서 칼뱅은 메스(Metz)에 있는 프로테스탄트 회중에게 프로테스탄트 신앙을 공개적으로 보이라고 강하게 촉구하였다.(*CO* 17:582-584) 그들은 공개적으로 신앙을 고백하라는 칼뱅의 이전의 주장에 대해 별 반응을 보이지 않았다. 칼뱅이 이전에 보낸 서신은(1558년 9월 10일자 칼뱅의 편지를 보라—*CO* 17:326-329) 그들이 프로테스탄트 신앙에 대한 자신들의 충성을 선언하기 전에 먼저 독일 영주들의 지원을 확실하게 할 수는 없는지 물은 데 대해 답하는 내용이었다.

1559년 일단의 프로테스탄트들이 스페인에 동조하는 저명한 로마가톨릭 가문 기즈 가(家)의 유력자들을 죽이려는 계획을 세웠다. 그 가문의 지도자로는 라임의 대주교인 샤를 추기경, 프랑스를 위해 메스, 툴, 베르됭을 정복하고 생캉탱에서 프랑스의 패배를 막았으며 잉글랜드로부터 칼레(Calais)를 쟁탈한 프랑수아 공작, 마지막으로 클로드 등이 있었다. 기즈 가문은 카트린 드 메디시스(Catherine de Médicis)를 통해 왕궁에 큰 영향력을 행사했다. 카트린은 남편 앙리 2세가 1559년 7월에 죽자 어린 아들 프랑수아 2세를 대신하여 섭정을 하였다. 기즈 가문이 이처럼 영향력을 행사할 수 있게 된 이유 중 하나는 나바라의 왕 앙투안 드 부르봉이 앙리 2세의 죽음 후에 호기를 포착하지 못했기 때문이다.[슈투름에게 보내는 8월 13일자 칼뱅의 편지(*CO* 17:594-595)와 베르밀리에게 보내는 10월 4일자 칼뱅의 편지(*CO* 17:652-653)를 보라. 이 편지들에서 칼뱅은 프랑스에 있는 형제들의 상황에 깊은 관심을 표하면서, 나바라의 왕이 이런 상황을 막을 수 있었는데도 그러지 않았다고 말하고 있다. 칼뱅은 그가 굳게 약속했음에도, 그의 비겁함은 상상할 수 있는 가장 수치스러

운 것일 뿐만 아니라 명백한 배반이었다고 말한다.]

라 르노디(Jean du Barry de La Renaudie)의 지도 아래, 프로테스탄트는 프랑수아 드 기즈에 대한 공격, 이른바 앙부아즈 음모를 계획했다.[50] 이 계획에 대한 조언을 부탁받았을 때, 칼뱅은 반대를 표하였다. 라 르노디가 1559년 12월 칼뱅을 방문했을 때 칼뱅은 질색하면서 그 계획을 거부하였다.[51] 1560년 3월 15일 배신으로 인해 그 음모는 실패하였고, 기즈 사람들은 '위그노'(Huguenot)라 업신여겨 부르던 프로테스탄트들에게 강력한 박해를 감행함으로써 복수하였다. 위그노라는 이름이 어디서 유래했는지는 분명하지 않다. 아마도 1520년 이후 사보이로부터 독립을 추구하고 프라이부르크나 베른과 같은 다른 스위스 도시들과 동맹을 맺고자 했던 파벌의 지지자들에 대한 호칭으로 제네바가 사용하던 에그노(eyguenot)와 연관이 있을지도 모른다. 위그노들은 이 호칭을 영예로운 휘장으로 간직하였다.[52]

칼뱅은 그동안 프랑스의 형제들을 위해 외국의 지지를 구하고 있었다. 특별히 그는 요하네스 슈투름과 프랑수아 오트망을 통해(이들에게 보낸 1560년 6월 4일자 편지를 보라－*CO* 18:97-100) 독일 프로테스탄트 영주들을 설득하여 그들로 하여금 프랑스 왕에게 이야기하도록 하여, 자신들은 무엇보다 먼저 프랑스 왕이 교회의 악습을 제거하기 위해 국가회의(national council)를 소집해주기를 바란다는 것과, 둘째로 기꺼이 왕을 도울 것이라는 점, 마지막으로 왕의 안위와 백성들의 평화와 복지를 염두에 두고 조언하고 있다는 것을 왕에게 알리려고 애썼다.

---

50) Henri Naef, *La Conjuration d'Amboise et Genève*(Geneva, 1922).

51) 1560년 3월 23일 요하네스 슈투름에게 쓴 편지(*CO* 18:38-39), 1560년 5월 11일에 베르밀리에게 쓴 편지(*CO* 18:81-83)와 불링거에게 쓴 편지(*CO* 18:83-85), 그리고 1561년 4월 16일 콜리니에게 쓴 편지(*CO* 18:425-431)를 참조하라.

52) *TRE*, s. v. "Hugenotten" 참조.

칼뱅은 또한 나바라의 왕 앙투안 드 부르봉(칼뱅은 다른 사람들에게 보내는 편지에서 그를 Varanne이라고 불렀다.)을 설득하여 위그노를 위해 많은 일을 감당하게 하려고 노력했다. 앙투안은 칼뱅에게 베즈를 보내달라고 요청했고, 베즈는 1560년 7월 20일 네락으로 가서 거기 머물면서 프랑수아 2세가 앙투안과 그의 형제인 루이 드 콩데를 파리로 부르기까지 석 달 정도 공개적으로 설교하였다. 그 후 베즈는 제네바로 귀환했다.

칼뱅은 자신의 도움을 구하는 프랑스 사람들에게 보낸 많은 편지들이 복사되거나 회람되고 있고, 심지어 한 편지의 일부는 왕의 궁정에서 벌어진 비밀토론에서 인용되었다는 사실을 알고, 사적인 편지는 꼭 필요한 경우에만 쓰기로 제한하였다.

앙부아즈 음모가 실패한 후, 위그노들은 자신들의 여건을 개선하는데 큰 어려움을 겪었다. 프랑수아 2세가 1560년 8월 21일 모든 지도자들을 퐁텐블로(Fontainebleau)에 소집했을 때, 가스파르 드 콜리니 역시 위험을 무릅쓰고 그곳으로 갔다. 칼뱅은 불링거에게 보낸 (10월 1일자—*CO* 18:204-208) 편지에서 이 회합에 대한 자세한 이야기를 전하고, 무엇보다 퐁텐블로에서 콜리니가 왕에게 노르망디에 있는 위그노들이 자유롭게 예배를 드릴 수 있도록 해달라고 어떻게 요구했는지 알리고 있다. 12월에 그곳에서는 삼부회(Estates General) 모임이 예정되어 있었고, 1월에는 주교들이 공의회 준비로 모일 예정이었다.

프랑수아 2세는 1560년 12월 5일 죽었다. 샤를 9세가 왕위를 계승했을 때 나이가 고작 아홉 살이었다. 앙투안 드 부르봉에게 준 메모에서(*CO* 18:282-285), 칼뱅은 자기 생각에 프랑스의 현 상황에서 앙투안이 실현해야 할 목표들이 무엇인지 짚어주고 있다. 첫째로, 앙부아즈 음모에 연루되어 10월에 프랑수아 2세의 조처로 오를레앙에 수감되었던 루이 드 콩데(Louis de Condé)가 사법부의 판결을 받고 석방되어야 한다. 둘째로(가장 중요한 것으로), 삼부회가 누가 섭정직을 맡을 것인지 결정해야 하는데 칼뱅은 카트린을 반대하는 입장이었다. 세 번째 문제는 예배와 관계되었다. 누구라도 미사참여를 강요받아서는 안 되고, 미사참여를 원하지 않는 사람들이 기도하고 하나님의 말씀을 들을 수 있는 여건이 허락되어야 한다는 것이었다.

결과적으로 프랑스의 권력은 섭정 카트린 드 메디시스의 손에 들어갔다. 그녀는 콜리니와 콩데에게 제한된 자유를 주어 그들로 하여금 기즈 가(家)에 반목하게 함으로써 기즈 가의 영향력을 제한하였다. 위그노들은 얼마간의 자유를 누렸지만, 공개적으로든 사적으로든 예배를 드릴 수는 없었다.

그러는 동안 앙투안 드 부르봉의 아내인 잔 달브레(Jeanne d'Albret)가 형부인 루이 드 콩데가 체포된 후에 프로테스탄트 교회에 공개적으로 참여했다. 칼뱅은 베즈에게서 그 소식을 듣고 1561년 1월 16일 그녀에게 편지하여(*CO* 18:313-314), 그녀의 결정에 자신이 얼마나 기뻤지를 알렸다.[53] 하나님의 지극히 선하심에 감사하리로다. 하나님께서 오래 전 그녀의 마음속에 심어둔 씨앗이 말라죽지 않았도다. 칼뱅은 고위직에 있는 영주들이 자신들이 위대한 목자의 양떼에 속해 있음을 종종 과감하게 드러내지 않는다고 쓰고 있다. 하나님께서 주신 지위에서 잔 달브레가 갑절의 순종으로 하나님께 헌신하기를 칼뱅은 소망하였다. 칼뱅은 또한 그녀가 성서연구모임에 참여할 것을 권하는데, 우리 신앙의 연약함 때문에 성서연구모임이 필요하다고 쓰고 있다.

같은 날 칼뱅은 프랑스의 르네(Renée of France)에게도 편지를 보

---

53) 칼뱅이 프랑스 귀족 여성들과 나눈 편지의 중요성과 의미에 관해서는 Rosine Lambin, "Calvin und die adeligen Frauen in Frankreich," in *Reformierten Perspecktiven: Vorträge der zweiten Emder Tagung zur Geschichte des Reformierten Protestantismus*, ed. Harm Klueting and Jan Rohls(Wuppertal, 2001), 37-51.

냈고(*CO* 18:315-316) 콜리니에게도(*CO* 18:317) 편지하였다. 르네의 남편인 데스트(Hercule d'Este) 공작은 프로테스탄트 신앙을 이유로 1553년부터 1554년 사이에 그녀를 포트 콩상돌로(Fort Consandolo)에 가두었지만, 그녀는 미사에 참여함으로써 자유를 얻을 수 있었다. 칼뱅은 1555년 2월 2일 그녀를 격려하는 편지를 보냈고(*CO* 15:417-419), 그녀와 계속 접촉하였다.(예를 들어 1558년 7월 26일 칼뱅의 편지를 보라-*CO* 17:260-262) 1559년 10월 공작은 임종 시에 아내에게 칼뱅과 더 이상 편지를 주고받지 않겠다고 약속하도록 했다. 공작을 승계한 그녀의 아들 알폰소(Alfonso)는 어머니에게 로마가톨릭 신자로 페라라에 남을 것인지 아니면 프랑스로 갈 것인지를 선택하라고 했다. 그녀는 후자를 택했다. 칼뱅은 1560년 7월 5일 그녀에게 편지하여(*CO* 18:147-148), 그녀가 했던 맹세를 잊어버리지 않도록 하였다. 그는 그녀에게 프랑스행이 초래하게 될 위험을 지적했지만 동시에 격려도 잊지 않았다. 칼뱅은 앞에서 언급한 1561년 1월 16일자 편지에서도 그녀를 격려하였다. 이 편지에서 칼뱅은 무엇보다 "예수 그리스도의 가련한 지체들"을 위해 그녀가 할 수 있는 일들을 행해달라고 요청하였다.

프랑스의 르네는 1563년 2월 13일 오를레앙에서 피살된 프랑수아 드 기즈의 장모였다. 칼뱅은 1564년에도 그녀와 서신을 교환하였다.(*CO* 20:230-233, 244-249, 278-279) 예를 들어 1564년 1월 24일 편지에서(*CO* 20:244-249) 칼뱅은 그녀가 몇몇 목회자들이 사위인 프랑수아 드 기즈에 관해 진술한 것 때문에 마음이 상한 일에 대해 언급하였다. 칼뱅은 잘못된 길을 따르고 악을 행하는 사람들을 우리가 어떻게 보아야 할 것인지를 다소 상세하게 썼다. 미움과 복수는 그리스도인들에게 부적절한 것이다. 칼뱅은 르네가 다른 사람들의 사악한 행동을 똑같은 방식으로 되갚지 않고, 사랑이 무엇인지 모르는 자들에게 사랑을 보여줄 수 있기를 소망하였다. 또한 그녀의 신실함이 다른 사람들의 위선을 부끄럽게 할 수 있기를 바랐다.

앞서 언급한 가스파르 드 콜리니에게 편지하면서, 칼뱅은 그가 위그노를 위해 노력하면서 (예를 들어 퐁텐블로에서) 보여준 탁월한 용기에 감사를 표했다. 더 많은 사람들이 그를 도왔더라면 좋았을 텐데 다른 사람들이 뒤처져 있으니, 다른 사람들이 무엇을 하는지는 상관 말고 나를 따르라고 우리에게 요구하셨던 그리스도의 말씀에 집중하기를 바랐다. 콜리니는 그때 삼부회 모임이 열리고 있던 오를레앙에 있었다. 같은 날인 1561년 1월 16일 칼뱅은 그 모임에 참석한 앙투안 드 부르봉에게 편지하여(*CO* 18:311-312), 너무 노골적이지는 않더라도 확실하게 프로테스탄트를 옹호해줄 것을 촉구하였다. 삼부회의 대다수는 양심의 자유를 옹호하는 입장을 취하였다.

수년간 제네바가 프랑스 교회에 목회자들을 파송함으로써 도움을 주었다는 사실은 중요하다. 이 일은 1555년에 시작되었다. 1555년 4월 22일 제네바의 목회자들은 당시 발 당그로뉴(Val d'Angrogne, Piedmont)에서 목회하고 있던 베르누(Jehan Vernou)와 로베르지(Jehan Lauvergeat)의 편지를(*CO* 15:575-578) 받았다. 이들은 그 지역교회들의 요청에 따라 제네바가 파송한 목회자들이었다. 같은 날(4월 22일) 제네바의 목회자들은 푸아티에에 있는 교회의 요청에 따라 자크 랑글루아(Jacques L'Anglois)를 프랑스로 보내기로 결정하였다. 랑글루아는 공식적으로 프랑스로 파송된 첫 번째 목사였고, 많은 사람들이 1555-62년에 그 뒤를 따랐다. 제네바 목회자 모임의 기록을 보면, 이 기간 동안 프랑스로 파송된 88명의 목회자 이름이 나오는데, 이들 중 일부는 순교하였다.[54] 예를 들어 1555년 8월 프랑스로 향하던 다섯 명의 목사들은 체포

54) Robert M. Kingdon, *Geneva and the Coming of the Wars of Religion in France, 1555-1563*(Geneva, 1956).

되어 상베리(Chambéry)에 수감되었다. 그들 중 한 사람인 앙투안 라보리(Antoine Laborie)가 칼뱅에게 편지하여 재판중임을 보고하였고, 칼뱅은 편지로 그들을 위로하였다.(*CO* 15:805-807 참조) 이들은 10월 12일 순교당하였다.

이 기간 동안 프랑스의 많은 교회들이 칼뱅에게 목회자를 보내달라고 호소하였다. 때때로 그들은 조언을 구하기도 하였다. 예를 들어 파리의 교회는 목회자를 요청했을 뿐만 아니라 트렌트 공의회와 다가오는 삼부회와 관련해 어떤 입장을 취해야 할 것인지를 물었다.(1562년 2월 26일자 편지에 칼뱅의 답변이 들어 있다—*CO* 18:376-378) 제네바는 목회자를 보내달라는 콜리니의 요청에 따라 장 레이몽 메를랭(Jean Raymon Merlin)을 파송함으로 응답하였다. 메를랭은 1560년 로잔을 떠난 후 제네바에서 목회자로 일해온 사람이었다.

프랑스 국왕 샤를 9세가 1561년 1월 23일 궁정의회(crown council) 이름으로 제네바 의회에 편지하여(*CO* 18:337-339) 프랑스의 최근 불안한 상황에 대한 모든 책임이 제네바에 있다고 비난하였음에도 불구하고, 프랑스로 목회자를 파송하는 일은 계속되었다. 샤를 9세는 제네바가 모든 목회자를 즉시 프랑스에서 소환해 가기를 원했다. 제네바 의회는 자신들은 프랑스에 어떤 목회자도 파송하지 않았으며, 이 문제에 어떤 식으로든 개입해 있지 않다고 답하였다.(*CO* 18:343-345) 오히려 이 일을 협의한 것은 제네바의 목회자들이었고, 그들이 복음을 전하기 위해 프랑스로 목사들을 파송한 것이다. 하지만 그들 또한 무장봉기와 교회 약탈에는 반대하는 입장이었다.(칼뱅이 2월 1일 불링거에게 보낸 편지를 보라—*CO* 18:348-350)

프랑스를 돕는 일과 관련하여, 우리는 또한 콜리니와 프랑스 왕의 도움으로 1555년 7월에 브라질로 떠난 니콜라스 드 빌르가뇽(Nicolas de Villegagnon)의 식민 계획에 제네바와 칼뱅이 연관되어 있음을 언급해야 한다. 1556년에 그는 칼뱅에게 목회자들을 보내달라고 요청하였고, 제네바는 칼뱅의 도움으로 피에르 리세르(Pierre Richer)와 기욤 샤르티에(Guillaume Chartier)를 선택하였다. 11명의 프랑스 피난민들이 제네바에서부터 그들과 동행하였다. 이들은 콜리니라 불리는 브라질 해안의 작은 섬에서 식민주의자들을 위한 예배를 드렸고, 모든 사람에게 복음을 전했다. 빌르가농(*CO* 16:437-440)과 다른 두 목회자들(*CO* 16:440-443)은 각각 칼뱅에게 편지를 보내어 자신들이 겪고 있는 일을 알렸다. 그들은 칼뱅이 자신들을 잊지 않고 있음을 알고 그의 중재를 요청했다. 그러나 로마가톨릭 교도가 된 빌르가농과 다른 사람들 사이에 불화가 깊어졌는데, 이는 빌르가농이 영적인 독재를 행사하려고 하였기 때문이다. 결국 모든 일은 실패로 끝났다.[55)]

1561년에 있었던 중요한 사건은 푸아시(Poissy)에서의 종교회담이다. 이 회담은 로마가톨릭과 프로테스탄트 사이의 내분이 프랑스 왕정을 약화시킬 것을 두려워한 카트린 드 메디시스의 뜻에 따라 소집되었다. 회담은 9월 9일에 시작되어 10월 19일까지 계속되었다. 프랑스의 재무장관인 미셸 드 로피탈(Michel de l'Hôpital)이 회담의 준비를 책임지고 있었다. 회담의 목적은 로마가톨릭 신자들과 프로테스탄트들로 하여금 서로를 동등하게 대하게 하고, 초대교회가 가르쳐준 것들에서 자신들이 얼마나 멀어졌는지를 생각하게 하는 것이었다. 이런 기초 위에서 그들은

---

55) 이 사업에 연관된 제네바 사람 11명 중 한 명인 Jean de Léry는 자신의 여행담을 글로 써서 출판했다. *Histoire d'un voyage faict en la terre du Bresil autrement dit Amérique*[La Rochelle, 1577; 여러 차례 재출간: *Histoire d'un voyage faict en la terre du Bresil*(1578); 2nd ed.(Pais/Geneva, 1580), ed. Frank Lestringant(Paris, 1994)]. 독재적인 사도직에 대한 칼뱅의 견해에 대해서는 W. F. Dankbaar, "Het apostolaat bij Calvijn," *NTT* 4(1949-50): 177-192[이 글은 또한 W. F. *Dankbaar, Hervormers en humanisten: Een bundel opstellen*(Amsterdam, 1978), 185-199에서도 발견된다.]를 참조하라.

얼마간의 합의에 이를 수 있었다. 베즈는 앙투안 드 부르봉, 콩데, 콜리니의 요청에 따라 제네바를 대표하였다. 베르밀리(Peter Martyr Vermigli)는 취리히를 대표하였다. 뷔르템베르크의 공작은 브렌츠(Johann Brenz)를 파송했는데, 칼뱅은 이 선택에 불만이었다. 칼뱅은 브렌츠가 그리스도 몸의 편재성에 관해 로마가톨릭보다 더 나쁜 견해를 피력하고 있다고 생각하였다. 칼뱅은 브렌츠와 그 추종자들의 사상이 심각한 갈등을 유발할 것을 염려했다.(시몬 슐처에게 보낸 8월 23일자 칼뱅의 편지를 보라 —*CO* 18:627-629) 독일 대표단은 회담이 끝난 직후에야 도착했다.

회담은 샤를 9세와 카트린이 참석한 가운데 시작되었다. 베즈는 제네바 예식서에 나오는 죄의 고백 암송으로 시작하여, 로마가톨릭과 프로테스탄트의 일치점과 불일치점에 대해 설명한 다음, 마지막으로 프랑스 신앙고백을 제시했다. 회담 내내 성만찬이 주요 토의 주제가 되었지만 아무런 합의에도 이르지 못했다. 트렌트 공의회에서 일어나고 있던 일들에 비추어, 예수회 총장인 디에고 레네즈(Diego Lainez)는 이와 같은 종교회담의 합법성을 문제 삼았다.

칼뱅(카롤루스 파셀리우스라는 가명으로)과 베즈는 푸아시 회담이 열리는 동안 정기적으로 편지를 주고받았는데, 회담에서 어떤 일이 일어나고 있는지 칼뱅이 알고 싶어 했기 때문이다. 칼뱅은 9월 10일자 편지에서(*CO* 18:682) 자신에게 편지하는 일을 잊지 말라고 베즈에게 말했다. 칼뱅은 로마가톨릭 사람들이 아우크스부르크 신앙고백을 프랑스 프로테스탄트들에게 강요하려고 할지도 모른다는 염려를 표현하고 있다. 칼뱅이 생각할 때 아우크스부르크 신앙고백은 그 입장이 분명하지 않으며, 독일 상황과 관련이 더 깊었다. 그는 프랑스 프로테스탄트들이 이미 받아들인 프랑스 신앙고백을 유지하는 것을 더 선호하였다. 팔츠(Pfalz)에서 다른 대표단이 푸아시로 간다는 소식을 듣고, 칼뱅은 에버하르트 폰 에르바흐(Eberhard von Erbach) 백작에게도 이런 내용의 편지를 보

냈다.(9월 30일자 편지를 보라—*CO* 18:751-753)

푸아시 종교회담 이후 베즈는 왕실과 몇몇 사람들의 부탁으로 프랑스에 머물렀다. 그는 궁중에서 프로테스탄트들을 위해, 의회의 위임을 받은 사람들이 후속 조처를 마련할 때까지 한시적으로 예배의 자유를 얻는 데 성공을 거두었다.

트루아의 주교로서 푸아시 회담에 대표로 파견되었던 안토니오 카라치올리(Antonio Caraccioli)가 교회 내에서 자신이 누리고 있는 지위를 포기하지 않은 채 트루아의 프로테스탄트 진영에 합류하고자 한다는 소식을 접했을 때, 베즈는 칼뱅에게 조언을 구하였다.(11월 9일자 편지를 보라—*CO* 19:109-110) 칼뱅은 복음의 순수한 가르침에 동의하는 주교들이나 다른 교회 직분자들을 일반적으로 어떻게 다루어야 하는가에 대해 설명함으로써 이에 답하였다. 칼뱅에게 이런 문제는 중간적인 해결책을 찾아야 하는 문제였다. 너무 엄격해서도 안 되고, 그렇다고 해서 누군가를 만족시키기 위해 교회의 질서를 교란시키지도 않아야 했다. 무엇보다도 당사자가 설교를 하기에 적합한가 여부를 결정해야 한다. 과거는 잊어야 한다. 그 사람으로 하여금 새로운 신앙고백을 하도록 요구하고 과오를 인정하도록 해야 한다. 목사가 되고자 하는 주교는 자신의 특권을 포기하든지, 혹은 자기 재산을 소유하기 원한다면 교회 후원자로서의 위치에 만족해야만 한다.(*CO* 10a:184-186)

1561년 12월 24일 칼뱅은 잔 달브레의 남편인 앙투안 드 부르봉에게 편지함으로써 그녀의 요청에 응답하였다. 이 편지에서 칼뱅은 그가 스페인의 수중에 들어간 영토를 되찾는 일에 교황의 도움을 구한 데 대해 질책하였다.(*CO* 19:198-202) 앙투안은 그 도움의 대가로 프랑스에서 로마가톨릭 신앙을 증진하겠다고 교황에게 약속한 것이다. 만일 교황이 자신을 돕지 않으려고 했다면 그는 다른 편에 가담했을 것이다.

생제르맹 칙령(The Edict of Saint-Germain)이 1562년 1월 17일 프

랑스에 반포되었다. 이 칙령에 따라, 종교집회를 도시 안에서 개최하지 않는다는 조건으로 프로테스탄트들에게 양심과 종교의 자유가 주어졌다. 한편 기즈 가문 사람들은 위그노와 독일 영주들 사이를 이간시키려고 애썼다.

프랑수아 드 기즈는 1562년 3월 크리스토프 폰 뷔르템베르크(Christoph von Württemberg)를 방문하고 돌아오던 중에, 자신의 군사들과 함께 바시(Vassy) 근처에서 프랑수아 드 모렐(François de Morel)이 인도하던 종교집회를 교란하며 대학살을 벌였다. 집회에 참석한 1,200명의 사람들 가운데 대략 60명 이상이 죽었고 250명이 부상당했다. 이제 내전이 발발하였다. 칼뱅은 편지와 함께 장 뷔데를 독일의 영주들에게 보내어, 프랑스의 프로테스탄트를 위해 국왕 샤를 9세에게 도시 밖에서는 예배할 수 있도록 허락한 생제르맹 조약을 지킬 것을 촉구하는 일에 앞장서라고 요구하였다.(요하네스 슈투름에게 보낸 3월 25일자 칼뱅의 편지를 보라—*CO* 19:359-360)

프로테스탄트들은 스스로 기즈 가문 편으로 넘어간 앙투안 드 부르봉에게서 더 이상 선한 것을 기대할 수 없었다. 칼뱅은 베즈에게서 앙투안이 파리의 궁중에서 완전히 몰락했다는 소식을 들었다. 칼뱅은 앙투안을 그리스도교 신앙에서 떨어져 나간 로마 황제 배교자 율리아누스에 비유하였다. 칼뱅은 앙투안의 아내 잔 달브레에게 1562년 3월 22일 격려의 편지를 보냈다.(*CO* 19:347-349) 위그노들은 이제 콩데와 콜리니의 지도력 아래 놓이게 됐다.

불링거와 시몬 슐처(Simon Sulzer)에게 보낸 편지에 담긴 자세한 정보가 말해주듯이, 칼뱅은 프랑스에서의 갈등과정을 면밀하게 좇아 알 수 있었다. 제네바에 잠시 머문 뒤, 베즈는 콩데의 요청으로 프랑스로 돌아가서 특별히 그곳에서의 사건 추이를 칼뱅에게 주기적으로 알려주었다.

바시에서의 대학살에 대한 반동으로 위그노들은 자크 루피(Jacques Rufi) 목사의 인도 아래 1562년 4월 30일 리옹(Lyons)을 장악하였다. 그리고 성 요한 교회가 약탈당했다. 프랑수아 데 아드레(François des Adrets) 남작(장군)이 리옹의 지도자가 되었다. 칼뱅은 그와 리옹의 목회자들에게 5월 13일 편지하여(*CO* 19:409-413) 총을 손에 쥐고 시장에게 권력을 양도하라고 강요하는 것은 말할 것도 없고 목회자가 무장을 하는 것 자체가 적절하지 않다고 밝혔다. 칼뱅은 교회를 약탈한 데 대해서도 노상 강도질과 같은 나쁜 짓이라고 두 차례나 비난하였다.

콩데와 콜리니가 군대를 (대부분의 군인들이 독일과 스위스에서 모집되었기 때문에) 오를레앙 부근에 주둔시키는 동안, 프랑수아 드 기즈는 많은 위그노들이 거주하고 있던 노르망디를 침공하고 루앙을 공격하였다. 앙투안 드 부르봉은 전투 중에 입은 상처로 11월 17일에 죽었다. 12월 17일 드뢰(Dreux)에서 벌어진 전투에 대해서는 칼뱅이 불링거에게 보낸 1월 16일자 편지에(*CO* 19:637-641) 상세히 기술되어 있다. 이 전투에서 콩데가 체포되었다.

칼뱅은 홀로 남겨진 앙투안 드 부르봉의 아내 잔 달브레에게 1563년 1월 20일 조언의 편지를 썼다.(*CO* 19:643-647) 그녀는 아직 어린 아들을 대신하여 나바라를 다스리고 있었다. 칼뱅은 일단 종교개혁을 받아들인 이상 어떤 어려움 속에서도(다른 무엇보다 스페인의 왕이 나바라를 공격하겠다고 협박하고 있었다.) 하나님의 명령에 유념해야만 하며, 하나님께 순종하기만 하면 그분이 도와주실 것임을 믿어야 한다고 조언했다. 칼뱅은 예전에 로잔의 교수였다가 1560년 이후 제네바의 목사가 된 장 레이몽 메를랭을 통해 편지를 전달했다. 제네바의 목회자들과 의회는 그녀가 필요로 한다면 나바라의 종교개혁을 진전시키기 위해 칼뱅이 여왕을 도울 수 있도록 허락했다.

여왕이 더 많은 목회자들을 요청하자 제네바는 5월과 6월에 12명의 젊은 목사들을 파송하면서, 동시에 가능한 한 빨리 메를랭을 제네바로 돌려보내달라고 요청했다.(그녀에게 보낸 6월 1일자 칼뱅의 편지를 보라—*CO* 20:34-36) 그러나 여왕은 8월에 메를랭이 좀 더 오래 머물 수 없는지 제네바 의회에 물어왔다.

1563년 3월 19일 콩데는 앙부아즈에서 평화조약을 체결했다. 이 조약의 조항들은 생제르맹(1562년 1월 17일) 조약의 조항들에 비해 위그노에게 불리했다. 사람들은 특별히 지정된 곳에서만 종교집회를 열 수 있었다. 전국적으로 한 주(canton)에 한 군데씩 75곳이 지정되었다.

포위된 도시 리옹의 지휘관이던 위그노 장 드 수비즈(Jean de Soubise)가 칼뱅과 접촉하였다는 것은 주목할 만한 일이다. 수비즈는 앙부아즈 평화조약이 체결되었고 자신이 도시를 포기하기로 되어 있다는 소식을 포위군들에게서 들었다. 그러나 그는 적절한 공식 인가 없이 그렇게 할 수는 없다고 거부하였다. 수비즈는 칼뱅에게 조언을 구하는 편지를 썼다. 1563년 4월 5일자 편지에서(*CO* 19:685-687) 칼뱅은 수비즈에게 그가 알지 못하는 사이 체결된 이 평화조약이 지금은 현실이며, 그것이 아무리 넌더리난다고 하더라도 수용해야 한다고 대답하였다. 그러면서 칼뱅은 그동안 리옹의 세세한 일들을 책임지고 다스리라고 권고하였다. 하지만 수비즈는 독자적으로 전쟁을 계속하려고 했다. 칼뱅은 자신이 받은 몇 통의 편지에 답장하면서(*CO* 20:30-31), 선한 양심을 소유하기 원한다면 반드시 자기 행동에 대한 확실한 이유가 있어야만 한다고 썼다. 칼뱅은 그에게 어떤 특별한 이유가 있다고 생각하지 않았으며, 비록 수비즈 자신은 그런 이유가 있다고 생각했다 할지라도, 그에게는 성공할 가능성이 없었다. 칼뱅이 생각하기에 수비즈가 할 수 있는 최선은 천천히 시간을 갖는 것이었다.

많은 위그노들은 앙부아즈에서의 협약을 배신이라고 생각했다. 왜냐하면 드뢰 전투가 결론 없이 끝났고, 프랑수아 드 기즈가 1563년 2월

13일 오를레앙 포위공격에서 살해되었기 때문이다. [콜리니, 베즈, 그리고 라 로슈푸코(La Rochefoucauld) 백작은 나중에 살해 공모자라는 비난을 받았고, 콜리니는 그 혐의에 대한 변호문을 출판하였다.] 반대세력은 약화되었다. 처음에는 칼뱅도 콩데가 앙부아즈 평화조약에서 조정한 내용에 반대를 표하였다. 불링거에게 보낸 3월 19일 편지에서(*CO* 19:690-692) 칼뱅은 콩데가 이미 정해져 있는 조건들에 카트린이 동의한 것으로 자칫 생각할 수도 있었을 것이라고 쓰고 있다. 그러나 칼뱅이 생각하기에 콩데는 너무 굴욕적인 방식으로 행동하였다. 하지만 콩데의 편지를 받은 후에 칼뱅은 5월 7일 그에게 답장하면서(*CO* 20:12-15), 자신은 콩데가 최선을 다했다는 것을 믿으며 자신이 권면하는 대로 콩데가 계속 노력해주기를 바란다고 하였다. 칼뱅은 모든 것이 하루아침에 이루어질 수는 없다는 것을 알았지만, "빠를수록 좋다."라는 속담을 콩데에게 상기시켰다.

이 편지와 함께 칼뱅은 짤막한 신앙고백을 보냈다. 한때 그는 막시밀리안 2세가 독일제국의 왕으로 즉위할 때 콩데가 이 신앙고백을 프랑크푸르트에 있는 황제에게 전해주기를 소망하면서 그에게 보낸 적이 있다.(Confession de foy pour présenter à l'empereur—*CO* 9:753-772)[56] 그러나 콩데가 그 신앙고백을 제때에 받지 못했기 때문에 그런 일은 일어나지 않았다. 칼뱅은 이제 황제가 신앙고백을 지지해주기를 바라는 마음으로 그에게 그것을 보낸 것이다. 칼뱅은 그렇게 되기만 하면 그 나라의 많은 평범한 사람들의 마음을 얻을 수 있을 것이라고 믿었다. 특히 성만찬에 대한 이해에서 프랑스인들과 불화했던 많은 독일인들도 콩데

---

56) 이 신앙고백은 1564년에 출판되었다. Rodolphe Peter and Jean-François Gilmont, Bibliotheca Calviniana: *Les Oeuvres de Jean Calvin publiées au XVIe siècle, vol. 2, Écrits théologiques, littéraires et juridiques, 1555-1564*(Geneva, 1994), 1064-1067.

가 이 신앙고백을 지지하는 것을 알게 되면 관심을 보일 것이다. 콩데는 자신으로 하여금 아우크스부르크 신앙고백을 지지하도록 만들려는 사람들을 경계해야만 한다. 아우크스부르크 신앙고백은 성만찬에 대해 분명한 입장을 취하지 않아 이미 독일 내에서 많은 불화를 일으켰다. 칼뱅은 (베즈와 함께) 이 신앙고백에 관하여 한 번 더 편지하면서 그리스도인의 삶을 살라고 촉구하였다. 그가 많은 여성들과 관계를 맺고 있다는 말이 무성했기 때문이었다.(1563년 9월 13일 편지를 보라－*CO* 20:159-161)

프랑스의 프로테스탄트들이 칼뱅을 높이 존중했다는 사실은 그들이 칼뱅에게 보낸 편지에서 그의 조언을 구하고 있다는 사실에서 잘 알 수 있다. 예를 들어 몽타르지(Montargis)에 있던 르네의 궁정목사 모렐은 칼뱅에게 몇 가지 질문을 하였다. 목회자가 이자를 받고 타인에게 돈을 빌려줄 수 있는가? 재판관과 다른 고위 정치 관리들이 컨시스토리의 구성원이 될 수 있는가?(칼뱅의 답변을 위해서는 그가 쓴 1562년 1월 10일의 편지를 보라－*CO* 19:245-246) 그리고 랑그도크(Languedoc)의 프로테스탄트 통치자였던 앙투안 드 크뤼솔(Antoine de Crussol)은 칼뱅에게 카트린 드 메디시스와 샤를 9세가 방문하는 동안 행렬이나 다른 우상숭배적인 행사들에 자신이 그들과 함께 동참할 수 있는지 여부에 관해 물었다.(1563년 7월 31일자 칼뱅의 편지를 보라－*CO* 20:111-113) 이러한 예들 외에도 다른 많은 예가 있으며, 심지어는 프랑스 밖에서도 그에게 많은 조언을 구하였다. 칼뱅이 이러한 질문들에 응답하여 쓴 편지들은 그의 접근방식이 얼마나 목회적인지, 그리고 그가 자신이 상담하고 있는 사람들이 처한 상황에 얼마나 민감한 사람인지를 분명하게 보여준다.[57]

---

57) 또한 Chapter 10; Jean-Daniel Benoit, *Calvin, directeur d'âmes*(Strasbourg, 1947)를 보라.

7. 칼뱅의 마지막 날들

1555년 5월 칼뱅의 적대자들이 제네바를 떠난 후, 개혁자는 예전에 비해 훨씬 갈등이 적은 시기를 맞이했음을 우리는 살펴보았다. 우리가 확인한 것처럼, 칼뱅은 제네바 밖의 일들에 더욱 깊이 연루되었다. 하지만 1556년부터 그의 건강이 나빠지기 시작했다. 칼뱅은 비록 엄청난 노력과 동생 앙투안의 도움으로『기독교강요』새 판을 준비할 수 있기는 했지만, 1558-59년 겨울에 심하게 아팠다. 제네바 아카데미가 1559년 6월 5일 개교했을 때 칼뱅은 어느 정도 회복되어 다시금 여러 활동을 시작했으나 1564년 건강상의 이유로 그중 많은 것을 포기해야만 했다.

1564년 2월 2일 칼뱅은 에스겔의 한 구절에 관해 마지막 강의를 했다. 2월 6일에는 마지막 설교를 했다. 3월 27일에는 마지막으로 시청에 가서 목회자들을 대표하여 니콜라스 콜라동을 아카데미 교장으로 추천하였다. 다음 날에는 컨시스토리의 모임에 출석했다. 3월 31일 칼뱅은 마지막으로 목회자들의 모임에 참석하였다. 부활 주일(4월 2일)에 그는 교회에 출석하여 성만찬에 참여하였다.

4월 25일 칼뱅은 공증인으로 하여금 자신의 유언장을 작성하게 하였다.(*CO* 20:298-302) 그는 하나님의 은혜에 감사했고, 하나님께서 자신에게 주신 은혜의 분량에 따라 하나님의 말씀을 순수하게 전하고 성서를 충실하게 해석하는 일에 최선을 다했다고 말하였다. 그런 후 자신의 적은 유산을 누구에게 나누어줄지 지정하였다.

4월 27일 칼뱅은 행정장관들과 소의회 의원들에게 작별인사를 하길 원했다. 칼뱅이 그들에게 갈 수는 없었기 때문에, 그들이 칼뱅의 집으로 왔다. 칼뱅은 그들의 호의에 감사했고, 비록 부족한 점이 많이 있었지만 자신은 하나님을 섬기는 일을 하면서 언제나 제네바 시를 위해 최선을 다하고자 노력했다고 선언했다. 칼뱅은 자신의 부족함에 대해 하나님이 그랬듯이 인내해준 그들에게 감사했고, 자신이 하지 못한 일들에 대해 유감을 표했다. 칼뱅은 그들에게 공적인 생활에서 하나님의 영광을 추구하라고 당부했다. 그런 후 모두에게 개인적으로 작별인사를 했다.[58] 다음 날 칼뱅은 목회자들에게 작별을 고하고, 자신을 대신할 사람으로 베즈를 추천하였다.[59]

그 후 며칠 동안 칼뱅은 여러 친구들과 중요한 사람들의 방문을 받았다. 노령의 파렐까지도 그를 방문했다. 칼뱅은 5월 2일 그에게 이별을 고하는 짤막한 편지를 썼다.(*CO* 20:302-303) 목회자들이 칼뱅의 집에서 5월 19일 주례회동을 가졌을 때, 칼뱅은 끝까지 그들과 자리를 함께하였다. 칼뱅은 5월 27일 죽어 그 다음날 매장되었다.

---

58) *Discours d'adieu aux mambres du petit conseil*(*CO* 9:887-890)을 참조하라. 독일어 번역본은 *Calvin-Studienausgabe*, vol. 2, *Gestalt und Ordnung der Kirche*(Neukirchen-Vluyn, 1997), 288-293(Matthias Freudenberg의 "서론" 281-287쪽과 함께)을 보라.

59) *Discours d'adieu aux ministres*(*CO* 9:891-894)를 참조하라. 독일어 번역본은 *Calvin-Studienausgabe*, 2:288-293(Matthias Freudenberg의 "서론" 281-287쪽과 함께)을 보라.

제2장

초기 작품들

Eerste publicaties

1. 니콜라스 두셔맹의 『반박변증』 서문(1531)

칼뱅은 오를레앙에서의 학창 시절에 니콜라스 두셔맹을 알게 되었다. 1529년 여름에 칼뱅은 대학을 옮겼다. 오를레앙에서 정통적이고 전통적인 피에르 드 레스투알(Pierre de L'Estoile)의 강의를 계속 듣는 대신에 칼뱅과 그의 친구들인 프랑수아 다니엘과 니콜라스 두셔맹은 부르주로 학교를 옮겼는데, 그곳에서는 법학에서 역사적 연구방법론의 창시자이자 유명한 이탈리아 법학자인 동시에 인문주의자인 안드레아 알치아티(Andrea Alciati)가 가르치고 있었다. 알치아티는 앙굴렘의 마르가리타에 의해 그곳으로 오게 되었는데, 마르가리타는 1527년 재혼으로 나바라의 여왕이 되었고, 베리(Berry)의 여공 자격으로 부르주 대학을 후원하였다.[1)]

알치아티는 젊은 학생들에게 잘 알려져 있었다. 그는 아우렐리우스 알부치우스(Aurelius Albucius)라는 가명으로 동료인 오를레앙의 레스투알에게 반대하는 악의에 찬 『변증』(*Apologia*)을 썼다. 수년 간 레스투알의 강의를 들었고 그의 집에서 살기까지 했던 두셔맹은 부르주로 떠나기 전에 레스투알을 변호하기 위해 『반박변증』(*Antapologia*)을 작성했다.[2)] 이 소책자는 2년 후에, 칼뱅이 1531년 3월 세네카의 『관용론』에 대

1) Jonathan Andrew Reid, "King's Sister-Queen of Dissent: Marguerite of Navarre(1492-1549) and Her Evangelical Network," Ph. D. diss., University of Arizona, 2001.

2) 전체 제목은 *Nicolai Chemyni Aureliani Antapologia adversus Aurelii*

한 주석을 출판하기 위해 파리로 돌아올 때 두셔맹이 그 편에 부쳐 함께 출판하였다.

이 책에서 법률용어로 순전히 법적인 문제를 논하면서, 알치아티가 가명으로 레스투알을 공격하는 책자를 낸 것은 성실하지 못한 행위라고 비난했다. 칼뱅은 1531년 3월 6일 편지 형식으로 『반박변증』의 서문을 썼으며, 명백히 알치아티의 편이었던 친구 프랑수아 드 코낭(François de Connan)에게도 편지하였다. 서문에서(Praefatio in Nic. Chemini Antapologiam－*CO* 9:785-786, *Ep.* 1:2) 칼뱅은 왜 이 책자가 씌여졌고 자신은 또 왜 이 책을 인정하는지에 대해 밝혔다. 이 서문은 칼뱅의 첫 출판물이었다.[3)]

2. 세네카의 『관용론』 주석(1532)

1532년 4월 4일 칼뱅의 첫 번째 학문적인 출판물인 로마 철학자 세네카의 『관용론』(*De clementia*)에 대한 주석을 선보였다. 작품의 전체 제목은 이렇다. 『로마 원로원 의원이자 가장 명석한 철학자인 안나 세네카가 네로 황제를 위해 쓴 관용에 관한 두 권의 책: 장 칼뱅의 주석적 해설』.(*L. Annei Senecae, Romani senatoris, ac philosophi clarissimi, libri duo de clementia, ad Neronem Caesarem: Ioannis Calvini*

Albuci Defensionem pro Andrea Alciato contra D. Petrum Stellam nuper aeditam(Paris, 1531)이었다.

3) 영어 번역본은 Ford Lewis Battles와 André Malan Hugo의 *Calvin's Commentary on Seneca's "De Clementia"*(Leiden, 1969), 385-386을 참조하라.

4) H. Lecoultre, "Calvin d'après son commentaire sur le *De Clementia* deSénèque," *RThPh* 24(1891): 51-77; Quirinus Breen, *John Calvin: A Study in French Humanism*(Grand Rapids, 1931), 67-99; André Malan Hugo,

Nouiodunaei commentariis illustrati, CO 5:1-162)[4)]

세네카는 기원후가 시작될 무렵 스페인의 코르도바에서 태어나서, 로마에서 철학과 수사학을 공부했다. 철학자로서 그는 엄격한 스토아 학파의 제자였다. 그는 황제가 될 네로의 교육에 관여하였다. 네로의 각료이면서 동시에 스토아 도덕의 추종자로서 세네카는 황제의 행동을 인정할 수 없는 난처한 입장에 처하게 되었다.

교회 교부들, 특히 아우구스티누스는 자신의 주장을 뒷받침하기 위해 자주 세네카를 인용했다. 실제로 세네카를 그리스도교 철학자로 묘사하려는 의도에서, 아마도 4세기에 세네카와 사도 바울 사이의 허구적인 편지를 만든 것 같다. 칼뱅은 파리에서 공부하던 초기에 세네카의 글을 접하게 되었을 것이다. 칼뱅은 세네카가 로마에 있는 이단들에게 관용을 보여달라고 네로에게 호소한 데 감명을 받았음직하다. 프랑수아 1세도 프로테스탄트들에게 보다 자애로운 태도를 보여줄 수 있어야 한다! 아마도 칼뱅을 세네카에게로 이끈 것은 스토아 사상에 대한 그리스도교 인문주의자의 감성이었을 것이다. 칼뱅 자신은 이에 대해 아무런 설명도 하지 않는다.

확실한 것은 에라스무스가 1521년 세네카의 작품들을 출판했고, 1529년 개정판을 내놓았다는 것이다. 세네카에 대한 본문비평 작업을

Calvijn en Seneca: Een inleidende studie van Calvijns commentaar op Seneca, "De clementia," anno 1532(Groningen/Djakarta, 1957); Ford Lewis Battles, "The Sources of Calvin's Seneca Commentary," in *John Calvin*, ed. Gervase E. Duffield, Courtenay Studies in Reformation Theology 1(Grand Rapids, 1966), 38-66[또한 Robert Benedetto, ed. *Interpreting John Calvin: Ford Lewis Battles*(Grand Rapids, 1996), 65-89]; Battles and Hugo, *Calvin's Commentary on Seneca's "De Clementia"*; François Wendel, "Le Commentaire sur le *De clementia de Sénèque*," in *Calvin et l'humanisme*(Paris, 1976), 37-62 참조.

결코 무시하지 않았던 에라스무스는 자신의 책을 완전한 것이라고 생각하지 않았다. 따라서 칼뱅은 세네카의 『관용론』 주석의 서문에서 자신이 에라스무스를 여기저기서 정정할 것이라고 말하고 있다. 또한 칼뱅은 이 비평적 주석을 통해 세네카를 확실히 복권하고자 한다. 그의 사상을 복권한다기보다는 문장가와 철학자로서 그가 차지해야 할 마땅한 위치를 회복한다는 것이다. 무엇보다 칼뱅은 이 주석을 통해 인문주의 학자로서 자신의 명성을 확립하기를 원했다.

널리 읽히는 에라스무스의 소논문 『작가들에 대한 연구와 독서와 해석의 방법』(*De ratione studii, ac legendi interpretandique auctores*)이 1521년 슈트라스부르크에 그 모습을 나타냈다. 방법론에서는 칼뱅이 에라스무스의 훌륭한 학생임이 세네카의 작품에 대한 비평적 주석에서 드러났다. 첫째로 칼뱅은 세네카 사상의 맥락을 간략하게 요약했다. 그런 후에 언어학적이며 문체적인 주석을 제시하고, 이어서 수많은 라틴어 작가들(75명)과 그리스어 작가들(22명)의 글에서 인용한 문장들을 예로 들었다. 그렇다고 칼뱅이 이 작가들의 작품을 모두 읽었다는 것은 아니다. 칼뱅은 다른 사람들이 출판한 편람의 덕을 본 것이다. 칼뱅은 또한 여러 명의 교회 교부들, 특히 아우구스티누스를 인용하고, 성서에서 세 구절을 인용하였다.

칼뱅은 그의 『관용론』 주석에서 스토아주의와 그리스도교의 섭리 개념의 유사성을 지적하고, 군주정치에 대한 호감을 표하면서 양심은 자연법을 내포하고 있다고 말했다. 칼뱅은 1532년 4월 4일 자신의 작품을 누아용의 수도원장이던 클로드 드 앙제(Claude de Hangest)에게 헌정하였다. 헌정사에서 칼뱅은 자신이 자주 방문한 앙제 가족에게 많은 신세를 졌다고 언급하였다. 칼뱅은 오를레앙에서 1526년에 누아용의 수도원장이 된 클로드와 그의 형제 장과 함께 공부하였다. 또한 클로드와 장의 삼촌인 누아용의 주교 샤를 드 앙제에게 신세를 졌는데, 샤를은

1521년 칼뱅의 공부를 위해 하나 이상의 성직록을 받을 수 있도록 도와주었다. 칼뱅은 주석 사본을 에라스무스에게 보냈다.

칼뱅은 4월 22일 프랑수아 다니엘에게 자신의 세네카 주석이 나왔다고 편지하였다.(*CO* 10b:19-20, *Ep.* 1:9) "마침내 주사위는 던져졌다."[5] 칼뱅은 또한 다니엘에게 자신이 자비로 출판한 이 책이 거의 팔리지 않고 있음도 알렸다. 칼뱅은 파리에 있던 몇몇 교수들에게 이 책을 수업에 사용해달라고 요청했고, 아마 부르주의 한 교수도 그것으로 바꾸고자 한 것 같다. 칼뱅은 책 한 권을 다니엘에게 보내면서 책 판매를 도와달라고 부탁했다. 만일 다니엘이 그 가능성을 찾기만 한다면 칼뱅은 100권이라도 더 그에게 보냈을 것이다.

3. 니콜라스 콥의 학장취임 연설(1533)

1533년 11월 1일(만성절)에, 교수들과 교회 고위성직자들까지 참석한 새 학기 개강식에서 파리 대학의 학장 니콜라스 콥이 거센 어조로 연설하였다.(Concio academica nomine rectoris universitatis Parisiensis

---

5) 칼뱅이 누구에게 편지를 썼는지는 분명하지 않다. *Ep.* 1:9. "편지의 수신인은 아마도 교사인 Christoph Landré이었을 것이다."

6) 라틴어 본문은 독일어 번역본과 함께 Eberhard Busch et al., eds., *Calvin-Studienausgabe*, vol. 1/1, *Reformatorische Anfänge(1533-41)*(Neukirchen-Vluyn, 1994), 10-25(Hans Scholl의 "서론"과 함께)에 수록되어 있다. Appendix 3, "The Academic Discourse Delivered by Nicolas Cop on Assuming the Rectorship of the University of Paris on 1 November 1533"(영어 번역본과 각주), in *John Calvin, Institutes of the Christian Religion*(1536년 판), ed. Ford Lewis Battles, rev. ed.(Grand Rapids, 1986), 363-372 참조. Jean Rott, "Documents strasbourgeois concernant Calvin. Ⅰ. Un Manuscritautographe: La Harangue du recteur Nicolas Cop," *RHPhR* 44(1964): 290-311

scripta – *CO* 10b:30-36, *OS* 1:4-10)[6] 서론에서 그는 그리스도교 철학(philosophia christiana)에 대해 말한 다음, 율법과 복음의 차이에 주의할 것을 요구하면서 마태복음 5:3("심령이 가난한 자는 복이 있나니")을 해설하기 시작했다.

콥이 말하는 것이 완전히 새로운 것은 아니었다. 그러면 그는 어떤 출처에서 자신의 연설을 끌어낸 것인가? 아우구스트 랑(August Lang)에 따르면, 콥이 그리스도교 철학에 대해 말한 내용은 에라스무스의 그리스어 신약성서 3판 서문을 연상시킨다.[7] 랑에 따르면, 콥의 연설과 마르틴 루터가 1522년 만성절에 한 설교 사이에는 유사한 연관성이 있다. 루터의 설교는 마르틴 부처가 라틴어로 번역하여 1526년 슈트라스부르크에서 출판하였다. 마지막으로, 콥의 연설은 필립 멜란히톤의 『신학총론』(*Loci communes*, 1521)과 부처의 『복음서 주석』(1530)과 관련이 있다.

누가 진짜 콥의 연설의 저자인가, 콥인가 칼뱅인가 하는 문제에 더 많은 관심이 집중되었다.[8] 두 개의 오래된 연설문 사본이 보존되어 있는데, 완전한 사본 하나는 슈트라스부르크의 콥의 손에, 부분적인 사본 하나는 제네바의 칼뱅 손에 있기 때문에 이러한 질문이 제기된다. 둘 중 어느 것이 진본인가? 아무튼 연설의 내용과 관련하여 콥은 칼뱅의 신학 지식에서 도움을 받은 것이 분명하다.

[이 자료들은 또한 *Regards contemporains sur Jean Calvin: Actes du colloque Calvin Strasbourg, 1964*(Paris, 1965), 28-49에서도 발견할 수 있다.]; Joseph N. Tylenda, "Calvin's First Reformed Sermon? Nicholas Cop's Discourse–1 November 1533," *WThJ* 38(1975-76): 300-318도 참조하라. Tylenda 또한 콥의 연설문을 영어로 번역해(각주를 달아) 제공한다.

7) August Lang, "Die Bekehrung Johannes Calvins," in *Studien zur Geschichte der Theologie und Kirche*, vol. 2/1(Leipzig, 1897; reprint, Aalen, 1972), 1-57(특히 43-57쪽). 또한 각주 6)에 실린 2차자료들을 참조하라.

8) 논쟁의 과정에 대해서는 *Calvin-Studienausgabe*, vol. 1/1, 특별히 7-9쪽에 있는 Hans Scholl의 "서론"을 참조하라.

콥의 연설이 초래한 결과 중 하나는 11월 3일 두 명의 프란체스코 수도사들이 파리의 의회에 콥을 이단으로 고소한 것이다. 콥은 해명하도록 소환을 받았으나 마지막 순간에 몰래 도시를 떠나기로 마음먹었다. 그 당시 파리에 없었던 프랑수아 1세와 논의를 거친 후에 콥의 목에 현상금이 걸렸다. "저주받은 루터주의 분파"(프랑수아 1세의 표현)에 대한 박해가 일어났고, 다른 사람들과 함께 제라르 루셀과 엘리 코롤트(Élie Corauld)에 대한 체포가 뒤따랐다.

당국이 체포하기 전에 칼뱅도 도시를 비밀리에 빠져나갔다는 사실은 그가 콥의 연설과 관련되어 있음을 암시해주는 하나의 단서이다. 칼뱅은 자신의 책과 편지들을 남겨둔 채 도시를 빠져나갔다.

제3장

칼뱅과 성서

Calvijn en de bijbel

일찍이 칼뱅은 가능한 한 평범한 사람들이 성서를 많이 사용할 수 있도록 북돋우어 주기를 원했던 것 같다. 성서에 대한 관심이 날로 커지자 칼뱅은 크리소스토무스의 설교전집을 출판할 계획도 세웠다. 그는 그 설교들이 성서를 사용하는 데 크게 이바지할 것이라고 믿었다. 1538년경에 수기로 기록된 그 전집 서문이 제네바에 남아 있다.(내용은 *CO* 9:831-838 참조)[1] 칼뱅에 의하면 크리소스토무스는 성서 스스로 말하도록 하면서, 말씀 자체의 순전한 의미에 충분한 관심을 기울였다는 점에서 칭찬받을 만하다.[2]

---

1) Olivier Millet, *Calvin et la dynamique de la parole: Étude de rhétorique réformée*(Paris, 1992), 171-176. 미예는 칼뱅이 1538년 여름 두 번째 바젤에 머물 때 서문을 썼다고 생각한다.(173-174)

2) John H. McIndoe는 이 서문을 "John Calvin: Preface to the Homilies of Chrysostom," *Hartford Quarterly* 5(1965): 19-26에 영어로 번역해 실었다. 그리고 W. Ian P. Hazlett, "Calvin's Latin Preface to His Proposed French Edition of Chrysostom's Homilies: Translation and Commentary," in *Humanism and Reform: The Church in Europe, England and Scotland, 1400-1643; Essay in Honour of James K. Cameron*, ed. James Kirk(Oxford, 1991), 129-150; John Robert Walchenbach, *John Calvin as Biblical Commentator: An Investigation into Calvin's Use of John Chrysostom as an Exegetical Tutor*(Ph. D. diss. University of Pittsburgh, 1974); Alexandre Ganoczy and Klaus Müller, *Calvins handschriftliche Annotationen zu Chrysostomus: Ein Beitrag zur Hermeneutik Calvins*(Wiesbaden, 1981)를 참조하라.

1. 성서 번역

칼뱅은 1535년 6월 4일 뇌샤텔 부근 세히에흐(Serrières)에서 출판된 올리베탕(Pierre Robert Olivétan)의 프랑스어 번역 성서와 긴밀히 연관되어 있었다.[3] 번역 본문이 히브리어와 그리스어에 전적으로 기초하고 있음을 속표지에서 밝히고 있지만, 그것이 올리베탕이 다른 번역본들을 이용했다는 사실을 부인하는 것은 아니다. 구약성서와 관련해서 올리베탕은 예를 들면 파기누스(Sanctes Paginus)가 1528년 리옹에서 출판한 라틴어 성서번역본을 이용할 수 있었다. 신약성서와 관련해서는 특별히 자크 르페브르 데타플(Jacques Lefèvre d'Étaples)이 라틴어 불가타를 프랑스어로 번역한 성서(*La Saincte Bible en François*)에 의존했는데 이것은 1530년에 안트베르펜에서 출판되었다. 올리베탕은 외경을 번역할 때에도 르페브르의 번역을 자주 사용했다.

기욤 파렐의 요청에 따라 발도파 사람들이 올리베탕의 성서 번역을 재정적으로 후원하기로 결정했다. 이 결정이 이루어진 것은 1532년 9월 12일 발도파가 종교개혁에 동참하기로 결정한 샹포랑(Chanforans) 대회의 모임에서였다.

1535년 2월 12일의 서문에서 올리베탕은 자신의 번역을 소수의 유력한 사람들에게가 아니라 "내세울 것 없는 교인들"(the poor church)에게 바치고 있다. 이 번역은 뇌샤텔 근처 세히에흐에서 피에르 드 윙글(Pierre de Wingle)이 출판하여 1535년 9월 샹포랑에서 열린 발도파 대회에 제출하였다.[4]

---

3) *La Bible Qui est toute la Saincte escripture: En laquelle sont contenus, le Vieil Testament et le Nouveau, translatez en Francoys; Le Vieil, de l'Ebrieu: et le Nouveau du Grec*…. 1986년 토리노에서 이 성서 번역의 고급스러운 재판이 출간되었다.

1535년 판에만 실려 있는 라틴어 서문은 칼뱅이 작성한 것으로, 표제는 이렇다. "장 칼뱅이 그리스도의 통치 아래 있는 모든 황제, 국왕, 제후, 백성들에게 평화의 인사를."(Ioannes Calvinus caesaribus, regibus, principibus, gentibusque omnibus Christi imperio subditis salutem—*CO* 9:787-790)[5] 서문에서 칼뱅은 자국어로 된 성서를 옹호하는데, 이로써 모든 믿는 사람이 성서가 말하는 직접적인 지식을 얻을 수 있기 때문이다. 칼뱅은 보통 사람들에게서 하나님의 말씀을 박탈하는, 혹은 적어도 말씀과 직접적으로 접촉하지 못하도록 하는 "불경건한 소리들"(소르본 대학)에 대해 언급한다. 이것은 참된 경건과 모순되는 것이며, 비루한 사

4) The *Cambridge History of the Bible*, vol. 3, *The West from the Reformation to the Present Day*, ed. S. L. Greenslade(New York, 1978), 117-120; Eugénie Droz, "Calvin collaborateur de la Bible de Neuchâtel," in 같은 저자, *Chemins de l'hérésie: Textes et documents*, 4 vols.(Geneva, 1970-76), 1:102-117; Jürgen Quack, "Calvins Bibelvorreden(1535-46)," in *Evangelische Bibelvorreden von der Reformation bis zur Aufklärung*(Gütersloh, 1975), 89-116 참조.

5) 라틴어 본문은 편지 20으로 *COR Epistolae*(Geneva, 2005), 1:105-113에 재판되었는데, 서론과 각주가 붙어 있다. 라틴어 본문은 "Ioannes Calvinus, Cesaribus, Regibus, Principibus, gentibusque omnibus, Christi Imperio subditis Salutem," in *Le Livre et la Réforme*, ed. Rodolphe Peter and Bernard Roussel, *Revue française d'histoire du livre* 50호 특별판(1986; repr., Bordeaux, 1987)도 보라. 루셀은 *Calvini Opera*(261)의 본문과 비교한 라틴어 본문(258-260)을 제시하고 있으며, 서문도 프랑스어로 번역(244-256)하여 제공한다. "Jean Calvin aux Empereurs, aux Rois, aux Princes et à tous les Peuples assujettis au pouvoir de Christ, salut!" 루셀은 각주에서 칼뱅이 잘 알고 있던 스코틀랜드의 Alexander Alesius와 Johannes Cochlaeus 사이의 논쟁을 언급한다. 루셀의 번역은 *Olivétan, traducteur de la Bible: Actes du colloque Olivétan Noyon, mai 1985*, ed. Georges Casalis and Bernard Roussel(Paris, 1987), 163-168에 포함되어 있다. 영어 번역은 Appendix 4, "John Calvin's Latin Preface to Olivetan's French Bible(1535)," in *John Calvin, Institutes of the Christian Religion*(1536년 판), ed. Ford Lewis Battles, rev. ed.(Grand Rapids, 1986), 373-377 참조.

람들에게 스스로를 계시하기를 언제나 기뻐하시며 목자들과 죄인들 가운데서 선지자와 감독을 택하신 하나님의 뜻에 배치되는 것이다. 칼뱅은 양들의 목자로서 참된 양식(하나님의 말씀)은 주지 않고 대신에 오염된 음식(자신들의 사상)을 제공하는 사제들과 주교들도 비판한다. 칼뱅은 로마의 주교인 교황과 그의 사제들은 등불을 말 아래에 감추었기 때문에 유죄라고 선언한다.

두 번째 서문이 신약성서 앞에 실려 있다. 이것은 익명으로, 그리고 프랑스어로 기록되었는데, 1545년 이후에는 칼뱅이 쓴 것으로 간주되었다.[6] 이 서문의 표제는 "예수 그리스도와 그의 복음을 사랑하는 모든 사람에게 평화가 있기를"[A tous amateurs de Iésus Christ, et de son S. Évangile, salut－*CO* 9:791-822. 라틴어 번역이 베즈에 의해 『칼뱅의 편지와 답변』(*Johannis Calvini epistolae et responsa*) 안에 포함되어 1576년 출판되었다.]이다.[7] 이 서문에서 그리스도는 옛 언약을 완성시킨 새 언약의 중재자로 칭송된다. 우리는 복음 없이는 아무것도 할 수 없다. 복음이 없다면 우리는 그리스도인이 아니다. 백커스(Irena Backus)와 침믈리

---

6) Frans Pieter van Stam은 올리베탕이 이 서문의 저자일 것이라고 생각한다. 그의 논문 "Der Autor des Vorworts zur Olivétan-Bible *A tous amateurs aus dem Jahr* 1535," *NAKG* 84(2004), 248-267을 참조하라.

7) 편지의 프랑스어 본문과 독일어 번역본이 *Calvin-Studienausgabe*, vol. 1/1, *Reformatische Anfänge(1533-1541)*(Neukirchn-Vluyn, 1994), 34-57(Ernst Saxer의 서론 27-32쪽과 함께)에 수록되어 있다. Jean Calvin, *Épître à tous amateurs de Jésus-Christ. Préface à la traduction française du Nouveau Testament par Robert Olivétan(1535)(le plus ancien texte français de Calvin qui ait été imprimé) avec Introduction sur une édition française de l'Institution dés 1537?* ed. Jacques Pannier(Paris, 1929), 36-55. 서론과 함께 볼 수 있는 현대 프랑스어 판은 Irena Backus and Claire Chimelli, eds., *La vraie piété divers traités de Jean Calvin et Confession de foi de Guillaume Farel*(Geneva, 1986), 13-38.(이것은 각주와 함께 Olivétan, *traducteur de la Bible*에 수록되어 있다.)

(Claire Chimelli)는 이 서문에 대해 소개하면서, 다른 두 작품과의 관계를 지적한다.[8] 형식 면에서는 1532년 로베르 에티엔(Robert Estienne)이 출판한 불가타 성서에 대한 라틴어 서문과 닮았고,[9] 내용면에서는 불링거의 1534년 언약에 관한 소논문과 매우 밀접한 공통점을 지닌다는 것이다.[10]

1535년 판에 들어 있는 칼뱅의 프랑스어 서문은 1539년 판과 1543년 판에는 빠져 있다. 그러나 우리는 성서, 특히 구약과 신약의 관계를 다룬 칼뱅과 비레의 공동작품이 1543년 제네바에서 출판되었음에 주목한다. 이 작품은 두 개의 편지로 이루어져 있는데, 하나는 칼뱅의 것이고 다른 하나는 비레의 것이다. 칼뱅의 편지는 앞에서 말한 "사랑하는 모든 사람에게"(A tous amateurs)와 매우 유사하다. 제목에서 말하고 있는 것처럼 칼뱅은 예수 그리스도가 율법의 마침이며 성서에서 찾아야 하는 모든 것의 총합이 된다는 사실을 보여주고자 하였다.[11] 칼뱅의 1535년 판 프랑스어 서문 "사랑하는 모든 사람에게"는 1544년 제네바에서 출판된 성서에 다시 나타나는데, 여기에는 1543년 편지의 내용이 얼마

---

8) *La vraie Piété*, 17-23.

9) *Biblia: Breves in eadem annotationes ex doctissimis interpretationibus et Hebraeorum commentariis*(Paris, 1532).

10) *De testamento seu foedere Dei unico et aeterno Heinrychi Bullingeri brevis expositio*(Zurich, 1534).

11) 편지의 본문(서론과 함께)은 *Calvin: Oeuvres choisis*, ed. Olivier Millet(Paris, 1995), 25-50을 보라. 두 편지의 전체 제목은 다음과 같다. *Deux épistres, l'une demonstre comment nostre Seigneur Iésus Christ est la fin de la loy, et la somme de tout ce qu'il faut chercher en l'Escriture. Composée par M. I. Calvin, L'autre, pour consoler les fidèles qui souffrent pour le nom de Iésus, et pour les instruire à se gouverner en temps d'adversité et de prospérité, et les confirmer contre les tentations et assautz de la mort. Composée par M. P. Viret.*

간 추가되었다. 1551년 이후 서문의 제목은 "그리스도가 어떻게 율법의 마침이 되시는지 신자들에게 밝히는 편지"(Epistre aux fidèles monstrant comment Christ est la fin de la loy)이다.

올리베탕의 1535년 성서 번역에는 "우리의 협력자이자 친구인 V. F. C.에게, 시내산 언약의 백성들에게 안부를 전합니다."(V. F. C. à nostre allié et confédéré le peuple de l'alliance de Sinai, Salut)라는 구절이 나온다. V. F. C.라는 머릿글자는 "당신의 형제 칼뱅"(Votre Frère Calvin)의 약자로 이해되어 왔다.[12] 하지만 이것은 비레(Viret), 파렐(Farel), 칼뱅(Calvin), 세 사람의 머릿글자와 연결되기도 했다. 보다 최근에 베르나르 루셀(Bernard Roussel)은 연구를 통해 볼프강 파브리키우스 카피토[V(=W)olfgang Fabricius Capito]를 뜻하는 것으로 결론지었지만,[13] 모두가 이 견해를 받아들이는 것은 아니다. 올리베탕은 1528년부터 1531년까지 슈트라스부르크에서 카피토와 함께 히브리어를 공부했다.[14]

---

12) Droz, *Chemins de l'hérésie*, 1:108-115(Neuchâtel Bible에 실린 그대로 묘사해놓았다!).

13) Dominique Barthélemy, Henri Meylan, and Bernard Roussel, *Olivétan: Celus qui fit passer la Bible d'hébreu en français*, Textes de Calvin et d'Olivétan(Biel, 1986) 참조. Achim Detmers, *Reformation und Judentum: Israel-Lehren und Einstellungen zum Judentum von Luther bis zum frühen Calvin Stutgart*(Kohlhammer, 2001), 268-276. Detmers는 "Es darf somit als nachgewiesen gelten, dass die genannte Vorrede nicht von Calvin stammt, sondern von seinem späteren Strassburger Kollegen Capito"(276)라고 결론을 내린다. Victor E. d'Assonville, the "bis heute ungeklärten Verfasserschaft" in *Der Begriff "Doctrina" bei Johannes Calvin: Eine theologische Analyse*, Rostocker theologische Studien, vol. 6(Münster, 2001), 48 n. 21. W. H. Neuser, "The First Outline of Calvin's Theology: The Preface to the New Testament in the Olivétan Bible of 1535," *Koers: Bulletin for Christian Scholarship* 66(2001): 18은 칼뱅이 저자라는 의견이다. "내게는 두 개의 서문, 즉 이방인을 대상으로 한 서문과 유대인을 대상으로 한 서문 모두를 칼뱅이 썼다는 데 아무런 의문의 여지가 없다.

1535년 성서 번역을 낸 직후, 올리베탕은 신약성서 프랑스어 번역이 개선될 여지가 있음을 알아차렸다. 그는 시편과 솔로몬의 책들을 다시 번역하여 1538년에 따로 출판하였다. 신약 번역을 위해 그는 우리가 이미 살펴본 것처럼 르페브르의 번역(라틴어 불가타를 프랑스어로 번역한 것)에서 많은 도움을 받았다. 하지만 르페브르의 번역이 비록 제목에서는 히브리어와 그리스어 성서에 전적으로 기초하고 있다고 말하긴 하지만 그리스어 원문에서 거의 번역되지 않았음이 판명되었다. 올리베탕은 칼뱅에게 더 나은 프랑스어 신약성서 번역을 위해 도와달라고 부탁했고, 칼뱅은 책이 출판되기 전에 올리베탕의 독자적인 신약성서 번역을 교정해주겠다고 약속했다. 실제로 이런 작업이 이루어졌는지는 알 수 없지만 아무튼 신약 번역 개정판이 1538년에 출판되었다. 확실한 이유는 알 수 없지만 아마도 올리베탕은 이탈리아에서 1538년 8월경에 죽었기 때문에 개정판을 보지는 못했을 것이다.

몇 년 후 1540년부터 제네바의 학교 교장이던 세바스티앙 카스텔리옹도 신약성서 번역판을 출판하려고 했다. 1542년 9월 9일 카스텔리옹은 칼뱅에게 자신의 번역을 승인해달라고 요청하였다. 칼뱅은 그 번역을 지지하고 싶지 않았고, 카스텔리옹에게 많은 수정이 필요함을 알렸다. 그러나 어떤 합의도 이루어질 수 없었다. 카스텔리옹은 번역을 고치고 싶지는 않았지만, 칼뱅이 그것을 검토하고 자신과 논의해주기를 원했다. 그러나 칼뱅은 그 제안을 받아들이려고 하지 않았다. 왜냐하면 자신이 수정하라고 제안한 모든 것에 대해 카스텔리옹이 끊임없이 논쟁하려고 한다는 인상을 받았기 때문이다.(*CO* 13:439—비레에게 보낸 9월 11일자 편지를 보라.) 카스텔리옹은 나중에 바젤에서 성서 번역을 완성하였

---

14) Van Stam, "Der Autor des Vorworts," 250; 그리고 Robert White, "An Early Reformed Document on the Mission to the Jews," *WThJ* 53(1991): 93-108 참조.

다. 라틴어 판은 1551년에, 프랑스어 판은 1555년에 출판하였다.

칼뱅은 올리베탕의 성서 전체 번역의 개정판 작업에 깊이 관여하였다. 칼뱅의 협력으로 1546년 제네바에서 첫 개정판이 나왔다. 번역의 제일 앞에 칼뱅이 독자에게 주는 편지가 있는데,[15] 여기서 칼뱅은 성서의 특별한 중요성을 강조하고 있다. 또한 이 개정판에는 칼뱅의 서문이 외경 바로 앞에 실려 있다.(Préface mise en tête des livres apocryphes de l'ancien testament－*CO* 9:827-828) 1555년과 1560년의 개정판에도 칼뱅의 서문이 요약되어 있다. 1535년 판 올리베탕 성서의 외경 앞에 있는 서문도 칼뱅의 것일 듯싶다.[16]

칼뱅은 1550년 11월 10일 파렐에게 보낸 편지에서 암시하고 있는 것처럼(*CO* 13:655-657), 두 번째 성서 개정판(1551)에도 많은 관심을 기울였음에 틀림없다. 그 편지에서 칼뱅은 올리베탕의 성서 번역을 개정하는 일로 지난 넉 달 동안 분주했다고 말했다. 왜냐하면 칼뱅의 요청에도 불구하고, 인쇄업자는 이 일을 위해 헌신해줄 사람을 찾을 수 없었기 때문이다. 칼뱅은 루이 뷔데(Louis Budè. 당시 제네바의 Collège de La Rive에서 구약성서를 가르쳤다.)와 베즈를 이 작업에 끌어들였다. 칼뱅은 파렐에게 편지하면서 뷔데가 시편, 잠언, 전도서, 욥의 번역에 집중할 것이라고 말했다.

---

15) 편지 내용은 CO 9:823-826 참조. "Préface des Anciennes Bibles Genevoises -Iean Calvin au lecteur." 1546년의 성서 번역본과 그 이후의 번역본들에서, 그 편지는 편지 서두에 나오는 글자를 따라 *Si ie vouleye*로 명명되었다. 현대 프랑스어로 된 내용은 "Jean Calvin au lecteur"(1565년 성서 번역본에서), in *Calvin: Oeuvres choisis*, ed. Millet, 51-56을 참조하라.

16) Wilhelm H. Neuser, "Calvins Stellung zu den Apokryphen des Alten Testaments," in *Text-Wort-Glaube: Studien zur Überlieferung, Interpretation und Autorisierung biblischer Texte*, ed. Martin Brecht(New York, 1980), 298-323. Neuser는 1535년과 1546년 서문의 독일어 번역본을 제공하고 있다. 311-312쪽 참조.

뷔데가 실제로 얼마나 많은 일을 했는지에 대해서는 알 수가 없다. 뷔데는 새 번역이 출판되기 전인 1551년 5월 25일 죽었다. 그는 적어도 시편에 대한 작업은 마쳤을 것이다. 시편은 1551년 판에 실렸을 뿐만 아니라 같은 해에 제네바에서 주해와 함께 독립적인 책으로도 출판되었기 때문이다.[『히브리적 진리에 따라 번역된 다윗의 시편들』(*Les Pseaumes de David traduicts selon la vérité hébraïque*)] 칼뱅은 이 시편주석의 서문을 썼는데, 그는 시편의 유용함과 함께 뷔데 번역의 유용성에 대해 논하고 있다.[17]

칼뱅, 뷔데, 그리고 익명의 세 번째 사람이 소선지서들을 책임지고 1551년 판 구약성서의 번역 개정에 참여하였다. 베즈는 외경을 맡아 작업했다. 1551년 이후 1553년과 1560년에도 계속적인 개정판들이 출판되었다. 최종판은 1588년에 마침내 그 모습을 드러냈다.

2. 칼뱅의 주석

파렐이 1536년에 칼뱅을 제네바에 붙잡아두는 데 성공했을 때, 칼뱅은 생피에르 교회에서 사도 바울의 서신서를 가르치는 교사(sacrarum literarum professor)로 일을 시작했다. 우리는 칼뱅이 9월 5일 이전에 이 일을 시작했음을 알 수 있다. 왜냐하면 파렐이 이미 강의를 하고 있는 "그 프랑스인"을 지원해달라고 의회에 요청한 날이 9월 5일이기 때문이다. 1537년 이전 언젠가 칼뱅은 제네바에서 목사로서의 일도 감당하였다. 그러나 학생들에게 성서를 가르치는 일은 항상 그에게 매우 중요한

17) Rodolphe Peter, "Calvin and Louis Bude's Translation of the Psalms," in *John Calvin*, ed. Gervase E. Duffield, *Courtenay Studies in Reformation Theology* 1(Grand Rapids, 1966), 190-209.

일이었다.

1538년 슈트라스부르크로 갔을 때, 칼뱅은 먼저 프랑스 피난민 교회의 목사가 되었다. 그러나 1539년 1월 이후 그는 요하네스 슈투름이 주재하던 김나지움에서 요한복음과 고린도전서를 강의하였다. 1539년 2월 1일 칼뱅은 신약성서를 해석하는 교사로 임명되었다.

칼뱅은 강의에만 매몰되지 않고 주석을 집필하는 일도 하였다. 칼뱅이 신약성서의 책들에 관한 주석을 먼저 썼기 때문에, 우리도 그의 신약 주석들에 먼저 관심을 쏟을 것이다. 그런 다음 구약 주석들을 살펴볼 것이다.

1) 신약성서에 대한 주석

(1) 『로마서 주석』

칼뱅이 출판한 첫 주석은[18] 『로마서 주석』으로,[19] 1540년 3월 슈트라스부르크에서 나왔다.[20] 1536년에서 1538년까지 제네바에서 강의했

---

18) T. H. L. Parker, *Calvin's New Tastament Commentaries*(London, 1971; repr., Edinburgh, 1993) 참조.

19) Benoit Girardin, *Rhétorique et théologique: Calvin, le commentaire de l'Epître aux Romains*(Paris, 1979); T. H. L. Parker, "Calvin the Exegete: Change and Development," in *Calvinus ecclesiae doctor*, ed. Wilhelm H. Neuser(Kampen, 1980), 33-46. 또한 다음의 각주 20)에서 언급되는 책들과 각주 22)에 나오는 2차 문헌들을 참조하라.

20) *Iohannis Calvini Commentarii in Epistolam Pauli ad Romanos*. 개정판들은 1551년과 1556년에 나왔다. (1556년 판과 1551년 판의 변형판들의) 본문에 대해서는 *CO* 49:1-292를 참조하라. T. H. L. Parker가 새로운 편집본을 만들었다: *Iohannis Calvini Commentarius in Epistolam Pauli ad Romanos*(Leiden, 1981). 파커는 1540년 판과 1551년 판의 다양한 변형판들과 더불어 1556년 판의 본문을 제공한다. 이것은 자료에 대해 더 많은 언급을 하고 있고, 파커가 칼

던 내용을 요약 개정한 것이었을 것이다.

주석의 서두에서 우리는 칼뱅이 1539년 10월 18일 시몬 그리내우스(Simon Grynaeus)에게 쓴 편지를(*CO* 10:402) 발견하게 된다. 그리내우스는 1529년 바젤에서 그리스어 교수가 되었고, 1536년 3월에는 신학교수로서 로마서를 가르치기 시작했다. 칼뱅은 편지에서 그리내우스에게 두 사람이 몇 년 전에 좋은 주석의 기준에 관하여 나눈 대화를 상기시킨다.[21] 그들은 주석자의 첫째 덕목은 명료한 간결성(perspicua brevitas)이라는 데 합의했다. 교리적 설명은 가능한 한 간결해야 한다는 것이다. 더욱이 주석자는 저자의 의도(mens scriptoris), 즉 저자가 말하고자 하는 바를 분명하게 하는 데 집중해야만 한다. 칼뱅은 자신이 좋은 주석의 전형에 도달했다고 생각하지 않았으며, 항상 그 숭고한 목적을 마음에 담고 있었다. 칼뱅은 다른 사람들이 예전에, 그리고 최근에 『로마서 주석』을 썼다는 것을 잘 알고 있었다. 그는 특히 필립 멜란히톤, 하인리히 불링거, 마르틴 부처의 뛰어난 작품들을 언급하고 있다.[22] 그는 또한 하

뱅의 작품 시리즈 13권으로 재판하였다. 칼뱅의 『로마서 주석』에 대한 프랑스어 완역본은 1550년에 나왔는데(*Commentaire de M. Iean Calvin sur l'Epistre aux Romains*), 이는 1543년과 1545년에 요약본들만[각각 *Exposition sur l'Epistre de Sainct Paul aux Romains: Extraicte des commentaires de M. I. Calvin*, 그리고 (개정 증보된) *Argument et sommaire de l'Epistre Sainct Paul aux Romains, pour donner intelligence à toute l'épistre en peu de parolles. Par Iehan Calvin*] 출간되고 난 후였다.

21) Hans-Joachim Kraus, "Calvins Exegetical Principles," trans. K. Crim, *Interpretation* 31(1977): 8-18; Parker, *Calvin's New Testament Commentaries*(Edinburgh, 1993), 85-108.

22) Nicole Kuropka, "Calvins Römerbriefwidmung und der consensus piorum," in *Calvin im Kontext der Schweizer Reformation: Historische und theologische Beiträge zur Calvinforschung*, ed. Peter Opitz(Zurich, 2003), 146-167; F. Büsser, "Bullinger as Calvin's Model in Biblical Exposition: An Examination of Calvin's Preface of the Epistle to the Romans," in *In Honour of John Calvin, 1509-64: Papers from the 1986 International*

나님께서 어느 한 사람에게 모든 것에 대한 통찰력을 주시지는 않았기 때문에, 주석자들이 언제나 서로 일치하는 것은 아니라고 지적한다. 이 사실은 우리로 하여금 겸손과 협력으로 나아가게 만든다. 주석자는 새로운 혁신을 일으키려는 열망이나 논쟁하려는 욕망의 지배를 받아서는 안 된다. 주석자는 다른 사람을 공격하거나 자신의 공명심을 만족시키려고 해서도 안 된다.

칼뱅은 자신의 주석 서문에서, 로마서는 우리가 올바르게 이해하기만 하면 성서의 모든 숨겨진 보화로 인도하는 열쇠라고 말한다. 그 후 칼뱅은 로마서 내용에 대한 전체적인 개관을 제시한다. 이와 관련하여 칼뱅은 로마서의 처음 다섯 장에서 다루어지고 있으며 전체 편지의 중심 주제이기도 한, 믿음으로 의롭게 된다는 사실에 대해 언급한다.

(2)『고린도전서 주석』과『고린도후서 주석』

다른 많은 주석들이『로마서 주석』을 뒤따랐다. 여기서 우리는 칼뱅이 1542년에 출판한『유다서 해설』은 포함하지 않는데 이것은 아마도 그가 한 강의일 것이다.[23] 칼뱅이 후에『유다서 주석』을 썼을 때, 그는 제목에서 이 주석을 "개정과 증보판"이라고 언급함으로써 1542년『유다서 해설』을 암시하고 있다.[24] 사실상『로마서 주석』후에 나온 최초의 실질적인 주석은『고린도전서 주석』과『고린도후서 주석』이다.[25]

Calvin Symposium McGill University, ed. E. J. Furcha(Montreal, 1987), 64-95 ; Joel E. Kok, "The Influence of Martin Bucer on Calvin's Interpretation of Romans : A Comparative Case Study," Ph. D. diss., Duke University, 1993.

23) *Exposition sur l'Epistre de Sainct Iudas apostre de nostre Seigneur Iésus Christ. Composée par M. Iean Calvin*(Geneva, 1542 ; *CO* 55:501-516).

24) 제목: *Commentaire de M. Iean Calvin, sur l'Epistre Canonique de sainct Iude. Revue et augmenté par luymesme*(Geneva, 1551).

칼뱅은 『고린도전서 주석』을 1546년 1월 24일 팔레(Falais)와 브레다(Breda)의 군주인 자크 드 부르고뉴(Jacques de Bourgogne)에게 헌정하였다. 여기서도 편지가(내용은 *CO* 12:258-260 참조) 주석의 서문 역할을 하였다. 드 팔레는 카를 5세의 궁정에서 자라나서 젊은 시절에 종교개혁 진영에 합류한 사람이었다. 1543년 10월 14일 칼뱅은(샤를 데스페빌이라는 가명으로) 드 팔레와 그의 아내 욜란드 드 브레드로드(Yolande de Brederode)에게 망명을 권하였다.(*CO* 11:628-632) 그들이 더 이상 프랑스에서 안전할 수 없었기 때문이다.[26] 그들은 1545년 제네바로 출발했지만 드 팔레가 병이 들어 슈트라스부르크에 머물게 되었다. 칼뱅은 서문에서 드 팔레를 모범적인 인물의 예로 든다. 왜냐하면 바울에게서 보듯이, 그에게서도 영적인 능력 안에서 스스로를 드러내는 복음의 발현을 발견했기 때문이다.

1556년 1월 24일 칼뱅은 『고린도전서 주석』의 새 판을 위해 완전히 새로운 서문을 썼다.[27] 제롬 볼섹(Jérôme Bolsec)과의 논쟁 이후에 칼뱅

---

25) 라틴어: *Iohannis Calvini Commentarii in priorem Epistolam Pauli ad Corinthios*(Strasbourg, 1546-*CO* 49:293-574), 그리고 *Ioannis Calvini Commentarii in secundam Pauli Epistolam ad Corinthios*(Geneva, 1548-*CO* 50:1-156); *Commentarii in secundam Pauli Epistolam ad Corinthios*, ed. Helmut Feld, Opera exegetica 15(Geneva, 1994). 프랑스어: *Commentaire de M. Iean Calvin, sur la première Epistre aux Corinthiens, traduit de latin en françois*(Geneva, 1547), 그리고 *Commentaire de M. Iean Calvin, sur la seconde Epistre aux Corinthiens, traduit de latin en françois*(Geneva, 1547).

26) *CO* 11:628-632 참조. 첫 번째 편지는 또한 *John Calvin: Lettres a Monsieur et Madame de Falais*, ed. Françoise Bonali-Fiquet(Geneva, 1991), 35-40에서도 발견된다.

27) 주석은 *In omnes Pauli Epistolas atque in Epistolam ad Hebraeos, item in canonicas Petri, Iohannis, Iacobi, et Iudae, quae etiam catholicae vocantur, Ioh. Calvini Commentaria*(Geneva, 1556) 판에 들어 있다.

과 드 팔레의 관계가 소원해졌다. 드 팔레가 볼섹을 지지하고 이후에는 카스텔리옹의 편에 섰기 때문이다. 이제 새로운 서문이 원래의 것을 대체했다. 칼뱅은 새로운 서문에서 드 팔레가 이것 때문에 서운해해서는 안 되는데, 그것은 그가 칼뱅 자신에게서 스스로 멀어지려고 했을 뿐만 아니라 "우리 교회"와 아무런 관계도 없기를 바랐기 때문이라고 썼다. 칼뱅은 드 팔레의 이름을 지우는 것이 내키지 않는다는 점을 분명히 하였다. 일반적인 관례에서 벗어나는 일이었기 때문이다.

칼뱅은 새로운 『고린도전서 주석』을 저명한 이탈리아 가문 사람인 디 비코(Galeazzo Caraccioli di Vico)에게 헌정했다. 그는 신앙 때문에 나폴리와 아내와 가족을 떠나 제네바에 정착하였다. 칼뱅은 디 비코의 자기부정을 모범적인 사례로 들었다. 그는 하나님께서 디 비코와 자신에게 인내의 은사를 주시기를 구하였다.(*CO* 16:12-14)

칼뱅은 1546년 8월 1일 『고린도후서 주석』을 오를레앙의 학생 시절에 알게 된 멜히오르 볼마르(Melchior Wolmar)에게 헌정하였다. 볼마르는 그곳에서 그리스어를 가르치던 교수였다. 1530년 앙굴렘의 마르가리타의 요청으로 볼마르는 부르주에서 그리스어를 가르치기 시작했고, 그때 칼뱅이 공부했다.[28] 칼뱅은 이 주석을 슈트라스부르크의 리헬(Wendelin Rihel)로 하여금 인쇄하게 했는데, 이것은 칼뱅이 재정적으로 곤궁했을 때 그가 도와주었기 때문이다. 칼뱅은 그렇게 하는 것이 자신의 의무라고 여겼다고 파렐에게 썼다.(*CO* 12:391) 『고린도후서 주석』 원고를 슈트라스부르크로 보낸 후에, 칼뱅은 도중에 그 원고가 분실되었다고 생각해서 한 달 내내 걱정이 떠나지 않았다.(그래서 그는 파렐에게 편지하였다—*CO* 12:380-381 참조) 따라서 그 후로는 뭔가를 보내기 전

28) 볼마르에 대한 자세한 내용은 칼뱅의 『고린도후서 주석』 15:xiii-xxiii에 실려 있는 Helmut Feld의 서론을 보라.

에 항상 사본을 만들어두려고 하였다. 카를 5세와 독일 프로테스탄트 영주들 사이의 슈말칼덴 전쟁(1546-47) 때문에 『고린도후서 주석』은 슈트라스부르크가 아니라 제네바에서 출판되었다.(1548) 프랑스어 판은 한 해 전인 1547년 제네바에서 출판되었다. 이후의 모든 칼뱅의 주석들도 제네바에서 출판되었다.

(3) 『갈라디아서, 에베소서, 빌립보서, 골로새서 주석』

1548년 바울이 갈라디아인들, 에베소인들, 빌립보인들, 골로새인들에게 보낸 편지들에 관한 칼뱅의 주석이 제네바에서 출판되었다.[29] 칼뱅은 이 주석을 1548년 2월 1일 뷔르템베르크의 공작 크리스토프에게 헌정하였다.(*CO* 12:658) 크리스토프는 또한 몽벨리아르(Montbéliard) 지역도 통치하고 있었는데, 이곳에 루터주의 예식을 도입하고자 함으로써 1543년과 1544년에 피에르 투생(Pierre Toussaint)을 비롯한 몇몇 사람들이 문제에 봉착하기도 했다. 칼뱅은 공작에 관해 칭찬을 늘어놓던 투생이 이 책을 공작에게 헌정하라고 자신에게 촉구했다고 말했다. 칼뱅은 라틴어를 알고 있던 공작이 자신의 주석을 읽음으로써 계속 옳은 길을 갈 수 있는 힘을 얻을 것이라고 믿었다. 칼뱅은 또한 공작이 냉정함과 침착함을 잃지 않고 모든 폭풍우를 뚫고 나왔기 때문에 그를 모범적인 인물로 추켜세웠다. 그러나 루터란 예식들을 둘러싸고 일어났던 과거

---

29) 라틴어: *Ioannis Calvini Commentarii in quatuor Pauli Epistolas: Ad Galatas, ad Ephesios, ad Philippenses, ad Colossenses*(Geneva, 1548-*CO* 50:157-268, 51:137-240, 52:1-132); *Commentarii in Pauli Epistolas ad Galatas ad Ephesios ad Philippenses ad Colossenses*, ed. Helmut Feld, Opera exegetica 16(Geneva, 1992). 프랑스어: *Commentaire de M. Iean Calvin, sur quatre Epistres de Sainct Paul: Assavoir, aux Galatiens, Ephésiens, Philippiens, Colossiens*(Geneva, 1548).

의 문제들은 언급하지 않았다.

(4) 『디모데전 · 후서 주석』

칼뱅과 잉글랜드의 접촉은 1548년에 시작되었다. 7월 25일 칼뱅은 자신의 『디모데전·후서 주석』을[30] 서머싯의 공작 에드워드 시모어(Edward Seymour)에게 헌정하였다. 시모어는 1547년부터 1549년까지 어린 왕 에드워드 6세의 후견인으로서 잉글랜드를 통치하였고(*CO* 13:16-18), 토머스 크랜머의 도움으로 종교개혁을 잉글랜드에 도입한 인물이다. 칼뱅은 개혁을 향한 공작의 열망을 칭찬하고, 시모어가 바울이 디모데에게 가르쳐준 교회정치의 모범을 따라 그 분야에서 자신의 일을 완수할 수 있기를 희망하였다.

서머싯 공작의 아내인 앤 스태너프(Anne Stanhope)는 『디모데전·후서 주석』을 헌정해준 데 감사하여 반지를 칼뱅에게 주었다. 이에 답하여 칼뱅은 1549년 6월 17일 공작의 교양 있는 딸인 앤 시모어에게 감사의 편지를 보냈다.(*CO* 13:300-302) 칼뱅은 자신의 감사를 전달해달라고 부탁하면서 또한 그녀에게 그리스도를 따르는 선한 길에 머물라고 권면하였다.

(5) 『히브리서 주석』

칼뱅은 1549년 3월 25일 자신이 집필한 『히브리서 주석』의 출판을

---

30) 라틴어: *Ioannis Calvini Commentarii in utramque Pauli Epistolam ad Timotheum*(Geneva, 1548-*CO* 52:241-396); 프랑스어: *Commentaire de M. Iean Calvin, sur les deux Epistres de Sainct Paul à Timothée, traduit du latin*(Geneva, 1548).

허락해달라고 의회에 요청했다. 칼뱅은 자신이 성서에 근거하지 않은 어떤 책도 출판하고자 하지 않는다는 것을 그들에게 확인시켰다. 허가를 받아 칼뱅의 주석은 라틴어와 프랑스어로 같은 해에 출판되었다.[31)]

1549년 5월 23일자 서문에서 칼뱅은 이 주석을 폴란드의 국왕 지기스문트 아우구스트(Sigismund August)에게 헌정하고 있다.(*CO* 13:281-286) 칼뱅은 히브리서가 그리스도의 영원한 신성, 그분의 숭고한 가르침의 직분, 그리고 그분의 유일한 제사장직에 대해 충분히 논하면서, 이 세 가지가 하늘의 지혜의 두드러진 특징이라고 기록하였다. 히브리서가 그리스도의 능력과 직분을 우리에게 아주 생생하게 설명하고 있기 때문에, 교회는 마땅히 이 서신을 비할 데 없는 보화로 존중해야 한다. 칼뱅은 헌정사에서 에크(Johann Eck)가 일찍이 미사에 관해 써서 국왕의 아버지에게 바친 소책자를 상기시켰다. 칼뱅은 에크가 희생이라고 칭하는 것이 그리스도의 제사장직과 완전히 상반되는 것임을 사람들이 깨닫기를 바랐다. 그는 또한 지기스문트에게 폴란드에서 종교개혁을 진작시키라고 호소했다.[32)]

---

31) 라틴어: *Ioannis Calvini Commentarii in Epistolam ad Hebraeos*(Geneva, 1549-*CO* 55:1-198); *Commentarius in Epistolam ad Hebraeos*, ed. T. H. L. Parker, Opera exegetica 19(Geneva, 1996). 프랑스어: *Commentaire de M. Iean Calvin, sur l'Epistre aux Ebrieux*(Geneva, 1549).

32) 이처럼 국왕 지기스문트에게 히브리서 주석을 헌정한 것은 칼뱅의 폴란드 접촉 시발점이었다. Oscar Bartel, "Calvin und Polen," in *Regards contemporains sur Jean Calvin: Actes du colloque Strasbourg, 1964*(Paris, 1965), 253-268 참조. Mihály Márkus, "Calvin und Polen: Gedankenfragmente in Verbindung mit einer Empfehlung," in *Calvinus Praeceptor Ecclesiae: Papers of the International Congress on Calvin Research, Princeton, August 20-24, 2002*, ed. Herman J. Selderhuis(Geneva, 2004), 323-330.

(6) 『디도서 주석』

1550년 칼뱅의 『디도서 주석』이 제네바에서 라틴어와 프랑스어로 나왔다.[33] 칼뱅은 1549년 11월 29일 이 주석을 파렐과 비레에게 헌정하는 서문을 작성하였다. 그는 이 두 사람을 "참된 예수 그리스도의 종, 자신이 가장 사랑하는 형제, 그리고 우리 주 예수 그리스도의 사역의 동역자들"이라고 불렀다.(서문의 내용은 *CO* 13:477-478 참조)

(7) 『데살로니가전서 주석』과 『데살로니가후서 주석』, 『빌레몬서 주석』

1550년 2월 17일 칼뱅은 자신의 『데살로니가전서 주석』에 서문을 써서(*CO* 13:525-526), 라틴어를 가르쳐준 마튀랭 코르디에(Mathurin Cordier)에게 헌정하였다. 서문에서 칼뱅은 자신이 받은 가르침에 대해 감사를 표하고, 자신의 주석에서 유익을 얻는 모든 사람이 스승 코르디에에게 일정 부분 감사해야 한다고까지 말했다. 이 주석은 바울서신과 히브리서에[34] 대한 완결판이 나온 1551년까지 출판되지 않았다.[35] 칼뱅이 1550년 7월 1일 가족 주치의였던 브누아 텍스토르(Benoit Textor)에게 헌정한(*CO* 13:598 참조) 『데살로니가후서 주석』의 경우도 마찬가지였다.[36]

---

33) 라틴어: *Commentarii in Epistolam ad Titum*(Geneva, 1550-*CO* 52:397-436); 프랑스어: *Commentaire de M. Iean Calvin, sur l'Epistre à Tite*(Geneva, 1550).

34) *Ioannis Calvini in omnes Pauli epistolas, atque etiam in Epistolam ad Hebraeos commentaria luculentissima*(Geneva, 1551).

35) Commentarii in priorem Epistolam ad Thessalonicenses.(*CO* 52:133-180) Rodolphe Peter and Jean-François Gilmont, *Bibliotheca Calviniana: Les Oeuvres de Jean Calvin publiées au XVIe siècle*, vol. 2, *Ècrits théologiques, littéraires et juridiques, 1555-1564*(Geneva, 1994), 345를 보라

베즈가 서문을 쓴, 앞서 언급한 1551년 판 『바울서신 주석』은 이전에 출판되지 못한 칼뱅의 『빌레몬서 주석』도 포함하고 있다.(*CO* 52:437-450) 『빌레몬서 주석』에 대한 프랑스어 번역본은 바울서신, 히브리서, 일반 서신들을 프랑스어로 펴낸 1556년 판에 포함하였다.[37]

(8) 『야고보서 주석』

『야고보서 주석』은 1550년에 나왔다.[38] 이 주석은 목회자들이 매주 금요일마다 개최하던 성서연구모임의 결과였다. 이 책은 베드로전·후서, 요한1서, 유다서에 대한 해설까지 포함하는 주석의 형태로 1551년 초에 다시 등장하였다.[39]

---

36) *Commentarii in posteriorem Epistolam ad Thessalonicenses*.(*CO* 52:181-218) *Bibliotheca Calviniana* 2:346을 보라. 이 주석의 프랑스어 판도 1551년 제네바에서 출판되었다. *Commentaires sur les deux Epistres de S. Paul aux Thessaloniciens. Par M. Iean Calvin.*

37) *Commentaire sur l'Epistre de S. Paul à Philemon Par M. Iean Calvin*(Geneva, 1551)은 *Commentaires de M. Iean Calvin sur toutes les Epistres de l'Apostre S. Paul, et aussi sur l'Epistre aux Hebrieux. Item sur les Épîstres canoniques de S. Pierre, S. Iehan, S. Iaques, et S. Iude, lesquelles sont aussi appelees Catholiques*(Geneva, 1556)에 포함되었다. 이 작품의 라틴어 판도 제네바에서 1556년에 출판되었다.

38) *Commentaire de M. Iean Calvin, sur l'Epistre de Sainct Jacques*(Geneva, 1550-*CO* 55:377-436).

39) *Commentaires de M. Iean Calvin sur les Canoniques*(Geneva, 1551). 1551년에는 별도의 칼뱅의 『요한1서 주석』 프랑스어 번역본이 출판되었다.(*Commentaire de M. Iean Calvin sur l'Epistre Canonique de sainct Iean*) 라틴어 판은 칼뱅의 일반서신 주석에 포함되어 있다. 각주 40)을 보라.

(9) 『야고보서, 베드로전·후서, 요한1서, 유다서 주석』

1551년 1월 24일 칼뱅은 『야고보서, 베드로전후서, 요한1서, 유다서 주석』을 잉글랜드의 왕 에드워드 6세에게 헌정하였다.(*CO* 14:30-37)[40] 헌정사에서 칼뱅은 트렌트공의회에 대해 광범위하게 기록하였다. 동봉한 편지에서(*CO* 14:38-41) 그는 왕이 헌정사를 받아줄 것을 믿는다고 말했다. 여기서 칼뱅은 종교의 순수성을 회복시킨 모범으로 요시야 왕을 예로 들었다. 중요하지 않은 것들은 우리가 참을 수도 있지만, 복음의 명료성이 온갖 종류의 의식 때문에 어두워져서는 안 된다는 것이 언제나 규범이 되어야 한다. 죽은 영혼들을 위한 기도, 성인들에게 중재를 요청하는 기도(이는 하나님을 향한 기도를 밀어낸다.), 성인의 이름으로 맹세하는 행위 등이 남용의 예들이다. 칼뱅은 왕에게 참된 그리스도교를 타락시키는 것은 무엇이든지 그것에 대항하여 조처를 취하라고 요구하였다. 그는 또한 장래의 목회자들을 위해 좋은 훈련을 제공하는 일과, 이와 관련하여 대학을 개혁하는 일이 중요함을 지적하였다. 칼뱅은 자신이 얼마 전에 역시 왕에게 헌정한 『이사야 주석』과 함께, 이 주석을 니콜라스 드 라 퐁텐(Nicolas de La Fontaine)을 통해 개인적으로 잉글랜드에 전달했다.

---

40) 라틴어: *Ioannis Calvini Commentarii in Epistolas Canonicas, unam Petri, unam Ioannis, unam Iacobi, Petri alteram, Iudae unam*(Geneva, 1551-*CO* 55:201-500); 프랑스어 번역은 앞의 각주 39)를 보라. 칼뱅의 베드로전서와 베드로후서 주석 프랑스어 번역도 1551년 제네바에서 출판되었다. *Commentaire sur la premiere et seconde Epistre de sainct Pierre Apostre. Par M. Iean Calvin.*

(10) 『사도행전 주석』

『사도행전 주석』은 두 권으로 나왔다.[41] 1552년 2월 29일 칼뱅은 사도행전 1-13장 주석을 덴마크의 국왕 크리스티안 3세(Christian III)에게 헌정하였다.(*CO* 14:292-296) 헌정사에서 칼뱅은 평범한 사람들을 미혹하면서 계속해서 교회라는 단어를 입에 올리고 있는 로마의 적그리스도 졸개들을 공격했다. 우리는 복음을 선포할 때에만 그리스도의 왕국에 대해 말할 수 있다. 그리스도께서 복음으로 교회를 모으시고 인도하시기 때문이다. 또한 우리가 신앙으로 서로에게 묶여 있는 성도들의 공동체를 참된 그리스도의 백성으로 간주할 때에만 그리스도의 왕국에 대해 말할 수 있다. 이 주석은 1552년에 라틴어와 프랑스어로 출판되었다.

칼뱅은 『사도행전 14-28장 주석』을 1554년 1월 25일 덴마크의 왕세자 프레데리크(Frederick)에게 헌정하였다.(*CO* 15:14-17) 그의 아버지는 프레데리크를 섭정 왕자로 세웠다. 칼뱅은 헌정사에서 왕세자의 아버지가 덴마크에 종교개혁을 매우 효과적으로 도입한 데 대해 칭송하였다. 칼뱅은 왕세자로 하여금 교회의 기원에 대한 누가의 기술에 관심을 갖도록 하여, 그리스도의 왕국을 보호하는 그리스도인 왕세자로서의 책

41) 라틴어: *Commentariorum Ioannis Calvini in Acta Apostolorum, Liber 1*(Geneva, 1552–*CO* 48:1-317); *Commentariorum in Acta Apostolorum Liber primus*, ed. Helmut Feld, Opera exegetica 12/1(Geneva, 2001). 프랑스어: *Le Premier Livre des Commentaires de M. Iean Calvin, sur les Actes des Apostres*(Geneva, 1552); 라틴어: *Commentarius Ioannis Calvini in Acta Apostolorum, liber posterior*(Geneva, 1554–*CO* 48:317-574); *Commentariorum in Acta Apostolorum Liber posterior*, ed. Helmut Feld, Opera exegetica 12/2(Geneva, 2001). 프랑스어: *Le Second Livre des Commentaires de M. Iean Calvin, sur les Actes des Apostres*(Geneva, 1554).

무를 수행하도록 힘을 불어넣어 주는 것이 유익하다고 생각하였다. 이 주석의 라틴어 판과 프랑스어 판은 모두 1554년에 출판되었다.

칼뱅은 『사도행전 주석』 2판을 1560년 8월 11일 빌뉴스(Vilnius)의 팔라틴 백작인 니콜라우스 라지비우우(Nicolaus Radziwil)에게 헌정하였다.(*CO* 18:155-161)[42] 라지비우우는 폴란드 귀족들에게 종교개혁을 열심히 장려하였고, 성서를 폴란드어로 번역하였으며, 독일에서 프로테스탄트 설교자들을 데려왔다. 칼뱅은 예전에 그와 서신을 교환했다.(*CO* 15:428-429, 906-908, *CO* 17:181-182) 라지비우우는 1561년 7월 14일 칼뱅에게 보낸 편지(*CO* 18:556-559)에서 자신은 칼뱅의 헌정에도 불구하고 썩 기쁘지 않다고 말했는데 그 이유는 칼뱅이 세르베투스 이단을 옹호한 블란드라타의 영향력과 관련하여 자신에게 심각하게 경고했기 때문이었다. 라지비우우는 이것이 정당하지 않다고 여겼다. 그럼에도 불구하고 라지비우우는 칼뱅을 존경했고 그에게 선물을 보내기도 했다.

(11) 『요한복음 주석』

1553년 1월 1일 칼뱅은 『요한복음 주석』 서문을 썼다. 라틴어와 프랑스어 판이 1553년 제네바에서 출판되었다.[43] 칼뱅은 이 주석을 제네바

---

42) 이것은 크리스티안 3세와 그의 아들 프레데리크가 칼뱅의 초판 헌정에 대해서 반응을 하지 않음으로써 그들이 칼뱅주의 종교개혁에 반대한다는 인상을 남겼기 때문이다.(라지비우우에게 보낸 편지 참조)

43) 라틴어: *In Evangelium secundum Iohannem, Commentarius Iohannis Calvini*(Geneva, 1553-*CO* 47:1-458); *In Evangelium secundum Johannem Commentarius pars prior*, ed. Helmut Feld, Opera exegetica 11/1(Geneva, 1997); 그리고 *In Evangelium secundum Johannem Commentarius pars altera*, ed. Helmut Feld, Opera exegetica 11/2(Geneva, 1998); 프랑스어: *Commentaire sur l'Évangile selon Sainct Iean*(Geneva, 1553).

의 행정장관들과 의회에 헌정하였다.(*CO* 47:iv-vi 참조) 칼뱅은 헌정사에서 제네바를 다른 나라에서 내쫓긴 그리스도인들의 피난처라고 언급하였다. 이것은 이방인을 영접한 것이 곧 자신에게 한 것과 같다고 하신 그리스도의 말씀에 비추어볼 때 의미가 크다. 혼란의 와중에서 의회는 그리스도께서 복음이 선포되고 그분의 백성을 받아들이는 도시들을 가까이에서 보호하신다는 것을 알게 될 것이다. 칼뱅은 또한 자신이 죽은 후에라도 의회와 백성이 자신이 저술한 책에서 유익을 얻게 되기를 소망하였다. 제네바에서 다른 나라로 퍼져나간 교훈이 제네바 밖에서보다도 제네바 안에서 결실이 더 적다면 그것은 불행한 일이 될 것이다. 1월 5일 칼뱅은 의회에 이 주석을 전달했다.

(12)『공관복음 주석』

칼뱅은 처음 세 복음서에 대한 헌사를 1555년 8월 1일에 썼다.[44] 프랑스어 판과 마찬가지로 라틴어 판도 1555년에 출판되었다.[45] 헌정사는(*CO* 15:710-712) 요아킴 베스트팔(Joachim Westphal)이 1554년 이래 프랑크푸르트에 있던 영국 피난민 교회들을 그 도시에서 추방하고자 하는 데 대응하여, 프랑크푸르트 의회에 바쳤다. 1554년 말엽에, 베스트

---

44) Dieter Schellong, *Calvins Auslegung der synoptischen Evangelien*(Munich, 1969).

45) 라틴어: *Harmonia ex tribus Evangelistis composita, Matthaeo, Marco et Luca; adiuncto seorsum Iohanne, quod pauca cum aliis communa habeat. Cum Calvini Commentariis*(Geneva, 1555–*CO* 45); 프랑스어: *Concordance qu'on appelle Harmonie, composée de trois Evangelistes, asçavoir S. Matthieu, S. Marc, et S. Luc; item, l'Évangile selon Sainct Iehan: Le Tout avec les Commentaires de M. Iehan Calvin*(Geneva, 1555). 또한 Dieter Schellong, *Calvins Auslegung der synoptischen Evangelien*(Munich, 1969)를 참조하라.

팔은 『주의 만찬에 관한 아우렐리우스 아우구스티누스의 명제 모음집』(*Collectanea sententiarum D. Aurelii Augustini de coena Domini*)을 프랑크푸르트에서 출판하여 의회에 헌정하였다. 이 책에서 베스트팔은 아우구스티누스를 루터란 성만찬 사상의 중요한 지지자로 인용하였다.

칼뱅은 『공관복음 주석』에서 주로 마태복음의 순서에 따라 본문을 논하지만, 이 틀 안에서 마가복음과 누가복음도 다루고 있다. 이런 점에서 그는 1527년 『공관복음 주석』을 출판한 마르틴 부처의 발자취를 따르고 있다. 칼뱅은 주석의 서론에서 많은 사람들이 처음에는 아마도 자신이 본문을 다루는 방식에 동의하지 않겠지만, 세 복음서 중 어느 것도 다른 두 복음서와 비교하지 않고는 해석할 수 없다는 것이 분명하다고 덧붙였다. 칼뱅은 책의 페이지를 찾으려고 앞뒤로 왔다갔다 하지 않기 위해서, 세 복음서를 하나의 판에 나란히 놓는 것이 도움이 되리라고 생각했다. 그러면 세 복음서가 어디에서 일치하고 어디에서 일치하지 않는지를 누구나 분명하게 알 수 있을 것이다.

칼뱅은 또 서론에서 복음서 저자들은 각자의 사고를 통해, 무엇보다 그리스도가 진실로 하나님의 아들이며, 하나님께서 세상에 약속하신 구세주라는 것을 보여주도록 인도함을 받았다고 했다. 그들이 기록한 어떤 것에서도 그들은 율법과 선지자를 폐하려고 하지 않았다. 이 설명으로 칼뱅은 이제는 구약성서를 불필요한 것으로 여기는 재세례파에 대한 반대를 분명히 했다. 칼뱅은 복음서 기자들이 그리스도를 직접적으로 가리키며, 율법과 선지자들이 선포한 것의 성취를 그리스도 안에서 찾으라고 우리에게 촉구하고 있다고 주장했다. 그러므로 우리가 복음서와 이전 시대의 약속 사이의 연관성을 알게 될 때에라야, 복음서를 읽으면서 유익을 얻을 수 있을 것이다.

2) 구약성서에 대한 주석

(1) 『이사야 주석』

1551년에 출판된[46] 『이사야 주석』은[47] 칼뱅의 구약성서 해석과 관련된 첫 번째 주석이었다.[48] 그러나 이것은 칼뱅이 편집한 것은 아니었다. 당시 칼뱅에게는 이 일을 할 만한 충분한 시간이 없었기 때문이다. 1549년에 칼뱅의 이사야 강의를 듣고 기록한 니콜라스 데 갈라(Nicolas Des Gallars 혹은 Gallasius)가 집에서 내용을 다듬어, 칼뱅에게 최종 원고를 읽고 교정해줄 것을 부탁하였다. 칼뱅은 이 주석이 자신의 손으로 된 것은 아니지만 자신의 강의(praelectiones)를 면밀히 따른 것임을 밝히면서, 1550년 12월 25일 잉글랜드 국왕 에드워드 6세에게 헌정하였다.(*CO* 13:669-674) 여기서 왕에게 이 책을 헌정한 것이 진정한 선물로 여겨질 수 있는가 하는 문제가 제기될 수 있다. 그러나 칼뱅은 선지자 이사야가 왕손이었고, 지고의 왕이신 그리스도를 섬겼다고 말하고 있다. 그렇기 때문에 이사야는 왕에게 어울리는 인물이다.

---

46) Nyanza N. Paluku Rubinga, "Calvin commentateur du prophète Isaie: le commentaire sur Isaie, un traité de son herméneutique," Ph. D. diss., University of Strasbourg, 1978; Peter Wilcox, "'The Restoration of the Church' in Calvin's *Commentaries in Isaiah the Prophet*," *ARG* 85(1994): 68-96.

47) T. H. L. Parker, *Calvin's Old Testament Commentaries*(Edinburgh, 1986; repr., 1993); Wulfert de Greef, *Calvijn en het Oude Testament*(Groningen, 1984); John L. Puckett, *John Calvin's Exegesis of the Old Testament*(Louisville, 1995).

48) 라틴어: *Ioannis Calvini Commentarii in Isaiam prophetam*(Geneva, 1551); 프랑스어: *Commentaires sur le prophète Isaïe. Par M. Iean Calvin*(Geneva, 1552).

더 나아가 칼뱅은 『이사야 주석』이 왕을 기쁘게 하기를 바랐다. 이사야는 다섯 왕을 섬겼는데, 칼뱅은 에드워드 스스로 그들 중 누구를 배워야 할지 결정하도록 남겨두고자 했다. 칼뱅은 이사야가 백성들에게 바벨론 포로에서 돌아와 성전을 재건한 후에 기대할 수 있는 영광스러운 상태에 관해 이야기하고 있음을 상기시켰다. 그리스도가 이 땅에 오신 후에는 참되신 하나님에 대한 지식이 온 세계로 퍼졌다. 칼뱅은 주 하나님께서 고난의 시기가 지난 후에 자신의 교회를 재건하신 것처럼, 왕이 이사야 49:23에 따라 잉글랜드에서 교회 개혁에 협력하기를 바란 것이다.

『이사야 주석』이 매진되었을 때, 사람들은 칼뱅에게 재인쇄를 촉구했다. 그러나 칼뱅은 새롭게 주석을 쓰기 원했고, 이는 1559년 제네바에서 출판되었다.[49] 1551년 판과 비교할 때 이 책은 더 광범위하였다. 1572년 프랑스어 판 서문에서 우리는 칼뱅의 부지런한 작업을 통해 1551년 판보다 3분의 1 이상 본문이 늘었음을 알 수 있다.

주석의 서론에서 칼뱅은 선지자들의 직분에 대해 다루었다. 그는 선지자들을 율법의 해석자라고 생각했다. 선지자들은 율법에 어떤 것도 더해서는 안 되고, 율법을 충실하게 해석하며 율법의 권위를 지켜야만 한다. 모세가 경고한 것과 일반적으로 약속한 것들을, 선지자들은 자신들의 시대에 구체적으로 적용하는 것이다. 더욱이 선지자들은 그리스도와 그의 은혜에 관해 더욱 분명하게 말해야 한다. 마지막으로 칼뱅은 선지자들의 임무를 우리 시대에 말씀을 선포하는 일과 연결시켰다. 칼뱅이

---

49) *Ioannis Calvini Commentarii in Isaiam prophetam. Nunc demum ab ipso authore recogniti, locupletati, magnoque labore et cura expoliti. Additi sunt duo indices: prior rerum et sententiarum, posterior vero locorum utriusque Testamenti, quos in his commentariis ipse author interpretatur, aut opposite ad sensum suum accommodat*(Geneva, 1559-CO 36:19-37:454).

지적하듯이, 오늘날 우리가 미래에 대한 예언이라는 의미로 하나님에게서 계시를 받는 것이 아니라는 것은 사실이다. 그러나 구체적인 사건들 안에서 하나님의 판단을 알기 위해서 선지자들의 시대와 현재를 비교해 보는 것은 가치가 있는 일이다. 하나님은 결코 변하지 않으신다. 그분이 악이라고 간주한 것은 여전히 오늘날에도 유효하다. 경건한 교사(pii doctores)들이 유익한 선지자들의 가르침에 대해 말하고자 한다면 이를 기억하는 것이 중요하다.

1551년 판 주석이 잉글랜드 국왕 에드워드 6세에게 헌정되었지만, 1553년 그가 죽자 누이인 메리가 왕위를 계승하여 프로테스탄트를 박해하였다. 1558년 메리가 죽고 동생인 엘리자베스가 왕위를 계승하자, 그녀의 잉글랜드 교회 통치가 종교개혁에 대단히 유리할 것이라는 기대가 있었다. 베르밀리는 1558년 12월 1일 칼뱅에게 편지하여(*CO* 17:391) 이제 이세벨이 죽었으니 예루살렘 성벽이 재건될 것을 희망할 수 있다고 말했다.

1559년 1월 15일 편지에서(*CO* 17:413-415) 칼뱅은 자신이 에드워드 6세에게 헌정한 것을 잊지는 않았지만, 『이사야 주석』 개정판을 엘리자베스 여왕에게 헌정하였다. 칼뱅은 힘든 시기가 막 끝난 후에 여왕이 개혁과업을 다시 한 번 강력하게 재개하여, 복음적인 저술들이 잉글랜드에 다시 등장하고 피난민들이 돌아올 수 있게 되기를 희망했다. 칼뱅은 그녀에게 이사야서 49:23에 따라, 여왕들이 교회의 유모들로 부름받았다고 지적하였다.

그러나 여왕은 칼뱅의 헌정을 거절하였다.(*CO* 17:566) 왜냐하면 존 녹스가 제네바에 머물면서 여성의 통치권을 반대하는 신랄한 소논문, 『여성들의 소름끼치는 통치와 지배권에 반대하는 첫 번째 나팔소리』(*The First Blast of the Trumpet against the Monstrous Regiment and Empire of Women*)를 썼기 때문이다. 칼뱅은 여왕의 첫 번째 비서관이었던 부를레이(Burleigh)의 남작 윌리엄 세실(William Cecil)에게 보낸 편지에서(*CO* 17:490-492) 헌정이 거부된 데 대해 언급하고 있다. 칼뱅은 1559년 1월 29일에도 그에게 편지를 써 망명자들의 귀환을 간청했다.(*CO* 17:419-420) 녹스는 몇 년 전 사적인 대화를 하다가 칼뱅에게 여성의 통치권에 대해 어떻게 생각하느냐고 물은 적이 있다. 그때 칼뱅은 (불링거에게 보낸 1554년 5월 28일 편지를 보면–*CO* 15:125) 그것은 자연의 질서에 어긋나며, 노예제도처럼 인간타락의 결과라고 대답했다. 그러나 때때로 재능을 가진 여성들이 있고 그들이 다스리는 동안 베푼 축복으로 미루어볼 때, 하나님의 도우심으로 다스리는 것이 분명해 보인다고 했다. 만일 하나님께서 당신의 영광을 여인들을 통해 보다 분명히 나타내기로 하셨다면, 하나님께서는 남자들의 나태함을 부끄럽게 하시는 것이다. 칼뱅은 더 나아가 자신은 녹스에게 훌다와 드보라의 예를 들었고, 여왕들을 교회의 유모들로 언급하는 이사야를 인용하기도 하였다고 썼다. 마지막으로 칼뱅은 여인들도 때때로 계승권에 따라 왕위에 오르며, 자신의 생각에는 그런 질문은 하지 않는 것이 더 좋을 것 같다고 말했다. 하나님의 특별한 섭리를 통해 세워지는 정부는 전복되어서는 안 된다. 게다가 칼뱅은 자신이 녹스의 소논문 출판에 대해 전혀 몰랐으며, 출판된 후에는 그것이 달갑지 않다고 말한 바 있다고 밝혔다. 하지만 칼뱅은 그에 관해 큰 소란을 일으키는 것은 옳지 않다고 생각해서, 이 문제는 그냥 덮어두는 편이 낫다고 말했다. 칼뱅은 여왕이 녹스의 소논문 때문에 자신의 헌정을 받아주지 않은 것을 유감스러워했다. 녹스의 소논문이 칼뱅에게서 기인된 것으로 여겨졌기 때문에, 그는 자신이 부당하게 비난을 받았다고 느꼈다. 세실은 6월 22일자 답장에서(*CO* 17:565-566) 칼뱅과 잉글랜드의 관계는 녹스로 인해 계속해서 어려움을 겪게 될 것이라는 점을 시사하였다.

(2) 『창세기 주석』

칼뱅의 『창세기 주석』은 1554년에 출판되었고,[50] 같은 해에 프랑스어로 번역되어 나왔다.[51] 칼뱅은 1550년 학생들을 위해 창세기를 주석하느라 많은 힘을 쏟았지만, 이를 책으로 출판해 내는 것은 다른 일들에 대한 압박 때문에 그리 순조롭게 진행되지 않았다.(파렐에게 보낸 편지를 보라 - *CO* 13:623-655)

칼뱅은 이 주석을 1554년 3월 죽은 작센의 선거후 프리드리히(Johann Friedrich)의 세 아들에게 헌정하였다. 7월 31일자 서문에서(*CO*

50) Lewis F. Lupton, "Calvin's Commentary on Genesis," in idem, *A History of the Geneva Bible*, vol. 5, *Vision of God*(London, 1973), 107-117; Richard Stauffer, "L'Exégèse de Genèse 1, 1-3 chez Luther et Calvin," in *principio: Interprètations des premiers versets de la Genèse*(Paris, 1973), 245-266[이 글은 Richard Stauffer, *Interprètes de la Bible: Études sur les rèformateurs du XVIe siècle*(Paris, 1980), 59-85에도 실려 있다.]; Claude-Gilbert Dubois, "Jean Calvin, commentaires sur le premier livre de Moyse," in *La Conception de l'histoire en France au XVIe siècle*(1560-1610)(Paris, 1977), 307-315. Richard C. Gamble, "The Sources of Calvin's Genesis Commentary: A Preliminary Report," *ARG* 84(1993): 206-221; Anthony N. S. Lane, "The Sources of Calvin's Citations in His Genesis Commentary," in *Interpreting the Bible. Historical and Theological Studies in Honour of David F. Wright*, ed. Anthony N. S. Lane(Leicester, 1997), 47-97; idem, *John Calvin: Student of the Church Fathers*(Grand Rapids, 1999), 205-259; David C. Steinmertz, "Calvin as an Interpreter of Genesis," in *Calvinus Sincerioris Religionis Vindex: Calvin as Protector of the Purer Religion*, ed. Wilhelm H. Neuser and Brian G. Armstrong(Kirksville, MO, 1997), 53-67; Max Engammare, "D'une forme de l'autre: Commentaires et sermons de Calvin sur la Genèse," in *Calvinus Praeceptor Ecclesiae*, ed. Selderhuis, 107-138.

51) 라틴어: *In primum Mosis librum, qui Genesis vulgo dicitur, Commentarius Iohannis Calvini*(Geneva, 1554-CO 23:1-622); 프랑스어: *Commentaire de M. Iean Calvin sur le premier livre de Moyse dit Genèse*(Geneva, 1554).

15:196-201) 칼뱅은 왕자들에게 하나님의 말씀에 복종하는 교회의 일치의 중요성을 지적했다. 로마에 반대하여, 비록 의식적인 차이가 크다고 하더라도 순수한 교리를 신봉하는 소수의 사람들이 하나가 되는 것이 중요하다는 것이다.

루터란 신학자들의 제안에 따라 왕자들은 헌정을 받아들이지 않았다. 칼뱅이 성찬에 대한 루터란의 교리에서 벗어났고, 주석의 여러 곳에서 루터를 모욕했다는 소문 때문이었다.[재무장관 부르크하르트(Francis Burckhardt)가 칼뱅에게 보낸 편지를 보라-*CO* 15:260-261] 칼뱅은 1555년 2월 27일자 답장에서 자신의 실망감을 표현했다.(*CO* 15:454) 왜냐하면 칼뱅의 생각에 이러한 입장은 전체 교회의 이익에 해가 될 뿐이었기 때문이다.

(3) 『시편 주석』

1557년 칼뱅의 『시편 주석』이 제네바에서 출판되었고,[52] 프랑스어

---

52) Robert Martin-Achard, "Calvin et les Psaumes," in *Les Cahiers Protestants* 44(1960), 102-112; idem, *Approche des Psaumes*, Cahiers Théologiques 60(Neuchâtel, 1969), 9-17; S. H. Russell, "Calvin and the Messianic Interpretation of the Psalms," *SJTh* 21(1968): 37-47; John Robert Walchenbach, *The Influence of David and the Psalms on the Life and Thought of John Calvin*(Th. M. thesis. Pittsburgh Theological Seminary, 1969); Hans-Joachim Kraus, "Vom Leben und Tod in den Psalmen: Eine Studie zu Calvins Psalmenkommentar," in *Biblisch-theologische Aufsätze*(Neukirchen, 1972), 258-277; Willem Balke, "Calvijn over de geschapen werkelijkheid in zijn Psalmencommentaar," in *Wegen en gestalten in het gereformeerd protestantisme: Een bundel studies over de geschiedenis van het gereformeerd protestantisme aangeboden aan Prof. Dr. S. van der Linde*, ed. Willem Balke et al. (Amsterdam, 1976), 89-103; Barbara Pitkin

판이 연이어 나왔다. 그러나 프랑스어 판이 라틴어 원본과 제대로 부합되지 않았기 때문에, 더 정확하고 포괄적인 프랑스어 번역본이 1561년에 다시 출판되었다.[53)]

다양한 자서전적인 정보가[54)] 담겨 있는 1557년 7월 22일자 『시편 주석』 서문에서, 칼뱅은 "우리의 작은 학교"를 – 니콜라스 콜라동에 따르면(*CO* 21:75), 칼뱅은 1552년에 이를 시작했다 – 위해 시편을 처음 해설했다고 말했다. 1555년부터 1559년 8월까지 시편은 주간 성서연구모임에서도 토의되었다. 게다가 칼뱅은 주일 오후 설교로 종종 시편을 택하였다. 처음에 칼뱅은 시편 주석을 출판하라는 동료들의 요청을 쉽게 수락하지 않았다. 왜냐하면 부처가 1529년에 이미 훌륭한 『시편 주석』을 발간하였고, 여러 차례 증보판이 출간되었기 때문이다. 게다가 무스쿨루스도 1551년에 『시편 주석』을 썼다. 하지만 결국 칼뱅은 시편 주석의 출간에 동의했는데, 그 이유는 다른 사람들이 자신의 승인 없이 시편에 관한 강의록을 출판할 것을 우려했기 때문이다.

"Imitation of David: David as a Paradigm for Faith in Calvin's Exegesis of the Psalms," *SCJ* 24(1993): 843-863; Herman J. Selderhuis, *Calvin's Theology of the Psalms*(Grand Rapids, 2007); Wulfert de Greef, *Calvijn en zijn uitleg van de Psalmen: Edn onderzoek naar zijn exegetische methode*(Kampen, 2006).

53) 라틴어: *In librum Psalmorum, Iohannis Calvini Commentarius*(Geneva, 1557-*CO* 31과 32); 프랑스어: *Le Livre des Pseaumes exposé par Iehan Calvin*(Geneva, 1558); *Commentaires de M. Iean Calvin sur le livre des Pseaumes. Ceste traduction est tellement reveue et si fidélement conferée sur le latin, qu'on le peut juger estre nouvelle*(Geneva, 1561).

54) James A. De Jong, "'An Anatomy of All Parts of the Soul': Insights into Calvin's Spirituality from His Psalms Commentary," in *Calvinus Sacrae Scripturae Professor: Calvin as Confessor of Holy Scripture*, ed. Wilhelm H. Neuser(Grand Rapids, 1994), 1-14.

(4) 『출애굽기에서 신명기까지의 주석』

칼뱅의 『창세기 주석』이 1563년에 다시 나왔는데,[55] 이번에는 출애굽기에서 신명기까지 주석한 내용도 한 권에 다 담겨 나왔다.[56] 칼뱅은 1563년 7월 31일 이 주석을 당시 열 살이던 나바라의 왕자 앙리 드 부르봉(Henri de Bourbon: 후에 프랑스의 앙리 4세가 된다.)에게 헌정하였다. 1554년 칼뱅은 『창세기 주석』을 작센의 프리드리히의 세 아들에게 헌정했다가 거절당한 적이 있다. 이제 새롭게 헌정하면서(*CO* 20:116-122) 칼뱅은 앙리의 어머니(잔 달브레)를 어려운 환경에서 여성의 용기가 남성을 능가할 수 있음을 입증한 예 가운데 하나로 높였다.

출애굽기에서 신명기까지 다루면서 칼뱅이 장별 순서를 따르지 않은 것은 놀라운 일이다. 서론에서 칼뱅은 왜 본문을 새롭게 나누었는지를 설명했다. 모세를 능가하려는 것이 칼뱅의 의도는 결코 아니다. 오히려 칼뱅은 독자들이 성서를 더 잘 이해할 수 있도록 돕기 위해 성서의 내용을 다르게 배열하였다.

칼뱅은 주석에서 역사적 이야기와 교훈을 구분하였다. 먼저 그는 그 기간의 역사와 관련된 많은 성서 구절들에 대해 설명하고(*CO* 24:9-208) 그 다음에 교훈을 다루었는데, 그 핵심은 십계명으로 구성되었다. 그러나 십계명을 논하기 전에 칼뱅은 율법의 중심 의미와 관련이 있는 본문들을 검토하였다. 각 계명들에 대해 설명하고 난 후에, 칼뱅은 그

---

55) *Mosis libri V. cum Ioannis Calvini Commentariis: Genesis seorsum; reliqui quatuor in formam harmoniae digesti*(Geneva, 1563-*CO* 24:1-25:416).

56) R. Neugebauer, "Exegetical Structure in the Institutes of the Christian Religion and the Biblical Commentaries of John Calvin: A Study of the Commentary on the Four Last Books of Moses, Arranged in the Form of a Harmony," MA thesis, Columbia University, 1968.

계명과 특별히 관계가 있는 본문들을 논하고, 또한 다양한 종교적 예식이나 사회적 관습 때문에 문제가 되고 있는 계명과 연관된 성서 구절들을 다루었다. 십계명에 대해 설명한 다음, 칼뱅은 율법의 종합이라고 간주되는 성서 구절에 대해 논하고, 더불어 율법을 지키는 것과 관련된 약속과 율법을 범하는 것과 관계된 경고를 담고 있는 구절들에 대해 해설하였다. 이 주석은 부가적인 역사적 자료들에 대한 설명으로 끝이 난다.

칼뱅 스스로가 라틴어 판의 오류들을 바로잡기 위해 프랑스어 번역판을 내놓았다. 이 번역판은 1564년에 출판되었다.[57]

(5) 『여호수아 주석』

칼뱅은 가능한 한 계속해서 자신의 주석서들을 출판하고자 하였다. 다른 사람들이 여호수아서를 해설해달라고 요청하고 있던 1563년 11월 30일(*CO* 20:199) 그는 『트레키우스』(*Threcius*)를 썼다.[58] 칼뱅은 성서의 이 책 해설에 집중하려고 노력했지만, 3장까지밖에 진행할 수 없었다. 그 동안 그는 『창세기 주석』 프랑스어 판을 개정했고, 출애굽기부터 신명기까지의 주석을 프랑스어로 번역 출판할 준비를 하였다. 그럼에도 불구하고 그는 여호수아 주석을 끝마칠 수 있었다.

『여호수아 주석』은 칼뱅이 죽은 후에 출판되었다. 프랑스어 번역판이 먼저 출판되었기에 아마도 많은 프랑스어 독자들은 칼뱅의 삶과 죽

---

57) *Commentaires de M. Iean Calvin, sur les cinq livres de Moyse. Genesis est mis à part, les autres quatre livres sont disposez en forme d'harmonie*… (Geneva, 1564).

58) Marten H. Woudstra, *Calvin's Dying Bequest to the Church: A Critical Evaluation of the Commentary on Joshua*(Grand Rapids, 1960).

음에 대해 베즈가 기록한 서문에 즉시 접근할 수 있었을 것이다. 라틴어 주석도 그 후 곧 나왔다.[59)]

3. 칼뱅의 강의(Praelectiones)

칼뱅은 슈트라스부르크의 김나지움에서 신약성서를 강의하면서, 요한복음과 고린도전서를 다루었다. 제네바에서는 학생들과 목회자들, 그리고 관심을 가진 사람들을 대상으로 라틴어로 구약성서에 대한 주석 강의를 하였다. 칼뱅은 상세한 강의안을 만들지 않고 오직 성서 본문만 가지고 강의했지만 강의 준비만큼은 철저히 하였다. 그에게는 모든 것을 일일이 세심하게 기록할 만한 시간이 없었다. 따라서 우리는 대략 1557년까지 칼뱅이 강의한 내용을 잘 알지 못한다. 하지만 니콜라스 콜라동은 자신이 쓴 칼뱅 전기에서 칼뱅이 어떤 자료들을 다루었는지에 대해서 말해주고 있다.(*CO* 21:71-96) 1549년 칼뱅은 이사야 해석에 매달렸고, 그 다음 해에는 창세기, 그 후에는 시편을 강의했다. 그가 이 성서의 책들과 얼마나 많은 시간을 보냈는지 알 수는 없지만, 책으로 나온 그의 호세아서 강의에 대해서는 얼마간의 정보가 있다. 호세아서 이후의 모든 강의 내용은 출판되었다.

칼뱅의 주석들과 강의들이 번역되어 나온 것을 보면, 놀랍게도 그 둘 사이의 특징적인 차이점이 발견되지 않는다. 주석을 쓸 때 칼뱅은 가

---

59) 프랑스어: *Commentaires de M. Iean Calvin, sur le livre de Iosué. Avec une préface de Théodore de Besze contenant en brief l'histoire de la vie et mort d'iceluy*…(Geneva, 1564); 라틴어: *Ioannis Calvini in librum Iosue brevis commentarius, quem paulo ante mortem absolvit. Addita sunt quaedam de eius morbo et obitu*…(Geneva, 1564-*CO* 25:417-570).

능하면 스스로가 좋은 주석을 위해 세워둔 기준들에 가깝게 썼다.(앞에서 언급한 그리내우스에게 보낸 편지를 보라.) 따라서 칼뱅은 주석에서 언제나 본문을 매우 간결하게 해석하려고 하였다. 하지만 강의는 원고 없이 말로 전달한 진술이었다. 따라서 강의에서는 일반적으로 주석보다 다소 자세하게 본문을 논한다. 그러나 강의에서조차 칼뱅은 성서에 대한 실제적인 해석에 매달리고 가능하면 교리적인 이야기들을 피하고자 했다. 하박국 2:4("의인은 믿음으로 말미암아 살리라")에 대한 설명과, 말라기 1:2-6a(이스라엘에 대한 하나님의 선택적 사랑에 관한 내용. 각각 *CO* 43:526-536과 44:401-409를 참조하라.)의 해석에서 선택에 대해 강의하고 있는 부분은 예외적인 것들이다. 칼뱅 스스로가 주석과 강의에 제각각 서로 다른 가치를 부여한 점을 고려할 때, 우리가 그 둘을 분명하게 구별하지 않는다면 칼뱅을 부당하게 대하는 일이 될 것이다.

1) 호세아 강의

1556년이나 어쩌면 더 일찍 칼뱅은 호세아 강의를 시작했다. 호세아에 대한 모든 강의는 1557년 제네바에서 라틴어와 프랑스어로 출판되었다.[60] 이것들은 장 뷔데와 샤를 드 종빌러(Charles de Jonviller)가 축자적으로 받아 적은 첫 번째 강의였다.

칼뱅은 서문에서 자신은 원래 이 강의들을 출판할 생각이 결코 없었다고 말했다. 강의를 준비할 시간이 너무 부족했기 때문에, 강의 내용을

---

60) 라틴어: *In Hoseam prophetam, Io. Calvini Praelectiones a Ioanne Budaeo et sociis auditoribus assiduis bona fide exceptae*(Geneva, 1557-*CO* 42:182-514); 프랑스어: *Leçons de Iean Calvin sur le prophéte Hosée, recueillies fidèlement de mot à mot par Iehan Budé et autres ses compaignons auditeurs*(Geneva, 1557).

출판하는 것이 적절하지 않다고 생각한 것이다. 하지만 그는 호세아서 주석을 쓸 시간 또한 없었기 때문에, 하나의 시도로 강의를 출판하는 데 동의했다. 칼뱅이 이 책의 출판을 달갑게 여기지 않았다는 것은 불링거에게 보낸 편지에(*CO* 16:412-413) 나타난다. 하지만 이 시도는 성공적이었고, 그에 따라 이후의 모든 강의는 라틴어와 프랑스어로 출판되었다.

2) 소선지서 강의

칼뱅의 소선지서 강의가 1559년 라틴어로, 1560년 프랑스어로 출판되었다.[61] 칼뱅이 출판에 어느 정도 관련되었는지는 니콜라스 콜라동의 말에서 알 수 있다.(*CO* 21:88) 1558년 9월 칼뱅이 병 때문에 말라기 해설을 끝내지 못하게 되자, 그는 마침내 인쇄업자들의 편의를 위해 집에서 강의를 하였다. 칼뱅은 이 강의를 구스타프 바사(Gustav Vasa) 국왕에게 헌정했는데(*CO* 17:445-448), 그는 1523년 스웨덴 독립국의 첫 왕이 되어 다른 사람들의 도움으로 스웨덴에 루터란 종교개혁을 도입한 인물이다. 칼뱅은 헌정사에서, 자신이 실험적으로 허락한 호세아 강의의 출판이 명백한 성공을 거둔 후, 잘 준비하지 못한 자신의 강의 내용을 다른 사람들의 강요로 출판하게 되었다고 밝히고 있다. 하나님의 자녀들을 바르게 세우기에 적합한 참된 단순성은 성서의 올바른 해석에서 꼭 필요한 것이다. 칼뱅은 자신의 책이 다른 사람들에게 유익하기를 소망하였다. 자신의 이전 출판물이 긍정적인 반응을 받은 데 고무되어, 칼뱅은 여건이 허락하는 한 여생을 성서해석에 바치고자 하였다.

---

61) 라틴어: *Ioannis Calvini Praelectiones in duodecim prophetas(quos vocant) minores*…(Geneva, 1559–*CO* 42:176-44:498); 프랑스어: *Leçons et expositions familières de Iean Calvin sur les douze petits prophètes*… (Geneva, 1560).

며칠 뒤 칼뱅은 왕세자 에릭에게 편지를 썼다.(*CO* 17:450-451) 그 편지에서 칼뱅은 왕자에게 자신을 위해 아버지에게 한마디 거들어달라고 부탁했다. 그러나 그것은 효력이 없었고, 책을 보낸 것은 별 감동을 주지 못했다.

3) 다니엘 강의

1561년 8월 18일 칼뱅은 다니엘서 강의 편집본의 헌정사를 썼다. 이 책은 프랑스에서 올바르게 그리스도의 왕국을 세우려고 노력하고 있는 모든 하나님의 신실한 종들에게 헌정되었다.(*CO* 18:614-624) 칼뱅은 다니엘을 예로 들어 투쟁 중에 있는 프랑스 형제들을 격려하고자 했다. 라틴어 판 다니엘서 강의는 1561년에 출판되었고, 프랑스어 번역판은 그 다음 해에 나왔다.[62]

4) 예레미야와 예레미야애가 강의

1563년 7월 23일, 칼뱅은 예레미야와 예레미야애가 강의를 팔츠

62) 라틴어: *Ioannis Calvini Praelectiones in librum prophetiarum Danielis, Ioannis Budaei et Caroli Ionuillaei labore et industria exceptae. Additus est e regione versionis Latinae Hebraicus et Chaldaicus textus*(Geneva, 1561–*CO* 40:529-41:304); 프랑스어: *Leçons de M. Iean Calvin sur le livre des prophéties de Daniel, recueillies fidèlement par Iean Budé et Charles de Ionviller, ses auditeurs*(Geneva, 1562). 2차 문헌은 다음을 참조하라. W. Balke "Calvijn en de vier koninkrijken in de profetie van Daniël," in *Calvijn en de bijbel*(Kampen, 2003), 175-210.[더 이른 시기에 나온 좀 짤막한 판은 *Hoffnung für die Zukinft: Modelle eschatologischen und apokalyptischen Denkens*, ed. Ed Noort and Mladen Popvic(Groningen, 2001), 46-64에 실려 있다.]

의 선거후인 프리드리히 3세에게 헌정하였다.(*CO* 20:72-79) 프리드리히는 1560년에 칼뱅주의자들과 합류하여 자신의 나라를 그에 맞게 개혁하였다. 칼뱅은 헌정사에서, 우리가 성만찬 예식에서 그리스도와 교통하는 방식에 많은 관심을 쏟고 있다. 또한 배교자인 프랑수아 보두앵(François Baudouin)에 대해서도 경고하고 있다. 라틴어 판이 1563년 제네바에서 출판되었고, 1565년 프랑스어 번역판이 뒤따랐다.[63]

5) 에스겔 강의

칼뱅은 1563년 1월 20일에 에스겔 강의를 시작하여, 1564년 2월 2일에 마지막 강의를 했다. 건강이 심각하게 나빠진 상태였기 때문에 에스겔 20:44까지밖에 진행하지 못했다. 출판된 에스겔 강의록에 포함되어 있는 샤를 드 종빌러의 독자에게 보내는 편지에 따르면 칼뱅은 책이 출판되기 전에 자신의 강의를 검토할 수 있었다. 이 책은 칼뱅이 죽은 후인 1565년에 출판되었고, 베즈는 가스파르 드 콜리니에게 이 책을 헌정하였다. 프랑스어 번역본도 같은 해에 출판되었다.[64]

---

63) 라틴어: *Ioannis Calvini Praelectiones in librum prophetiarum Ieremiae et Lamentationes, Ioannis Budaei et Caroli Ionuillaei labore et industria exceptae*(Geneva, 1563-*CO* 37:469-39:646); 프랑스어: *Leçons ou commentaires et expositions de Iean Calvin, tant sur les Révélations que sur les Lamentations du prophète Iérémie*…(Lyons, 1565).

64) 라틴어: *Ioannis Calvini in viginti prima Ezechielis prophetae capita Praelectiones, Ioannis Budaei et Caroli Ionuillaei labore et industria exceptae*(Geneva, 1565-*CO* 40:21-516); 프랑스어: *Leçons ou commentaires et expositions de M. Iean Calvin sur les vingt premiers chapitres des Révélations du prophéte Ezéchiel, qui sont les derniers leçons qu'il a faites avant sa mort*…(Geneva, 1565).

4. 칼뱅의 설교

제네바에서 칼뱅이 처음 시작한 일은 신약성서를 강의하는 것이었지만, 1537년 이전 언젠가부터 목회자로서도 일하기 시작했다.[65] 1538년 슈트라스부르크에 정착했을 때에도 그는 그곳 프랑스 피난민들의 교회 목사가 되었고, 1539년 초부터는 학교 교사로 섬겼다. 칼뱅은 1541년 제네바로 돌아왔는데, 돌아온 후 처음으로 교회 예배를 인도할 때 3년 전 떠날 때 중단할 수밖에 없었던 바로 그 성서 본문부터 연속적 성서강해(lectio continua)를 이어갔다. 목사의 직분에 대해 간략히 언급한 것을 제외하고, 칼뱅은 예전에 일어났던 일에 대해 어떤 관심도 보이지 않았다. 추방은 단지 자신의 일이 잠시 중지된 것일 뿐이었다.

칼뱅은 자주 설교했다. 그는 원래 일요일에 두 번 설교하고 월요일, 수요일, 금요일에는 각각 한 번씩 설교하기로 되어 있었지만, 일찍부터 이미 매일 예배를 인도하였다. 의회는 1542년 9월 11일 칼뱅이 일요일에 한 번 이상은 설교하지 못하도록 결정했다.(*CO* 21:302)

1549년 이전의 것으로 유일하게 현존하는 설교로는 그가 1545년 11월 4일과 11일 수요일에 행한 두 편의 설교가 있다. 그것들은 1546년 칼뱅의 동료 장 쿠쟁(Jean Cousin)이 받아쓴 기록에 기초하여 출판되었다.(*CO* 32:455-480)[66] 그러나 이것은 칼뱅의 동의 없이 이루어졌는데, 그가 설교를 출판한다는 데 익숙하지 않았기 때문이다. 시편 115편과

---

65) 칼뱅의 설교에 대해서는 T. H. L. Parker, *The Oracles of God: An Introduction to the Preaching of John Calvin*(London, 1947); 같은 저자, *Calvin's Preaching*(Edinburgh, 1992); Dawn DeVries, "Calvins Preaching," in *The Cambridge Companion to John Calvin*, ed. Donald K. McKim (Cambridge/New York, 2004), 106-124를 참조하라. 또한 각주 86)을 참조하라.

66) 자신의 설교를 출판하는 데 대한 칼뱅의 반대에 대해서는 Jean-François Gilmont, *Jean Calvin et le livre imprimé*(Geneva, 1997), 108-114를 보라.

시편 112편에 근거한 이 설교들은 1545년 10월의 정치적 사건과 관련이 있었다. 1542년 황제의 승낙 하에 슈말칼덴 동맹에 속한 영주들에게 자신의 영토를 빼앗긴 로마가톨릭 하인리히 폰 브라운슈바이크-볼펜뷔텔(Heinrich von Braunschweig-Wolfenbüttel) 공작은 이 영토를 헤센과 작센의 프로테스탄트 영주들에게서 재탈환하려고 시도하였다. 10월 21일 공작과 그의 아들이 붙잡혔다. 이 위기상황을 염두에 두고서 칼뱅은 11월 4일 시편 115편을 설교하였고, 일주일 뒤에 이 위험이 지나갔을 때는 시편 124편을 설교하였다.

1549년 칼뱅이 설교한 4편의 설교(시 16:4, 히 13:13, 시 27:4, 시 27:8)는 시편 87편에 대한 간략한 해설과 함께 1552년에 출판되었다. 1552년 9월 20일 이 책을 위해 작성한 서문에서, 칼뱅은 이 설교들이 교황제도에 대한 그리스도인의 관계를 다루고 있기 때문에 시대 상황에 유용한 내용을 담고 있다고 말하고 있다. 이것은 칼뱅이 각 설교에 붙인 제목에서도 확인할 수 있다. 시편 16:4 설교에서 그리스도인들은 우상숭배를 피하라는 권면을 받는다. 히브리서 13:13 설교는 그리스도와 복음을 따르기 위해 박해를 견디라는 호소이다. 시편 27:4 설교에서는 올바르게 하나님을 예배할 수 있는 자유를 가진 교회에 속해 있다는 사실에 신자들이 얼마나 감사해야 하는지를 논한다. 시편 27:8 설교에서는 하나님을 그리스도의 교회에서 순수하게 섬길 수 있는 자유를 되찾기 위해 우리가 무엇을 해야 할지를 지적한다.

1552년 7월 4일, 칼뱅은 잉글랜드의 에드워드 6세에게 이 설교집에 부록으로 수록한 시편 87편에 대한 간략한 해설을 보냈다. 이 해설도 원래 한 편의 설교였다. 에드워드에게 함께 보낸 편지에서(*CO* 14:34-43), 칼뱅은 왕의 종교적인 의무에 대해 언급했다. "특별히 이와 같은 나라의 왕이 된다는 것은 대단한 일이지만, 저는 우리가 그리스도인이 된다는 것은 이와는 비교할 수 없이 더 높은 가치를 지니는 일이라는 것을 의심하지 않습니다. 때문에 하나님께서는 당신으로 하여금 그리스도인 왕이 되어, 잉글랜드에서 예수 그리스도의 왕국을 옹호하는 '부관'으로서 하나님을 섬길 수 있도록 허락해 주심으로써, 당신에게 더 위대하고 헤아릴 수 없는 특권을 베풀어 주셨습니다." 칼뱅은 왕에게 그리스도를 섬기라고 권면하였다. 에드워드 6세와 칼뱅 사이에 의사소통이 잘 이루어졌다는 것은 왕이 자신이 받은 편지에 대한 사례로 칼뱅에게 100크라운을 하사했다는 사실에서 알 수 있다. 에드워드는 또한 직접 프랑스어로 교황제도에 반대하는 편지를 써서 함께 보냈다.

1549년 8월 25일 제네바 교회에서 프랑스어를 사용하는 가난한 사람들을 돕던 집사들이 칼뱅의 설교를 전해주기 위해 대단히 의미 있는 결정을 하였다. 데니스 라구에니어(Denis Raguenier)를 속기사로 임명한 것이다. 그의 업무는 칼뱅의 설교를 속기로 받아 적어 풀어쓴 다음에 집사들에게 주는 것이었다. 그러면 집사들은 그것들을 출판하여 가난한 피난민들을 구제하는 수익금으로 사용했다. 라구에니어가 기록한 가장 오래된 유명한 설교는 칼뱅이 사도행전 설교를 시작하던 8월 25일 주일의 설교이다. 라구에니어의 계산에 의하면 그는 2,042편의 칼뱅 설교를 기록했다. 1560년 혹은 1561년 라구에니어가 죽은 후, 그 일은 다른 사람에게로 넘어갔다.

칼뱅은 주일에 신약성서를 설교했다. 비록 그가 오후 예배에서 강론하던 시편을 이따금 예정에도 없이 본문으로 택하여 순서를 깨기도 했지만 말이다.[67] 라구에니어의 분류 목록에 따르면 주일에 행한 설교는 다음과 같다.

---

67) Parker, *Calvin's Preaching*, 163-171. 그는 여기에 칼뱅의 디모데전·후서 설교를 요약해 놓았고, 시편 설교 몇 편도 언급하고 있다.

- 사도행전 1-15장에 관한 95편의 설교(1549년 8월 25일 시작)
- 사도행전 16-28장에 관한 94편의 설교(1552년 11월 27일 시작)
- 시편에 관한 72편의 설교(1549년 11월 17일 시작)
- 시편 119편에 관한 22편의 설교(1553년 1월 8일 시작)
- 데살로니가전서와 후서에 관한 46편의 설교(1554년 3월 26일 시작)
- 디모데전서에 관한 55편의 설교(1554년 9월 16일 시작)
- 디모데후서에 관한 31편의 설교와 디도서에 관한 17편의 설교(1555년 4월 21일 시작)
- 고린도전서에 관한 110편의 설교(1555년 10월 20일 시작)
- 고린도후서에 관한 66편의 설교(1557년 2월 28일 시작)
- 갈라디아서에 관한 43편의 설교(1557년 11월 14일 시작)
- 에베소서에 관한 48편의 설교(1558년 5월 15일 시작)

주중 다른 날에(칼뱅은 이 당시에 한 주 걸러 설교하였다.) 그는 많은 구약성서의 책들을 강해설교 방식으로 연속적으로 다루었다.(lectio continua) 라구에니어가 속기사 일을 시작했을 때, 칼뱅은 이미 예레미야 1-28장에 관한 180편의 설교를 한 다음이었다. 라구에니어는 예레미야 29-51장에 관한 91편의 설교를 기록했다. 라구에니어의 분류 목록은 다음과 같다.

- 예레미야애가에 관한 25편의 설교(1550년 9월 6일 시작)
- 미가에 관한 28편의 설교(1550년 11월 12일 시작)
- 스바냐에 관한 17편의 설교(1551년 2월 6일 시작)
- 호세아에 관한 65편의 설교(1551년 4월 2일 시작)
- 요엘에 관한 17편의 설교(1551년 9월 5일 시작)
- 아모스에 관한 43편의 설교(1551년 10월 28일 시작)

- 오바댜에 관한 5편의 설교(1552년 2월 5일 시작)

칼뱅은 1552년 3월에 요나서 설교를 시작했지만, 라구에니어가 아팠기 때문에 요나서에 관한 설교는 단지 6편만 기록되었다. 다음으로 칼뱅은 나훔과 하박국을 다루었다. 라구에니어는 1552년 7월 18일까지 일을 재개할 수 없었고, 그때 칼뱅은 다니엘 5장에 이르러 있었다. 라구에니어는 다니엘에 관한 나머지 47편의 설교를 기록했다. 그리고 다음의 것들을 기록하였다.

- 에스겔에 관한 174편의 설교(1552년 11월 21일 시작)
- 욥기에 관한 159편의 설교(1554년 2월 26일 시작)
- 신명기에 관한 200편의 설교(1555년 3월 20일 시작)
- 이사야에 관한 343편의 설교(1556년 7월 16일 시작)
- 창세기에 관한 123편의 설교(1559년 9월 4일 시작)

니콜라스 콜라동에 따르면, 라구에니어가 죽은 후 칼뱅은 사사기와 사무엘상(107편의 설교, 1561년 8월 8일 시작), 사무엘하(87편의 설교, 1562년 2월 3일 시작), 열왕기상을 설교하였다. 열왕기상을 얼마나 많이 설교했는지는 알 수가 없다. 칼뱅은 1564년 2월 2일 마지막 설교를 했다.

칼뱅은 자신의 설교를 출판하는 일에 관여하지 않았다. 그러나 한 번의 예외가 있었는데 그것은 『우리 시대의 매우 중요한 주제들을 다루는 네 편의 설교…시편 87편에 대한 간략한 주해와 함께』(*Quatre sermons traictans des matiéres fort utiles pour nostre temps… avec briefve exposition du Pseaume LXXXVII*)였다. 칼뱅은 속기사들의 일에 간섭하지 않고 그들에게 그 일을 맡겼다. 강의 필사에서와 마찬가지로 칼뱅은 이 일에 관여하지 않았다. 언급해야 할 한 가지는 칼뱅이 복음서에 관한

65편의 설교를 담은 책의 서문을 썼다는 점이다.(*CO* 46:iv 참조) 칼뱅의 많은 설교들은 그의 생애 동안에 혹은 이후에 출판되었다.

- 『제네바 시에서 행한 두 편의 설교』(*Deux sermons faitz en la ville de Genève*…Geneva, 1546)[68)]
- 『우리 시대의 매우 중요한 주제들을 다루는 네 편의 설교…시편 87편에 대한 간략한 주해와 함께』(*Quatre sermons traictans des matières fort utiles pour nostre temps…avec briefve exposition du Pseaume LXXXVII*, Geneva, 1552)[69)]
- 『네 편의 설교…시편 87편 주해』(*Homiliae quatuor…explanatio Psalmi LXXXVII*…Geneva, 1553: 바로 앞의 책을 클로드 바두엘이 라틴어로 번역한 책)
- 『시편 119편을 주해하는 스물두 편의 설교』(*Vingtdeux sermons, auxquels est exposé le Pseaume centdixneufième*…Geneva, 1554)[70)]

---

68) 이 두 설교는 앞에서 언급한 시편 115편과 124편을 대상으로 한다. 또한 *SC* 7:xxxvi-xxxvii을 참조하고 설교문에 대해서는 *CO* 32:451-480을 참조하라.

69) 본문은 *CO* 8:377-452를 보라. 영어 번역은 *Four Godlye Sermons agaynst the Polution of Idolatries*(London, 1561).

70) 설교본문은 *CO* 32:481-752를 보라. 영어 번역은 *Sermons on Psalm 119*, trans. Thomas Stocker(London, 1580; repr., Audubon, NJ, 1996). 2차자료로는 Emil Blaser, "Vom Gesetz in Calvins Predigten über den 119. Psalm," in *Das Wort sie sollen lassen stehn: Festschrift für D. Albert Schädelin*(Bern, 1950), 67-78; Peter Opitz, "Ein Thorapsalm als ABC des christlichen Glaubens-Beobachtungen zu Calvins Predigten uber Psalm 119," in *Calvin's Books: Festschrift for Peter de Klerk*, ed. Wilhelm H. Neuser et al.(Heerenveen, 1997), 117-132; Yoon Kyung Kim, "Hermeneutics and the Law: A Study of Calvin's Commentary and Sermons of Psalm 119," Th. M. thesis, Calvin Theological Seminary, 2000.

- 『하나님과 인간 사이의 유일한 중재자에 대해서 다루는…디모데전서 2장에 관한 두 편의 설교』(*Deux sermons prins de la première Epistre à Timothée au second chapitre…où il est traictè d'un seul moyenneur de Dieu et des hommes*, Geneva, 1555)[71]
- 『여섯 편의 설교, 즉 우상숭배를 피하기 위한 네 가지 권면과 하나님과 인간 사이의 유일한 중재자에 대해서 다루는 두 편의 설교』(*Six sermons, à sçavoir Quatre exhortatifs à fuir idolatri…et deux où il est traicté du seul moyenneur de Dieu et des hommes*, Geneva, 1555)[72]
- 『설교 또는 연설 7편』(*Homiliae sive Conciones VII*, Geneva, 1556 : 클로드 바두엘의 라틴 번역판으로, 『네 편의 설교』 전부와 『시편 119편을 주해하는 스물두 편의 설교』에서 뽑은 3편의 설교를 담고 있다.)
- 『율법의 십계명에 관한 설교들』(*Sermons sur les dix commandemens de la loy*, Geneva, 1557)[73]
- 『사도 바울의 고린도전서 10-11장에 관한 설교들』(*Sermons sur le dixième et onzième chapitre de la première Épître Sainct Paul aux Corinthiens*…Geneva, 1558)
- 『우리 주 예수 그리스도의 신성, 인성, 출생을 다루는 여러 편의 설교들』(*Plusieurs sermons touchant la divinité, humanité, et nativité de nostre Seigneur Iésus Christ*…Geneva, 1558)[74]

---

71) 영어 번역은 *Two Godly and Notable Sermons Preached in 1555*(London, 1560?). 이 설교들은 1561년 출판되어 영어로도 번역된 디모데서와 디도서에 관한 설교 시리즈의 일부를 이루고 있다.(다음의 각주 76) 참조)

72) 이 글들은 앞에서 언급했던 *Quatre sermons*…와 *Deux sermons*…이다.

73) 영어 번역은 *John Calvin's Sermons on the Ten Commandments*, ed. Benjamin Wirt Farley(Grand Rapids, 1980).

74) 이 모음집은 요한복음 1:1-5에 대한 성서연구(*congrégations*) 한 편과 다음 구

- 『마리아, 스가랴, 시므온의 세 찬송시에 대한 설명과 함께 무엇보다도 멜기세덱의 역사와 칭의의 문제가 상술된 18편의 설교』(*Dixhuict sermons ausquels, entre autres poincts, l'histoire de Melchisédech et la matière de la iustification, sont dèduites, avec l'exposition de trois cantiques, assavoir de la V. Marie, de Zacharie et de Simeon*…*par Iean Bonnefoy*…Geneva, 1560)[75]
- 『아브라함의 희생제사에 관한 세 편의 설교』(*Trois sermons sur le sacrifice d'Abraham*…Geneva, 1561)
- 『사도 바울의 디모데전후서와 디도서에 관한 설교들』(*Sermons sur les deux Epistres S. Paul à Timothée, et sur l'Epistre à Tite*, Geneva, 1561)[76]
- 『야곱에 대한 하나님의 은혜로운 선택과 에서의 거부를 다루는 13편의 설교』(*Treze sermons traitans de l'élection gratuite de Dieu en Iacob, et de la réiection en Esau*…Geneva, 1562)[77]

절들에 대한 26편의 설교를 담고 있다. 누가복음 2:1-14에 대한 설교 한 편, 마태복음 26:36-28:10에 대한 설교 9편, 사도행전 1:3-11에 대한 설교 4편, 사도행전 2:1-4, 13-24에 대한 설교 4편, 데살로니가후서 1:6-10에 대한 설교 한 편, 그리고 이사야 52:13-53:12에 대한 설교 7편. 영어 번역본은 *Divers Sermons concerning the Divinitie, Humanitie, and Nativitie of our Lorde Jesus Christe*, trans. Thomas Stocker(London, 1581). 또한 *SC* 7:l-liv도 참조하라. T. H. L. Parker는 이사야 52:13-53:12에 대한 7편의 설교를 영어로 번역했다. *Sermons on Isaiahs Prophecy of the Death and Passion of Christ*(London, 1956).

75) 영어 번역은 *Sermons on the Historie of Melchisedech*, trans. Thomas Stocker(London, 1592; repr., Willow Street, PA, 2000).

76) 영어 번역은 *Sermons on the Epistles of S. Paule to Timothie and Titus*, trans. Laurence Tomson(London, 1579; 복사본은 Edinburgh/Carlisle, PA, 1983).

77) 이 설교들은 이미 1560년에 제네바에서 *Traité de la prédestination éternelle de Dieu, par laquelle les uns sont éleuz à salut, les autres laissez en leur*

- 『선왕 히스기야가 하나님의 손에 의해 병들어 고통 받게 된 이후에 부른 노래에 관한 설교들』(*Sermons sur le cantique que feit le bon Roy Ézéchias après qu'il eut esté malade et affligé de la main de Dieu*…Geneva, 1562)[78]
- 『세 복음서 저자들의 조화 혹은 일치에 관한 65편의 설교』(*Soixantecinq sermons sur l'harmonie ou concordance des trois Evangelistes*…Geneva, 1562)
- 『사도 바울의 에베소서에 관한 설교들』(*Sermons sur l'Epistre S. Paul apostre aux Ephésiens*, Geneva, 1562)[79]
- 『경건하고 저명한 선생 장 칼뱅이 시편 46편에 관해 행한 유명한 세 편의 설교』(*Three Notable Sermons Made by the Godly and Famous Clerke Maister John Calvin upon the Ps. 46*. Trans. W. Warde, London, 1562)[80]
- 『욥기에 대한 설교들』(*Sermons sur le Livre de Iob*…Geneva, 1563)[81]

---

*condemnation*의 부록 형태로 출간되었다. 1557년 나온 칼뱅의 *Responses à certaines calomnies et blasphèmes*(카스텔리옹을 겨냥하고 있다-6장 참조)는 1562년 판에 실린 설교들에 부가되었다. 영어로는 *Thirteene Sermons … Entreating of the Free Election of God in Iacob, and of reprobation in Esau*, trans. John Field(London, 1579; repr., Audubon, NJ, 1996)를 보라.

78) 영어 번역은 *Sermons…upon the Songe that Ezechias Made After He Had Bene Sicke*…, trans. Anne Lok(London, 1560).

79) 영어 번역은 *Sermons on the Epistle to the Ephesians*[London, 1973; rev. ed. *The Sermons upon the Epistle of S. Paule to the Ephesians, trans.* Arthur Golding(London, 1577)]. 2차자료는 Randall C. Zachman, "Expounding Scripture and Applying It to Our Use: Calvin's Sermons on Ephesians," *SJTH* 56(2003): 481-507.

80) Richard Stauffer, "Eine englische Sammlung von Calvinpredigten," in *Der Prediger Johannes Calvin: Beiträge und Nachrichten zur Ausgabe der Supplementa Calviniana*, ed. Karl Halaski(Neukirchen, 1966), 47-80 참조.

- 『사도 바울의 갈라디아서에 관한 설교들』(*Sermons sur l'Epistre S. Paul apostre aux Galatiens*, Geneva, 1563)[82)]
- 『다니엘 예언의 마지막 8장에 관한 47편의 설교』(*Quarantesept sermons sur les huict derniers chapitres des prophéties de Daniel*…La Rochelle, 1565)
- 『신명기라 이름 붙은 모세의 책에 대한 설교들』(*Sermons sur le livre de Moyse, nommé Deutéronome*, Geneva, 1567)[83)]
- 『욥기에 대한 설교들』(*In librum Iobi conciones*, Geneva, 1593)
- 『사무엘상에 대한 설교들』(*Homiliae in I. librum Samuelis. Ex Gallicis Latinae factae et nunc primum in lucem editae*, Geneva, 1604)
- "에스겔 2:1-5에 대한 설교"(Sermon sur Ezéchiel 2:1-5)와 "사도행전 3:17-20에 대한 설교"(Sermon sur Actes 3:17-20)는 『칼뱅에 따

---

81) 영어 번역은 *Sermons upon the book of Job*, trans. Arthur Golding(London, 1574; 복사본은 Edinburgh, 1993). 2차자료는 Susan E. Schreiner, "Through a Mirror Dimly': Calvin's Sermons on Job," *CTJ* 21(1986): 175-193; idem, *Where Shall Wisdom BE Found? Calvin's Exegesis of Job from Medieval and Modern Perspectives*(Chicago, 1994); Derek Thomas, *Proclaiming the Incomprehensible God: Calvin's Teaching on Job*(Rossshire, 2004).

82) 영어 번역은 *Sermons upon the Epistle of Saincte Paule to the Galatians*, trans. Arthur Golding(London, 1574; repr., Audubon, NJ, 1995); 그리고 *Sermons on Galatians*, trans. Kathy Childress(Edinburgh, 1997).

83) *The Sermons upon the Fifth Booke of Moses Called Deuteronomie*, trans. Arthur Golding(London, 1583; 복사본은 Edinburgh/Carlisle, PA, 1987). 2차 자료는 Raymond Andrew Blacketer, "L'École de Dieu: Pedagogy and Rhetoric in Calvin's Interpretation of Deuteronomy," Ph. D. diss., Calvin Theological Seminary, 1998; idem, "Smooth Stones, Teachable Hearts: Calvin's Allegorical Interpretation of Deuteronomy 10:1-2," *CTJ* 34(1999): 36-63; Albercht Thiel, *In der Schule Gottes: Die Ethik Calvins im Spiegel seiner Predigten über Deuteronomium*(Neukirchen-Vluyn, 1999).

른 칼뱅: 종교 개혁자의 프랑스어 작품들에서 뽑은 단편들』(*Calvin d'aprés Calvin: Fragments extraits des oeuvres françaises du réformateur*, ed. C.O. Viguet and D. Tissot, Geneva, 1864, 281-297, 310-325)에 실려 있다.

- 『칼뱅전집보충: 미간행 설교들』(*Supplementa Calviniana: Sermons inédits*. Edited by Erwin Mülhaupt et al. Neukirchen-Vluyn, 1936-). 이미 출판된 것들로는 제1권, 『사무엘하에 대한 설교들』(*Predigten über das 2. Buch Samuelis*); 제2권, 『이사야 13-19장에 대한 설교들』(*Sermons sur le Livre d'Isaïe Chapitres 13-19*); 제3권, 『이사야 30-41장에 대한 설교들』(*Sermons sur le Livre d'Esaïe Chapitres 30-41*); 제5권, 『미가에 대한 설교들』(*Sermons sur le Livre de Michée*); 제6권, 『예레미야와 예레미야애가에 대한 설교들』(*Sermons sur les livres de Jérémie et des Lamentations*); 제7권, 『시편설교들, 수난설교들, 부활절 설교들, 오순절 설교들』(*Psalmenpredigten, Passions-, Oster-, und Pfingstpredigten*); 제8권, 『사도행전에 대한 설교들』(*Sermons on the Acts of the Apostles*)[84]; 제10/3권, 『에스겔 36-48장에 대한 설교들』(*Sermons sur le Livre des Revelations du prophete Ezechiel Chapitres 36-48*); 제11/1권, 『창세기 1:1-11:4에 대한 설교들』(*Sermons sur la Genèse Chapitres 1:1-11:4*); 제11/2권, 『창세기 11:5-20:7에 대한 설교들』(*Sermons sur la Genèse Chapitres 11:5-20:7*)이 있다.

---

84) Wilhelmus H. Th. Moehn, *God roept ons tot zijn dienst: Een homiletisch onderzoek naar de verhouding tussen God en hoorder in Calvijns preken over Handelingen 4:1-6:7*[Kampen, 1996; 영어 번역은 "*God Calls Us to His Service*": *The Relation between God and His Audience in Calvin's Sermons on Acts*(Geneva, 2001)].

『칼뱅전집』(*Calvini Opera*)에는 874편의 설교가 포함되어 있다.[85] 설교 후의 기도는 보통 빠져 있으며, 주석은 없다. 『칼뱅전집』의 편집자들은 설교에 큰 가치를 두지 않았지만, 그러한 태도는 이제 변하였다. 원고 상태로 보존된 많은 설교들이 끝맺는 기도와 주석과 함께 오늘날 『칼뱅전집보충』(*Supplementa Calviniana*)으로 출판되고 있다. 이것은 670편의 설교를 추가함으로써 『칼뱅전집』을 완성시킬 것이다. 불행히도 칼뱅의 설교 원고가 모두 보존된 것은 아니기 때문에, 더 이상의 칼뱅 설교들이 출판될 수는 없다. 1806년 제네바 도서관에 보관되어 있던 많은 칼뱅 설교들이 서고 부족을 이유로 서적상에게 팔려 나갔다. 그것들 중 대부분은 자취도 없이 사라졌지만,[86] 1994년 런던에서 칼뱅의 이사야 설교 중 일부가 발견되기도 하였다.[87]

다음은 『칼뱅전집』에 나오는 설교들의 일람이다.

- 시편 87편 해설과 함께, 시편 16:4, 히브리서 13:13, 시편 27:4, 시편

85) Parker, *Oracles of God*, 166.

86) Bernard Gagnebin, "L'Histoire des manuscrits des sermons de Calvin," in *SC* 2:xiv-xxviii 참조. *SC*에 실린 설교들의 편집 계획에 대해서는 Halaski, *Der Prediger Johannes Calvin*, ed. Halaski를 참조하라. 또한 우리는 *SC* 각 권의 서문들을 참고해야 한다. 칼뱅의 설교에 대한 글과 책들을 개관하려면 Richard Stauffer, *Dieu, la création et la Providence dans la prédication de Calvin*(Bern, 1978), 309-316을 참조하라. 이 책을 보충해 주는 것이 Wulfert de Greef, "Das Verhältnis von Predigt und Kommentar bei Calvin, dargestellt an dem Deuteronomium Kommentar und den Predigten," in *Calvinus servus Christi*, ed. Wilhelm H. Neuser(Budapest, 1988), 195-204이다.

87) Max Engammare는 자신이 발견한 것을 "Des sermons de Calvin sur Esaïe découverts à Londres," in *Calvin et ses conetmporains*, ed. Olivier Millet(Geneva, 1998), 69-81에서 밝히고 있다. idem, "Calvin Incognito in London: The Rediscovery in London of Sermons on Isaiah," *Huguenot Society Proceeding* 26(1996): 453-462 참조.

27:8에 관한 4편의 설교(*CO* 8:369-452)

- 창세기 14:13-24에 관한 3편의 설교(*CO* 23:641-682)
- 창세기 15:4-7에 관한 4편의 설교(*CO* 23:683-740)
- 창세기 21:33-22:15에 관한 3편의 설교(*CO* 23:741-784)
- 창세기 25:11-27:36에 관한 13편의 설교(*CO* 58:1-206)
- 신명기에 관한 200편의 설교(*CO* 25:573-29:232)
- 사무엘상에 관한 107편의 (라틴어) 설교(*CO* 29:233-30:734)
- 시편 115편과 시편 124편에 관한 2편의 설교(*CO* 32:451-480)
- 시편 119편에 관한 22편의 설교(*CO* 32:481-752)
- 욥기에 관한 159편의 설교(*CO* 33:1-35:514)
- 이사야 38:9-22에 관한 4편의 설교(*CO* 35:517-580)
- 이사야 52:13-53:12에 관한 7편의 설교(*CO* 35:581-688)
- 다니엘 5-12장에 관한 47편의 설교(*CO* 41:305-42:174)
- 마태, 마가, 누가복음에 관한 65편의 설교(*CO* 46:1-826)
- 마태복음 26:36-28:19에 관한 9편의 설교(*CO* 46:829-954)
- 누가복음 2:1-14에 관한 1편의 설교(*CO* 46:955-968)
- 요한복음 1:1-5에 관한 1편의 설교(*CO* 47:461-484)
- 사도행전 1:1-11에 관한 4편의 설교(*CO* 48:585-622)
- 사도행전 2:1-4, 13-21에 관한 5편의 설교(*CO* 48:624-664)
- 고린도전서 10-11장에 관한 19편의 설교(*CO* 49:577-830)
- 갈라디아서에 관한 43편의 설교(*CO* 50:269-51:136)
- 에베소서에 관한 48편의 설교(*CO* 51:241-862)
- 데살로니가후서 1:6-10에 관한 1편의 설교(*CO* 52:219-238)
- 디모데전서에 관한 55편의 설교(*CO* 53)
- 디모데후서에 관한 31편의 설교(*CO* 54:1-370)
- 디도서에 관한 17편의 설교(*CO* 54:373-596)

다음의 설교들은 『칼뱅전집보충』에 실려 출판되었다.

- 사무엘하에 관한 87편의 설교(*SC* 1)[88]
- 이사야에 관한 66편의 설교(*SC* 2)
- 미가에 관한 28편의 설교(*SC* 5)[89]
- 예레미야 14:19-18:23에 관한 25편의 설교와 예레미야애가 1:1-5에 관한 2편의 설교(*SC* 6)[90]
- 시편 80:9-20, 147:12-20, 148:1-14, 149:4-9, 65:6-14, 46:7-12, 48:2-8, 48:9-15에 관한 10편의 설교, 마태복음 28:1-10에 관한 2편의 설교, 사도행전 2:1-10에 관한 1편의 설교, 마태복음 26:40-27:66에 관한 6편의 설교(*SC* 7)
- 사도행전 1-7장에 관한 44편의 설교(*SC* 8)
- 창세기 1:26-20:6에 관한 89편의 설교(*SC* 11/1-2)
- 에스겔 36-48장에 관한 16편의 설교(*SC* 10/3)

다음은 아직 출판되지 않은 것들이다.[91]

- 이사야 42-51장에 관한 57편의 설교
- 이사야 52-57장에 관한 설교들[92]

---

88) 영어 번역은 *Sermons on 2 Samuel, Chapters 1-13*, ed. Douglas Kelly (Edinburgh, 1992).

89) 영어 번역은 *Sermons on the Book of Micah*, ed. Benjamin Wirt Farley (Phillipsburg, NJ, 2003).

90) 영어 번역은 *Sermons on Jeremiah*, ed. Blair Reynolds(Lewiston, NY, 1990).

91) Richard Stauffer, "Les Sermons inédits de Calvin sur le Livre de Genèse," *RThPh* 97(1965): 26-36 참조.

92) 이 장들에 대한 설교는 런던에서 Max Engammare가 발견한 것이 그 출처이

- 에스겔 1-15장에 관한 55편의 설교
- 에스겔 23-48장에 관한 53편의 설교[93]
- 고린도전서 1-9장에 관한 58편의 설교
- 독립적인 본문에 관한 몇몇 설교들(*SC* 1:vii-ix)

다음은 아직 발견되지 않은 설교들이다.

- 이사야 1-12장에 관한 설교
- 예레미야 1-14장과 19-52장에 관한 설교
- 예레미야애가 1:6-5:22에 관한 23편의 설교
- 스바냐, 오바댜, 요나에 관한 28편의 설교
- 호세아에 관한 65편의 설교
- 요엘에 관한 17편의 설교
- 아모스에 관한 43편의 설교
- 에스겔 16-22장에 관한 설교
- 데살로니가전서와 후서에 관한 46편의 설교
- 고린도전서 12-16장에 관한 설교
- 고린도후서에 관한 66편의 설교

다. Max Engammare는 Isaiah 55:1-2에 대한 설교의 프랑스어 판을 출판하였고, 거기에 Francis Higman이 영어 번역을 덧붙였다.[*La famine spirituelle: Sermon inédit sur Esaïe 55*, 1-2(Geneva, 2000)]

93) Erik A. de Boer, *John Calvin on the Visions of Ezekiel: Historical and Hermeneutical Studies in John Calvin's "Sermons Inédits," Especially on Ezek. 36-48*(Leiden, 2004). De Boer는 여기서 에스겔 1-3, 8-11장에 대한 칼뱅의 설교들에도 주의를 기울이고 있다.

5. 주간 성서연구모임에 대한 칼뱅의 공헌

1536년 11월 21일 이전 언젠가 파렐과 칼뱅은 이른바 성서연구모임(congrégations)을 제네바에 도입했다.[94] 11월 21일 파렐이 동료들을 대표하여 로잔에 있는 목회자들에게 편지하면서(*CO* 10b:71-73) 자신들이 제네바에서 매주 금요일 아침 7시에 세미나를 열고 있다고 말하는 데서 이를 알 수 있다. 이것이 이른바 주간 성서연구모임이다. 제네바와 인근 지역에서 60여 명이 이 모임에 참여하였다. 성서연구모임은 우선적으로 제네바와 인근 지역의 목회자들을 위한 것이었다. 목회자들은 타당한 이유가 있는 경우를 제외하고는 불참이 허용되지 않았으며, 교대로 성서의 한 부분에 대해 설명을 하고 그에 대해 토론하였다. 시민들도 와서 들을 수 있도록 허용되었다. 목회자들은 성서연구모임 이후에 따로 모여 실제적인 문제들을 토의하였다. 위에서 언급한 편지에서, 파렐은 로잔과 그 인근에 있는 동료들도 일치를 강화하기 위해 이와 같은 관례를 만들었으면 좋겠다는 희망을 밝혔다. 실제로 로잔에서도 이런 모임을 가졌지만, 베른의 금지로 인해 짧은 기간밖에 이루어지지 못하였다.(*CO* 10b:145)

파렐과 칼뱅은 성서연구모임을 만드는 데에 취리히의 예를 따랐는데, 그곳에서는 1525년 6월 19일 이후로 그로스뮌스터(대성당)의 성가대석에서 성서주석 발표를 해오고 있었다. 성서를 해석하고 가르치는 일들은 목회자들과 라틴어 학교 상급반 학생들의 신학 형성을 목표로 하였다.[95]

---

94) Jean Calvin, *Deux congrégations et exposition du catéchisme*, ed. R. Peter(Paris, 1964); Erik A. de Boer, "The Persence and Participation of Laypeople in the *Congrégations* of the Company of Pastors in Geneva," *SCJ* 35(2004): 651-670.

파렐의 편지에서 언급된 주간 성서연구모임의 목표와 절차는 1541년 『교회법령』(*Les Ordonnances ecclésiastiques*)에 상술되어 있으며, 1561년 『교회법령』에는 그 근거가 더 확장되어 있다.[96] 우리는 성서연구모임에서 성서의 각 책들을 연속적으로(lectio continua) 토의하였음을 알고 있다.[97] 금요일 모임에서(프랑스어가 사용되었다.) 칼뱅이 발표한 몇몇 내용들은 출판되었다. 예를 들어 1558년 제네바에서 출판된 것으로, 『우리 주 예수 그리스도의 신성, 인성, 출생을 다루는 여러 편의 설교』[98]의 시작 부분에서, 우리는 칼뱅이 성서연구모임에서 발표한 요한복음 1:1-5에 대한 연구를 발견할 수 있다.(*CO* 47:461-484 참조)

선택에 관해 칼뱅이 발표한 내용, 『하나님의 영원한 선택에 대한 연구』(*Congrégation sur l'élection éternelle de Dieu*) 역시 출판되었다.[99] 1551년 12월 18일 금요일에 개최된 이 특별한 성서연구모임에서 '선택'이

---

95) Ulrich Gäbler, *Huldrych Zwingli: His Life and Work*, trans. Ruth C.L. Gritsch(Philadelphia, 1986), 99-101 참조.

96) 1541년 판 본문에 대해서는 *CO* 10a:18 혹은 *OS* 2:332-333 참조.

97) 개요에 대해서는 Calvin, *Deux congrégations*, ed. Peter, xv-xvi를 참조하라.

98) *Plusieurs sermons de Iehan Calvin touchant la divinité, humanité, et nativité de nostre Seigneur Iésus Christ*(Geneva, 1558). 위의 각주 74)를 참조하라.

99) *Congrégation faite en l'église de Genève par M. Iean Calvin. En laquelle la matière de l'élection éternelle de Dieu fut sommairement et clairement déduite et ratifiée d'un commun accord par ses frères ministres*(Geneva, 1562; 본문은 *CO* 8:85-140 참조). 프랑스어 본문(많은 제네바 목회자들이 말한 것들을 재연하고 있는 *CO* 8:119-140과, 아우구스티누스의 몇몇 진술들을 담고 있는 "Avertissement"는 제외하고)과 독일어 번역본은 *Calvin-Studienausgabe*, vol. 4, *Reformatorische Klärungen*(Neukirchen-Vluyn, 2002), 92-149("Intorduction" by Christian Link, 79-91)에서 볼 수 있다. 영어 번역은 *Calvinism by Calvin; Being the Substance of Discourses Delivered by Calvin and the Other Ministers of Geneva on the Doctrine of Grace*, ed. R. Govett(London, 1840; repr., Miami Springs, FL, 1984).

라는 주제만을 집중적으로 다루게 된 배경은 제롬 볼섹(Jérôme Bolsec) 사건의 등장이었다.[100] 파리 출신인 볼섹은 카르멜 파(Carmelite) 수도사였다가 종교개혁 진영에 가담하게 되었으며, 파리를 탈출한 후에 팔레의 군주였던 자크 드 부르고뉴의 궁중의사로 일하기 시작했다. 볼섹은 1551년 5월 15일 성서연구모임에서 '자유의지'와 '예정론'에 관한 진술로 문제를 일으켰고, 끝까지 자기 뜻을 굽히지 않았다. 1551년 10월 16일 성서연구모임에서 목사 장 드 생-앙드레(Jean de Saint-André)가 요한복음 8:47("하나님께 속한 자는 하나님의 말씀을 듣나니 너희가 듣지 아니함은 하나님께 속하지 아니하였음이로다")에 관한 토론을 제안하였을 때, 볼섹은 그 본문을 예정론적으로 해석하는 데 항의하는 기회로 삼았다. 초대교회와 아우구스티누스에 의지하여, 볼섹은 칼뱅이 하나님을 죄의 창조자로 만든다고 비난하였다. 볼섹은 또한 회중들에게, 목회자들에게 속지 말 것을 당부하였다.

칼뱅은 볼섹이 말한 내용에 대해 길게 답하였다. 그 자리에 참석한 경찰의 수장이 즉시 볼섹을 체포하였으며, 볼섹은 비성서적인 것을 가르치고 회중들의 일치를 교란시킨다는 혐의를 받았다.

볼섹에 대한 소송이 진행되는 동안(*CO* 8:141-248 참조), 드 팔레가 그의 편을 들었다. 11월 14일 제네바의 목회자들은 바젤, 베른, 그리고 취리히에 있는 동료들에게 이 문제에 관한 의견을 구하는 편지를 썼다.(*CO* 8:205-208) 그리고 11월 21일 제네바 의회도 바젤, 베른, 취리히의 교회들에게 예정론 문제에 관한 조언을 구하였다.(*CO* 8:223-224) 답신들이 볼섹의 가르침을 거부하는 내용을 담고 있기는 했지만, 칼뱅은

---

100) Philip C. Holtrop, *The Bolsec Controversy on Predestination, from 1551-1555: The Statements of Jerome Bolsec, and the Responses of John Calvin, Theodore Beza, and Other Reformed Theologians*(Lewiston, NY, 1993).

그 답신들에 실망하였다. 칼뱅은 크리스토프 파브리(Christophe Fabri)와 파렐에게 편지하여(*CO* 14:213-214), 바젤의 목회자들이 돕는 데 얼마나 인색한지를 다시 한 번 경험했다고 썼다. 칼뱅은 취리히의 편지(파렐에게 보낸 편지를 보라－*CO* 14:218-219)와 불링거가 보낸 사적인 편지(편지 본문은 *CO* 14:214-215를 보라)로 인해 더욱 실망하였다. 게다가 제네바 인근 지역의 목회자들로 하여금 제네바의 목회자들에게 직접 편지하지 못하도록 금지하는 칙령들까지 발표되어 그를 속상하게 하였다. 다른 한편, 뇌샤텔의 목회자들에게는(그들 중에는 파렐이 있었다.) 조언을 구하지 않았음에도 불구하고, 볼섹을 거세게 비난하는 편지를 보내왔다.(*CO* 14:221-224)

12월 18일에 칼뱅이 '선택'에 관해 발표한 내용의 핵심은 구원의 보편성에 관한 것이었다. 칼뱅은 특별한 선택의 견지에서 보편구원을 부인하였다. 모든 목회자가 칼뱅의 해설을 승인하였고, 이는 1562년 출판되었다. 제네바 의회는 1551년 12월 21일 볼섹을 영구히 추방하기로 결정하였다. 볼섹은 더 이상 제네바에 들어올 수 없었지만, 베른 영토에 속하는 드 팔레의 영지에 머물렀다.[101]

마지막으로 칼뱅이 갈라디아서 2:11-16과 갈라디아서 2:15-21에 관해 발표한 내용에 주목해보자. 이 발표들은 1562년 말이나 1563년 초에 이루어졌다. 이것은 "우리를 시험에 들게 하지 마시고 다만 악에서 구하옵소서"(마 6:13)라는 기도에 대한 해설과 함께 출판되었다. 이 해설은

---

101) 볼섹에 대해 베른 시가 조치를 취해야 한다고 칼뱅이 주장함에 따라 베른을 떠나지 않을 수 없게 된 볼섹은 파리로 도망쳤다. 그는 로마가톨릭교회로 돌아갔고, 1577년 칼뱅에 대한 전기를 썼다.[*Histoire de la vie, moeurs, actes, doctrine, constance et mort de Jean Calvin, jadis ministre de Genéve*(Lyons, 1577)] 뻔뻔스러운 거짓말과 비방으로 가득 찬 이 책은 리옹의 주교에게 헌정하였다.

교리문답 중에 주님의 날 43항에 기초하고 있다.[102] 우리는 칼뱅이 발표한 몇몇 원고들이 제네바에 남아 있어, 앞으로 『칼뱅전집보충』에 담겨 출판될 것임을 언급함으로써 이 장을 맺고자 한다. 출애굽기 1:1-8(1559년 9월 1일), 여호수아 1:1-5(1563년 6월 4일), 여호수아 11장(1563년 9월), 이사야 1:1-3(1564년 1월 21일)에 관한 발표들이 그것이다.[103]

---

102) 1563년 판의 제목: *Deux congrégations proposées par M. Iean Calvin, du second chapitre de l'Epistre de Sainct Paul aux Galatiens, verset onzième. Item l'exposition du quarantetroisième dimanche du Catéchisme, où est exposée la dernière requeste de l'oraison de nostre Seigneur Iésus Christ.* 서문과 주를 포함하고 있는 이 판의 재인쇄본에 대해서는 각주 94)에서 언급한 Calvin, *Deux congrégations*, ed. Peter를 참조하라. 영어 번역은 *Three Propositions or Speeches*…, *To which also is added an exposition upon that parte of the Catechisme*…, trans. Thomas Wilcox(London, 1580) 참조. 이 작품에 수록되어 있는 세 번째 성서연구는 요한복음 1:1-5에 대해 칼뱅이 발표한 내용으로서 1558년에 출판되었다.

103) 이사야 1:1-3에 대해 칼뱅이 발표한 내용은 Erik A. de Boer, "Jean Calvin et Esaïe 1(1564). Edition d'un texte inconnu, introduit par quelques observations sur la différence et les relations entre congrégation, cours et sermons," *RHPhR* 80(2000): 372-395 참조. 또한 다른 사람들이 발표한 것들에 대한 칼뱅의 평가를 기술하는 글들도 남아 있다. 개관을 위해서는 Calvin, *Deux congrégations*, ed. R. Peter, xix를 참조하라. 또한 Danielle Fischer, "Michel Cop: Congrégation sur Josué 1/6-11 du 11 juin 1563, avec ce qui a été ajouté par Jean Calvin"(first printing of the original manuscript, with an introduction and notes), *FZPhTh* 34(1987): 205-229; idem, "Jean Calvin; Congrégation sur Josué 1,1-5(4 Juin 1563)"(first printing of the original manuscript, with an introduction and notes), FZPhTh 35(1988): 201-221; idem, "Jean Calvin; Congrégation sur Josué 11(Septembre 1563)"(first printing of the original manuscript, with an introduction and notes), *FZPhTh* 38(1991): 351-367도 참조하라.

제4장

교회를 세우다

Opbouw van de kerk

이 장에서 우리는 칼뱅이 교회를 든든히 세우기 위해 출판한 것들에 관심을 쏟을 것이다. 무엇보다도 먼저 칼뱅과 제네바의 목회자들이 교회를 세우는 데 있어 중요한 것이 무엇이라고 생각했는지를 살펴볼 것이다. 그 다음에는 공적인 예배의 예식체계와 젊은이들의 교육에 대해 칼뱅이 무엇을 썼는지 알아볼 것이다. 칼뱅이 성도들에게 특별한 도움을 주기 위해 때로는 간청하듯이 또 때로는 다른 식으로 썼던 저술들도 여기에 포함될 것이다. 마지막으로 우리는 그가 교회법령에 관한 사안들을 다룬 저작들에 관심을 집중할 것이다.

1. 성도들의 양육에서 근본적인 문제들

제네바의 모든 시민은 기욤 파렐의 지도 아래 1536년 5월 21일 종교개혁을 따르기로 결정했다. 그 결과 성도들의 양육을 위해 많은 일들이 행해졌다. 파렐이 1536년 칼뱅에게 제네바에 머물기를 강권했을 때, 그는 칼뱅이 이 도시의 종교개혁을 지속시키기 위해 정력을 쏟아줄 것을 기대했고, 사실상 칼뱅은 그 기대에 부응하였다. 여기서 우리는 교회를 세우는 과정에서 야기될 수밖에 없는 근본적인 문제들에 대해 칼뱅(과 다른 이들)이 분명하게 언급하고 있는 몇몇 저작들에 주목하고자 한다.

1) 『제네바 교회와 예배의 체제에 관한 조항들』(1537)

먼저 『제네바 교회와 예배의 체제에 관한 조항들』(*Articles concernant l'organisation de l'église et du culte à Genève*)[1)]을 살펴보자. 이것은 제네바의 세 목회자(Corauld, Farel, Calvin)가 1537년 1월 16일 의회에 제출한 문서이다. 그들은 『조항들』에서 제네바 교회의 지속적인 개혁을 위해 가장 중요하다고 생각되는 점들을 피력하고 있다. 그들은 특별히 교회의 질서와 규율을 위해 네 가지가 중요하다고 생각하였다. 파문을 시행함으로써 거룩함을 지키는 데 관심을 기울이는 동시에 성만찬을 자주 거행하는 것, 시편을 노래하는 것, 젊은이를 교육하는 것, 결혼에 대한 규례가 그것들이다. 앞의 세 가지에 대해서는 곧바로 토의가 이루어지고 있다. 우리는 먼저 성만찬의 거행과 이에 관련된 문제들에 대해 자세히 논의할 것이다.(네 번째 문제인 결혼규례에 대해서는, 자문을 맡은 몇몇 목회자들과 더불어 의회의 승인을 받을 수 있는 규정들을 입안하도록 의회 구성원 중 몇 사람을 임명해 달라고 의회에 요청하였다. 규정들은 결혼 문제와 연관된 많은 일반 사례들을 어떻게 판결해야 할지에 대해 다루게 될 것이다. 로마가톨릭은 그것들을 대단히 변덕스럽게 다루었기 때문이다.)

---

1) 원문은 *CO* 10a:5-14, *OS* 1:369-377, *Ep*. 1:31 *Articles concernant l'organisation de l'église et du culte à Genéve, proposés par les ministres*를 참조하라. 프랑스어 본문과 독일어 번역본은 "Artikel zur Ordnung der Kirche und des Gottesdienstes in Genf, dem Rat vorgelegt von den Predigern(1537)," in *Calvin-Studienausgabe*, vol. 1/1, *Reformatorische Anfänge*(1533-1541)(Neukirchen-Vluyn, 1994), 114-129(Peter Opitz-Moser의 "서론"과 함께, 109-112)를 참조하라. 영어 번역본은 *Calvin: Theological Treatises*, ed. J. K. S. Reid(London and Philadelphia, 1954), 48-55를 참조하라. 2차자료로는 Johannes Plomp, *De kerkelijke tucht bij Calvijn*(Kampen, 1969), 144-156; Frans P. van Stam, "Die Genfer Artikel vom Januar 1537: Aus Calvins oder Farels Feder?" *Zwingliana* 27(2000): 87-101을 참조하라.

『조항들』은 성만찬의 거행과 치리와 파문에 관계된 문제들에 집중한다. 성만찬은 적어도 매주 일요일에 시행되어야만 한다. 그러나 이것이 교회로서는 대단히 급진적인 조처였기 때문에, 각 교회들이 돌아가면서 성만찬을 거행하는 방식으로 각각 한 달에 한 번씩 하자는 조정안이 제시되었다. 그런 식으로 각 교회의 회중은 한 달에 한 번 성만찬에 참여할 수 있었다. 동시에 성만찬 예식이 모독당하지 않도록 보장하는 규정을 만들기로 하였다. 사는 모습을 통해 자신들이 그리스도에게 속하지 않았음을 드러내는 사람들은, 그들이 그 죄를 회개하고 돌이키기까지 교회로부터 경고를 받거나 때로는 쫓겨나야만 했다. 이런 방식은 성서와 일치하는 것이다.(마 18장, 딤전 1장, 고전 5장)

논란거리 중 하나는 주교들이 치리와 파문의 권한을 교회 회중에게서 찬탈한 것이었다. 『조항들』은 이런 특권을 회중에게 돌려줌으로써 성서를 따르자고 제안한다. 의회는 올바른 삶을 살면서 바른 신앙고백을 하는 사람들을, 제네바의 여러 지역에서 다른 회중의 행동을 감시하는 '보안위원들'(deputies)로 임명하라는 요청을 받는다. 만일 누군가가 그릇된 행동을 하면 보안위원은 이를 목회자에게 알리고 두 사람이 함께 문제의 당사자를 권면하게 된다. 그들의 권고를 유념하지 않는 사람들의 명단은 회중에게 공개된다. 그래도 여전히 잘못을 돌이키지 않는 사람에게는 파문이 뒤따를 것이다. 개개인은 교회 예배에 반드시 참여해야 하지만, 삶의 개선이 없는 한 성만찬 예식에는 참여할 수가 없다. 다른 회중은 더 이상 그와 교제하지 않도록 권고를 받는다.

이러한 감시가 보안위원들에게만 국한되는 것은 아니다. 교회 구성원들 역시 서로서로에 대한 책임을 지고 있다. 동료에게 권면해도 아무 효과가 없다면, 그때에는 보안위원에게 알려야만 한다.

교회가 취할 수 있는 마지막 조처는 파문이다. 파문을 당한 사람이 그와 같은 징계를 마음에 새기지 않는다면, 그 이상의 조처는 의회가 취하도록 하자고 제안하였다.

치리와 파문의 체계가 효력을 발하기 이전에, 누가 예수 그리스도의 교회에 속했는지 혹은 속하지 않았는지가 분명해야만 한다. 따라서 모든 도시의 거주민들로 하여금 교회의 신앙에 대한 자신들의 충성을 밝히도록 해야 한다. 그리스도인 지도자로서 의회 의원들이 먼저 본을 보이는 것이 적절할 것이다. 그런 다음 몇몇 의원들이 목회자들과 함께 도시의 거주민들에게 똑같이 행하라고 요구할 수 있을 것이다. 이것은 한 번만 행하면 되는 일이며, 이로써 각자가 믿는다고 고백하는 것이 무엇인지 분명해지고 교회도 제대로 시작할 수 있게 된다.(이런 계획이 새로운 것은 아니었다. 바젤과 베른에서도 1534년 선례들이 있었다)

마지막으로 『조항들』에서 목회자들은 의원들에게 이런 계획이 하나님의 말씀에 부합한다고 생각한다면 지지를 표해달라고 절박하게 요청하였다. 그렇게 되면 의회도 도시 안에서 이루어지는 일들을 적절하게 지도하기 위해 자신들이 책임져야 할 일을 수행해야만 한다. 의원들은 일이 너무 막중하다고 해서 그것을 단념해서는 안 된다. 의원들이 오늘날까지 경험해온 것처럼, 하나님의 뜻을 따라 행한 일은 하나님께서 성공하게 하신다고 목회자들은 말하고 있다.

목회자들은 『조항들』에서 의회의 의원들과 협력하여 교회와 도시의 유익을 구하고 싶다는 자신들의 열망을 표현하고 있다. 그들은 교회와 도시에 그들 고유의 책임 영역을 정해 두고자 했는데, 특히 파문의 권한이 교회에 속하는 것임을 분명히 했다. 이것은 당시 스위스에서는 생소한 일이었다. 왜냐하면 다른 많은 도시들에서는 파문 조처가 교회보다는 세속 권력자들의 손에 맡겨져 있었기 때문이다.

1월 16일 의회는 『조항들』을 심의했고 별다른 어려움 없이 그것을 승인했다. 그러나 성만찬의 거행과 결혼 문제에 관한 내용들에서는 몇 가지 수정이 있었다. 전자와 관련해서 의회는 성만찬을 1년에 네 번 거행하는 것으로 결정했다. 목회자들이 결혼 문제에 대해 의견을 개진할 수도 있었지만, 이 문제들은 소의회의 관할 아래 두었다.

『조항들』이 승인된 후 한 달 정도 지났을 때, 『신앙교육과 신앙고백』(*Instruction et confession de foy dont on use en l'église de Genève*)이 제네바에서 나왔다. 이것은 제네바 교회에서 사용되던 교리문답이자 신앙고백이었다.[2] 라틴어 판은 바젤에서 1538년 3월 『교리문답 혹은 강요』(*Catechismus, sive christianae religionis institutio, communibus renatae nuper in evangelio Genevensis ecclesiae suffragiis recepta, et vulgari quidem prius idiomate, nunc vero Latine etiam, quo de fidei illius sinceritate passim aliis etiam ecclesiis constet, in lucem edita, Ioanne Calvino autore*, *CO* 5: 313-362; *OS* 1:426-432)[3]라는 제목으로 출판되었다. 제목을 "교리문답 혹은 강요"라고 한 점이 인상적이다. 그런데 책의 원래 의도, 즉 젊은이들을 위한 교육용 소책자로 사용하려던 의도는 뒷전으로 물러난 것처럼 보이고, 지금은 칼뱅의 서문이 입증하듯이 하나의 신앙고백에 더 가까운 듯하다. 제네바에서 목회자들에 대한 반대가 있다는 것을 들은 교회들은 제네바 교회가 신앙 안에서 다른 교회들과 하나라는 것을 알아야만 한다.

『신앙고백』(*Confession de la foy*: 독립된 문서였다.)은 1536년 혹은

---

2) 원문은 *CO* 22:25-74, *OS* 1:378-417, *Instruction et confession de foy dont on use en l'église de Genève*; *COR* III/2:1-113(Anette Zillenbiller의 "서론" 131-137과 함께)을 참조하라. 본문과 독일어 번역본은 *Calvin-Studienausgabe*, 1/1:138-207(Ernst Saxer의 "서론" 131-137과 함께)을 참조하라. 영어 번역본은 *Instruction in Faith(1537)*, trans. and ed. Paul T. Fuhrmann(Philadelphia, 1949; reprint, Louisville, 1992)을 참조하라. 그리고 *I. John Hesselink, Calvin's First Catechism: A Commentary; Featuring Ford Lewis Battles's Translation of the 1538 Catechism*(Lousville, 1997)도 보라.

3) 영어 번역본은 Ford Lewis Battles, *John Calvin: Catechism 1538*(Pittsburgh, 1976)을 참조하라.

1537년 저자의 이름이나 출판 날짜를 밝히지 않은 채로 제네바에서 출판되었다.[4] 작품의 전체 제목으로 미루어 판단해 보면, 이 『신앙고백』은 얼마 전에 출판된 『교리문답』의 발췌물이다. 앞에서 언급한 『신앙교육과 신앙고백』은 하나의 신앙고백으로서는 제네바 거주민들에게 적합하다고 생각할 수 없었다. 따라서 이 책의 의도는 제네바 내의 모든 거주민과 제네바 밖에 살지만 그 관할권에 속해 있는 모든 사람이 나중의 신앙고백을 승인하고, 그것을 지키겠다고 약속하게 하려는 것이었다. 그럼에도 불구하고 두 문서 중에서 어떤 것이 먼저 나왔는지는 결코 분명하지가 않다. 올리비에르 라바르트(Olivier Labarthe)는 『신앙고백』이 먼저라고 생각한다.[5]

니콜라스 콜라동과 테오도르 베즈에 의거하여, 『신앙고백』이 칼뱅에게서 기인되었다는 견해가 오랫동안 받아들여져 왔다. 그러나 라바르트는 『신앙고백』과 파렐의 이전 두 저작이 대단히 유사하기 때문에, 『신앙고백』도 파렐의 것으로 추정할 수 있다고 지적하였다.[6]

---

4) *CO* 22:85-96 ; *OS* 1:418-426, *Confession de la foy, laquelle tous bourgeois et habitans de Genève et subiectz du pays doyvent iurer de garder et tenir, extraicte de l'instruction dont on use en l'église de la dicte ville*을 보라. 또한 *Le Catéchisme français de Calvin publié en 1537, réimprimé pour la première fois d'après un exemplaire nouvellement retrouvé, et suivi de la plus ancienne Confession de foi de l'église de Genève, avec deux notices*, ed. Albert Rilliet and Théophile Dufour(Geneva, 1878)를 참조하라. 본문과 독일어 번역본은 *Calvin-Studienausgabe*, 1/1:208-223(Ernst Saxer의 "서론" 131-137과 함께)을 참조하라. 서론과 현대 프랑스어로 된 신앙고백 본문은 Irena Backus and Claire Chimelli, eds., *La vraie piété : divers traités de Jean Calvin et Confession de foi de Guillaume Farel*(Geneva, 1986), 41-53 ; 영어 번역본에 대해서는 *Calvin : Theological Treatises*, ed. Reid, 26-33을 참조하라.

5) Olivier Labarthe, "La Relation entre le premier catéchisme de Calvin et la première confession de foi de Genève," Thèse de licence, University of Geneva, 1967.

『신앙고백』은 21개의 조항으로 이루어져 있다. 첫 번째 조항은 성서만이 신앙의 규범이며, 따라서 우리는 성서가 가르치는 바에 의해서만 인도를 받아야 한다고 밝히고 있다.

제네바에서 『신앙고백』에 동의한다는 것을 천명하는 과정은 결코 순조롭지 못했다. 목회자들은 약속한 것을 이행하라고 한 차례 이상 의회에 압력을 가했다. 의회의 의원들은 1537년 7월 말에 좋은 모범을 보였지만, 다른 많은 시민들은 그것을 따르지 않았다. 『신앙고백』을 받아들이지 않는 행위를 의회는 종교개혁과 제네바의 사회개혁에 대한 저항으로 받아들였기 때문에, 신앙고백에 서명하기를 거부하는 자들을 추방하기로 결정할 수밖에 없었다. 이것은 목회자들이 『조항들』에서 제안한 치리와 파문에 관한 조처가 이제는 시민정부에 의해 부과되고 있음을 의미하였다. 의회는 일반적으로 교회의 일로 간주되는 것들에 간섭하였다. 의회가 목회자들에게 축일, 세례, 성만찬과 관련해 베른 교회의 몇 가지 관습들을 채택하라고 명령하였을 때 긴장은 더욱 증대되었다. 최종 결론으로 의회는 1538년 4월 23일 파렐과 칼뱅을 제네바에서 추방하기로 결정하였다.

2) 『제네바의 평화회복을 위한 제언』(1538)

4월 25일 칼뱅과 파렐은 제네바를 떠났다. 그들은 처음에 베른으로 갔다가 며칠 후에 취리히로 갔다. 취리히에서 개회 중이던 대회는 그

---

6) 더 이른 시기의 파렐의 두 작품은 *Summaire et briefve déclaration d'aucuns lieux fort nécessaires à ung chascun chrestien pour mettre sa confiance en Dieu et ayder son prochain*, 3rd ed.(Neuchâtel, 1534)와, *La Manière et fasson qu'on tient en baillant le sainct baptesme*…(Neuchâtel, 1533)이다. 첫 번째 것은 1980년 뇌샤텔에서 Arthur L. Hofer의 서론과 함께 16세기 프랑스어와 현대 프랑스어로 재간되었다.

들에게 제네바를 포기하지 말라고 권고하였다. 두 목회자는 14항목으로 된 규약을 작성하여, 자신들이 제네바에서 일을 재개하기 전에 이루어져야 할 것들에 대해 상세하게 언급하였다.[7] 그들은 특별히 치리를 도입할 것, 목회자와 교회 구성원들의 접촉을 촉진하기 위해 도시를 여러 지역으로 나눌 것, 충분한 수의 목회자를 둘 것, 목회자의 임명에 의회가 간섭하지 말 것, 성만찬을 최소한 한 달에 한 번 거행할 것을 요구했다. 베른 의회가 제네바에 보낸 편지는 아무 효과도 없었다.(편지의 본문은 *CO* 10b:187-188을 보고, 답장은 *CO* 10b:194-195를 보라.) 베른에서 제네바로 가는 대표단은 그들과 동행하지도 않았다. 대표단은 제네바에 들어가도록 허락받았지만, 칼뱅과 파렐은 제네바에 들어갈 수 없었다.

2. 공적인 예배의 예식체계

『기독교강요』 초판(1536)에서 볼 수 있듯이, 칼뱅은 일찍부터 공적인 예배의 예식구조에 대해 숙고하기 시작했다.[8] 『기독교강요』에서 성례(세례

---

7) *CO*에 실린 제목: *Articuli a Calvino et Farello propositi ad pacem Genevae restituendam*.

8) 칼뱅과 예전이라는 주제에 대해서는 T. Brienen, *De liturgie bij Johannes Calvijn*(Kampen, 1987)과, 그가 언급하는 2차 문헌들, 특히 H. Hasper, *Calvijns beginsel voor den zang in den eredienst*(The Hague, 1955)를 참조하라. 우리는 또한 Kilian McDonnell, "Conception de la liturgie selon Calvin et l'avenir de la liturgie catholique," *Concilium* 42(1969): 75-84; Nicolaus Mansson, *Calvin och gudstjästen*(Calvin and Worship)(Stockholm, 1970); Richard Stauffer, "L'Apport de Strasbourg à la Réforme française par l'intermédiaire de Calvin," in *Interprètes de la Bible: Études sur les réformateurs du XVIe siècle*(Paris, 1980), 153-165; Bruno Bürki, "Jean Calvin avait-il le sens liturgique?" in *Communio sanctorum: Mélanges offerts à Jean-Jacques von Allmen*(Geneva, 1982), 157-172; Markus

와 성만찬)에 대해 쓰면서, 그는 성만찬은 적어도 일주일에 한 번씩은 행해야 한다는 의견을 피력한 바 있다. 그는 바람직한 예배 순서에는 성만찬이 포함되어야 한다고 지적하기까지 하였다. 성만찬은 설교 후에 행하며, 예식이 거행되는 동안에 시편을 노래하거나 성서를 읽어야 한다.

칼뱅이 제네바에서 목사가 된 후에, 1537년 1월 16일 그와 다른 목회자들은 의회에 『제네바 교회와 예배의 체제에 관한 조항들』을 제출하였다. 이 문서에서 목회자들은 예배 규정에서 중요한 점들, 즉 성만찬을 자주 거행할 것과 시편을 노래할 것 등을 확인하고 있다. 성만찬은 적어도 매주 거행해야 하지만 사람들이 성만찬을 그렇게 자주 행할 준비가 되어 있지 않기 때문에, 세 교회가 교대로 거행함으로써 각각 한 달에 한 번씩은 행할 것을 제안하면서 매번 전체 회중들이 참여할 수 있도록 허용하였다.

시편을 노래하는 것과 관련하여, 목회자들은 초대교회의 모범과 교회에서 마음과 입술로 노래하는 것은 선한 일이라는 바울의 증언을 따랐다. 목회자들은 시편을 노래하는 것이 기도와 하나님의 이름을 영화롭게 하는 일에 긍정적인 영향을 끼치기를 기대하였다. 자격을 갖춘 아

Jenny, *Luther, Zwingli, Calvin in ihren Liedern*(Zurich, 1983); Rodolphe Peter, "Calvin and Liturgy, according to the Institutes," in *John Calvin's Institutes: His Opus Magnum*(Potchefstroom, 1986), 239-265; John D. Witvliet, "The Sprituality of the Psalter: Metrical Psalms in Liturgy and Life in Calvin's Geneva," in *Calvin and Spirituality: Papers Presented at the 10th Colloquium of the Calvin Studies Society, May 18-20, 1995*, ed. David Foxgrover(Grand Rapids, 1998), 93-117; idem, "Images and Themes in Calvin's Thology of Liturgy: One Dimension of Calvin's Liturgical Legacy," in *The Legacy of John Calvin: Papers Presented at the 12th Colloquium of the Calvin Studies Society, April 22-24, 1999*, ed. David Foxgrover(Grand Rapids, 2000), 130-152; *John Calvin: Writings on Pastoral Piety*, ed. and trans. Elsie Anne McKee(New York, 2001), 83-193도 언급해야 한다.

이들을 많이 선발해서 시편을 노래할 때 회중을 인도하게 하였다. 일단 이 제안들이 회중의 모임에서 이행되면 아무도 이러한 질서를 혼란시키지 못하도록 감독해줄 것을 의회 의원들에게 요청하였다.

칼뱅은 이미 1538년에 슈트라스부르크의 프랑스 피난민들로 새롭게 구성된 교회의 목사로서 공적인 예배의 예식체계를 직접 다루어야만 했다. 아직 성만찬은 거행되지 않고 있었다. 성만찬이 처음 거행된 것은 1538년 11월이었고, 그 이후로 한 달에 한 번씩 거행되었다. 칼뱅은 성만찬에 참여하기를 원하지만 신앙고백을 하지 못한 사람들은 자신에게 가능한 한 더 많은 가르침, 권고, 혹은 위로를 받아야 한다는 관례를 세우는 데 있어서 마태우스 젤(Matthäus Zell)과 부처의 영향을 받았다. 칼뱅이 이렇게 행한 것은 그리스도인의 자유를 제한하기 위해서가 아니라 성례의 신성함을 지키기 위해서였다.(1540년 5월 파렐에게 보낸 편지 *CO* 11:41을 보라.)

공적인 예배의 예식체계 자체에 관해서는, 이미 슈트라스부르크에서 사용되고 있던 것을 이용할 수 있었다. 칼뱅은 많은 기도문들을 채택하였고, 세례의 형식도 작성하였다.[9] 특별히 회중찬양은 칼뱅이 슈트라스부르크의 다른 교회들에서 찬양하는 것을 보고 고무되어 정말로 열중했던 우선적인 이슈 중 하나였다. 그가 작시한 최초의 찬송가는 시편 46편이었다. 이를 위해 칼뱅은 성 토머스 교회의 오르간 연주자 볼프강 다흐슈타인(Wolfgang Dachstein)이 시편 25편의 독일어 작시를 위해 작곡한 멜로디를 채택하였다. 성 토머스 교회의 합창 지휘자인 마티아스 그라이터(Matthias Greiter)는 작사뿐만 아니라 작곡까지 하였다. 칼뱅은 그라이터가 시편에 붙인 곡조를 몇 개 뽑아서 그 곡조에 프랑스어로 다른 시편 가사를 써넣었다. 이런 방식으로 시편 25편, 36편, 91편, 113편,

---

9) *CO* 9:894, *Discours d'adieu aux ministres* 참조.

138편의 작시와 작곡이 나왔다. 칼뱅은 또한 시므온의 노래, 십계명, 사도신경을 노래 가사로 작시하는 작업도 하였다.

칼뱅은 파렐을 통해 클레망 마로(Clèment Marot)가 시편으로 작시(作詩)한 작품 13편을 받았다. 그것들은 시편 1편, 2편, 3편, 15편, 19편, 32편, 51편, 103편, 114편, 115편, 130편, 137편, 143편이었다. 1539년 칼뱅은 이 시편들을 자신이 이전에 작시한 것들과 함께 출판하였다. 이 소책자의 제목은 『찬양을 위한 시편과 찬송 모음』(*Aulcuns pseaulmes et cantiques mys en chant*)이었다.[10)]

1542년 공적인 예배의 체계에 관한 두 작품이 출판되었다. 『교회의 기도와 찬송의 형식, 그리고 고대교회의 관습에 따른 성례집행 방식과 결혼축성 방식』(*La Forme des prières et chantz ecclésiastiques, avec la manière d'administrer les sacremens, et consacrer le mariage, selon la coustume de l'église ancienne*, *CO* 6:161-210; *OS* 2:11-58)이라는 소책자는 제네바에서 칼뱅을 저자로 밝히지 않은 채 출판되었다.[11)] 피에르

---

10) 이 소책자의 사본이 The Bayerische Staatsbibliothek에 있고, Hasper, *Calvijns beginsel*, 456-471에 복사판이 실려 있다. 또한 *Calvin's First Psalter*, ed. Richard R. Terry(London, 1932)를 참조하라.

11) Pierre Pidoux가 *La Forme des prières et chantz ecclésiastiques*… 복사판을 발간했는데, 이는 1959년 Kassel과 Basel에서 나왔다. (독일어 번역을 덧붙인) 칼뱅 작품의 본문은 "Genfer Gottesdienstordnung (1542) mit ihren Nachbartexten," in *Calvin-Studienausgabe*, vol. 2, *Gestalt und Ordnung der Kirche*(Neukirchen-Vluyn, 1997), 148-225 ("Introduction" by Andreas Marti, 137-146)를 참조하라. Ford Lewis Battles는 1542년 *La Forme des prières*을 위해 칼뱅이 썼던 "독자들에게 보내는 편지"의 영어 번역본을 제공한다. 칼뱅은 1543년 판과 이후 제네바 시편찬송가에서 더 자세한 형식을 다루었다. "John Calvin, The Form of Prayers and Songs of the Church, 1542, 'Letter to the Reader,'" *CTJ* 15(1980): 160-165. Charles Garside의 편지 번역에 대해서는 McKee, *Calvin: Writings on Pastoral Piety*, 91-97을 보라.

브륄리(Pierre Brully)는 칼뱅에 이어서 슈트라스부르크의 프랑스 피난민 교회를 목회한 사람인데 거기서 그는 『방식』(*La Manyère*)이라는 제목의 슈트라스부르크 예식서의 출판을 감독하였다.12) 이 판에서는 특히 십계명이 두 부분으로 나뉘어 불렸고 사도신경에도 곡이 붙여졌다는 점에서 제네바에서 출판된 것과는 달랐다.

위의 매우 비슷한 두 작품에서 칼뱅은 공적인 예배에 세 가지 중요한 요소가 있다고 말했다. 그것은 설교, 기도, 성례의 거행이다. 칼뱅은 기도에 많은 관심을 기울였는데, 기도에는 찬양도 포함된다. 언어는 라틴어가 아니라 모국어가 사용되어야만 한다. 음악은 공적인 예배에 알맞은 하나님의 선물이지만, 예배의 환경과 조화를 이루어야 한다.13)

칼뱅이 주일예배를 위해 제시하는 예배순서를 보면 중보기도에 큰 관심을 보이고 있음을 알 수 있다. 그는 특별한 주중 예배를 위해 예배순서를 제안하기도 하는데, 여기서 상황(역병, 전쟁 등)에 맞추어 하는 기도를 강조하고 있다.14) 『교회의 기도와 찬송의 형식』에 있는 주일예배

---

12) 제목은 *La Manyère de faire prières aux églises françoyes. Tant devant la prédication comme après, ensemble pseaulmes et cantiques françoys qu'on chante aus dictes églises, après sensuyt l'ordre et façon d'administrer les sacrementz de baptesme, et de la saincte cène de nostre Seigneur Iésu Christ, de espouser et confirmer le mariage devant l'assemblée des fidèles. Avecques le sermon tant du baptesme que de la cène. Le tout selon la parolle de nostre Seigneur*이다.(*La Forme des prières*와의 차이에 대해서는 앞의 각주 11)에서 언급한 *Calvin-Studienausgabe*, vol. 2의 제네바 판을 보라.) 검열을 피하기 위해 출판 도시를 슈트라스부르크 대신에 로마로 적었다.

13) H. H. Wolf, "Die Bedeutung der Musik bei Calvin," *MGKK* 41(1936); Arnold Geering, "Calvin und die Musik," in *Calvin-Studien 1959*, ed. Jürgen Moltmann(Neukirchen, 1960), 16-25; Charles Garside, Jr., "The Origins of Calvin's Theology of Music, 1536-1543," *Transactions of the American Philosophical Society* 69(1979): 1-36.

14) 1541년 11월 11일에 의회는 수요일을 특별기도일로 제정했다.

순서는 다음과 같다.

기원

죄의 고백과 기도

사죄의 선언

찬양(『교회의 기도와 찬송의 형식』 제2판(1545)에서는 십계명의 첫째 돌판에 대한 찬양도 여기서 이루어진다.)

순종을 위한 기도

찬양(1545년 판에는 십계명의 둘째 돌판에 대한 찬양이 여기에 있다. 찬양하는 동안에 목사는 설교단에 오른다.)

기도(주기도문으로 끝난다.)

찬양

성령의 조명을 위한 기도

성서봉독

설교

기도(중보기도 포함)

주기도문에 대한 설명

찬양

축도(민 6:24-26)

성례와 관련해서, 칼뱅은 성례를 보이는 말씀이라고 칭한 아우구스티누스를 인용한다. 그러나 보이는 어떤 것이 있어야 할 뿐만 아니라, 그것들을 정확하게 이해할 수 있도록 하기 위해 회중에게 반드시 설명을 해주어야 한다. 참된 봉헌은 믿음의 말씀을 선포하고 받아들일 때 일어나는 것이다.(아우구스티누스)

세례는 주일 오후 예배나 주중 예배 때에 설교 후에 거행되며, 평범한 물이 사용되어야 한다.(소금이나 기름 따위는 사용하지 않는다.) 성만찬에 관해서, 칼뱅은 먼저 성만찬과 미사의 가장 큰 차이는 성만찬은 그리스도께서 제정하신 것이라는 사실에 있음을 지적한다. 성만찬을 앞둔 주일에는, 다가오는 성만찬 거행에 관심을 집중시켜서 각 사람이 준비할 수 있도록 하고, 어린이들은 적절한 가르침을 받고 신앙고백을 한 경우에만 성만찬에 참여하게 하며, '방문자들'은 미리 개인적으로 교육을 요청할 수 있도록 해야 한다. 칼뱅은 성만찬의 합당한 거행을 크게 강조하였으며, 고린도전서 11:23-26의 성만찬 제정 말씀에 27-29절을 보탠다. 이어서 성만찬에서 배제되어야 하는 사람이 누구인지 경고하는 메시지가 뒤따른다. 이때 회중은 사도 바울이 그들에게 명한 대로 자기 자신을 돌아보도록 도전을 받는다.

그러나 칼뱅은 우리의 믿음이 완전하지 못하다고 말한다. 성만찬은 가련하고 병든 사람들을 위한 약이다. 교회의 회중은 우리와 교제하기를 원하시는 예수 그리스도의 약속, 즉 그가 우리 안에, 우리가 그 안에 살게 되리라는 약속에 희망을 두어야만 한다. 칼뱅은 회중에게, 하늘의 영광 중에 계시며 우리를 구원하기 위해 거기서 오실 예수 그리스도에게로 마음을 들어 올리라(sursum corda)고 요구한다. 우리는 빵과 포도주를 표징이자 증거로 소유하고 있는데, 그것은 우리가 하나님의 말씀대로 그것들 안에서 영적으로 진리를 발견하게 될 것이기 때문이다.

성만찬은 설교 후에 거행되는데, 목회자가 성찬상을 준비하는 동안 회중이 사도신경을 찬양하는 것으로 시작된다. 주기도문과 공동기도문이 암송된다. 그리고 성만찬의 의미에 관한 가르침이 있은 후에, 집사들이 빵과 포도주를 나누어 줌으로써 예식이 거행된다.

『교회의 기도와 찬송의 형식』은 결혼의 비준이 어떻게 이루어지는가에 대해서도 설명하고 있다. 이 책은 환자들의 심방과 관계된 목회자들의 책임에 대해 간략하게 설명함으로써 끝이 난다.

1545년 『교회의 기도와 찬송의 형식』의 새로운 판이 나왔는데, 실질적으로는 1542년의 『방식』과 같은 것이었다.[15]

1543년 6월 10일, 칼뱅은 마로가 작시한 시편 찬송집에 서문을 썼는데, 이 책은 1542년에 처음 출판된 『교회의 기도와 찬송의 형식』과 함께 제네바에서 출판될 예정이었다. 마로 자신도 리옹에서 1542년 30편의 시편으로 작시를 해서 출판하였다. 1543년 판의 경우, 제목에서는 50편이라고 말하고 있지만(『클레망 마로가 프랑스어로 쓴 50편의 시편』(*Cinquante pseaumes en françois par Clém. Marot*), 실제로는 49편의 시편을 담고 있다. 이 판은 이전에 출판된 30편의 시편 시작(詩作)들을 포함하고 있으며(개정되고 증보되었다.) 시므온의 노래, 십계명, 사도신경, 주기도문, 천사의 인사(이 책이 재판되었을 때 의회는 이것을 삭제하라고 요구했다!) 그리고 식사 전후에 하는 식탁기도 등과 같은 다른 많은 노래들도 포함하고 있다. 마로가 호응을 얻게 되면서 칼뱅은 작시를 마로에게 양보하였다.

마로는 1544년 9월 12일 토리노(Torino)에서 죽었다. 그의 시작들은 제네바의 예배에서 불렸는데, 이제는 누가 나머지 101편의 시편을 작시할 것인가가 문제였다. 1548년 칼뱅이 우연히 베즈가 시편 16편을 작시한 것을 발견했을 때, 목회자들은 베즈에게 마로의 일을 이어갈 것을 부탁했다. 베즈의 시편 작시는 1561년 그 일이 완결될 때가지 간헐적으로 이루어졌다. 프랑스 왕 샤를 9세는 위그노들이 제네바에서 시편집을

---

15) 이 판의 제목은 *La Forme des Prières et chantz ecclésiastiques, avec la manière d'administrer les sacremens, et consacrer le mariage, selon la coustume de l'église ancienne*…(Strasbourg, 1545)이다. Elsie McKee, "Calvin : The Form of Church Prayers, Strassburg Liturgy(1545)," in *The Complete Library of Christian Worship*, ed. Robert Webber(Nashville, 1994), 2:195-203을 보라.

들여오는 것을 허락하였다. 그리하여 1562년 5월 제네바 사람들은 마로와 베즈가 작시한 찬송가를 인쇄하는 일에 전력하였다.16) 2만 7,000권의 책이 프랑스로 들어갔다.

3. 젊은이들의 교육

1537년 1월 16일 목회자들이 제네바 의회에 제출한 『조항들』은 교회가 어린이들에게 가르쳐야 할 것에 대해 얼마간 다루었다.17) 이 교육은 그들의 신앙고백을 위해서 중요하다고 씌어 있다. 목회자들은 모든 어린이가 배워야 하는 신앙의 간략하고 단순한 개요를 작성하고자 하였다. 어린이들은 충분히 훈련될 때까지 일 년에 몇 차례 목회자를 만나 점검을 받고 계속적인 교육을 받아야 한다. 의회는 부모들이 자녀들에게 교리문답을 가르치는지, 정해진 때에 목회자들과 만나게 하는지를 감독해야만 한다.

『조항들』을 의회에 제출하여 약간의 수정을 거쳐 승인받은 지 한 달쯤 지나, 앞에서 언급한 『신앙교육과 신앙고백』이 출판되었다.18) 이것은 어린이들을 교육하기에 알맞은 간략하고 단순한 신앙 개요가 필요

---

16) Clément Marot and Theodore Beza, *Les Pseaumes en vers français, avec leurs mélodies*(Geneva, 1986). 이 찬송가는 1562년 제네바 판의 복사본이다.

17) 칼뱅과 젊은이들의 교육이라는 주제에 대해서는 M. B. van 't Veer, *Catechese en catechetische stof bij Calvijn*(Kampen, 1941); Reinhold Hedtke, *Erziehung durch die Kirche bei Calvin: Der Unterweisungs- und Erziehungsauftrag der Kirche und seine anthropologischen Grundlagen*(Heidelberg, 1969); Willem verboom, *De catechese van de Reformatie en de Nadere Reformatie*(Amsterdam, 1986)을 참조하라.

18) 각주 2)와 3)을 참조하라.

하다는 『조항들』의 요청에 부응해서 만들어진 것이었다.

교리문답의 원래 본문은 라틴어로 씌어졌음이 분명하지만, 최초로 인쇄된 책은 프랑스어로 씌어졌다. 라틴어 판 『교리문답 혹은 강요』(*Catechismus, sive christianae religionis institutio, CO* 5:313-362 *OS* 1:426-432)는 1538년 바젤에서 인쇄되었다. 이 교리문답의 내용은 1536년 판 『기독교강요』를 따르고 있다.

슈트라스부르크의 프랑스인 교회에서도 그리고 이후 제네바에서도, 칼뱅은 자신이 아마도 1538년과 1541년 사이에 집필한 『유아들을 위한 대화형식으로 된 기독교강요』(*L'Institution puérile de la doctrine chrestienne faicte par manière de dyalogue, OS* 2:152-156)를 교리문답으로 사용했다.[19] 칼뱅은 또한 1541년 11월, 아주 단기간에 새로운 교리문답, 『제네바 교회의 교리문답, 즉 아이들을 그리스도교 세계 속에서 교양할 교리문답』(*Le Catéchisme de l'église de Genève, c'est a dire le Formulaire d'instruire les enfants en la chrestienté, CO* 6:1-134)을 썼으며, 이는 1542년 초에 출판되었다.[20] 이 교리문답에서 우리는 칼뱅이

---

19) Willem Verboom, "De catechese in Geneve," in *De catechese van de Reformatie*, 53-65.

20) Calvin, *Deux congrégations et exposition du catechisme* ed. Rodolphe Peter(Paris, 1964), xxv("L'explication du catechisme," xxv-xxxiii)에서 이 책의 편집자인 Rodolphe Peter는 가장 오래된 것으로 알려진 사본은 1545년까지 거슬러 올라가며, Landesbibliothek in Gotha에 포함되어 있다고 말하고 있다. 교리문답의 본문(프랑스어와 라틴어)은 *CO* 6:1-146; 그리고 *Bekenntnisschriften und Kirchenordnungen der nach Gottes Wort reformierten Kirche*, ed. Wilhelm Niesel(Zurich, 1985), 3-41("Foreword" by Ernst Pfisterer, 1-3)을 보라. 2차자료로는 Jean-Pierre Pin, "Pour une analyse textuelle du catéchisme(1542) de Jean Calvin," in *Calvinus ecclesiae doctor*, ed. Wilhelm H. Neuser(Kampen, 1980), 159-170; Jaques Courvoisier, "Les Catéchismes de Genève et de Strasbourg," *BSHPF* 85(1935): 105-121이 있다.

슈트라스부르크에 있을 때 부처의 영향을 받았음을 알 수가 있다.[21] 부처는 『간략한 설명』(*Kurtze schrifftliche erklärung für die kinder und angohnden, der gemeinen artickeln unsers christlichen glaubens, der zehen gebott, des Vatter unsers*…, 슈트라스부르크, 1534)을 저술했고, 이어서 1537년에는 좀 덜 상세한 교리문답, 『간략한 교리문답과 설명』(*Der kürtzer Catechismus und erklärung der XII stücken Christlichs glaubens. Des Vatter unsers unnd der Zehen gepotten*… 슈트라스부르크, 1537)을 출판하였다.[22]

칼뱅이 이전에 쓴 것과 비교해볼 때, 나중의 교리문답에서는 새로운 방식으로 자료들을 다루고 있다. 칼뱅은 이제 질문과 대답의 형식(373개의 질문과 대답)을 차용했다. 그리고 놀랍게도 십계명을 다루기 전에 사도신경을 먼저 다루었다. 이 교리문답의 원본은 남아 있지 않지만, 그 내용은 1545년 라틴어 판과 동일하다. 1545년 11월 28일 칼뱅은 자신의 교리문답 라틴어 번역판(*Catechismus ecclesiae Genevensis, hoc est, formula erudiendi pueros in doctrina Christi*, 슈트라스부르크, 1545, *CO* 6:1-146; *OS* 2:72-151)을 "동 프리슬란트(네덜란드 북부의 주)에서 복음의 순수한 가르침을 전하고 있는 그리스도의 신실한 목회자들"에게 헌정하였다.[23] 칼뱅의 글들을 읽은 동 프리슬란트의 사람들이 칼뱅에게

---

21) Shigehiro Haga, "Calvin's 1542 Catechism and Bucer's 1537 Catechism," in *Calvin in Asian Churches*, vol. 1, *Proceedings of the Asian Congress on Calvin Research*, ed. Sou Young Lee(Seoul, 2002), 13-27.

22) 본문은 *Martin Bucers Deutsche Schriften*, vol. 6/3, *Martin Bucers Katechismen aus den Jahren 1534, 1537, 1543*, ed. Robert Stupperich (Gütersloh, 1987)를 참조하라.

23) 라틴어 본문과 독일어 번역본은 "Der Genfer Katechismus von 1545," in *Calvin-Studienausgabe*, 2:10-135(Ernst Saxer의 "서론" 1-9와 함께)를 보라. (서론이 들어 있는) 영어 번역본은 *Calvin: Theological Treatises*, ed. Reid, 83-139를 참조하라.

이 헌정을 요청했기 때문이다. 칼뱅은 헌정사에서 교회들의 일치를 나타내기 위해 라틴어로 교리문답을 썼다고 밝히고 있다. 그들은 거리상으로는 서로 멀리 떨어져 있었지만, 동일한 신앙고백에서는 하나였던 것이다. 교리문답은 제네바 교회에서 무엇을 가르쳤는지를 보여준다. 제네바에서 설교자는 누구든지 교리문답의 내용에 동의해야만 했으며, 그것은 프랑스어를 사용하는 교회들의 교리문답이 되었고, 다양한 언어로 번역되었다. 이 교리문답은 1563년 하이델베르크 교리문답의 중요한 모범이 되었다.[24)]

1551년 제네바에서 『프랑스어 기초』(*L'ABC françois*)라는 소책자가 나왔다.[25)] 이 작은 책은 어린이들에게 알파벳과 더불어 주기도문, 사도신경, 십계명을 문답식으로 가르치기 위해 학교 교재로 사용하려고 출판하였다. 우리는 이 책에서 많은 기도문들을 발견할 수 있는데, 대부분 칼뱅이 작성한 기도문으로 다양한 경우에 사용하기 위한 것이었다. 게다가 이 소책자에는 성만찬에 참여하려는 어린이들이 무엇을 알아야 하는지에 대해 칼뱅이 짧게 설명한 내용, 즉 성만찬 참여를 위해 작성한 21개의 문답과 많은 성서 구절들도 포함되어 있었다. 일 년에 네 차례, 성만찬을 거행하기 전, 어린이들에게는 교회 예배 중에 질문이 주어졌다. 그 대답이 신앙에 대해 만족할 만한 지식을 드러낼 때는, 그것을 신앙고백으로 간주하였다.[26)] 이 문답들에서 칼뱅

---

24) (2차자료 목록을 갖춘) 이 교리문답의 중요성을 이해하기 위해서는 각주 23)에 언급한 Saxer의 서문을 보라.

25) Rodolphe Peter, "The Geneva Primer or Calvins Elementary Catechism," in *Calvin Studies V : Papers Presented at a Colloquium on Calvin Studies at Davidson College*…, ed. John H. Leith(Davidson, NC : 1990), 135-161.

26) *Les Ordonnances ecclésiastiques*(1541년에 나온 것과 1561년에 나온 것 둘 다)-*CO* 10a:28과 115-116 참조. 또한 1560년 11월 11일 칼뱅이 Kasper Olevianus에게 보낸 편지(*CO* 18:236)를 참조하라.

은 자신의 교리문답 순서를 따랐다. 1553년 이후에 그 문답들은 『우리 주 예수 그리스도의 성찬을 받고자 하는 유아들을 문답하는 방법』(*La Manière d'interroguer les enfans qu'on veut recevoir à la cène de nostre Seigneur Iésus Christ*, *CO* 6:147-160)이라는 제목의 교리문답에 다시 포함되어 출판되었다.

4. 특별한 도움

여기에서 우리는 칼뱅이 다른 사람들을 돕기 위해 작성한 몇 가지 소논문에 관심을 기울일 것이다. 먼저 칼뱅이 성만찬의 의미에 대해 무엇이라고 썼는지 숙고해보자. 그런 다음 우리는 어려운 국면에 처해 어쩔 줄 몰라 하던 프랑스의 프로테스탄트들을 돕기 위해 칼뱅이 쓴 글을 다룰 것이다. 칼뱅은 그런 사람들을 니고데모파라 불렀고 나중에는 위-니고데모파라는 용어까지 사용하였다. 특별한 도움이라는 맥락 안에서, 우리는 점성술에 대한 칼뱅의 경고(*Advertissement contre l'astrologie*)와 스캔들에 관한 저술(*De scandalis*)도 살펴볼 것이다.

1) 성만찬에 관한 논문들

(1) 『성만찬에 관한 소논문』(1541)

다른 사람들의 요청에 따라 칼뱅은 1540년 (아직 슈트라스부르크에 있을 때) 성도들에게 성만찬의 근본 의미를 설명하는 소논문을 썼다. 성만찬을 둘러싼 혼란스러운 토론의 와중에서 많은 사람들은 어떻게 생각해야 할지 도무지 알 수가 없었다.[27] 이 작은 책은 평신도를 대상으로

하기 때문에, 칼뱅은 프랑스어로 저술하였다. 그는 이 책을 1541년 제네바에서 출판하였으며, 1545년 니콜라스 데 갈라(Nicolas Des Gallars)가 라틴어로 번역하여 출판하였다.(*Libellus de coena Domini*)[28]

1541년 프랑스어 판을 칼뱅은 『우리 주 예수 그리스도의 성만찬에 관한 소논문』(*Petit traicté de la saincte cène de nostre Seigneur Iésus Christ*)이라고 부른다. 전체 제목이 암시하듯이, 칼뱅이 의도한 바는 루터, 츠빙글리, 오이콜람파디우스 같은 '근대 사상가들'이 성만찬에 대해 그렇게 다르게 말할 수밖에 없었던 이유를 밝혀줄 뿐만 아니라 성만찬의 참된 가르침, 유익, 실제를 드러내고자 하는 것이었다.

소논문의 시작 부분에서, 칼뱅은 자신이 성만찬의 근본 의미를 설명함으로써 평범한 사람들의 이해를 돕고자 했다고 밝히면서, 다른 사람들도 자신에게 그런 설명을 해달라고 요청했다고 쓰고 있다. 그런 후에 칼뱅은 예수 그리스도가 성만찬을 제정했음을 설명한다. 예수 그리스도는 복음의 약속들을 상징하고 보증하기 위하여, 우리를 향한 그분

---

27) 칼뱅과 성만찬이라는 주제에 대해서는 *TRE*, s. v. "Abendmahl in der Reformation"; 그리고 Willem Balke, "Het avondmaal bij Calvijn," in *Bij brood en beker: Leer en gebruik van het heilig avondmaal in het Nieuwe Testament en in de geschiedenis van de westerse kerk*, ed. Willem van 't Spijker et al.(Goudriaan, 1980), 178-225를 참조하라.

28) *Petit traicté de la saincte cène de nostre Seigneur Iésus Christ. Auquel est demonstré la vraye institution, proffit et utilité d'icelle. Ensemble la cause pourquoy plusieurs des modernes semblent en avoir escrit diversement.* (*CO* 5:429-460, *OS* 1:503-530) Francis M. Higman은 칼뱅의 *Three French Treatises*(London, 1970)의 서문과 본문을 제공한다. 본문과 독일어 번역본은 *Calvin-Studienausgabe*, 1/2(1994): 442-493(Eberhard Busch의 "서론" 431-440과 함께)를 참조하라. 현대 프랑스어 판에 대해서는 Jean Calvin, *Petit traité de la sainte cène*, ed. H. Châtelain and P. Marcel(Paris, 1959)을 참조하라. *Petit traité*의 서론과 현대 프랑스어 본문에 대해서는 *La Vraie Piété*, ed. Backus and Chimelli, 123-151을 참조하라. (서문을 갖춘) 영어 번역본에 대해서는 *Calvin: Theological Treatises*, ed. Reid, 140-166을 참조하라.

의 지극한 선하심을 깨닫도록 가르치기 위하여, 또 우리가 그리스도인의 삶(칼뱅은 특별히 일치와 형제애를 언급한다.)을 살도록 촉구하기 위하여 성례를 확립하셨다.

다음으로 칼뱅은 성만찬을 거행하는 데서 오는 유익을 다루고, 더 나아가 우리가 어떻게 그리스도와의 교제에 참여하게 되는지를 설명한다. 그는 성례를 거행하는 올바른 방법을 논하고, 또 성례의 의미와 관련된 몇 가지 오류, 예를 들면 성만찬을 희생제사로 간주하여 그것을 통해 우리가 죄사함을 받는다고 생각하는 것이나 화체설과 같은 오류들을 검토한다. 이런 맥락에서 그는 또한 미사를 공격한다.

마지막으로 칼뱅은 최근 프로테스탄트들이 벌이고 있는 성만찬 논쟁을 다룬다. 그는 "우리 시대에 벌어진 논쟁"(1529년 마르부르크의 종교회담)에 대해 부정적으로 바라보며 말하고 있다. 악마가 복음의 진보를 방해하고 심지어 완전히 막으려고 이 논쟁을 부추겨 왔다는 것이다.

이 논의에서 칼뱅은 특별히 한편으로는 루터에게, 다른 한편으로는 츠빙글리와 오이콜람파디우스에게 말하고 있다. 칼뱅은 그들이 긍정적으로 기여한 것들이 무엇인지를 언급함과 동시에 그들의 사상적 약점들에 대해서도 지적한다. 루터는 성만찬에서 그리스도의 육체적인 임재를 강조했지만, 그것이 어떻게 로마가톨릭의 관념과 다른지를 밝히지 않았다. 루터는 또한 문제의 핵심은 성례에 대한 숭배가 아니라 하나님에 대한 숭배라고 말했어야만 했다. 더욱이 루터는 자신을 보다 분명하고 정확하게 표현했어야만 했다. 다른 한편으로 츠빙글리와 오이콜람파디우스는 그리스도가 하늘에서 육체적으로 현존하고 있음을 강조함으로써 로마가톨릭의 관념에 반대하였다. 그들도 성만찬과 관련하여 그리스도의 몸과 피에 대해 말했지만, 상징과 그 상징이 의미하는 진리를 연결하지는 않았다. 그럼으로써 성만찬에서 그리스도와의 참된 교통을 흐릿하게 만들려고 한다는 인상을 남겼다.

칼뱅은 양측이 인내심을 가지고 서로의 이야기를 듣지 않았고, 함께 진리를 추구하는 일에 전념하지 못했다는 점에서는 모두가 잘못했지만, 주 하나님께서 그들을 통해 우리에게 주신 것들에 감사해야 한다고 말한다. 논쟁과 관련된 폭풍우가 다소 잔잔해졌으므로, 칼뱅은 관련된 모든 사람이 받아들일 수 있는 신조가 절실히 필요하며 그것이 머지않아 마련될 것이라는 희망을 피력하고 있다.

칼뱅은 성만찬을 통해 신자들이 그리스도의 몸과 피에 동참한다는 고백으로 끝을 맺는다. 어떻게 이 일이 일어나는지에 대해 누군가는 다른 사람보다 더 잘 묘사할 수도 있을 것이다. 하지만 분명한 것은 우리가 우리 마음을 하늘로 들어올려야 하며, 그리스도가 빵과 포도주 안에 갇혀 있다고 생각하지 말아야 한다는 것이다. 성례의 효력을 감소시키지 않기 위해서, 우리는 하나님의 비밀스럽고 불가해한 능력에 의해 그리스도에게 동참하는 것임을 기억해야 한다고 칼뱅은 말한다. 바로 성령이 우리가 그리스도에게 동참하도록 해주신다. 이것이 우리가 영적(spiritual)이라는 단어를 사용하는 이유이다.

(2) 『성만찬에 관한 간략하고 명확한 교리』(1560)

제네바 도서관에 보관되어 있는 필사본의 제목은 『성만찬에 관한 간략하고 명확한 교리』(*Breve et clarum doctrinae de coena Domini compendium*)이다. 이 필사본은 출판된 적은 없지만, 본문은 『칼뱅전집』(*CO* 9:681-688)에서 발견할 수 있다. 『칼뱅전집』의 편집자들은 브레멘의 목회자 하르덴베르크(Albert Rizaeus Hardenberg)의 요청에 따라 칼뱅이 이 논문을 썼을 것이라고 생각하였다. 하르덴베르크는 성만찬에 대한 견해 때문에 동료 루터주의자들과 심각한 갈등을 겪었으며, 브레멘에서 추방되기까지 하였다.(1560년 11월 5일자 하르덴베르크에게 보낸 칼뱅의 편지를 보라. *CO* 18:233-234) 그러나 이 논문의 저자는 칼뱅이 아니라 요하네스 아 라스코였다.[29]

2) 프랑스에 있는 니고데모파와 위(僞)니고데모파에 관한 저술들

(1) 『소책자』(1543)

1543년 칼뱅은 제네바에서 하나의 장문 편지와 하나의 단문 편지로 구성된 『소책자』(*Petit traicté*)를 출간하였다. 두 편지에서 칼뱅은 같은 주제, 즉 프랑스에서 종교개혁 신앙에 가담한 많은 사람들이 겪고 있는 양심의 위기를 다룬다. 이 책자의 전체 제목에서,[30] 칼뱅은 그 투쟁들이 어떤 것들인지를 지적하고 있다. 복음의 진리를 알고 있는 신자가 로마가톨릭 신자들 속에서 어떻게 처신해야 하는가? 프랑스의 프로테스탄트들은 그들의 신앙을 공개적으로 선포해야만 하는가, 아니면 로마가톨릭의 분위기 속에서 은밀히 그것을 지켜야만 하는가?

미사에 대한 자신의 견해를 밝히기 전에, 칼뱅은 우리가 주 하나님

---

29) Carl Hein, "Eine vermeintliche Schrift Calvins: Ein Werk Johannes à Lascos," *ZKG* 24(1903): 323-325 참조. 이 논문 이외에도 Wim Janse는 "Calvin, à Lasco, und Beza: Eine gemeinsame Abendmahlserklärung(Mai 1556)? Bericht eines Forschungsseminars mit offenem Ausgang," in *Calvinus Praeceptor Ecclesiae*, ed. Herman J. Selderhuis(Geneva, 2004), 209-231(특별히 211-213)에서 부가적인 2차자료들을 열거하고 있다. Janse는 칼뱅이 Hardenberg의 요청에 따라 쓴 논문이 다음 7장 각주 10)에서 언급되고 있는 *Optima ineundae concordiae ratio*라고 생각하고 있다.

30) *Petit traicté, monstrant que c'est que doit faire un homme fidèle congnoissant la vérité de l'évangile quand il est entre les papistes. Avec une épistre du mesme argument*[*CO* 6:537-588; *Recueil des opuscules*(Geneva, 1566), 758-789]. 현대 프랑스어 번역은 *Calvin: Oeuvres Choisis*, ed. Olivier Millet, 127-181(각주 299-307)).

을 섬기는 방식은 결코 사소한 문제가 아니라는 점을 분명히 한다. 누군가가 마음으로 하나님의 이름을 고백하는 것은 똑같은 고백을 입으로 하는 것과 분리될 수 없다. 우리는 하나님의 영광을 결코 손상시킬 수 없다. 이것은 모든 신자가 공개적으로 자신의 신앙을 고백할 것을 요구한다. 칼뱅은 키프리아누스(Cyprianus)를 가리키고 있다. 키프리아누스는 우상을 숭배함으로써 자기 목숨을 부지할 수도 있었지만 끝내 우상숭배를 거부한 인물이다. 만일 신자가 올바른 방식으로 하나님을 예배할 수 없다면 망명하는 것이 최선이라고 칼뱅은 말한다.[31] 만일 망명이 불가능하다면 로마가톨릭 예배에서 완전히 물러나라. 그렇게 할 의지력을 갖지 못한 사람들이나, 다른 사람이 두려워 로마가톨릭 예배에 참석하는 사람들은 끊임없이 자신들의 죄를 하나님 앞에서 고백해야만 양심이 잠들지 않을 것이다. 또한 그들은 하나님께 구해달라고 기도해야 하며, 자신들의 상황에서 빠져나올 방법을 모색해야만 할 것이다.

칼뱅은 『소책자』의 두 번째 편지, 즉 짧은 편지를 1540년 9월 12일 슈트라스부르크에 살고 있는 친구에게 보냈다. 그 친구는 자신이 로마가톨릭 신자들 속에서 하나님의 말씀에 따라 하나님을 예배할 수 없는 상황에서 어떻게 처신해야 하는지를 물었다. 이 편지에서 칼뱅은 부처가 『신학적 구상』(*Consilium theologicum privatim conscriptum*)에서 취한 입장에 반대하였다.[32] 부처는 칼뱅이 『두 서신』(*Epistolae duae*)에서

---

31) 망명하라는 충고는 칼뱅의 *Epistolae duae* 내용과 비교해 볼 때 새로운 어떤 것이다. 이 문서가 *Petit traicté*와 갖는 관계에 대해서는 O. Millet, *Calvin et la dynamique de la parole: Étude de rhétorique réformée*(Paris, 1992), 809-825를 참조하라. Millet는 *Petit traicté*가 *Epistolae duae* 가운데 첫 번째 편지의 각색이라고 생각하고 있다. 또한 Mirjam van Veen, "Verschooninghe van de roomsche afgoderye": *De polemick van Calvijn met nicodemieten, in het bijzonder met Coornhert*('t Goy-Houten, 2001), 38-39를 참조하라.

32) Francis M. Higman, "Bucer et les Nicodémites," in *Martin Bucer and*

제시한 과격한 생각에 찬성하지 않음을 보여주었다. 칼뱅의 두 번째 편지는 어조에 있어서 첫 번째 것보다 온건하기는 하지만 두 편지 모두 그 문제에 대해서 동일한 입장을 취하고 있다.[33]

(2) 『니고데모파를 향한 변명』(1544)

『니고데모파를 향한 변명』(*Excuse à Messieurs les Nicodémites*, 1544)에서 칼뱅은 다시 로마가톨릭 상황에서 살고 있는 프로테스탄트 신자들의 문제에 관심을 기울였다.[34] 발레랑 풀랭(Valérand Poullain)은 1544년 3월 9일 칼뱅에게 보낸 편지에서 칼뱅이 『소책자』에서 표명한 견해로 인해 플랑드르 지역의 신자들이 얼마나 큰 어려움을 겪고 있는지 밝혔다.[35] 풀랭은 칼뱅에게 어려운 상황 속에 있는 그들을 격려하는 내용의 편지를 보내줄 것을 요청했다. 파리에서도 앙투안 퓌메(Antoine

---

Sixteenth Century Europe: Actes du colloque de Strasbourg(28-31 août 1991), ed. C. Krieger and M. Lienhard(Leiden, 1993), 646-652[또한 in Francis M. Higman, *Lire et découvrir: La circulation des idées au temps de la Réforme* (Geneva, 1998), 637-650].

33) 이와 관련해서는 칼뱅의 1541년 편지와 Robert White가 영어로 번역한 "Calvin and the Nicodemite Controversy: An Overlooked Text of 1541," *CTJ* 35(2000): 282-296을 참조하라.

34) *Excuse de Iehan Calvin, à Messieurs les Nicodémites, sur la complaincte qu'ilz font de sa trop grand'rigueur*(*CO* 6:589-614; *Recueil des opuscules*, 789-803). 또한 *Three French Treatises, ed.* Higman, 131-153(서론, 21-26)도 참조하라. 프랑스어 판과 독일어 번역은 *Calvin-Studienausgabe*, vol. 3, *Reformatorische Kontroversen*(Neukirchn-Vluyn, 1999), 222-264(Hans Scholl의 "서론", 209-220). 영어 번역은 Eric Kayayan, "Apology of John Calvin, to Messrs. the Nicodemites upon the Complaint That They Make of His Too Great Rigour(1544)," *CTJ* 29(1994): 346-363.

35) A.-L. Herminjard, *Correspondance des réformateurs dans les pays de langue française*, 9 vols.(Genenva, 1866-97), 9:178-181(no. 1334)을 참조하라.

Fumée)가 칼뱅이 『소책자』에서 보여준 과격한 입장이 얼마나 자신을 난처하게 만들었는지를 담고 있는 여러 통의 편지를 보냈다.[36)]

칼뱅은 1543년에 자신이 쓴 『소책자』로 인해 상처를 입은 사람들에게 해명하는 것으로 『니고데모파를 향한 변명』을 시작하고 있다. 그러나 칼뱅은 그들이 하나님과 마귀 사이에서 선택하지 않았기 때문에 그들에게 아무런 칭찬도 하지 않았다. 그들이 니고데모를 언급했기 때문에, 칼뱅은 이후에 그들을 니고데모파라고 부른다. 그들이 이해하지 못하는 것은 그들이 자기 자신을 부인해야 한다는 사실이다. 또한 그들은 하나님을 섬기려고 한다면 세상을 잊어버려야 한다는 것도 이해하지 못한다. 니고데모에 관해서, 칼뱅은 니고데모가 처음에 무지 가운데 있을 때는 밤에 예수를 찾아왔지만, 후에는 예수의 매장 때에 제자로서의 자신의 신앙을 공개적으로 보여주었음을 지적한다. 그리스도인으로서 니고데모는 박해를 두려워하지 않았다. 『니고데모파를 향한 변명』에서 칼뱅은 『소책자』에서 보여준 입장에서 조금도 뒤로 물러서지 않았다. 신자들이 박해를 받을 때에는 망명을 하는 것이 최선이다.

(3) 『소책자』와 『니고데모파를 향한 변명』에 관한 서신교환

『니고데모파를 향한 변명』이 출판된 이후, 칼뱅은 1544년 연말에 파리 의회 의원인 앙투안 퓌메에게서 편지(*CO* 11:826-830)를 받았다. 이 편지에서 퓌메는 칼뱅에게 동의하지 않는다고 분명하게 밝혔다. 퓌메는 니고데모파의 행동을 인정하지 않는 칼뱅의 『소책자』와 『니고데모파를 향한 변명』에 대해 루터, 멜란히톤, 부처의 입장이 어떠한지 알아볼 것을

36) A.-L. Herminjard, *Correspondance*, 8:338-339(no. 1226); 9:126-127(no. 1316) 참조.

칼뱅에게 요청하였다. 퓌메는 그 편지들을 전달하는 데 필요한 여행 경비를 자신이 마련하겠다고 말하였다.

1545년 1월 21일 칼뱅은 "그리스도 교회의 매우 뛰어난 교사, 나의 가장 존경하는 아버지" 루터에게 편지를 썼다.(*CO* 12:7-8) 이 편지에서 칼뱅은 루터에게 편지와 두 소논문을 읽고 견해를 밝혀달라고 요청한다. 칼뱅이 쓴 논문들로 인해 당황한 나머지 어찌할 바를 모르고 있던 프랑스 사람들은 루터가 이 문제에 대해 어떻게 생각하는지 알고 싶었다. 그렇게 함으로써 그들은 자신들이 해야 할 일을 위한 용기를 얻고자 했다. 칼뱅은 자신이 루터에게로 날아가서 몇 시간만이라도 함께 있을 수 있다면 너무 좋겠다고 했다. 그런 후 칼뱅은 루터와 단지 이 문제만이 아니라 다른 문제들에 대해서도 개인적으로 논하고 싶다고 밝혔다. "여기 이 땅에서 우리에게 허락되지 않는 것이, 머지않아 하나님의 나라에서는 허락될 것임을 믿습니다."

칼뱅은 이 편지를 루터에게 직접 보내지 않고 멜란히톤에게 보냈다.(*CO* 12:9-12) 그는 멜란히톤에게 동일한 문제에 대한 의견을 구하면서, 또한 루터에게 보내는 편지와 두 소논문을 먼저 읽어보고 어떻게 할지 적절히 판단해달라고 요청하였다. 루터가 쉽게 흥분한다는 것을 알고 있었던 칼뱅은 이후에 부적절한 행동으로 판명될 수 있는 일을 추진하고 싶지 않았던 것이다.

멜란히톤은 루터에게 칼뱅의 편지를 보내지 않았다. 멜란히톤이 칼뱅에게 보낸 편지에 따르면(*CO* 12:61), 루터는 많은 것들에 미심쩍은 눈길을 보내고 있었으며 칼뱅의 질문들에 대한 자신의 답변이 도처로 퍼져나가기를 원하지 않을 것이기 때문이었다. 그 와중에 칼뱅은 1545년 2월 12일 비레에게 보내는 편지에서 자신이 한 일에 대해 알리면서, 루터와 멜란히톤에게 보낸 편지를 포함하여 몇 통의 편지들의 사본을 그에게 보냈다.(*CO* 12:32-33)

1545년 제네바에서 칼뱅의 1543년판 『소책자』와 1544년판 『니고데모파를 향한 변명』 재판을 수록한 작은 책이 출판되었다. 1546년에 나온 신판에는 니고데모파에 대한 칼뱅의 견해에 흥분한 프랑스 프로테스탄트들에게서 입장을 밝혀달라는 요구를 받고 멜란히톤, 부처, 베르밀리가 쓴 편지들도 포함되었다. 세 사람 모두 칼뱅을 지지하였다. 이후의 1546년 증보판에서 칼뱅은 이 편지들에 덧붙인 후기(*Le Conseil et conclusion de M. Iean Calvin*)와 프랑스에 있는 익명의 프로테스탄트들에게 보낸 자신의 두 편지를 추가하였다.[37)]

1549년 칼뱅의 『소책자』와 『니고데모파를 향한 변명』을 라틴어로 번역한 『미신을 멀리함에 관하여』(*De vitandis superstitionibus*)가 출판되었다.[38)] 『니고데모파를 향한 변명』의 라틴어 제목은 칼뱅이 위(僞)-니고데모파를 상대로 말하고 있음을 밝히고 있는데, 이것은 칼뱅이 니고데모파를 니고데모의 참된 추종자들로 여기지 않았다는 것을 암시한다.[39)] 1550년에 재판이 나왔는데 여기서 우리는 1549년 6월 17일 취

37) *Recueil des opuscules*, 803-820; 두 번째 편지는 1546년 7월 14일자로 발레랑 풀랭에게 보낸 것이다. [Rodolphe Peter and Jean-François Gilmont, *Bibliotheca Calviniana: Les Oeuvres de Jean Calvin publiées au XVIe siècle*, vol. 1, *Écrits theologiques, litteraires et juridiques* 1532-1554(Geneva, 1991), 197 참조].

38) *De vitandis superstitionibus, quae cum sincera fidei confessione pugnant, libellus Ioannis Calvini. Eiusdem excusatio, ad pseudonicodemos. Philippi Melancthonis, Martini Buceri, Petri Martyris responsa de eadem re. Calvini ultimum responsum, cum appendicibus.*(Geneva, 1549) 아래 각주 39)를 보라.

39) 요한복음 19:38-39에 대한 칼뱅의 주석을 참조하라. 거기서 그는 니고데모에게 호소하는 사람들은 한 가지 면에서, 즉 그리스도를 묻어 버리려고 애쓴다는 점에서 니고데모와 같다고 말한다.(*CO* 47: 423-424) Eugénie Droz, "Calvin et les nicodémites," in *Chemins de l'hérésie: Textes et documents*, 4 vols. (Geneva, 1970-76), 1:131-171; Hans Scholl, *Reformation und Politik:*

리히 목회자들이 어떤 입장을 취했는지를 확인할 수 있다. 불링거는 자신들의 입장을 밝히는 글을 칼뱅에게 보내면서 재판되는 책에 그 내용을 포함시켜 달라고 요청했다.[40] 왜냐하면 『취리히합의』(*Consensus Tigurinus*)가 바로 직전에 이루어졌기 때문이다.

프랑스 프로테스탄트들이 프랑스에서 순교할지 다른 곳에서 자신의 신앙을 고백할지를 선택해야 한다는 칼뱅의 견해는 『소책자』와 『니고데모파를 향한 변명』이 다양한 언어로(독일어, 체코어, 영어, 네덜란드어, 이탈리아어) 번역됨에 따라 유럽 전체에 알려졌다. 이것은 프랑스인들과 다른 많은 사람들(1549-59년 동안 5,000명 가량)로 하여금 제네바로 피난하게 하는 데 공헌하였음이 분명하다.[41]

칼뱅의 『소책자』와 『니고데모파를 향한 변명』의 유포가 낳은 또 다른 결과는 1560년 테오도르 코른헤르트(Theodore Coornhert)가 칼뱅의 견해에 반대하는 책(*Verschooninghe van de Roomsche afgoderye*)을 출판한 것이다.[42] 코른헤르트는 신앙에 있어서 의식의 중요성에 관해 질문

Politische Ethik bei Luther, Calvin und Frühhugenotten(Stuttgart, 1976), 66-86; Carlos M. N. Eire, "Calvin and Nicodemism: A Reappraisal," *SCJ* 10(1979): 45-69; 같은 저자, *War against the Idols: The Reformation of Worship from Erasmus to Calvin*(Cambridge, 1986), chapter 7; Francis M. Higman, "The Question of Nicodemism," in *Calvinus ecclesiae Genevensis custos*, ed. Wilhelm H. Neuser(Frankfurt am Main, 1984), 165-170; Mirjam van Veen, "Sursum corda: Calvijns polemiek tegen nicodemieten, in het bijzonder tegen Coornhert," *NAKG* 79(1999): 170-203.

40) *Recueil des opuscules*, 821-824.

41) Droz, "Calvin et les nicodémites"를 보라. 여기서는 Albert Autin의 두 작품, 즉 *Un Episode de la vie de Calvin: La Crise du nicodémisme, 1535-1545*(Toulon, 1917)과, *L'Echec de la Réforme en France*(Paris, 1918), 그리고 Ewald Rieser's, *Calvin-Franzose, Genfer oder Fremdling? Untersuchung zum Problem der Heimatliebe bei Calvin*(Zurich, 1968), 특히 98-119("Exil oder Mut zum Martyrium")를 인용하고 있다.

42) Van Veen, "Verschooninghe." 부록에서 Van Veen은 1572년 필사본의 사본에

한 친구의 요청에 따라 이 책을 썼다. 코른헤르트는 위-니고데모파에 동조하면서 다른 사람들도 자기편으로 끌어들이고자 하였다. 그는 의식을 하찮은 것으로 취급하고(외적인 것이 아니라 내적인 것이 문제였다.), 그리스도의 증인이 되기를 원하는 사람들에게 과중한 요구를 하는 종교개혁에는 반대하였다. 결론적으로 그는 칼뱅이나 메노 시몬스를 추종하는 사람들은 아마도 순교자가 될 수 없을 것이고 필연적으로 종교개혁의 이상을 부인하게 될 것이라고 생각했다.

네덜란드의 신자들은 코른헤르트의 논문을 번역하여 칼뱅에게 보내면서 이에 대한 답을 달라고 요청하였다. 칼뱅은 1562년 제네바에서 『어느 네덜란드 사람에게 쓴 답변』(*Response à un certain Holandois*)을 출판함으로써 이에 응답하였다.[43] 이 답변에서 칼뱅은 코른헤르트가 자신의 견해를 주장하기 위해 가져온 성서 본문들과 주장들을 철저하게 검토하였다. 칼뱅이 코른헤르트의 논문에 응답한 것은 단지 자기 자신이 비난을 받았기 때문이 아니라(코른헤르트는 칼뱅이 과연 개혁자인지 의문을 제기하였다), 무엇보다 코른헤르트가 순교자로서 죽는 것이 무엇인

기초한 Coornhert의 논문 내용을 제시해준다.

43) *Response à un certain Holandois, lequel sous ombre de faire les chrestiens tout spirituels, leur permet de polluer leurs corps en toutes idolatries. Escrite par M. Iean Calvin aux fidèles du pays bas*(Geneva, 1562 – *CO* 9:581-628; *Recueil des opuscules*, 1850-84); *COR* IV/1:209-273("introduction" by Mirjam van Veen, 199-208). 영어 번역은 Rob Roy McGregor, "Response to a Certain Dutchman Who under the Guise of Making Christians Very Spiritual Permits Them to Defile Their Bodies in All Idolatries: Written by Mr. John Calvin to the Faithful in the Low Countries," *CTJ* 34(1999): 291-326. 2차자료로는 S. van der Linde, "Calvijn en Coornhert," *ThRef* 2(1959): 176-187; Frederik L. Rutgers, *Calvijns invloed op de Reformatie in de Nederlanden, voor zooveel die door hemzelven is uitgeoefend*(Leiden, 1899; reprint, Leeuwarden, 1980); Mirjam van Veen, "Verschooninghe," 180-200을 보라.

지 전혀 이해하지 못했기 때문이다. 이런 견해는 네덜란드에서의 종교개혁의 진전에 심각한 해악을 끼칠 수 있었다.

마지막으로 칼뱅이 자신의 『네 편의 설교… 시편 87편에 대한 간략한 주해와 함께』(*Quatre sermons… avec briefve exposition du Pseaume LXXXVII*, Geneva, 1552)를 위해 썼던 서문에 주의를 기울이고자 한다. 칼뱅은 이 서문에서 자신은 니고데모파의 처신이 옳지 않다는 것을 보여주기 위해 두 소논문을 썼다고 말하고 있다. 그런데도 사람들은 여전히 마치 그가 아무것도 쓰지 않은 것처럼 그에게 조언을 구하고 있었다. 이 설교집이 바로 그 주제를 다루고 있다.[44]

3) 『점성술에 대한 경고』(1549)

1549년 칼뱅은 점성술에 대해 경고하는 소책자 『점성술에 대한 경고』(*Advertissement contre l'astrologie*)를 출판하였다.[45] 칼뱅은 비서인 프랑수아 오트망(François Hotman)으로 하여금 본문을 받아쓰도록 하였는데, 오트망은 1549년 3월 1일 출판된 라틴어 번역판도 작성하였다. 칼뱅은 이 책을 로랑 드 노르망디(Laurent de Normandie)에게 헌정하

---

44) 『네 편의 설교』에 대한 부정적인 반응은 van Veen, "Verschooninghe," 47-48과 푸아티에에 있는 회중들에게 보내는 칼뱅의 편지(*CO* 15:436-446)를 보라.

45) *Advertissement contre l'astrologie qu'on appelle indiciaire, et autres curiositéz qui regnent aujourd'huy au monde*(Geneva, 1549 — *CO* 7:509-542; *Recueil des opuscules*, 1118-1137). 또한 Jean Calvin, *Advertissement contre l'astrologie judiciaire*, ed. Olivier Millet(Geneva, 1985), 그리고 "A Warning against Judiciary Astrology and Other Prevalent Curiosities," trans. Mary Potter, *CTJ* 18(1983): 157-189도 보라. 2차자료는 Christine McCall Probes, "Calvin on Astrology," *WThJ* 37(1974-75): 24-33[또한 *Articles on Calvin and Calvinism*, ed. Richard C. Gamble, vol. 12, *Calvin on Science*(New York and London, 1992), 118-130].

였다.[46]

교회 교부들, 특히 아우구스티누스는 이교적인 점성술을 거부하였다. 하지만 16세기 들어 고전에 주의가 집중되면서 점성술에 대한 관심이 증대되었다. 칼뱅은 1546년 리옹에서 출판된 『점성술 비판에 대한 경고』(*Advertissement sur les jugemens d'asatrologie, à une studieuse damoyselle*)라는 저술을 숙지해야만 했다. 저자로 추정되는 멜랭 드 생-젤래(Mellin de Saint-Gelais)는 점성술의 부흥을 옹호하였다. 1546-49년에 제네바 의회가 오랜 미신의 증거를 담고 있는 역서(曆書)를 없애거나 혹은 더 나은 것으로 대체하도록 하기 위해 칼뱅이 노력했다는 것은 잘 알려진 사실이다.

이 책에서 칼뱅은 사람의 인생 경로가 별들에 의해 결정된다는 미신에 반대하였다. 칼뱅에게 인간 삶의 과정은 무엇보다도 하나님께 달려 있는 것이었다. 하나님은 자신의 지혜, 정의, 선하심에 따라 그들의 삶을 인도하시는 분이시다.

4) 『스캔들』(1550)

칼뱅은 오래 전부터 '스캔들'(scandals: 거침이 되는 장애물이나 죄)에 관한 작은 책을 쓰려는 계획을 가지고 있었다. 1546년 가을 칼뱅은 파렐에게 편지하여(*CO* 12:380) 자신이 책을 쓰기 시작했지만 적절한 논조를 찾을 수 없는 데다가 또 다른 일들도 있어 이를 중단했다고 알렸다. 1550년 책이 완성되었을 때,[47] 칼뱅은 파렐에게 보낸 편지(8월 19일자—

46) *Admonitio adversus astrologiam, quam iudiciariam vocant; aliasque praeterea curiositates nonnullas, quae hodie per universum fere orbem grassantur*(Geneva, 1549).

47) 라틴어 판, *De scandalis quibus hodie plerique absterrentur, nonnulli etiam*

CO 13:623)에서 이 책의 특징을 이렇게 표현했다. 즉 이 주제에 관한 자료의 풍부함에 비하여 스캔들에 관한 책자는 짧을 뿐만 아니라 대단히 간명하다. 모든 것은 다음과 같이 귀착된다. '교만한 자들은 복음이 걸려 넘어지게 하는 장애물을 만든다는 구실로 복음을 비방하거나 불신할 권리가 없으며, 연약한 자들은 사탄이 그 길에 어떤 거침돌을 둘지라도 변함없는 믿음으로 그것을 극복하기 위해 강해져야만 한다. 만일 누군가가 올바른 길에서 벗어나거나 죄를 범하거나 타락한다면, 그것은 그 자신의 책임이며 아무런 변명도 할 수 없다. 그러나 동시에 나는 거침돌을 만드는 사람들에게는 하나님의 심판이 얼마나 무서운지를 밝혀 둔다.'

'스캔들'에 관한 칼뱅의 소책자는 논쟁적인 글로서, 특히 복음에 대적하는 다양한 공격들을 상대로 싸워야 하는 사람들의 신앙을 굳건하게 하려는 의도를 가지고 있었다. 이러한 공격들은 (1) 복음을 경멸하면서, 하나님을 조롱하지 않으면 유식자가 아니라고 믿는 인문주의자 계열과, (2) 종교개혁에 해를 가하려는 로마가톨릭 측 사람들에게서 비롯된다.

이 작품에서 칼뱅은 세 종류의 혐오감을 열거한다. 첫째, 사람들은 복음에 대해서, 특히 그리스도의 사역과 그분이 자기부인에 관해 말하고

---

alienantur a pura evangelii doctrina(*CO* 8:1-84, *OS* 2:162-240)가 먼저 발행되었지만, 프랑스어 판도 1550년에 제네바에서 출판되었다. *Des Scandales qui empeschent auiourdhuy beaucoup de gens de venir à la pure doctrine de l'évangile, et en débauchent d'autres*…(*Recueil des opuscules*, 1145-1219). 또한 중요한 본문비평 편집본, Jean Calvin, *Des Scandales*, ed. Olivier Fatio and C. Rapin(Geneva, 1984)을 보라. 주를 달고 근대 프랑스어로 쓴 본문은 Jean Calvin, *Trois traités comprenant en un volume*, ed. Albert-Marie Schmidt(Paris, 1934)에서 발견할 수 있다. 영어 번역본에 대해서는 John Calvin, *Concerning Scandals*, trans. John W. Fraser(Grand Rapids, 1978)를 보라.

있는 것을 불쾌하게 생각할 수 있다. 자기부인은 우리의 생각과 상반되기 때문이다. 둘째, 복음에 수반되면서도 그것에 모순되는 것들, 예를 들어 모든 종류의 혼란, 불경건, 분파와 같은 것들 때문에 사람들은 혐오감을 가질 수 있다. 셋째, 칼뱅은 개혁적인 예식들에 대한 수많은 험담을 언급한다. 여기에는 대중의 견해와 로마가톨릭 측에서 나오는 비방이 포함된다.

『스캔들』(*De scandalis*)의 1550년 7월 10일자 서문에서 칼뱅은 이 책을 로랑 드 노르망디에게 헌정하였다. 노르망디는 프랑스 출신이지만 1548년 이후 제네바에 거주하면서 서적상 일을 하였다. 칼뱅은 서문에서 자신이 이 특별한 책을 노르망디에게 헌정하는 것이 적절하다고 생각하였다고 밝히면서, 이것은 자신이 인생에서 많은 역경을 연달아 겪었기 때문이라고 하였다. 노르망디는 프랑스에서 빠져나오고 몇 달 뒤에 아버지와 아내와 어린 딸을 1년 반 안에 모두 잃었다. 그의 믿음은 특별히 비방의 말로 그를 더욱 힘들게 만든 사람들 때문에 시험을 받았다. 이 모든 것 속에서, 그는 하나님의 성령의 능력을 통해 굳건히 섰다. 따라서 칼뱅은 노르망디가 이 책에서 가르치고 있는 것을 증명하는 모범이 된다고 생각하였다.

5. 신앙고백: 『프랑스 신앙고백』(1559)

우리는 이미 1537년의 『신앙교육과 신앙고백』에 대한 칼뱅의 관련성을 다룬 바 있다. 따라서 여기서는 『프랑스 신앙고백』(*Gallican Confession*, 1559)을 기초하는 일에 칼뱅이 연관된 부분에 우리의 관심을 제한할 것이다.

최초의 전국대회가 1559년 5월 25-29일에 파리에서 비밀리에 개최되었다. 이 대회에는 72개 교회를 대표하는 약 20명의 목사와 장로들이 참석하였으며, 의장은 파리의 목회자인 프랑수아 드 모렐(François de Morel)이 맡았다. 모렐은 위험한 상황을 이유로 칼뱅이 제네바로 불러들인 장 마카르(Jean Macard)의 후계자였다. 그는 대회 직전에 칼뱅에게 편지하여, 파리에서 대회가 열릴 것이고 거기서 신앙고백을 작성하게 될 것이라고 전했다.(*CO* 17:502-506을 보라. 칼뱅의 5월 17일자 답변은 *CO* 17:525, 527을 보라.)

대회는 『프랑스 신앙고백』을 승인하였다. 이 신앙고백은 40개 항으로 이루어져 있었다. 막바지에 칼뱅은 니콜라스 데 갈라로 하여금 35개 항목으로 이루어진 초안을 파리로 가져가도록 했는데, 칼뱅이 급히 작성한 이 초안(본문은 *CO* 9:739-752)에 대회가 아주 사소한 수정만 가했다는 사실이 모렐이 칼뱅에게 보낸 편지에 나타나 있다.(6월 5일자 편지 – *CO* 17:540-542) 칼뱅이 하나님의 말씀에 대해 다룬 부분이 하나의 조항에서 다섯 조항으로 확장되었다.

『프랑스 신앙고백』을 승인하기 전에 대회는 교회치리에 관한 규정을 채택하였다.[48] 이 『교회치리』(*Discipline ecclésiastique*)는 1541년 제네바에서 채택되었던 『교회법령』(*Les Ordonnances ecclésiastiques*)에 토대를 두고 있었다. 이것은 또한 생자크 거리에서의 사건 이후 1558년 푸아티에의 일단의 목회자들이 작성한 간략한 교회법령집에도 근거를 두고 있었다. 『벨기에 신앙고백』(*Belgic Confession*, 1561)은 『프랑스 신앙고백』을 조금 수정한 것이다.[49]

---

48) 『교회치리』의 본문은 Niesel, *Bekenntnisschriften und Kirchenordnungen*, 75-79를 보라.

49) J. N. Bakhuizen van den Brink, *La Confession de foi des églises réformées de France de 1559, et la Confession des Pays-Bas de 1561*, Bulletin des Églises Wallones, vol. 5/6(Leiden, 1959).

최초의 전국 대회에서는 프랑스의 상황이 매우 위험하기 때문에 당분간 신앙고백과 교회법령을 출판하지 않기로 결정하였다. 마침내 그것들이 출판되었을 때, 두 종류의 『프랑스 신앙고백』이 나왔다. 하나는 1559년 제네바에서 나온 것으로 프랑스의 '가련한 신자들'과 경청하고자 하는 모든 사람에게 보내는 서문(*CO* 9:731-752를 보라.)과 함께 35개 조항으로 이루어져 있었다. 다른 하나는 1560년 파리에서 나온 것으로 왕에게 보내는 편지와 함께 40개 조항으로 구성되어 있었다.(편지의 본문은 *CO* 9:737-740을 보라.)[50] 두 번째 것이 1571년 라 로셀(La Rochelle)에서 열린 7차 전국대회에서 『프랑스 신앙고백』의 공식 본문으로 확립되었다.(이후 『라 로셀 신앙고백』으로 불린다.)[51] 칼뱅이 프랑스 개혁교회들을 위해 프랑크푸르트에 있는 황제에게 보내고자 1562년 작성한 신앙고백에 관해서는 그의 생애를 다룬 부분을 참고하기 바란다.

6. 교회법령과 심방

1) 『교회법령』(1541)

칼뱅이 1541년 제네바로 돌아왔을 때, 그는 단지 잠시 동안만 머물

---

50) 두 종류의 신앙고백 본문은 *CO* 9:739-752 그리고 *OS* 2:310-324를 보라. 주석이 되어 있는 첫 번째 판 본문과 독일어 번역본은 *Calvin-Studienausgabe*, 4:40-77(Christian Link의 "서론" 29-38과 함께)을 보라. 두 번째 판의 본문은 Niesel, *Bekenntnisschriften und Kirchenordnungen*, 65-75에 실려 있다.

51) Jacques Pannier, *Les Origines de la Confession de foi et la Discipline des églises réformées de France*(Paris, 1936); J. N. Bakhuizen van den Brink, *Protestantse pleidooien*, vol. 2, section 3, *Frankrijk en Calvijn*(Kampen, 1962), 81-96; Hannelore Jahr, *Studien zur Überlieferungsgeschichte der Confession de foi von 1559*(Neukirchen, 1964).

계획이었다. 그의 아내는 슈트라스부르크에 남아 있었다. 그러나 교회법령을 문서로 작성하라는 칼뱅의 요청을 의회가 즉각 수락하자, 자신은 언제나 제네바의 종이 될 것이라고 의회에 약속하였다. 의회 의원 6명이 이 일을 하도록 임명받았다. 칼뱅과 다른 4명의 목회자들도 이 위원회에 소속되었다. 그러는 사이 칼뱅의 아내를 데려오고 이삿짐들을 제네바로 가져오는 조처가 취해졌다. 9월 26일 위원회는 법령의 초안을 소의회에 제출하였다. 200인 의회는 11월 9일 이것을 승인하였고, 11월 20일 총회가 이것을 받아들여 승인하였다.

새로운 『교회법령』(*Les Ordonnances ecclésiastiques: Projet d'ordonnances sur les offices ecclésiastiques*—*CO* 10a:15-30; *OS* 2:328-361)은 칼뱅이 생각하던 모든 것을 담고 있지는 않았다.[52] 예를 들면, 제네바의 세 교회가 매달 성만찬을 실시하는 대신에 일 년에 네 차례 성만찬을 거행하는 것으로 정해졌다.[53] 더욱이 컨시스토리(consistoire)의 완전한 독립에 대한 언급도 없었다. 컨시스토리는 목회자들과 시 의회에서 뽑힌 12명의 장로들로 이루어지며, (이것은 교회법령에 나오지 않지만) 행정장관을 맡고 있는 장로가 모임을 주재하기로 되었다. 칼뱅은 목회자 안수 때에 손을 얹는 것을 지지했지만, 이 또한 그 행위에 결합된 미신을 두려워한 의회에 의해 거부되었다.(*CO* 10a:18)

새로 선출된 목회자는 의회에서 선서를 해야 했는데, 그 선서 문구는 칼뱅이 1542년 작성한 것으로 의회가 공식화하였다. 1561년까지 장

---

52) (서문이 있는) 영어 번역본에 대해서는 Reid, *Calvin: Theological Treatises*, 56-72를 보고, Plomp, *De kerkelijke tucht*, 166-190도 보라. J. Weerda, "Ordnung zur Lehre: Zur Theologie der Kirchenordnung bei Calvin," in *Calvin-Studien* 1959, ed. J. Moltmann, 144-171.

53) 아마도 제네바는 여기서 취리히와 베른을 좇았는데, 취리히는 1525년에 매년 4회(부활절, 오순절, 9월 11일, 성탄절) 성만찬을 거행하기로 결정했고, 베른은 성만찬의 연 4회 거행을 1528년에 도입했다.

로들도 선서를 해야 했다. 이 선서에서 사람들은 의회에 충실할 것과 법을 지킬 것을 약속하였다. 그러나 하나님의 명령에 따라 하나님의 말씀을 설교할 자유는 언제나 보존되었다. 치리와 파문에 관한 규례들은 실제로 의회와 컨시스토리 사이에 문제를 일으킬 수 있는 것으로 보인다. 왜냐하면 누가 파문권을 가지는지, 교회인지 시민정부인지 분명하게 밝히지 않고 있기 때문이다.

새로운 교회법령이 네 직분, 즉 목사, 교사, 장로, 집사에 관해 언급하고 있다는 것은 중요하다. '목사'의 주된 임무는 하나님의 말씀을 선포하고, 성례전을 집행하고, (장로들과 함께) 치리를 시행하는 것이다. 새로 목사가 되기 위해서는 먼저 다른 목사들의 선택을 받은 다음 소의회의 승인과 회중의 동의를 거쳐야 했다. 목사들은 일주일에 한 차례 모여(목사회, compagnie des pasteurs) 성서연구모임과 상호권면, 사역에 대한 계획을 세웠다.[54)]

'교사'의 임무는 신자들에게 건전한 교리를 가르쳐서, 복음의 순수성이 무지나 그릇된 사상으로 오염되지 않도록 하는 것이다.[55)] 이 직무

---

54) 이 모임에 관한 기록으로는 Olivier Fatio et al., eds., *Registres de la Compagnie des Pasteurs de Genève au temps de Calvin*, vol. 1, *1546-1553*, ed. Jean François Bergier(Geneva, 1964); vol. 2, *1553-1564*, ed. Robert M. Kingdon and Jean François Bergier(Geneva, 1962)를 보라. 영어 번역은 *The Register of the Company of Pastors of Geneva in the Time of Calvin*, ed. Philip Edgcumbe Hughes(Grand Rapids, 1966).

55) W. F. Dankbaar, "Het doctorenambt bij Calvijn," in idem, *Hervormers en humanisten: Een bundel opstellen*(Amsterdam, 1978), 153-183(이 글은 원래 "L'Office des docteurs chez Calvin," *RHPhR* 44[1964]: 364-388로 발행되었다.); John T. McNeil, "John Calvin: Doctor Ecclesiae," in *The Heritage of John Calvin*, ed. John H. Bratt(Grand Rapids, 1973), 9-22[이 글은 *Readings in Calvin's Theology*, ed. Donald K. McKim(Grand Rapids, 1984), 11-20에서도 발견된다.] G. H. M. Posthumus Meyjes, "Het doctorenambt in Middeleeuwen en Reformatie," *Rondom het Woord* 15, no. 3(Sept. 1973):

와 관련하여, 칼뱅은 젊은이들을 목회자 혹은 공직자로 교육하고 훈련시키는 사람들 또한 여기에 해당한다고 생각하였다. 이 점에서 칼뱅은 자신이 슈트라스부르크에서 본 것과 같은 고등교육 체계를 마음에 두고 있었다. 비록 이것은 제네바 아카데미가 문을 연 1559년이 되어서야 이루어졌지만 말이다.

'장로'는 그리스도인의 삶(disciplina christiana)을 감독하는 것을 직무로 하였다.[56] 이들은 소의회와 목회자들의 지명을 받아, 제네바의 200인 의회가 다양한 의회에서 선발하였다.(소의회에서 2명, 60인 의회에서 4명, 200인 의회에서 6명) 그들의 임기는 1년이었지만, (바람직하다고 생각될 경우) 재선될 수 있었다. 컨시스토리는 일주일에 한 번 모여 대화와 권고로 교회 안에 당면한 갈등을 해결하고자 하였다. 성만찬에 참여하지 못하게 하거나 교회에서 추방할 수도 있었다. 하지만 컨시스토리가 단지 의회에 조언만 하고 파문권은 의회가 가지고 있었는지, 아니면 컨시스토리가 독립적인 교회기구로서 작용했는지는 분명하지 않다. 소환을 받고도 컨시스토리에 출두하지 않는 자는 누구라도 의회에 통보되어 출석하지 않을 수 없도록 하였다.[57]

'집사'는 가난한 사람들과 병자들을 돌보는 책임을 졌는데, 가난하

21-45.

56) Albertus van Ginkel, *De ouderling*(Amsterdam, 1975); Elsie Anne McKee, *Elders and the Plural Ministry: The Role of Exegetical History in Illuminating John Calvin's Theology*(Geneva, 1988).

57) 컨시스토리 의사록의 출판이 1996년 이래 Robert M. Kingdon의 감독 아래 진행 중에 있어 왔다. *Registres du Consistoire de Genève au temps de Calvin*, vol. 1, 1542-1544, ed. Thomas A. Lambert, Isabella M. Watt, and Jeffrey R. Watt(Geneva, 1996); vol. 2, *1545-1546*, ed. Wallace McDonald(Geneva, 2001); vol. 3, *1547-1548*, ed. McDonald(Geneva, 2004). 첫 번째 책은 또한 벌써 영어로도 번역되어 나왔다. *Registers of the Consistory of Geneva in the Time of Calvin*, vol. 1, *1542-1544*(Grand Rapids, 2000).

고 병든 사람들 중 많은 이들은 집사들이 책임을 맡고 있는 '종합구빈원'에 수용되었다.[58] 그곳에서 집사들은 빵을 구워서, 구빈원에 있지는 않지만 가난 때문에 도움이 필요한 사람들에게도 나누어 주었다. 집사들도 일주일에 한 차례 모였으며, 장로들과 같은 방식으로 선출되었다.

네 직분에 관한 칼뱅의 견해는 슈트라스부르크에서의 경험에서 크게 영향을 받았다. 그곳에서는 장로(Kirchenpfleger)와 교회회합(Kirchenkonvent)을 두고 있었다. 마르틴 부처는 자신의 『복음서 주석』과 『로마서 주석』에서 네 직분에 관해 이야기한다.(그는 이후에 세 직분을 말한다.)[59]

네 직분에 관한 설명에 더하여, 『교회법령』은 세례, 성만찬, 결혼, 장례, 병든 자와 갇힌 자의 심방, 젊은이들의 교육, 치리에 관한 규례들을 담고 있다.

2) 『심방을 위한 규칙』(1546)

1546년 1월 『심방을 위한 규칙』(*Ordre sur la visitation des ministres et paroisses dépendantes de Genève*)이 제네바에서 채택되었다.(1561년 『교회법령』에 포함되었다. *CO* 10a:98-99, *OS* 2:335-336을 보라.)[60] 1541년

---

58) Elsie Anne McKee, *John Calvin: On the Diaconate and Liturgical Almsgiving*(Geneva, 1984).

59) H. Strohl, "La Théorie et la pratique des quatre ministères à Strasbourg avant l'arrivée de Calvin," *BSHPF* 84(1935): 123-144; Willem van 't Spijker, *The Ecclesiastical Offices in the Thought of Martin Bucer*, trans. John Vriend and Lyle D. Bierma, Studies in Medieval and Reformation Thought 57(Leiden, 1996), 420-440; Dankbaar, "Het doctorenambt."

60) (서문이 있는) 영어 번역본에 대해서는 Reid, *Calvin: Theological Treatises*, 73-75를 보고 Plomp, *De kerkelijke tucht*, 276-279도 참조하라.

『교회법령』에서 이미 우리는 목회자들 사이에 일치를 증진하기 위한 몇 개의 조항들을 볼 수 있지만, 제네바 밖의 목사들과 상호협의를 하는 데는 어려움이 있었다. 그 결과 칼뱅은 1544년 5월 의회에 제네바 밖의 교회들을 위해 심방규칙을 도입해줄 것을 간청하였다. 1546년 채택된 규례들에서 심방의 목적과 방법이 제시되었다. 제목이 나타내듯이, 이 심방규칙은 제네바 시 밖에 있지만 제네바 관할권 내에 있는 목회자들과 교구들을 위한 것이었다.

3) 『교회법령』에 대한 보충(1547)

1547년 5월 200인 의회는 제네바 밖에 있는 교회들에서의 치리 행사를 위한 법령을 채택하였다. 이 "시골 교회의 치안유지에 관한 칙령"(*Ordonnances sur la police des églises de la campagne, CO* 10a:51-58)은 목회자들에 의해 작성되어 1547년 2월 의회에 제출되었다.[61] 이 법령의 의도는 1541년 『교회법령』을 보완하려는 것이었다. 1541년의 법령은 법령이 제네바 밖의 교회들에도 적용된다고 밝혔지만, 제네바 밖에서는 제네바에서보다 로마가톨릭 전통에 대한 집착이 더 강했기 때문에 보완적인 조처가 필요했다. 이 보완적인 법령이 1561년 『교회법령』 개정판에는 삽입되지 않았다.

4) 『교회법령』(1561)

개정판 『교회법령』(*Les Ordonnances ecclésiastiques*)은 1561년에 나

---

61) (서문이 있는) 영어 번역본에 대해서는 Reid, *Calvin: Theological Treatises*, 76-82를 보고, Plomp, *De kerkelijke tucht*, 209-212도 참조하라.

왔다.[62] 개정판은 현재 상황에 맞추어 약간의 수정만 가하였다. 그리고 주간 성서연구모임, 목회자들의 치리, 형제애적인 견책에 대해 규정한 후에, 『심방을 위한 규칙』을 삽입하였다. 여기서는 제네바와 그 관할권 안에 있는 교회들에서의 심방의 목적과 방법을 설명하고 있다.

62) 본문에 대해서는 *CO* 10a:91-124; Niesel, *Bekenntnisschriften und Kirchenordnungen*, 42-64를 보라. 본문과 독일어 번역본은 *Calvin-Studienausgabe*, 2:238-279(Peter Opitz의 "서론" 227-235와 함께)를 보라. 1541년 본문과 1561년 본문의 비교는 *OS* 2:328-361을 참조하라. 2차자료로는 Plomp, *De kerkelijke tucht*, 190-209, 275-279; "Die Genferkirchenordnung(1561)," in *Die Kirche im Zeitalter der Reformation*, ed. Heiko A. Oberman(Neukichen, 1981), 246-249를 보라.

제 5 장

로마가톨릭과의 논쟁

In discussie met rooms-Katholieken

1. 『두 서신』(1537)

1536년 『기독교강요』 출판을 끝낸 후에, 칼뱅은 루이 뒤 티예(Louis Du Tillet)와 함께 페라라로 갔다. 칼뱅은 이전 필명인 샤를 데스페빌(Charles d'Espeville)이라는 이름을 사용하면서, 그곳에서 마음이 맞는 사람들과 함께 프랑스 루이 12세의 딸이자 프랑수아 1세의 처제로서 1527년 이후에는 페라라 공작 에르킬 데스트(Hercule d'Este)의 아내가 된 개혁적 성향의 르네 공작부인의 집에서 몇 주간을 머물렀다.[1)]

페라라에서 칼뱅은 프랑스 시인 클레망 마로를 위시하여 프랑스 프로테스탄트 피난민들을 만났고, 프랑스에 있는 친구들에게 편지하기도 하였다. 이 편지들 중에서 폭넓은 청중을 염두에 둔 두 편지가 1537년 바젤에서 출판되었다.[2)] 『두 서신』(*Epistolae duae*)의 서두에는 칼뱅이

---

1) H. Lecoultre, "Le Séjour de Calvin en Italie d'après des documents inédits," *RThPh* 19(1886): 168-192; C. A. Cornelius, *Der Besuch Calvins bei der Herzogin Renata von Ferrara im Jahr 1536*(Freiburg, 1892).

2) *Ioannis Calvini, sacrarum literarum in Ecclesia Genevensis professoris, Epistolae duae de rebus hoc saeculo cognitu apprime necessariis*…(*CO* 5:233-312, *OS* 1:287-362); 프랑스어 본문은 *Recueil des opuscules*(Geneva, 1566), 57-131에서 볼 수 있다. (특별히 편지들을 번역하면서) 여백에 써넣은 참고문헌에 대한 몇몇 메모에 대해서는 *Rodolphe Peter*, "Etudes critiques: Notes de bibliographie calvinienne à propos de deux ouvrages récents," *RHPhR* 51(1971): 79-87을 참조하라. 라틴어 본문(요약)과 독일어 번역본은 *Calvin-Studienausgabe*, vol. 1/2, *Reformatorische Anfänge(1533-1541)* (Neukirchen-Vluyn, 1994), 272-335(Christian Link의 "서론" 263-271과 함께)를 보라. 2차자료로는 Eugénie Droz, "Calvin et les nicodémites," in *Chemins*

1537년 1월 12일 제네바에서 독자들에게 쓴 편지(*Ep.* 1:30)가 있는데, 거기에서 칼뱅은 자신을 에스겔 선지자와 동일시하고 있다. 그는 많은 사람들이 에스겔의 말씀을 들으면서도 에스겔이 선지자라는 것을 알지 못했기 때문에 그 말씀을 실천하지 않았다고 지적하였다.(겔 33:31, 33)

1) 니콜라스 두셔맹에게 보낸 편지

칼뱅이 쓴 첫 번째 편지(*CO* 5:239-278, *OS* 1:289-329)는 오를레앙 학창 시절부터 그의 친구 그룹에 속했던 니콜라스 두셔맹(Nicolas Duchemin)에게 보낸 것이다.[3] 두셔맹은 르 망(Le Mans)의 주교관구에서 교회 직분을 맡고 있었다.[4] 두셔맹은 로마가톨릭의 예식에 참여해야 하는 처지였기에 어떻게 하는 것이 좋을지 칼뱅의 조언을 구했었다. 칼뱅은 편지에서 로마가톨릭의 예배, 특히 "무엇보다 혐오해야 할" 미사에

---

de l'hérésie: Textes et documents, 4 vols.(Geneva, 1970-76), 1:131-171; Alexandre Ganoczy, *The Young Calvin*, trans. David Foxgrover and Wade Provo(Philadelphia, 1987), 112, 274-276, 289-291; Olivier Millet, *Calvin et la dynamique de la parole: Étude de rhétorique réformée*(Paris, 1992), 479-504를 보라.

3) 1장의 해당 부분을 참고하라.

4) 이 편지의 라틴어 표제는 *De fugiendis impiorum illicitis sacris, et puritate Christianae religionis observanda*이다. 1544년 칼뱅의 동료 가운데 누군가가 프랑스어로 번역한 책이 제네바에서 *Traité des bénéfices*…라는 제목으로 발행되었다. 똑같은 본문이 *Recueil des opuscules*에 실려 있는데, *Comment il faut éviter et fuir les cérémonies et superstitions papales, et de la pure observation de la religion chrestienne*이라는 제목을 달고 있다. 칼뱅은 나중에 Duchemin에게 보낸 편지를 수정하여 자신의 1543년 판 *Petit traité*에 포함시켰다.(4장의 관련 부분 참조; 그리고 이 글과 *Epistolae duae*의 관계에 관해서는 Millet, *Calvin et la dynamique*, 809-825를 참조하라.) 영어 번역은 *Tracts and Treatises*, ed. Henry Beveridge(Edinburgh, 1844; repr., Grand Rapids, 1958), 3:359-411.

반대하고 있다. 더욱이 칼뱅은 프로테스탄트가 되기로 마음먹은 것을 공개적으로 밝히지 않는 사람들을 비난한다. 공개적으로 드러내지 못하면 결국은 은밀하게 로마가톨릭 예배에 참여하게 되기 때문이다. 우리가 살펴본 대로, 칼뱅은 후에 이 사람들을 니고데모파라고 부른다.

2) 제라르 루셀에게 보낸 편지

칼뱅이 이름을 밝히지는 않았지만 두 번째 편지는 "오랜 친구이자 지금은 고위성직자"가 된 제라르 루셀(Gérard Roussel)에게 보낸 편지(*CO* 5:279-312, *OS* 1:329-362)이다.[5] 칼뱅은 파리에서 보낸 학창 시절에 루셀을 알았음에 틀림없으며, 루셀은 앙굴렘의 마르가리타의 궁정설교자였다. 1536년 루셀은 올레롱(Oléron) 주교관구의 주교로 임명을 받았다. 이 편지에는 주교의 직책에 대한 상세한 논의가 담겨 있는데, 칼뱅은 정면으로 맞서서 근본적인 조처를 취하라고 루셀에게 요구하면서, 타협과 기다림은 결코 선택 가능한 방안이 될 수 없다고 강조하였다. 이후에 칼뱅은 루셀이 계속 복음을 전하고 있다는 소식을 기욤 파렐에게서 들었다.(1540년 4월 16일자 편지에서)[6]

1540년 2월 29일 레오 유트가 칼뱅에게 보낸 편지(*CO* 11:26-27)에서, 유트는 칼뱅이 루셀에게 보낸 편지를 독일어로 번역했으며, 이 번역을 출판할 수 있도록 그가 동의해줄 것을 요청하였다. 이 독일어 번역(*Bericht uss göttlicher gschrifft*)은 1540년 바젤에서 출판되었다.[7]

---

5) 칼뱅은 이 편지에 *De Christiani hominis officio in sacerdotiis papalis ecclesiae vel administrandis, vel abiciendis*라는 제목을 달았다.

6) A.-L. Herminjard, *Correspondance des réformateurs dans les pays de langue Française*, 9 vols.(Genenva, 1866-97), 6:209를 보라.

7) Rodolphe Peter and Jean-François Gilmont, *Bibliotheca Calviniana: Les Oeuvres de Jean Calvin publiées au XVIe siècle*, vol. 1, *Écrits théologiques*,

2. 로잔에서의 종교회담(1536)

1536년 10월 파렐과 비레는 칼뱅과 함께 로잔에서 열리는 공개적인 종교회담에 참여하였다. 그곳에서 베른의 초대를 받은 종교개혁파 목회자들과 그 지역 로마가톨릭교회 대표자들이 파렐이 작성한 10개 조항을 논의하기로 되어 있었다.(본문은 *CO* 9:701-702)[8] 10월 1일 로잔과 그 근교에 종교개혁을 도입할 것인가 말 것인가 하는 중요한 문제를 가지고 파렐이 회담을 시작하였다. 10월 5일 성만찬에서 그리스도의 임재 문제가 논의될 때 로마가톨릭 측에서 누군가가 개혁자들이 교회 교부들의 권위를 경멸하고 새로운 교리를 도입했다고 비난하자, 칼뱅은 처음으로 변호에 나섰다. 칼뱅은 교회 교부들에 대한 지식에서 파렐과 비레를 능가하였으며, 종교개혁을 향한 비난을 반박하였다.

10월 7일 화체설이 논의의 주제로 떠올랐을 때 칼뱅은 다시 한 번 대변자가 되었다. 그는 개혁자들이 새로운 가르침을 도입하고 있는 것

---

littéraires et juridiques 1532-1554(Geneva, 1991), 70-71; 그리고 F. P. van Stam, "Leo Jud als programmatischer Interpret Calvins," *NAKG* 79(1999): 123-141. van Stam은 Jud가 칼뱅의 편지를 문자적으로 번역하지 않았고, 작은 변화를 줌으로써 그것이 특별히 교회 재산의 오용에 대항해서 투쟁하는 역할을 하도록 활용했다고 말하고 있다.

8) 라틴어 본문은 *Bekenntnisschriften der reformierten Kirchen*, ed. E. F. K. Müller(Leipzig, 1903), 110쪽을 보라. 영어 번역본은 *Calvin: Theological Treatises*, ed. J. K. S. Reid(London and Philadelphia, 1954), 35-37을 보라. 2차자료로는 Charles Subilia, *La Dispute de Lausanne*(Lausanne, 1885); Henri Meylan and R. Deluz, *La Dispute de Lausanne*(Lausanne, 1936); Arthur Piaget, ed. "Les Actes de la dispute de Lausanne, 1536, publiés intégralement d'aprés le manuscrit de Berne," in *Mémoires de l'Université de Neuchâtel* 6(1928); Georges Bavaud, *La Dispute de Lausanne*(1536): *Une Étape de l'évolution doctrinale des réformateurs romands*(Fribourg, 1956); Eric Junod, ed. *La Dispute de Lausanne*(1536): *La Théologie réformée après Zwingli et avant Calvin*(Lausanne, 1988)을 참조하라.

이 아니며, 교회 교부들이 화체설에 대해 아무것도 알지 못했다는 점을 강조하였다. 성만찬 논쟁에서 칼뱅은 교회 교부들에 대한 지식과 관련하여 강한 인상을 주었다. 회담 동안의 그의 활동에 대해서는 『로잔 회담에서 행한 칼뱅의 두 편의 연설』(*Deux discours de Calvin au colloque de Lausanne*)을 참조할 수 있다.(*CO* 9:877-886)[9]

3. 루이 뒤 티예와의 서신교환(1538)

1538년 슈트라스부르크에 있을 때, 칼뱅은 1537년 이미 제네바를 떠났던 뒤 티예가 프랑스에서 로마가톨릭교회로 복귀했다는 소식을 들었다. 뒤 티예가 공개적으로 이것을 밝히기까지는 오랜 시간이 걸렸지만, 1538년 9월 7일 칼뱅에게 이 문제와 관련하여 편지를 했다.(*CO* 10b:241-245, *Ep*. 1:85) 뒤 티예는 칼뱅이 하나님에 의해서가 아니라 사람들에 의해 그 직무에 부름을 받았다고 말하면서, 칼뱅에게 참된 (로마가톨릭) 교회로 돌아오라고 호소하였다. 칼뱅은 10월 20일 뒤 티예에게 답장하여(*CO* 10b:269-272), 자신이 직무를 맡게 된 과정을 설명하였다. 만일 칼뱅이 사람들만 상대했다면 그 직무를 받아들이지 않았을 것이다. 그러나 칼뱅은 하나님 앞에서 의무감을 느꼈기 때문에 그것을 받아들인 것이다. 뒤 티예는 장문의 편지(*CO* 10b:290-302)를 보내어 이에 다시 답하였지만, 칼뱅은 그 편지가 담고 있는 내용 때문에 다시는 답하지 않았다.[10]

---

9) 영어 번역본에 대해서는 Reid, *Calvin: Theological Treatises*, 38-46을 참조하라.
10) Alexandre Crottet, *Correspondance française de Calvin avec Louis Du Tillet, 1537-1538*(Lausanne/Paris, 1850); Olivia Carpi-Mailly, "Jean Calvin et Louis du Tillet: Entre foi et amitié, un échange révélateur," in *Calvin et ses contemporains*, ed. Olivier Millet(Geneva, 1998), 7-19.

4. 『사돌레토에 대한 답변』(1539)

칼뱅과 파렐이 추방당한 후에, 로마가톨릭 사람들은 제네바가 처한 어려운 상황 덕을 보고자 애썼다. 제네바의 예전 주교였던 피에르 드 라 봄(Pierre de La Baume)은 제네바가 다시 가톨릭으로 돌아올 가능성이 있다고 보았다. 리옹에서 열린 주교회의에서 이 문제를 의논한 끝에, 제네바 의회와 시민들에게 '로마 주교에 복종'하기 위해 돌아올 것을 촉구하는 공개서한을 보내기로 결정하였다. 카르팡트라의 주교이자 추기경인 사돌레토(Sadoleto)가 이 편지를 쓰기에 가장 적합한 사람으로 지명되었다. 사돌레토는 이전에 두 번이나 비슷한 종류의 편지를 쓴 적이 있었는데, 1537년에는 비텐베르크에 있던 필립 멜란히톤에게, 1538년에는 슈트라스부르크에 있던 슈투름에게 편지를 보냈다.

사돌레토가 제네바 의회와 시민들에게 보낸 편지는 1539년 3월 18일자로 되어 있다.[11] 이 편지에서 그는 제네바의 거주민들이 "우리의 어머니, 교회"에서 이탈한 것을 유감스럽게 여기고 있다. 그에 따르면 그리스도인은 그리스도인의 삶을 위한 규범을 확립하는 로마가톨릭교회의 인도를 받아야만 한다. 사돌레토는 제네바의 목회자들, 특히 파렐을 기만하는 자요 혁신자라고 비난하였다.

3월 27일 제네바 의회는 전날 편지와 함께 받은 서장(書狀)에 대해

---

11) G. von Schultesz-Rechberg, *Der Kardinal Jacobo Sadoleto: Ein Beitrag zur Geschichte des Humanismus*(Zurich, 1909); W. H. Beekenkamp, "Calvijn en Sadoleto," *Veritatem in Caritate* 4(1959): 21-27; Richard M. Douglas, *Jacopo Sadoleto, 1477-1547: Humanist and Reformer*(Cambridge, 1959); Jean Cadier, "Sadolet et Calvin," *RHPhR* 45(1965): 72-92; Ganoczy, *Young Calvin*, 126, 246, 254-259, 279-281, 294-297; Helmut Feld, "Um die reine Lehre des Evangeliums: Calvins Kontroverse mit Sadoleto 1539," *Catholica* 36(1982): 150-180을 참조하라.

논의하고, 제네바와 베른의 관계를 고려해 이것을 베른에 보내기로 결정했다. 베른 의회는 다시 베른 목회자들에게 이 편지에 답해줄 것을 요청했지만, 목회자들은 어떻게 해야 할지 분명히 알 수가 없어서 칼뱅에게 도움을 청하였다. 칼뱅은 시몬 슐처(Simon Sulzer)를 통해 사돌레토의 편지 사본을 받으면서 그에 대한 답변서를 작성해달라는 요청도 받았다. 슈트라스부르크에 있던 칼뱅의 동료들도 사돌레토에게 답할 것을 그에게 촉구하였다. 칼뱅은 8월에 『사돌레토에 대한 답변』(*Responsio ad Sadoletum*)을 6일 만에 작성하였다. 이 답변에서 칼뱅은 양쪽 중에서 어느 쪽이 하나님을 올바른 방법으로 섬기는지를 논하면서 교회는 인간의 합의에 기초하는 것이 아니라 말씀 위에 기초하는 것임을 지적하였다. 칼뱅은 또한 자신과 동료들은 교회를 파괴하려는 것이 아니라 교회를 새롭게 하려고 노력하고 있다고 말했다. 그는 성령과 말씀의 관계, 믿음에 의한 칭의, 성례에 관해 논하고, 교회의 일치는 그리스도 안에서 찾아야 한다는 점을 지적함으로써 끝을 맺었다.

사돌레토의 편지와 그에 대한 칼뱅의 답변은 9월에 슈트라스부르크에서 출판되었다.(*CO* 5:385-416, *OS* 1:457-489)[12] 제네바 의회는 1540년 1월 30일 이를 라틴어와 프랑스어로 출판할 것을 결정했다. 프랑스어로 출판한 것은 평범한 사람들도 그 내용을 알 수 있도록 하기 위함이었다.[13]

---

12) *Jacobi Sadoleti Romani Cardinalis Epistola ad senatum populumque Genevensem, qua in obedientiam Romani pontificis eos reducere conatur. Ioannis Calvini Responsio*(Strasbourg, 1539). 또한 각주 13)을 참조하라.

13) *Epistre de Iaques Sadolet Cardinal, envoyée au senat et peuple de Genève, par laqulle il tasche les reduire soubz la puissance de l'évesque de Romme. Avec la Response de Iehan Calvin*. 라틴어의 프랑스어 번역본인 이 책은 1540년 제네바에서 나왔다.[프랑스어 본문은 *Recueil des opuscules*(Geneva, 1566), 131-175에 실려 있다.] 프랑스어 번역은 칼뱅이

5. 하게나우, 보름스, 레겐스부르크에서의 종교회담

칼뱅이 슈트라스부르크의 교회와 관련을 맺고 있던 동안, 그는 프로테스탄트와 로마가톨릭이 하게나우, 보름스, 레겐스부르크에서 개최한 종교회담에 참석하였다.[14] 이런 회합들은 칼뱅이 몇몇 작품들을 저술하는 계기가 되었다.

1539년 4월 19일 양측에서 온 군주들이 합의에 도달하여(Frank-

한 것이 아니다. 프랑스어 판들에 대해서는 *La vraie piété: divers traités de Jean Calvin et Confession de foi de Guillaume Farel*, ed. Irena Backus and Claire Chimelli(Geneva, 1986), 57-119를 보라. 여기서 Backus는 사돌레토의 편지와 칼뱅의 답장에 서론을 붙이고 있으며, 두 글에 대한 근대 프랑스어 번역도 여기서 볼 수 있다. (서문을 붙인) 영어 번역본에 대해서는 *Calvin: Theological Treatises*, ed. Reid, 219-256; *John Calvin and Jacopo Sadoleto, A Reformation Debate*, ed. John C. Olin(New York, 1966; reprint, Grand Rapids, 1976; repr., New York, 2000)을 보라. 독일어 번역본과 라틴어 본문은 *Calvin-Studienausgabe*, 1/2:346-429(Christian Link의 "서론" 337-344와 함께)를 보라.

14) 1540-41년의 종교회담들의 주제들에 대해서는 *Die Vorbereitung der Religionsgespräche von Worms und Regensburg 1540/41*, Texte zur Geschichte der evangelischen Theologie 4(Neukirchen, 1974)를 보라. 우리는 또한 C. Augustijn, *De godsdienstgesprekken tussen Rooms-Katholieken en Protestanten van 1538 tot 1541*(Haarlem, 1967); Wilhelm H. Neuser, "Calvins Beitrag zu den Religionsgesprächen von Hagenau, Worms und Regensburg(1540/41)," in *Studien zur Geschichte und Theologie der Reformation: Festschrift für Ernst Bizer*, ed. Luise Abramowski et al.(Neukirchen, 1969), 213-237; Bernhard Lohse, "Wiedervereinigungsversuche zwischen Katholiken und Protestanten," in *Handbuch der Dogmen- und Theologiegeschichte*, ed. Carl Andresen, 3 vols.(Göttingen, 1980-84), 2:102-108(특히 102쪽에 언급된 2차 문헌들); J. M. Stolk, *Johannes Calvijn en de godsdienstgesprekken tussen rooms-katholieken en protestanten in Hagenau, Worms en Regensburg(1540-1541)*, (Kampen, 2004)을 참조하라.

furter Bestand), 슈파이어에서의 종교회담을 위한 길을 열었다. 그러나 역병으로 인해 회담은 슈파이어에서가 아니라 슈트라스부르크에서 10km 정도 떨어진 하게나우에서 개최되었다. 1540년 6월 28일 페르디난트 1세가 프로테스탄트 대표들과 예비 대화를 시작했다. 칼뱅(자발적으로 하게나우 회담에 참석하였다.), 부처, 카피토가 협상에 참여하였고, 멜란히톤은 병 때문에 참석할 수가 없었다. 어떤 형태로 회담을 진행할 것인가 하는 문제로 많은 시간이 소모되었다. 결국 양측에서 각각 33명이 참여하고 그들 중 투표권을 가진 11명의 대표자들을 선출하기로 결정하였다. 회담은 1540년 10월 28일 보름스에서 개최하고, 『아우크스부르크 신앙고백』(*Confessio Augustana*)을 논의의 기초로 하기로 결정하였다. 칼뱅은 제네바에 거주하던 프랑스 피난민 뒤 텔리(Du Tailly)에게 보낸 편지(*CO* 11:64-67)에서 하게나우 회담에 대해 설명하였다.

칼뱅과 슈투름은 10월 24일 슈트라스부르크를 떠나 보름스로 갔다. 회담은 10월 28일 시작하기로 예정되어 있었지만, 황제의 대리자 그랑벨(Granvelle)이 아직 도착하지 못했고 한참 후에야 도착하였다. 그동안 멜란히톤, 부처, 칼뱅과 같은 프로테스탄트 신학자들은 11월 8일부터 18일까지 회담에서 논의할 문제들에 관해 함께 숙고하였다.

11월 25일에서야 그랑벨의 인사말로 보름스 회담이 시작되었다. 그러나 양측이 공식적으로 함께 만나지는 않았다. 협상은 조정자 역할을 맡은 몇 명의 회담 대표자들에 의해 일정한 거리를 두고 진행되었다. 12월에 칼뱅은 파렐에게 보름스에서 일이 어떻게 진행되고 있는지를 알리는 편지를 썼다.(*CO* 11:135-140, 11월 13일에 칼뱅이 파렐에게 보낸 보고 편지는 분실되었다.) 12월 29일 그랑벨은 양측에서 한 명씩 대표자를 내세워 공개토론을 벌이자고 제안하였다.

1541년 1월 1일 칼뱅은 보름스에 있는 동안 '순전히 재미로' 『그리스도의 승리의 찬가』(*Epinicion Christo cantatum*)라는 시를 지었다.[15)]

『그리스도의 승리의 찬가』는 명백히 보름스의 사건을 빗대고 있었다. 칼뱅은 본래 이것을 출판할 의도가 전혀 없었지만, 칼뱅의 친구들이 읽고서 그가 모르는 사이에 회람시켰다. 1544년 사람들이 칼뱅에게 이 시에 대해 묻기 시작했을 때에야, 그는 이 시가 도미니크 수도회원인 비달 드 베카니스(Vidal de Becanis)가 툴루즈(Toulouse)에서 작성한 금서목록에 포함되어 있음을 알게 되었다. 칼뱅은 그 후 이 시의 출판을 추진했고, 1544년 제네바에서 『그리스도의 승리의 찬가』라는 제목으로 나왔다. 1540-41년에 보름스에 있었던 콘라트 바디우스(Conrad Badius)는 1555년에 제네바에서 자신이 준비한 프랑스어 번역을 첨부하여 칼뱅의 찬가를 재출간하였다.(*Chant de victoire, chanté à Jésus Christ en vers latins par M. Iean Calvin, l'an M.D.XLI, Ie premier jour de janvier, à la diète qui pour lors se tenoit à Wormes. Nouvellement traduit en rithme françoise, en vers alexandrins, par Conrad Badius, de Paris.*)[16]

보름스에서의 회담은 결국 1월 14일 원죄에 대한 에크와 멜란히톤의 공개토론으로 시작되었다. 그러나 이 논쟁은 그것을 레겐스부르크 회담에서 계속하라는 황제의 칙령에 의해 1월 18일 중단되었다.(1월 31일 파렐에게 보낸 칼뱅의 편지를 보라-*CO* 11:145-147)

레겐스부르크 회담이 시작되기 전인 3월에 유세비우스 팜필리우스(Eusebius Pamphilius)라는 필명으로, 교황 바오로 3세가 황제 카를 5세에게 주는 자애로운 권면을 가상으로 제시하면서, 그것에 대한 신랄한

---

15) *Epinicion Christo cantatum ab Ioanne Calvino. Calendis Ianuarii anno 1541.*(*CO* 5:417-428; *OS* 1:495-498) 본문과 독일어 번역본은 *Calvin-Studienausgabe*, 1/2:504-517(Matthias Freudenberg의 "서론" 495-502와 함께)을 참조하라. 또한 E. A. de Boer, *Loflied en hekeldicht: De geschiedenis van Cavijn's enige gedicht. Het Epinicion Christo cantatum van 1 januari 1541*(Haarlem, 1986)을 보라.

16) *Recueil des opuscules*, 195-200.

논평이 출간되었다.(*Consilium admodum paternum Pauli III, pontificis Romani, datum imperatori in Belgis per cardinalem Farnesium pontificis nepotem pro Lutheranis. Anno 1540. Et Eusebii Pamphili eiusdem consilii pia et salutaris explicatio*)[17] 프랑크푸르트에서의 논의와 하게나우에서의 논의 사이의 기간에 교황은 황제가 종교회담을 소집하는 것을 막으려고 노력하면서, 프로테스탄트를 터키인들보다 더 위험한 적이라고 기술했다. 비록 신랄한 논평의 내용이 많은 부분 부처에게서 왔지만 저자는 칼뱅으로 여겨졌다.[18] 이 소논문은 황제의 지도력 아래 종교회담을 개최할 것을 주장하고 있다.

4월 5일 팔츠의 프리드리히 2세가 회담을 개회하였고, 이는 4월 27일부터 5월 31일까지 레겐스부르크에서 개최되었다. 보름스에서 중단되었던 회담이 그곳에서 계속되었다. 로마가톨릭 측 대표는 교황의 사절이었던 가스파로 콘타리니(Gasparo Contarini), 피기우스, 에크였고, 프로테스탄트 측 대표는 멜란히톤, 부처, 칼뱅이었다. 멜란히톤은 "학자들 사이에서 칼뱅의 명성을 이유로" 그의 참여를 강력히 주장했다.

4월 27일부터 5월 25일까지 양측은 출발점의 역할을 한 이른바 『보름스 보고서』(*Wormser Buch*)를 가지고 종교적인 주제들을 논의했다. 이 책은 그랑벨의 주도로 보름스 종교회담 동안 비공식적인 토의, 특별히 그로페(Johann Gropper, 로마가톨릭)와 부처(프로테스탄트)의 토의를 통해 작성된 조항들을 담고 있었다.(본문은 *CO* 5:516)[19] 레겐스부르

---

17) *CO* 5:461-508; French: *Recueil des opuscules*, 438-471.

18) Johannes Sleidanus(ca. 1506-56)는 이 글을 칼뱅의 작품으로 돌렸지만, Augustijn은 부처가 저자라고 생각한다. C. Augustijn, "Die Autoschaft des *Consilium admodum paternum*," in *Calvin: Erbe und Auftrag; Festschrift für Wilhelm Heinrich Neuser zum 65. Geburtstag*, ed. W. van 't Spijker(Kampen, 1991), 255-269. 또한 Jean-François Gilmont이 *Bibliotheca Calviniana*, 2:1111-1112에서 내리는 결론을 참조하라.

크에서 양측은 원죄, 자유의지, 칭의에 관한 합의를 도출했지만, 교회와 특히 성만찬에 대한 주제에서는 문제가 발생하였다.(5월 11일, 12일, 그리고 7월에 칼뱅이 파렐에게 보낸 편지들을 보라. *CO* 11:215-218, 251-252)[20] 『보름스 보고서』에 관한 토의의 최종 결과는 『레겐스부르크 보고서』(*Regensburger Buch*)에 기록되었고, 이것은 5월 31일 프로테스탄트 진영에서 작성한 9개의 반대 조항과 함께 황제에게 제출되었다.[21]

회담이 끝나기 전에(회담의 '성과'가 그곳에서 토론되고 있을 때), 칼뱅은 부처와 멜란히톤의 기대를 저버리고 슈트라스부르크로 돌아가기로 했다. 레겐스부르크에서의 체류가 너무 길었기에, 슈트라스부르크로 돌아가야만 한다고 느낀 것이다. 칼뱅은 6월 25일 슈트라스부르크에 도착했다.

회담 이후에 칼뱅은 그 결과물로 나온 많은 문서들을 공개하는 것에 호의적이었기 때문에 책으로 묶는 일에 착수했다. 어떤 사람들은 모든 것을 비밀에 붙이기를 원했지만, 칼뱅은 하나님께서는 자신의 말씀이 묻히거나 소수의 학자들에게만 국한되는 것을 원치 않으신다고 생각

---

19) C. Augustijn, "Das Wormser Buch: Der letzte ökumenische Konzensversuch Dezember 1540," *BPfKg* 62(1995: 7-46); Stolk, *Johannes Calvijn en de godsdienstgeprekken*, 221(특히 각주 148)).

20) Wihelm H. Neuser, "Calvins Urteil über den Rechtfertigungsartikel des *Regensburge Buches*," in *Reformation und Humanismus: Robert Stupperich zum 65. Geburtstag*, ed. Martin Greschat et al.(Witten, 1969), 176-194; A. N. S. Lane, "Calvin and Article 5 of the Regensburg Colloquy," in *Calvinus Praeceptor Ecclesiae: Papers of the International Congress on Calvin Research, Princeton, August 20-24*, ed. Herman J. Selderhuis(Geneva, 2004), 233-263을 보라.

21) Regensburger Buch의 본문은 CR 4:190-238에서 볼 수 있다. 본문비평적인 편집본은 *Acta Reformationis Catholicae ecclesiam Germaniae concernentia saeculi XVI*, ed. Georg Pfeilschifter(Regensburg, 1959-74), 6:24-88에 나타난다.

했다.(*CO* 5:682, 513) 부처와 멜란히톤도 문서들을 책으로 엮는 일에 착수하였다. 부처는 많은 자료들을 칼뱅에게 보내 프랑스어로 번역하도록 하였다. 칼뱅도 문서들에 대한 논평을 제공하였다.[22] 1541년 9월 13일 제네바로 귀환한 칼뱅은 의회의 동의를 받아 레겐스부르크 결의문과 자신의 논평을 출판하였다.(*Les Actes de la iournée imperiale, tenue en la cité de Regespourg, aultrement dicte Ratispone, l'an mil cinq cens quarante et un, sur les différens qui sont auiourdhuy en la religion*—*CO* 5:509-684) 레겐스부르크 회담의 성과에 관해서 칼뱅은 8월 13일 비레에게 보낸 편지(*CO* 11:261-363)에서 자신이 늘 예상하던 대로 아무런 종교적 평화도 이루지 못하고 공의회로 문제들을 넘기는 것으로 끝났다고 말했다.

6. 악습에 대한 논박(『성유물에 관한 논문』, 1543)

1543년 유물숭배를 비판한 칼뱅의 『성유물에 관한 논문』(*Traité des reliques*)이 나왔다.[23] 이 책의 영어 번역 전체 제목은 다음과 같다. 『이

---

22) 부처의 *Acta colloquii*와 칼뱅의 책 사이의 차이점에 대해서는 Stolk, *Johannes Calvijn en de godsdienstgeprekken*, 295-298, 335-339를 보라.

23) 전체 제목: *Advertissement très utile du grand proffit qui reviendroit à la chrestienté, s'il se faisoit inventoire de tous les corps sainctz, et reliques, qui sont tant en Italie, qu'en France, Allemaigne, Hespaigne, et autres royaumes et pays*.(*CO* 6:405-452; *Recueil des opuscules*, 726-758) 또한 주를 달아놓은 프랑스어 본문(서론 12-16쪽에서 Higman은 성유물에 대한 칼뱅의 견해를 위해 *Institutes* 1.11을 언급한다.)에 대해서는 John Calvin, *Three French Treatises*, ed. Francis M. Higman(London, 1970)을 참조하라. Nicolas Des Gallars(Gallasius)는 라틴어 번역본을 썼다(Geneva, 1548). Irena Backus는 서론을 쓰고 현대 프랑스어로 번역해서 주를 달아 *La vraie piété*,

탈리아, 프랑스, 독일, 스페인, 그리고 다른 나라들과 지역들에 있는 모든 성스러운 유골과 유물의 목록을 받아들일 때 그리스도교가 다시 얻게 될 큰 유익에 대한 매우 유용한 설명』(*A Very Useful Account of the Great Profit That Christianity Will Again Receive If It Takes Inventory of All the Sacred Bodies and Relics That are Located in Italy, France, Germany, Spain, and Other Kingdoms and Countries*).

제목 자체에서 저자가 유물숭배를 비난하고 있음을 추측할 수는 없지만, 칼뱅의 이름과 책의 내용은 그것을 분명하게 해준다. 의도가 그랬기 때문에 제목이 다소 풍자적이다. 이 소논문은 평범한 사람들이 접할 수 있도록 프랑스어로 썼다. 교회는 결코 잘못이 있을 수 없다고 생각하는 사람들도 유물숭배와 같은 바보 같은 문제에 몰두하게 되면 자신들의 생각을 바꾸지 않을 수 없게 될 것이다.

칼뱅은 일찍이 아우구스티누스도 평범한 사람들에게 주입된 이 사기에 대해 알고 있었으며 그 이후로 이것은 더 악화되기만 했다고 쓰고 있다. 이 악의 뿌리는 사람들이 예수 그리스도를 말씀과 성례에서 찾지 않고, 온갖 종류의 덜 중요한 것들 속에서 찾으려고 하는 것이다. 물론 사람들은 유물이 그리스도와 함께 마음으로 숭배될 수 있다고 말할 수도 있을 것이다. 그러나 바울은 인간의 생각에서 나오는 숭배는 어리석은 것이라고 말한다. 게다가 유물숭배는 우상숭배로 이끄는 불필요한 허식이다. 하나님의 영광이 다른 것들에게로 전가되며, 살아 계신 하나님 대신에 생명 없고 공허한 것들이 숭배되는 것이다.

이와 연관된 다른 악은 유물이 행하는 사기협잡이다. 위조를 동반한 사기범죄가 너무 많아 칼뱅은 이를 일일이 다 열거할 수가 없었다.

---

ed. Backus and Chimelli, 155-202에서 제시하고 있다. Olivier Millet 또한 주석과 함께 현대 프랑스어 번역을 제공한다. *Calvin: Oeuvres choisis*(Saint-Amand, 1995), 189-249(185-189쪽의 서론과 함께).

그래서 그는 사람들을 일깨우고 그들에게 분별력을 가져다주기 위해 몇몇 예들을 제시하는 데 만족하였다. 칼뱅은 그리스도인 군주들이 이러한 사기극으로부터 자신들의 신하들을 보호하기를 소망하고 있다.

다음으로 칼뱅은 프랑스, 독일, 스페인, 그리고 다른 나라의 유물 지역에서 무슨 일이 일어나고 있는지를 자세하게 정리하고 있다. 그는 예수 그리스도, 마리아, 성 미카엘, 세례 요한, 사도들, 순교자들, 성인들과 관련된 다양한 유물들을 언급한다. 그는 모든 독자에게 유물과 관련된 이방 미신을 포기하라고 요구하면서, 바울이 데살로니가후서 2:3-12에서 무엇이라고 쓰고 있는지를 언급함으로 끝을 맺는다.

이 소논문을 쓰면서 참고한 출처와 관련해서 칼뱅은 다른 사람들보다도 암브로시우스와 유세비우스를 언급한다. 이 소논문에 대한 소개글을 쓰면서, 백커스(Irena Backus)는 유물숭배에 대한 중세후기의 비판을 지적한다. 칼뱅의 비판이 보다 근본적이라 할지라도, 칼뱅을 그 이전의 비판에서 따로 분리해서 바라볼 수는 없는 것이다.[24]

1549년 로마가톨릭의 논쟁가인 요하네스 코클라이우스(Johannes Cochlaeus)가 자신의 책, 『그리스도의 성유물과 그의 성례에 관하여, 장 칼뱅의 비방과 모략에 대한 간략한 응답』[*De sacris reliquiis Christi et sanctorum eius, Brevis contra Ioannis Calvini calumnias et blasphemias responsio*(Mainz, 1549)]에서 (니콜라스 데 갈라가 번역한) 칼뱅의 라틴어 판 소논문을 공격했다는 사실도 언급해야만 한다.

---

24) Backus and Chimelli, *La vraie piété*, 160.

7. 알베르투스 피기우스와의 논쟁

1543년 초에 칼뱅의 소책자 『알베르투스 피기우스의 비방을 반박하며 인간 의지의 속박과 자유에 관한 건전하고 정통적인 교리를 변호』(*Defensio sanae et orthodoxae doctrinae de servitute et liberatione humani arbitrii adversus calumnias Alberti Pighii Campensis*, *CO* 6:225-404)가 나왔다.[25] 이 책은 멜란히톤에게 헌정되었다.(1543년 2월 15일 멜란히톤에게 보낸 편지를 보라. *CO* 11:515-517) 헌정사는 1542년 (캄펜 출신인) 피기우스(Pighius)가 쾰른에서 출판한 『인간의 자유의지와 하나님의 은혜에 관하여』(*De libero hominis arbitrio et divina gratia libri X*)라는 논문에 대해 칼뱅이 빨리 응답하고자 했음을 밝히고 있다. 피기우스는 "나의 독일인들"을 위해 쓴 자신의 저서를 사돌레토 추기경에게 헌정하였다. 헌정사에서 피기우스는 교회를 위협하는 이단들, 특히 "가장 유해한 루터"에게 자신이 대응하고 있다고 말한다. 피기우스는 우

---

25) 프랑스어 번역(*Response aux calomnies d'Albert Pighius*…)은 1560년에 나타났다. 프랑스어 본문은 *Recueil des opuscules*, 257-438에 실려 있다. 영어 번역은 *The Bondage and Liberation of the Will: A Defense of the Orthodox Doctrine of Human Choice against Pighius*, trans. G. I. Davies, ed. A. N. S. Lane(Grand Rapids, 1996)를 보라. 2차자료로는 Pierre Pidoux, "Albert Pighius de Kampen, adversaire de Calvin," Thèse de licence, University of Lausanne, 1932; Gerard Melles, *Albertus Pighius en zijn strijd met Calvijn over het liberum arbitrium*(Kampen, 1973); L. F. Schulze, *Calvins Reply to Pighius*(Potchefstroom, 1970); 같은 저자, "Calvins Reply to Pighius — A Micro and Macro View," in *Calvinus ecclesiae Genevensis custos*, ed. Wilhelm H. Neuser(Frankfurt am Main, 1984), 171-185; A. N. S. Lane, "The Influence upon Calvin of His Debate with Pighius," in *Auctoritas Patrum*, vol. 1, *New Contributions on the Reception of the Church Fathers in the 15th and 16th Century*, ed. L. Grane, A. Schindler, and M. Vriendt(Mainz, 1998), 125-139를 참조하라.

리가 필연적으로 죄를 지으며, 우리가 선하고 올바른 삶을 살거나 하나님의 명령에 순종하는 것은 불가능하다는 견해를 논박한다. 피기우스는 루터와 칼뱅이 자신들의 책에서 자유의지에 대해 언급한 것들을 이 책에서 검토하고 있다.

칼뱅은 『변호』에서 피기우스의 책 가운데 처음 여섯 권을 반박한다. 칼뱅은 피기우스가 표절을 범했다고 비난함으로써 시작한다. 왜냐하면 제1권, 1장의 제목, 즉 "하나님에 대한 지식과 우리 자신에 대한 지식은 상호 연관되어 있으며 상호 의존적이다"라는 제목이 칼뱅 자신의 『기독교강요』의 시작과 같기 때문이다. 칼뱅은 피기우스가 자유의지를 지지하려고 인용한 많은 교부들, 특히 아우구스티누스를 다루고, 더 나아가 루터를 변호한다. 그러나 성서만이 신앙을 위한 유일한 참된 표준이다.

칼뱅은 1552년에 피기우스와의 논쟁을 계속하였다. 칼뱅은 오랫동안 피기우스의 사상을 논박하는 또 다른 책을 쓰려고 계획하였지만 여러 상황이 그것을 허락하지 않았다. 예정론이 중요한 이슈였던 1551년의 제롬 볼섹 소송이 칼뱅으로 하여금 1552년에 제네바에서 『하나님의 영원한 예정에 관하여』(*De aeterna Dei praedestinatione*, *CO* 8:249-366)라는 새로운 논문을 출판하도록 만들었다. 프랑스어 번역판도 같은 해에 출판되었다.[26]

---

26) 라틴어 판의 전체 제목: *De aeterna Dei praedestinatione, qua in salutem alios ex hominibus elegit, alios suo exitio reliquit; item de providentia qua res humanas gubernat, Consensus pastorum Genevensis ecclesiae, a Io. Calvino expositus*. 프랑스어 번역본의 제목은 *De la prédestination éternelle de Dieu, par laquelle les uns sont éleuz à salut, les autres laissez en leur condemnation*…이고, 1552년 제네바에서 출판되었다.(*Recueil des opuscules*, 1219-1314) 본문은 *Ioannis Calvini Scripta Ecclesiastica 1, De aeterna Dei Praedestinatione-De la predestination eternelle*, ed. Wilhelm H. Neuser and Olivier Fatio(Geneva, 1998)을 보라. 영어 번역본은 *Calvin's Calvinism: Treatises on the Eternal Predestination of God and the Secret*

이 논문에서 칼뱅은 앞에서 언급한 피기우스의 작품 가운데 제7권부터 10권까지를 반박한다. 그는 또 다른 사람들, 특히 계시를 받았다고 하면서 자신에게 대적한 베네딕투스 수도회 소속 시큘루스(Georgius Siculus)와 같은 사람들과도 논쟁하였다. 볼섹이 거명되지는 않았지만, 칼뱅은 특히 예정론의 이중적인 성격을 변호하였다. 왜냐하면 볼섹은 불링거, 멜란히톤, 브렌츠에게 의지하여 자신이 유기의 절대적 교리를 논박했다고 생각했기 때문이다.

『하나님의 영원한 예정에 관하여』의 전체 제목이 보여주는 것처럼[…제네바 교회 목회자들의 합의(…*Consensus pastorum Genevensis ecclesiae*…)], 칼뱅의 논문은 모든 제네바 목회자들에게 공통의 진술문 기능을 하였다. 1552년 1월 1일 칼뱅은 서문을 작성하여, 이 논문을 제네바의 행정장관들과 의회에 헌정하였다. 그는 이 작품의 출판을 허락받기 전에 몇몇 의회의 모임에 참석해야 했다. 결국 이 소논문에 대한 동의의 뜻을 내포한 출판 허가를 내렸다. 칼뱅이 서문에서 밝히듯이, 이 논문은 의회의 이름으로 모든 경건한 사람에게 바쳐졌다.

칼뱅은 헌정사에서 우리가 구원의 확신을 갖기 위해서 우리에게 허락되지 않은 하나님의 숨겨진 섭리를 찾을 필요는 없다고 쓰고 있다. 오히려 우리는 우리에게 영원한 생명을 계시하고 허락해주신 그리스도에게 시선을 고정해야 한다. 우리는 그리스도 안에서 믿음으로 하나님나라에 접근할 수 있다. 복음의 분명한 약속에 만족하는 사람은 누구나

Providence of God, trans. Henry P. Cole(London, 1856-57; repr., Grand Rapids, 1987), 6-206("A Treatise on the Eternal Predestination of God"); John Calvin, *Concerning the Eternal Predestination of God*, trans. J. K. S. Reid(Cambridge, 1961; repr., Louisville, 1997)를 보라. 독일어 번역은 *Von der ewigen Vorherbestimmung Gottes…übereinkunft der Pastoren der Kirche zu Genf, entworfen von Johann Calvin, Genf 1552*, trans. and ed. Wilhelm H. Neuser(Düsseldorf, 1998)을 보라.

눈을 열어주시는 분이 하나님이심을 또한 깨달아야만 한다. 왜냐하면 우리가 어머니의 자궁에 잉태되기 전에 하나님께서 우리를 믿음의 사람으로 택하셨기 때문이다.[27)]

8. 소르본 학자들과의 논쟁(1544)

1543년 프랑수아 1세의 뜻에 따라 소르본 대학의 신학교수들은 종교개혁의 가르침을 거부하는 25개 조항을 작성하여 출판하였다. 60명 이상의 박사들이 이 조항에 서명하여, 로마가톨릭 신앙을 충실히 지키겠다고 맹세해야 하는 신학생들과 지망생들 앞에 제시하였다. 프랑수아와 파리 의회는 왕의 칙령으로 소르본 학자들의 문서를 비준하였고, 여기에 공식 교리의 지위를 부여하였다.

칼뱅은 1544년 이 조항들을 논박하는 저서 『현재 논쟁 중인 신앙의 문제들과 관련하여 파리대학 신학부 교수들이 합의한 조항들과 그에 대한 대응책』(*Articuli a facultate sacrae theologiae Parisiensi determinati super materiis fidei nostrae hodie controversis. Cum antidoto*, *CO* 7:1-44)을 출판하였다.[28)] 거기서 칼뱅은 각 조항의 내용을 제시한 다음 그

27) 예정론에 대한 작품은 다양한 방면에서 상당한 반발을 불러일으켰다. 바젤에서는 Celio Curione와 Sebastian Castellio가 칼뱅을 공격했고, 베른 의회는 특별한 조처를 취했다. 이 논문에 대한 테오도르 베즈의 견해에 대해서는 그의 *Correspondance*, ed. Hippolyte Aubert et al., 28 vols.(Geneva, 1960-2007), 1:81-83을 참조하라.

28) 라틴어 본문과 독일어 번역은 *Calvin-Studienausgabe*, vol. 3, *Reformatorische Kontroversen*(Neukirchn-Vluyn, 1999), 16-105(Matthias Freudenberg의 "서론," 1-14). 현대 프랑스어 판은 Jean Calvin, *Les articles de la sacrée faculté de théologie de Paris concernant notre foi et religion chréitienne et forme de prêcher, avec le remède contre la poison*, ed. Jacques de

것에 대해 풍자적 방식으로 논평을 가하였다. 칼뱅은 "그들의 어리석음을 폭로하기 위해 그들 자신의 허튼 소리"(Beze, *Histoire ecclésiastique*, 1.50)를 이용함으로써 스콜라 신학을 조롱하였으며, 성서적인 논증으로 각 조항의 내용을 반박하였다. 처음에는 라틴어로 씌어졌지만, 1544년 프랑스어 판도 나왔다.[29)]

1544년 칼뱅이 쓴 팸플릿도 있다. 『소르본 얼간이들의 이단서적 검열에 대한 경고』(*Advertissement sur la censure qu'ont faicte les bestes de Sorbonne, touchant les livres qu'ilz appellent hérétiques*).[30)] 여기서 칼뱅은 1544년 금서 목록을 출간한 소르본 학자들을 공격하고 있다.

9. 트렌트 종교회의와 아우크스부르크 잠정협정

1543년 10월 25일, 칼뱅은 마르틴 부처로부터 한 통의 편지(*CO* 11:634-635)를 받았다. 그 편지에서 부처는 칼뱅에게 1544년 2월 슈파이어에서 열릴 회담과 관련하여 로마가톨릭과 프로테스탄트의 관계가 어떤 형국에 놓여 있는지 설명해줄 것을 요청했다. 이에 따라 칼뱅은 『교회개혁의 필요성』(*Supplex exhortatio ad Caesarem*)을 저술했고, 프랑스어 번역판

Senarclens(Geneva, 1941). 영어 번역은 John Calvin, *Articles Agreed upon by the Faculty of Sacred Theology of Paris in Reference to Matters of Faith at Present Controverted; with the Antidote*, in Beveridge, *Tracts and Treatises*, 1:69-120.

29) *Recueil des opuscules*, 471-506.

30) Francis M. Higman, "Un pamphlet de Calvin restitué à son auteur," *RHPhR* 60(1980): 167-180, 327-337(the Sorbonne catalogue에 대한 칼뱅의 응답문); idem, *Lire et découvrir: La circulation des idées du temps de la Réforme*(Geneva, 1998), 131-154.

도 1544년에 나왔다.[31)]

이 논문은 황제 카를 5세에게 군주들과 더불어 교회 회복을 위해 나서 달라고 간곡하게 탄원하는 글이었다.[32)] 비록 자기 자신의 소리를 발하고 있지만, 칼뱅은 자신의 목소리에서 황제가 교회의 회복을 바라는 모든 사람의 메아리를 들어줄 것을 요청하고 있다. 칼뱅은 이런 노력에 동참하고 있는 군주들과 정부들을 언급하면서, 셀 수 없이 많은 경건한 사람들이 이 탄원에 자신과 동참하고 있다고 전한다. 그는 교회가 심각하게 병들어 있음을 모든 사람이 알고 있다고 말한다. 우리는 변화를 도입하기 위해 루터와 다른 이들의 발자취를 따라야 한다는 절박한 필요의 압력을 받아왔다. 칼뱅이 옹호하고자 하는 것이 바로 이러한 변화이다. 그는 치료책을 찾을 수밖에 없는 교회의 병들이 무엇인지 논하고, 그 후에 어떤 적합한 치료책을 채택해야 할 것인지, 그리고 마지막으

---

31) 전체 제목: *Supplex exhortatio ad invictissimum Caesarem Carolum quintum et illustrissimos principes, aliosque ordines, Spirae nunc imperii conventum agentes. Ut restituendae ecclesiae curam serio velint suscipere. Eorum omnium nomine edita qui Christum regnare cupiunt*(Geneva, 1543－*CO* 6:453-534). 프랑스어 판 제목은 *Supplication et remonstrance sur le faict de la chrestienté, et de la réformation de l'église faicte au nom de tous amateurs du regne de Jésus Christ, à l'empereur, et aux princes et estatz tenans maintenant journée impériale à Spire*(Geneva, 1544)이다. 본문은 *Recueil des opuscules*, 506-579를 보라. 서문을 갖추고 있는 영어 번역 축약본에 대해서는 *Calvin: Theological Treatises*, ed. Reid, *Calvin: Theological Treatises*, 183-216을 보라. 또한 J. J. Steenkamp, "Calvin's Exhortation to Charles V(1543)," in *Calvinus Sincerioris Religionis Vindex: Calvin as Protector of the Purer Religion*, ed. Wilhelm H. Neuser and Brian K. Amstrong(Kirksville, MO, 1997), 309-314; 그리고 J. N. Bakhuizen van den Brink, "Calvijn en Karel V," in *Protestantse pleidooien*(Kampen, 1962), 2:97-122를 참조하라.

32) Joachim Staedtke, *Johannes Calvin: Erkenntnis und Gestaltung*(Göttingen, 1969), 56에서는 이 논문에 대해 "종교개혁에 관한 상세하고도 뛰어난 변호서로, 이로 인해 칼뱅이 높은 칭송을 얻었다."고 말하고 있다.

로 왜 더 기다릴 시간이 없고 치료를 즉시 시행해야만 하는지에 대해서도 다룰 것이라고 말하고 있다.

이 저술의 마지막 부분에서 칼뱅은 교회의 결함을 교정하려고 하면 결국 분열만 초래하게 될 뿐이라는 비난에 대해서도 다루고 있다. 사람들이 우리에게 뒤집어씌우는 최후의 그리고 가장 심각한 비방은 우리가 교회를 분열시켰다는 것이라고 칼뱅은 말한다. 그는 사도들과 선지자들의 예를 들어 이를 논박한다. 참된 교회와 교회의 일치는 전적으로 교회의 머리 되신 그리스도와 관련되어야 한다. 그리스도가 교회에서 지고의 권위이시다.

마지막으로, 교회의 비참한 상황을 고려하여 칼뱅은 황제와 군주들에게 그리스도의 신부인 교회를 도와달라고 요청한다. 칼뱅은 그리스도께서 원하시기만 한다면, 사람들의 행동과는 별개로 그분 스스로 자신의 교회를 기적적으로 보존하실 것이라는 것을 인정한다. "그러나 만일 당신이 더 이상 머뭇거린다면 우리는 독일에서 가시적인 교회를 더 이상 볼 수 없게 될 것이라는 점을 말씀드립니다."

칼뱅이 이 논문을 쓰는 것이 얼마나 어려웠는가는 그가 파렐에게 보낸 1543년 11월 10일자 편지(*CO* 11:642-644)에서 분명히 드러난다. 이 문제와 관련해 조언과 지지가 필요했던 칼뱅은 파렐에게 제네바로 와달라고 재촉하였다.

칼뱅은 『교회개혁의 필요성』을 1544년 4월 21일 멜란히톤에게 보냈다. 비록 카를 5세에게 개혁을 호소한 일이 별 효과가 없을 것이라고 생각했지만, 칼뱅은 비텐베르크에 있는 사람들이 이 논문의 내용에 대해 어떤 생각을 하고 있는지 멜란히톤에게서 듣고 싶었다.(*CO* 11:696-698)

1544년 6월 10일 슈파이어 회담의 결정에서, 카를 5세는 전체가 참여하는 자유로운 그리스도인들의 종교회의를 소집하겠다는 약속을 함으로써 프로테스탄트들을 수용하였다. 교황 바오로 3세는 1544년 8월

24일 황제에게 주는 '자애로운 권면'으로써 이에 대응하였다. 여기에서 교황은 황제가 자기 마음대로 일을 추진하여 프로테스탄트들과 임시 화해에 도달했고, 자신과 아무런 상의도 없이 종교회의를 계획하고 있다고 비난하였다. 교황은 황제에게 어울리는 것은 가르치는 것이 아니라 듣는 것이라고 쓰고 있다.

칼뱅은 교황의 충고를 자신의 비평과 함께 출판하였다. 『강력한 황제 카를 5세에게 보내는 로마 교황 바오로 3세의 자애로운 권면, 비평적 해석과 함께』(*Admonitio paterna Pauli III. Romani pontificis ad invictissimum Caesarem Carolum V. Cum scholiis, CO* 7:249-288).[33] 칼뱅은 교황이 황제에게 보내는 "자애로운 권면"에서 프로테스탄트들에게서 화해의 어떤 가능성마저도 박탈해버린 것에 대해 날카롭게 비난하였다. 칼뱅은 교회 성직자들이 직무를 수행하는 데 모자람이 있을 때에는, 그리스도인 군주들이 교회에 대하여 책임이 있다고 주장한다. 종교회의의 가능성에 대해서, 칼뱅은 교황이 그것을 판단하는 자가 되어서는 안 되며, 오히려 그 문제는 하나님의 말씀에 따라 결정되어야만 하는 것이라고 생각한다. 마지막으로, 칼뱅은 황제에게 슈파이어 회담에서 한 약속을 지켜줄 것을 간접적으로 호소하고 있다.

1544년 9월 교황 바오로 3세는 1545년 3월 15일 트렌트에서 종교회의를 소집할 것이라고 결정하였으나 그것은 1544년 12월에 이미 개회되었다.

칼뱅은 종교회의를 별로 신뢰하지 않는다고 1545년 1월 앙투안 퓌메(Antoine Fumée)에게 편지하였다.(*CO* 12:23-26) 그는 1545년 2월 카를 5세가 보름스에서 소집한 회담에 대해서도 별다른 기대가 없었다. 칼

---

33) 이 작품의 프랑스어 번역판도 출판되었다. 오래된 목록에서 언급되는 유일한 사본은 1556년 판이다.[*Admonition patternelle à l'Empereur avec expositions de Calvin*(Geneva, 1556)] *Bibliotheca Calviniana*, 2:614 참조.

뱅이 생각하기에 황제는 프로테스탄트와 로마가톨릭의 다른 사상들을 일별한 후, 교황의 동의가 없이는 아무것도 결정할 수 없다고 말할 것이 뻔했다. 하지만 프로테스탄트와 로마가톨릭은 종교회의에 대해서조차 합의하지 못할 것이라고 칼뱅은 생각했다. 종교회의가 소집된다고 하더라도, 황제는 투르크와의 전쟁에 관심을 쏟고 교회의 상황은 그대로 내버려둘 것이다. 또 칼뱅은 교황이 아마도 종교회의를 연기할 것이라고 덧붙이고 있다.

프로테스탄트들은 교황이 조직한 종교회의에 참석하기를 거부했다. 왜냐하면 그 회의가 그들의 조건을 충족하지 못했기 때문이다. 일곱 차례의 회기 후, 트렌트 종교회의는 1547년 3월 3일에 1551년까지 휴회하였다. 파렐, 비레, 그리고 다른 사람들은 칼뱅에게 트렌트의 교령들을 반박하라고 촉구했고, 칼뱅은 1547년 12월에 『트렌트 공의회의 결의문과 그에 대한 대응책』(*Acta Synodi Tridentinae cum antidoto*, *CO* 7:365-506)을 출판했다. 거기에서 칼뱅은 트렌트의 교령과 법규, 그리고 트렌트에서 행해진 연설의 본문들을 그대로 싣고 자신의 비평을 덧붙여 제시하였다.[34] 칼뱅은 동료 신자들이 트렌트의 사상들을 논박하는 데 자신의 이러한 대응책이 도움이 되기를 원하였다.

트렌트 공의회가 프로테스탄트들에게 거부당했고, 황제도 종교회의의 진행방식에 불만이 있었기 때문에, 황제 카를 5세는 1548년 5월 아

---

34) 프랑스어 본문에 대해서는 *Recueil des opuscules*, 880-1009를 보라. *Acta*의 한 부분에 대한 라틴어 본문과 독일어 번역본(*CO* 7:429-473, 공의회의 여섯 번째 회기에서 칭의를 다루었다.)은 *Calvin-Studienausgabe*, 3:116-206(Eberhard Busch의 "서론"과 함께)에 있고, 영어 번역본은 Beveridge, *Tracts and Treatises*, 3:17-188에 있다. 또한 W. F. Dankbaar, "Calvijns oordeel over het concilie van Trente, inzonderheid inzake het rechtvaardigingsdecreet," *NAKG* 14(1962): 79-112도 참조하라.[이 글은 또한 같은 저자의 *Hervormers en humanisten: Een bundel opstellen*(Amsterdam, 1978), 67-99에도 실려 있다.]

우크스부르크 회담에서 잠정협정을 발표하였다. 잠정협정은 로마가톨릭 측 율리우스 플룩(Julius Pflug)과 미카엘 헬딩(Michael Helding)이 루터파인 아그리콜라(Johannes Agricola)와 협력하여 초안한 것이었다. 이로써 로마가톨릭과 프로테스탄트가 전체 종교회의의 결정을 기다리는 동안 일치를 회복하기 위해 필요한 조건들이 잠정적으로 확립되었다.

칼뱅은 비록 출판 허가를 받기가 쉽지는 않았지만, 1549년 봄에 『잘못된 독일 잠정협정, 진정한 그리스도교의 평화와 교회개혁의 방법과 관련하여』(*Interim adultero-germanum, cui adiecta est Vera Christianae pacificationis et ecclesiae reformandae ratio*, CO 7:545-674)라는 소논문으로 잠정협정에 대응하였다.[35] 이것은 1549년 제네바에서 프랑스어 번역(*L'Interim avec la vraye façon de réformer l'église*)으로도 출간되었는데, 이 책은 두 부분, 즉 잠정협정 본문과 그리스도인이 평화를 이루고 교회를 개혁하는 진정한 방법에 대한 칼뱅의 설명으로 나누어져 있다. 프로테스탄트들은 그들이 얻은 일시적인 양보라는 것이 성만찬 시에 잔을 돌릴 수 있다는 것과, 사제가 결혼할 수 있다는 것뿐이었기 때문에 잠정협정에 대해 노엽게 반응하였다. 문서를 통한 항의도 나타났는데, 카를 5세가 이런 행위는 사형에 해당한다고 금하였음에도 소용이 없었다. 불링거와 부처는 칼뱅에게 잠정협정에 대해 출판물로 대응하라고 촉구했다.

칼뱅은 자신의 잠정협정 비판에서 문제를 어느 정도 깊이 있게 재검토하였다. 그는 "간략한 목록"에서 '한 치도 양보할 수 없는 교리들'에 관해 설명하면서, 이신칭의, 죄의 고백과 회개, 하나님에 대한 예배, 교회, 성례들, 성인들과 천사들의 중보와 죽은 자를 위한 기도, 그리고 금식,

---

35) 프랑스어 본문에 대해서는 *Recueil des opuscules*, 1009-1118을 보라. 영어는 Beveridge, *Tracts and Treatises*, 3:189-343을 보라.

독신, 의식들의 순서로 다루었다.

이 소논문은 또한 독일어로도 번역되었는데, 아마도 독일 신학자 플라키우스 일리리쿠스(Flacius Illyricus)가 번역했을 것이다. 이 독일어 판은 1549년 마그데부르크에서 출판되었다. 독일어 판의 특이한 점은 원저작의 한 부분이 빠져 있다는 것과, 비평적인 각주에서 유아세례에 대한 견해와 관련하여 칼뱅이 펠라기우스주의적인 색채를 띠고 있다고 비난한다는 것이다. 더욱이, 칼뱅은 죽어가는 아이들의 경우에 여성들이 세례를 집례할 수 있다는 것을 거부하였지만, 독일어 판에서는 이러한 관습이 옹호되고 있다. 그 결과 칼뱅은 1550년에 원저작과 함께 『잘못된 독일 잠정협정에 반대하는 소책자의 부록』(*Appendix Libelli adversus Interim adultero-germanum*, *CO* 7:675-686)이라는 제목의 후기를 출판하였다. 이 글에서 그는 특별히 펠라기우스주의라는 비난에 대해 자신을 변호하면서, 자신의 견해를 좀 더 설명하였다.[36)]

1551년 5월에 교황 율리우스 3세는 트렌트 종교회의를 속개시켜서 이 문제를 다시금 논의하게 하였다. 칼뱅은 4월에 불링거에게 편지하여(*CO* 14:100-101), 프랑스 왕이 모든 주교로 하여금 자신들의 관구를 철저하게 심방하도록 요구했기 때문에 자신은 종교회의가 계속되리라고는 기대하지 않았다고 말했다. 이 심방은 이후 6개월 동안 계속되면서 대주교에게 보고하도록 되어 있었다. 그 이후 왕은 국가회의를 소집할 계획을 가지고 있었다. 이 편지에서 칼뱅은 트렌트 종교회의가 실제로 재소집되기라도 한다면 불링거와 자신은 교황에게서 초청장을 받지 못할 가능성이 농후하다는 아이러니컬한 관측을 하고 있다.

---

36) *Appendix Libelli adversus Interim adultero-germanum, in qua refutat Ioannes Calvinus censuram quandam typographi ignoti de parvulorum sanctificatione et muliebri baptismo*(Geneva, 1550). 영어는 Beveridge, *Tracts and Treatises*, 3:344-358을 보라.

제 6 장

다른 분파나 개인과의 논쟁

In discussie met andere stromingen en personen

1. 재세례파

1) 『영혼수면설 논박』(1542년과 1545년)

파리를 떠난 후에 칼뱅은 1534년 한때를 오를레앙에서 보냈다. 그가 (한 친구에게 보내는) 첫 번째 서문에서 밝히듯이(*CO* 5:169-172), 『영혼수면설 논박』(*Psychopannychia*)을 그곳에서 썼다. 1536년 바젤에서 작성한 두 번째 서문은 독자들을 위한 것이었다.(*CO* 5:173-176) 이 논문은 1542년 슈트라스부르크에서 처음 인쇄되었다는 것이 칼뱅 연구를 통해 분명해졌다.

칼뱅이 1534년 『영혼수면설 논박』의 초판을 썼을 때, 그는 슈트라스부르크의 볼프강 카피토(Wolfgang Capito)에게 이 글을 보냈는데, 카피토는 출판하지 말라고 충고하였다.(*CO* 10b:45-46, *Ep*. 1:19) 카피토는 칼뱅이 후에 이 주제에 관해 성서를 더욱 깊이 이해할 수 있으리라는 사실과는 별개로, 출판을 하기에 적절한 때가 아니라고 느꼈던 것이다. 이미 엄청난 혼란이 있었고, 어려운 상황 속에 처한 교회들에게 필요한 것은 그리스도에 대한 올바른 설교였다.

칼뱅은 카피토의 충고를 마음에 새겼다. 이 사실은 칼뱅이 1535년 9월 11일 크리스토프 파브리(Christophe Fabri)에게 보낸 편지(*CO* 10b:52, *Ep*. 1:22)와 1536년 바젤에서 초판을 고쳐 쓰면서 덧붙인 두 번째 서문에서 분명히 알 수 있다.

부처 또한 처음에는 논문에 대해 비판적이었으나, 후에는 이 책의 출판을 지지하였다.(*CO* 10b:260) 그러나 『영혼수면설 논박』은 1542년에 가서야 『그리스도를 믿는 믿음 안에서 죽은 거룩한 영혼들은 잠들지 않고 그리스도와 함께 삶』(*Vivere apud Christum non dormire animis sanctos, qui in fide Christi decedunt. Assertio*)이라는 제목으로 슈트라스부르크에서 출판되었다.(*CO* 5:165-232)[1] 제목에 따르면 죽은 이후의 영혼의 상태를 다루고 있는 이 논문은 그리스도 안에서 믿음으로 죽은 성도들이 그리스도와 함께 살며 그들의 영혼이 잠들지 않는다는 것을 논증하고 있다.

3년 후에 슈트라스부르크에서 재판이 나왔는데, 그 제목은 사이코페니키아(Psychopannychia)라는 단어로 시작한다.[2] 문자적으로 밤새

---

1) Walther Zimmerli가 서론과 각주가 있는 독일어 번역본을 편집하였다. Jean Calvin, *Psychopannychia*(Leipzig, 1932). 칼뱅의 1542년 라틴어 작품에 대한 새로운 프랑스어 번역판은 1558년에 제네바에서 출판되었다. Jean Calvin, *Psychopannychie. Traitte par lequel est prouvé que les ames veillent et vivent après qu'elles sont sorties des corps, contre l'erreur de quelques ignorants qui pensent qu'elles dorment iusques au dernier iugement*[Paul-Louis Jacob, *Oeuvres françaises de Calvin*(Paris, 1842), 25-105에 재인쇄]. 또한 *Recueil des opuscules*(Geneva, 1566), 1-56을 보라. 영어 번역은 *Tracts and Treatises*, ed. Henry Beveridge(Edinburgh, 1844; repr., Grand Rapids, 1958), 413-490을 보라. 2차자료로는 Charles Dardier, "Un Problème biographique: Quelle est la date de la première édition de la Psychopannychia de Calvin?" *BSHPF* 19/20(1870): 371-382; Jung-Uck Hwang, *Der junge Calvin und seine Psychopannychia*(Frankfurt, 1991); Wilhelm Schwendemann, *Leib und Seels bei Calvin: Die erkenntnistheoretische und anthropologische Funktion des platonischen Leib-Seele-Dualismus in Calvins Theologie*(Stuttgart, 1996); Hans Scholl, "Karl Barth as Interpreter of Calvin's Psycohpannychia," in *Calvinus Sincerioris Religionis Vindex: Calvin as Protextor of the Purer Religion*, ed. Wilhelm H. Neuser and Brian K. Armstrong(Kirksville MO, 1997), 291-308; George H. Tavard, *The Starting Point of Calvin's Theology*(Grand Rapids, 2000)를 참조하라.

2) 전체 제목: *Psychopannychia qua refellitur quorundam imperitorum error*

깨어 있다라는 의미를 지닌 이 용어는 이미 다른 의미를 가지게 되어 '영혼의 수면'을 가리키곤 하였다.

영혼수면의 교리는 1513년 제5차 라테란 종교회의에서 정죄를 당했지만,[3] 재세례파(츠빙글리와 칼뱅이 이 교리의 지지자들을 이 이름으로 지칭하곤 했다.)뿐만 아니라 많은 사람들이 계속해서 이 교리를 지지하였다. 1534년의 서문에서 칼뱅은 친구들의 고집에 못 이겨, 영혼수면설을 주장하는 이단을 논박하라는 요청에 응하였다고 말하고 있다. 그는 이 이단은 이미 3세기에 아라비아에서 등장했기 때문에 새로운 것은 아니라고 지적했다. 교황 요한 22세 또한 이 교리의 신봉자로서, 1333년에 그것을 철회하라는 압력을 받았다. 1536년의 두 번째 서문에서 칼뱅은 자신이 목회적인 목적을 염두에 두고 있다고, 즉 잘못을 범한 사람들을 교정하려는 의도를 갖고 있다고 말하고 있다. 성서에 대한 지식이 부족하기 때문에 분파주의자들이(칼뱅은 특별히 재세례파들을 언급하고 있다.) 교회를 분열시키고 있는 것이다.[4]

『영혼수면설 논박』의 처음 부분에서 칼뱅은 영혼이 하나의 실체로서, 육신이 죽은 후에도 영혼은 (감성과 이성을 갖춘) 의식을 지닌 상태로 살아 있음을 논증하고자 했다. 명료하게 하기 위해서 칼뱅은 성서가 영

---

qui animas post mortem usque ad ultimum indicium dormire putant. Libellus ante septem annos compositus nunc tamen primum in lucem aeditus.

3) *Enchiridion Symbolorum definitionum et declarationum de rebus fidei et morum*, ed. Henricus Denzinger and Adolfus Schönmetzer(Freiburg, 1965), nos.1440-1441. 그리고 George H. Tavard, *The Starting Point of Calvin's Theology*, 29-30 참조.

4) 재세례파라는 말로 칼뱅이 정확하게 누구를 가리키는지 말하기는 어렵다. John Calvin, *Treatises against the Anabaptists and against the Libertines*, trans. and ed. Benjamin Wirt Farley(Grand Rapids, 1982), 19-24에 있는 서문을 보라. *Ep.* 1:23도 참조하라.

과 혼에 대해 어떻게 말하는지를 살펴봄으로써 이 단락을 시작한다. 다음으로 그는 창조기사(여기서 우리는 인간이 하나님의 형상대로 창조되었다는 것을 알게 된다.)와, 영혼이 육체와는 다른 실체라는 성서 본문을 토대로 자신의 논지를 전개한 다음, 죽음 이후에도 영혼이 감정과 이성을 지니고 있다고 주장하는 많은 성서구절들에 호소한다.

책의 두 번째 부분에서 칼뱅은 자신이 논박하고 있는 자들을 상대로, 그들이 영혼 또한 죽는다는 것을 증명하기 위해 제시하는 주장들을 성서의 토대 위에서 논박한다. 그는 교회 교부들의 많은 진술에도 관심을 기울인다. 그러나 전체에 걸쳐서 그가 구약성서와 신약성서의 본문들을 매우 강조하고 있다는 사실은 주목할 만하다.

마지막으로 우리는 칼뱅의 『재세례파를 반대하는 간략한 가르침』(1544)이 죽음과 마지막 부활 사이의 영혼의 삶과 상태에 관한 설명으로 끝나고 있음을 본다.(*CO* 7:114-139, *COR*, IV/2) 이 설명 부분은 (Benjamin Farley에 따르면) 『영혼수면설 논박』의 축약이며, 덜 전문적인 프랑스어 번역이다. 완전한 프랑스어 번역은 1558년 제네바에서 두 차례 출간되었다.[5)]

2) 칼뱅의 『재세례파를 반대하는 간략한 가르침』(1544)

칼뱅의 소책자 『재세례파를 반대하는 간략한 가르침』(*Briève instruction pour armer tous bons fidèles contre les erreurs de la secte commune des anabaptistes*, *CO* 7:45-142)은 1544년 6월 1일 제네바에

---

5) 제목은 *Psychopannychie*…(Geneva, 1558). 또한 Rodolphe Peter and Jean-François Gilmont, *Bibliotheca Calviniana: Les Oeuvres de Jean Calvin publiées au XVIe siècle*, vol. 2, *Écrits théologiques, littéraires et juridiques*, 1555-1564(Geneva, 1994), 684-688 참조.

서 출간되었다.[6] 이 책은 뇌샤텔의 목회자들에게 헌정되었다. 파렐은 뇌샤텔과 그 인근 지역에서의 재세례파 영향력에 점점 관심을 가지게 되어, 1544년 2월 23일 칼뱅에게 편지를 보냈었다.(*CO* 11:680-683) 이때 파렐은 뇌샤텔의 한 거주자가 독일어에서 프랑스어로 번역한 『슐라이트하

---

6) Nicolas des Gallars는 라틴어 번역(*Brevis instructio adversus errores Anabaptistarum*)을 제공하였고, 이는 1546년 슈트라스부르크에서 한 책에 포함되어 출간되었는데, 이 책에는 칼뱅의 작품인 *Against the Sect of the Libertines*(1545)의 라틴어 번역도 포함되었다. 칼뱅의 *Briève Instruction*의 프랑스어 본문은 또한 *Recueil des opuscules*, 579-646을 보라. 프랑스어 본문과 독일어 번역은 *Calvin-Studienausgabe*, vol. 3, *Reformatorische Kontroversen*(Neukirchn-Vluyn, 1999), 280-367(Hans Scholl의 "서론," 268-278)에 수록되어 있다. (주를 붙인) 영어 번역본에 대해서는 Calvin, *Treatises against the Anabaptists*, ed. and trans. Farley, 11-158을 참조하라. 또한 Willem Balke, *Calvin and the Anabaptist Radicals*, trans. William J. Heynen(Grand Rapids, 1981), 182-195; Richard Stauffer, "Zwingli et Calvin, critiques de la confession de Schleitheim," in *The Origins and Characteristics of Anabaptism*, ed. Marc Lienhard(The Hague, 1977), 126-147[이 글은 또한 Richard Stauffer, *Interprètes de la Bible: Études sur les réformateurs du XVIe siècle*(Paris, 1980), 103-128에서도 발견된다.]; Carlos M. N. Eire, "Calvin and Nicodemism: A Reappraisal," *SCJ* 10(1979): 45-69; David A. Haury, "English Anabaptism and Calvins Briève Instruction," *MQR* 57(1983): 145-151; Akira Demura, "From Zwingli to Calvin: A Comparative Study of Zwingli's *Elenchus* and Calvin's *Briève Instruction*, in *Die Zürcher Reformation: Ausstrablungen und Rückwirkungen*, ed. Alfres Schindler et al.(New York, 2001), 87-99를 참조하라.

7) Balke는 *Anabaptist Radicals*, 175-176, n. 26에서, 칼뱅에게 보내진 소책자가 Balthasar Hubmaier의 *Von dem christlichen Tauf der Glaübigen* (Nuremberg, 1525)가 아니라 *Confessio Schlattensis*라는 점을 밝혔다. 예컨대 A.-L. Herminjard와 보다 최근에는 Rodolphe Peter와 Jean-François Gilmont[*Bibliotheca Calviniana: Les Oeuvres de Jean Calvin publiées au XVIe siècle, vol. 1, Ecrits théologiques, littéraires et juridiques 1532-1554*(Geneva, 1991), 159-160]도 이렇게 생각하였다. 본문은 Beatrice Jenny, *Das Schleitheimer Täuferbekenntnis 1527*, Schaffhäuser Beiträge zur vaterländischen Geschichte, vol. 28(Thayngen, Switzerland, 1950)을 보라. 또

임 신앙고백』(*Confessio Schlattensis*) 사본도 함께 보냈다.[7] 7개 조항으로 되어 있는 이 신앙고백은 자틀러(Michael Sattler)가 이끈 재세례파가 1527년 2월 슐라이트하임 대회에서 채택한 것으로서, 자틀러의 순교 이야기와 함께 출판되었다. 파렐은 칼뱅에게 뇌샤텔의 목회자들을 대신하여 재세례파의 오류를 반박하는 글을 써주어, 목회자들로 하여금 재세례파의 선동에 대항할 수 있게 해달라고 부탁하였다. 4월 말에 파렐은 또한 칼뱅에게 지금 저술 중인 책자에 그가 이전에 영혼수면을 반박하여 쓴 글도 덧붙여 달라고 요청하였다.

『간략한 가르침』에서 칼뱅은 세례, 치리, 성만찬, 세상으로부터의 분리, 목사의 직분, 시민정부, 그리고 맹세에 관한 『슐라이트하임 신앙고백』의 7개 조항을 검토하고 논박하였다. 그런 다음 계속해서 두 개의 다른 주제를 다루었다. 첫 번째 주제는 성육신에 관한 것으로, 여기서 칼뱅은 특히 멜히오르 호프만(Melchior Hofmann)이 주창하고 퍼트린 그리스도의 '천상의 육체'(celestial flesh) 개념을 논박한다.[8] 이미 초대교회 시기에 마니교도들과 마르키온주의자들이 주장했던 이 교리에 따르면 그리스도는 인간의 씨에서 나온 것이 아닌데, 이것은 그의 참된 인성을 부정하는 것이다. 칼뱅이 『간략한 가르침』에서 다루는 두 번째 주제는 영혼의 수면에 관한 것이다. 여기서 그는 우리가 이미 살펴본 『영혼수면설 논박』을 요약해주고 있다.

한 Doopsgezinde Historische Kring, *Broederlijke vereniging*, trans, H. W. Meihuizen(Amsterdam, 1974)을 참조하라.

8) Balke, *Anabaptist Radicals*, 301-304 참조.

2. 리버틴들

1) 『리버틴 분파 몽상가들과 방종주의자들을 반박하며』(1545)

1545년 칼뱅은 자신의 소논문 『스스로 신령파라고 주장하는 리버틴 분파 몽상가들과 방종주의자들을 반박하며』(*Contre la secte phantastique et furieuse des libertins, qui se nomment spirituelz*, *CO* 7:145-248)에서 리버틴들과 씨름하였다.[9] 그는 책 서문에서 자신이 왜 이 책을 썼는지를 밝히고 있다. 교회의 목자들은 예수 그리스도의 양떼에게 좋은 꼴을 먹여야 할 뿐만 아니라 늑대와 도둑으로부터 그들을 지켜야 한다. 칼뱅은 리버틴들이 도둑이나 늑대보다 더 위험하다고 생각했기 때문에 자신이 그 분파를 논박해야 한다고 느꼈다. 칼뱅은 그들을

9) 이 본문은 또한 *Recueil des opuscules*, 646-713에서도 볼 수 있다. 그리고 *COR*, IV/1:43-171("introduction" by Mirjam van Veen, 9-41)에서도 볼 수 있는데, 이 책에서는 *Libertinism*과 *Libertines*라는 용어의 의미에 대해서 폭넓게 논의하고 있다. Nicolas des Gallars는 라틴어 번역(*Brevis instructio adversus fanaticam et furiosam sectam Libertinorum, qui se spirituales vocant*)을 내놓았고, 이는 1546년 슈트라스부르크에서 한 책에 포함되어 출간되었는데, 이 책에는 또한 칼뱅의 작품인 *Briève Instruction against Anabaptists*(1544)의 라틴어 번역도 포함되었다. 프랑스어 본문과 독일어 번역은 *Calvin-Studienausgabe*, vol. 4, *Reformatorische Klärungen*(Neukirchen-Vluyn, 2002), 248-355("Intorduction" by Gottfried W. Locher, 235-247)에서 볼 수 있다. 서문이 있는 영어 번역본에 대해서는 Calvin, *Treatises against the Anabaptist*, ed. Farley, 159-326을 참조하라. 서문에서 Farley는 칼뱅의 이 작품에 대한 앞선 연구들의 개관을 제공하고 있다. 그동안 연구에서 중요한 질문은 누가 정확히 리버틴인가 하는 것이었다. Farley는 특히 Karl Müller, "Calvin und die Libertiner," *ZKG* 40(1922): 83-129; Wilhelm Niesel, "Calvin und die Libertiner," *ZKG* 48(1929), 58-74. 그리고 Robert G. Wilkie and Allen Verhey, "Calvin's Treatise 'Against the Libertines,'" *CTJ* 15(1980): 190-219(서문과, 이 작품의 몇몇 중요한 장들을 영어로 번역한 부분)의 견해들을 논한다.

독살자들에 비유하고 있다. 게다가 그는 이 분파가 초래하고 있는 엄청난 황폐화로 인해 이 분파를 논박해줄 것을 신자들이 자신에게 요청했다고 말한다. 이 신자들 중에는 발레랑 풀랭(Valérand Poullain)과, 칼뱅에게 편지하여 글을 써달라고 촉구한 기욤 파렐이 있었다.[10)]

이 책에서 칼뱅이 리버틴들이라고 할 때 특별히 퀭탱 티프리(Quintin Thieffry)의 추종자들, 그래서 퀭탱주의자로 알려진 사람들을 염두에 두었음이 분명하다. 칼뱅은 1535년경에 파리에서 티프리를 만난 적이 있다. 칼뱅이 이 소논문을 쓰고 있던 때에, 티프리는 그 분파의 다른 일원인 앙투안 포케(Antoine Pocque)와 함께 앙굴렘의 마르가리타 궁정에 있었다. 포케는 1542년 제네바에서 칼뱅의 지지를 구한 적이 있었다.

칼뱅은 이 분파가 세상에서 가장 유해하다고 보고 있다. 이 소논문의 1-3장에서 그는 리버틴과 초대교회의 이단들인 케르도(Cerdo), 마르키온(Marcion), 발렌티누스(Valentinus) 사이의 유사성을 밝히고 있다. 그런 다음 4-6장에서 그는 리버틴주의의 기원을 개괄하고 있다. 여기서도 칼뱅의 주된 대적자들은 티프리와 포케라는 사실이 분명하다. 7-10장에서 칼뱅은 리버틴들이 성서를 어떻게 사용하고 있는지를 다룬다. 칼뱅은 그들이 성서를 은유적으로 해석할 뿐만 아니라 새로운 계시를 찾으려고 성서를 벗어나기까지 한다고 말한다. 그들이 끊임없이 입에 올리고 있는 영이라는 단어는 여러 가지 방식으로 오용되고 있다. 11-22장은 소논문의 핵심 부분이다. 칼뱅은 여기서 그들의 교리 중 가장 중요한 조항들에 반대하여 논증하고 있다. 그들은 오직 한 분 하나님의 영이 모든 피조물 안에 존재하고 살아 있다고 주장하면서, 범신론적 관념론이나 신비주의를 말하고 있다. 바로 이 한 영이 모든 것을 인도하기 때문에, 인간 개개

10) 풀랭에게서 온 편지는 1544년 5월 26일자였고(*CO* 11:711-714), 파렐에게서 온 편지는 1544년 10월 2일자였다.(*CO* 11:750-751)

인은 아무런 의지를 가지지 못하며 선과 악의 모든 구분이 없어져 버린다. 악마와 죄는 환상이며 참된 실재가 아니다. 예수 그리스도의 실재와 그의 구원사역은 경시되고 만다. 그리스도는 구원하는 통찰력의 한 모범이다. 또 죽은 자의 부활은 이미 이루어졌다.(딤후 2:17-18)

리버틴들의 범신론적 결정주의에 반대하는 11-16장의 논증에서, 칼뱅은 하나님이 통치하시는 방식에 대해 명료하게 설명해준다. 또한 하나님의 역사와 사탄과 사악한 자들의 역사의 관계를 다루고, 하나님께서 어떻게 그의 자녀들을 자신의 성령으로 인도하시는지 기술한다.

23-24장에서 칼뱅은 포케의 저술 중 하나에 비평을 가하면서, 그 책뿐만 아니라 리버틴파의 다른 저술들에 대해서도 경고한다. 마지막 장에서 칼뱅은 독자들에게 성서 안에서 우리에게 계시된 것을 꼭 붙들라고 요청한다.

앙굴렘의 마르가리타가 칼뱅의 소논문을 손에 넣었을 때, 그녀는 누군가가 대필해준 편지에서 그 논문의 내용에 실망했다고 칼뱅에게 말했다. 그녀는 그 책이 자신과 자신의 목회자들을 겨냥하고 있다고 생각했다. 칼뱅은 1545년 4월 28일 그녀에게 편지하여(*CO* 12:65-68), 자신은 그녀에 대해 깊은 존경심을 가지고 있다고 답변하였다. 칼뱅은 자신에게 반감을 갖도록 선동하는 자들에게 그녀가 현혹되지 않기를 바랐다. 그들은 순전히 그녀로 하여금 하나님의 교회를 향한 사랑을 잃어버리도록 하려고 애쓰고 있으며, 지금껏 해온 대로 주 예수와 그 형제들을 계속해서 섬기고자 하는 용기를 그녀에게서 박탈하려고 할 뿐이다. 그녀의 목회자들인 티프리와 포케와 관련해서, 칼뱅은 자신이 그들을 정당하게 꾸짖고 있음을 그들이 깨닫기를 바라고 있다. 그런 다음 칼뱅은 티프리와 포케가 속한 리버틴 분파를 다룬다. 이 분파는 엄청난 황폐화만을 불러올 뿐이다. 가련한 신자들이 칼뱅에게 리버틴파에 대항하는 글을 써 달라고 부탁했지만, 칼뱅은 자신이 조용히 있으면 이 악이 사라질까 해서

한동안 이 일을 미루어 두었다. 그러나 이제 그는 자신이 대응해야 함을 절감한다. "개도 누군가가 자기 주인을 공격하면 짖습니다. 만일 내가 하나님의 진리가 공격당할 때 침묵하고 아무런 소리도 내지 않는다면 겁쟁이가 될 것입니다." 칼뱅이 자신의 직무에 따르는 의무를 다하기 위해 마르가리타의 목회자들을 그대로 내버려두지 않는다고 해서 그녀가 화를 내서는 안 된다. 어쨌든 칼뱅은 그녀를 대적하려는 의도는 없었다. 그는 궁정에서의 지위나 세상의 명성을 얻기 위해서가 아니라 자신의 현재 직위에서 하나님을 섬기려고 부름을 받은 것이다. 더욱이 그는 마르가리타가 비난하는 것처럼 이전에 확신한 바를 철회한 것이 아니다. 그는 항상 목숨이나 재산을 보존하기 위해 예수 그리스도를 부인하는 비겁함을 혐오하였다. 칼뱅에 관해 말해진 것들은 중상비방이다. 이에 관해 마르가리타는 제라르 루셀에게 물어보기만 하면 된다. 그것이 비방임을 루셀이 그녀에게 확인해 줄 수 있을 것이다.

2) 『한 프란체스코회 수도사를 반박하는 편지』(1547)

1547년 8월 20일 칼뱅은 루앙에 있는 신자들에게 편지하여 한 프란체스코회 수도사에 대해 경고하였다. 『리버틴 분파의 지지자인 한 프란체스코회 수도사를 반박하는 편지』(*Epistre contre un certain cordelier, suppost de la secte des libertins, lequel est prisonnier à Roan, CO* 7:341-364).[11] 칼뱅은 이 수도승에게서 몇 개의 작품을 받았는데, 그는 자신이 그리스도교 신앙을 위한 순교자인 것처럼 굴었다. 칼뱅은 이 편지에서 리버틴의 사상과 매우 유사한 수도승의 생각을 논박하고 있다.

11) 이 본문은 또한 *Recueil des opuscules*, 714-726; *COR*, IV/1:173-195에서도 볼 수 있다.

칼뱅은 이 수도승이 성서를 가지고 장난을 치고 있으며, 자신의 생각을 뒷받침하기 위해 수많은 본문들을 변경하고 있다고 비난한다. "특별히 돼지가 코로 땅을 파헤치듯이 로마서 7장을 뒤집어엎고 있다." 칼뱅은 이 자가 하나님이 인간을 사악하게 만들었다고 비난하면서 선과 악의 차이를 모호하게 만들고 있다고 지적했다. 이 수도승은 또한 리버틴파 지도자 중 하나인 퀭탱의 사상을 옹호하였다. 칼뱅의 편지는 1547년에 그의 『리버틴 분파 몽상가들과 방종주의자들을 반박하며』(1545)의 재판에 부록으로 첨가되었다.

3. 교리적인 주제들에 관한 논쟁

여기에서 우리는 칼뱅이 피에르 카롤리, 미카엘 세르베투스, 세바스티앙 카스텔리옹을 상대로 논쟁한 내용을 다룰 것이다. 우리는 이미 장 쿠르투아(Jean Courtois)가 1543년에 삼위일체와 그리스도에 관한 교리에서 칼뱅이 비정통적인 견해를 지니고 있다고 비난한 데 대해 칼뱅이 반박한 내용을 다룬 바 있다.

1) 피에르 카롤리와의 논쟁

1537년 2월에 칼뱅과 파렐은 신학박사이자 종교개혁에 헌신하기로 결심한 최초의 사제들 중 한 사람인 피에르 카롤리와 충돌하였다. 카롤리는 1524년 바울서신 설교로 인해 파리의 신학교수직을 잃었다. 그는 소르본 학자들과 문제가 생기자 도망칠 수밖에 없었으며, 앙굴렘의 마르가리타의 도움으로 알랑송(Alençon)에서 목회 자리를 얻었다. 자신의 이름이 1535년 플래카드 사건의 혐의자 명부에 포함되자 카롤리는 다시 제네바로 도망쳤으며, 그곳에서 파렐과 비레와 충돌하였다. 그 후에 바젤로 옮겨가서 그들을 비방하고자 하였다. 그는 1536년 뇌샤텔에서 목회 자리를 찾았지만 얼마 가지 못하였다. 1536년 10월 베른 의회는 그를 로잔의 설교자로 임명하였다. 로잔에서는 이미 비레가 6개월 동안 설교자로 일하고 있었는데, 의회는 비레가 카롤리를 선배로 인정하고 있음을 알았다.(*CO* 10b:66) 1537년 1월 비레가 제네바에 있는 동안 카롤리는 죽은 자들을 위한 미사를 옹호하는 설교로 혼돈을 야기하였다. 비레는 칼뱅과 함께 급히 로잔으로 돌아와 카롤리와 2월 15-17일 토론을 벌였다. 이 토론에는 베른에서 온 몇몇 대표자들도 참석하였다. 그들은 카롤리에게 입장을 철회하고 조신하게 처신하라고 권고하였다. 그는 이 말을 따를 것처럼 하다가, 갑자기 파렐과 칼뱅을 아리우스주의자들이라고 비난하였다. 칼뱅이 자신의 교리문답 구절들을 인용하면서 스스로를 변호하였을 때, 카롤리는 사도신조, 니케아신조, 아타나시우스 신조와 같은 오래된 신앙고백들을 지지하고 나섰다. 근대의 신앙고백들이 아니라 그 신조들에 동의해야 한다는 주장이었다.[12)]

카롤리와의 문제를 다루기 위해, 칼뱅의 요청에 따라 베른의 목회자 메간더(Kaspar Megander)의 지도 아래 5월 14일 로잔에서 대회가 열렸다. 100명 이상의 목회자들이 여기에 참여하였다. 칼뱅이 5월 14일 중

---

12) 제네바의 목회자들이 1537년 2월 20일경 베른의 목회자들에게 보낸 편지(*Ep.* 1:32)를 보라. 2차자료로는 E. Baehler, "Petrus Caroli und Johann Calvin," *JSG* 29(1904): 41-169; Willem Nijenhuis, "Calvins Attitude towards the Symbols of the Early Church during the Conflict with Caroli," in *Ecclesia Reformata: Studies on the Reformation*(Leiden, 1972), 73-96; R. C. Gamble, "Calvin's Theological Method. The Case of Caroli," in *Calvin: Erbe und Auftrag; Festschrift für Wilhelm Heinrich Neuser zum 65. Geburtstag*, ed. W. van 't Spijker (Kampen, 1991), 130-137; A. Baars, *Om Gods verhevenheid en Zijn nabijheid: De drie-eenheid bij Calvijn*(Kampen, 2004), 104-121을 보라.

요 연설을 하였는데, 이는 『카롤리의 비방으로 인한 삼위일체에 대한 고백』(*Confessio de Trinitate propter calumnias P. Caroli*, *CO* 9:703-710)으로 인쇄되어 출판되었다.[13)]

이 소논문에서 제기된 가장 핵심적인 사항은 하나님의 삼위일체적 본성에 대한 고백과 관련이 있다. 카롤리는 파렐이 그의 『개요』(*Summaire*)에서 '삼위일체'와 '위격'과 같은 단어들을 사용하지 않고 있다는 사실에 근거하여 그에게 아리우스주의자라는 비난을 가하였다. 1537년 제네바에서 작성된 신앙고백도 같은 경우에 해당되었다. 칼뱅은 파렐과 자신이 이런 용어들을 사용하는 데 전혀 반대하지 않는다고 천명하였다.[예를 들어 1536년 『기독교강요』(2.A.8)에서 삼위일체를 다루면서 성서 외적인 용어들을 사용하는 데 대해 그가 뭐라고 말하는지 보라.] 그가 반대하는 것은 특정 용어들을 무리하게 사용하는 것이다.

로잔 대회에서의 연설에서 칼뱅은 또한 신앙고백들에 대한 동의 문제를 다루고 있다. 그는 앞에 언급된 세 개의 신조들을 반대하지는 않지만, 거기에 강제적으로 서명하게 하는 데는 반대한다고 밝혔다. 다른 사람이 명령한 것에 서명하고자 하지 않는 사람들을 이단으로 간주하는 것은 전횡이며 이러한 전횡이 도입되는 것을 원치 않는다는 것이다.

로잔 대회는 카롤리를 직위 해제하는 데 만장일치로 찬성하였다. 5월 31일부터 6월 5일까지 베른에서 개최된 큰 규모의 대회에서도 그렇게 결정하였다. 카롤리는 프랑스로 도주하여 교황 바오로 3세에게 편지하여 로마가톨릭교회로 돌아갈 수 있도록 허락해달라고 요청하였으며, 그 후 1539년에는 슈트라스부르크에서 목회 자리를 얻기 위해 다시금 프로테스탄트가 되기로 마음을 바꾸었다. 1540년 칼뱅에게 보낸 편지에

13) 본문은 *CO* 9:703-710; *COR*, III/2:145-150(Trinity와 person이라는 용어와 "Christus Iehova"에 관한 두 개의 부록은 1537년 9월 22-23일에 베른에서 개최된 대회에서 채택된 설명이다.)을 보라.

서 카롤리는 자신이 목회자가 되는 것을 칼뱅과 파렐이 방해하고 있다고 비난하였다. 칼뱅은 1540년 8월 10일자 편지에서(*CO* 11:72-75 참조) 카롤리에게 화해를 호소하였지만, 이 일은 실현되지 않았다.

1543년 카롤리는 메스(Metz)에 있었는데, 그곳에서 행한 설교들에서 자신은 종교개혁과 더 이상 아무런 관계도 맺지 않을 것이라고 분명하게 밝혔다. 1543년 5월 14일자 편지에서 카롤리는 로마, 트렌트, 혹은 스페인이나 프랑스의 대학에서 토론을 벌이자고 파렐에게 제안하였다. 카롤리는 이 편지의 사본들을 교황, 황제 카를 5세, 그리고 프랑수아 1세에게 보냈다. 5월 21일자 편지로 카롤리에게 답장한 파렐은 메스에서 개최될 이 토론회에 칼뱅도 참여하기를 원했다. 칼뱅은 그 사이에 베른과 바젤(바젤에서 칼뱅은 제네바 의회의 편지를 바젤 의회에 전달했다.)을 거쳐서 (파렐이 있던) 슈트라스부르크로 갔다. 슈트라스부르크 의회는 이 문제를 맡을 군주들에게 간청하기 위해 슈말칼덴에 편지를 보내는 것이 최상이라고 생각했다.(7월 1일 칼뱅이 슈트라스부르크에서 제네바 의회로 보낸 편지를 보라—*CO* 11:587-589) 칼뱅과 파렐은 슈트라스부르크에서 초조하게 기다렸지만, 8월 중순까지도 일이 어떻게 되고 있는지 알지 못했다. 왜냐하면 메스 의회는 이 토론회를 연기시키거나 심지어 취소시키려고 황제를 이 문제에 연관시켰기 때문이다. 칼뱅과 파렐은 무슨 일이 일어나고 있는지 몰랐기 때문에, 더 이상 초조하게 기다릴 것이 아니라 고향으로 돌아가기로 결정했다. 카롤리와 파렐 사이에 오고간 편지는 1543년 제네바에서 파렐에 의해 출판되었다. 서문은 칼뱅이 작성했다.(*CO* 9:839-840)[14] 카롤리는 그의 『논박』(*Refutatio*)을 통해 파렐, 칼뱅, 비레의 삼위일체를 반박하였다.[15] 몇 달 후 『파렐과 그의 동료들

---

14) 이 서신교류에 관해 더 알고 싶으면 *Guillaume Farel*, 1489-1565(Neuchâtel, 1930), 43, 497-503을 참조하라.

을 위하고, 피에르 카롤리의 비방을 반대하며, 니콜라스 갈라를 변호함』(*Pro Farello et collegis eius adversus Petri Caroli calumnias defensio Nicolai Gallasii*, *CO* 7:289-340)[16]이라는 칼뱅의 작품이 나왔는데, 여기서 그는 다시 한 번 카롤리에게 말하고 있다. 칼뱅은 객관적이라는 인상을 주기 위해 이 소논문을 니콜라스 데 갈라(Nicolas Des Gallars)의 이름으로 출판하였다. 칼뱅은 이에 대해 비레와 편지를 교환하였으며, 비레에게 소논문의 시작 부분을 읽도록 허락하였다.(7월에 쓴 편지들을 보라—*CO* 12:100-101, 102-106, 107-108, 119-121)

2) 미카엘 세르베투스와 세바스티앙 카스텔리옹과의 논쟁

미카엘 세르베투스와 칼뱅의 편지 교환은 1546년에 시작되었다.[17] 리옹의 서적상이자 인쇄업자인 장 프럴롱(Jean Frellon)을 통해 세르베투스는 처음에 칼뱅에게 세 가지 질문을 가지고 접근하였다. 그것들은

---

15) 책의 전체 제목은 *Refutatio blasphemiae Farellistarum in Sacrosanctam Trinitatem*(Paris, 1545)이다. 2차자료는 Frans P. van Stam, "Le livre de Pierre Caroli de 1545 et son conflict avec Calvin," in *Calvin et ses contemporains*, ed. Olivier Millet(Geneva, 1998), 21-41.

16) 거의 완벽한 라틴어 본문(from *CO* 7:311-16, 317-321, 321-325)과 독일어 번역은 *Calvin-Studienausgabe*, vol. 1/1, *Reformatorische Anfänge*(*1533-1541*)(*Neukirchen*-Vluyn, 1994), 230-260(Peter Opitz-Moser의 "서론," 225-229)을 보라. 프랑스어 번역은 Jean Calvin, *Défense de Guillaume Farel et de ses collèques contre les calomnies du théologastre Pierre Caroli par Nicolas des Gallars. Avec diverses lettres de Calvin, Farel, Viret et autres documents traduits et présentés par Jean-François Gounelle*, Études d'histoire et de philosophie religieuses 73(Paris, 1994)을 보라.

17) 세르베투스와 칼뱅 사이의 대립에 대해서는 Roland H. Bainton, *Hunted Heretic*(Boston, 1953); Jerome Friedman, *Michael Servetus: A Case Study in Total Heresy*(Geneva, 1978); Baars, *De drie-eenheid bij Calvijn*, 146-226("De Kwestie Servet")을 참조하라.

하나님의 아들로서의 예수(인간 예수가 하나님의 아들로서 십자가에 못 박혔는지, 그리고 그 아들 됨이 무엇을 의미하는지), 그리스도의 왕국에 속한다는 것(사람이 어떻게 거기에 속할 수 있는지, 그리고 사람이 어떻게 거듭날 수 있는지), 세례(성만찬처럼 세례도 신앙 안에서 행해야 하는지, 그리고 새 언약 안에서 그 둘의 의미가 무엇인지)에 관한 것이었다.[18)]

칼뱅은 샤를 데스페빌(Charles d'Espeville)이라는 가명으로 대답하였으며, 세르베투스는 논쟁을 시작하였다. 세르베투스는 저술 중이던 『기독교복원』(*Christianismi restitutio*)에서 유아세례에 관해 쓴 부분의 사본을 칼뱅에게 보냈다. 칼뱅은 『기독교강요』에서 유아세례를 다루고 있는 부분의 사본을 보냄으로써 응답하였다. 그러자 세르베투스는 그 사본의 여백에 자신의 비평적 주석을 덧붙여서 되돌려 보냈다. 또한 칼뱅에게 보내는 편지 30통으로 이루어진 논문을 함께 보냈다.[19)]

세르베투스와의 서신교환을 시작할 무렵인 1546년 2월 13일 칼뱅은 프렐롱에게 편지하여(*CO* 12:281-282), 자신이 세르베투스에게 답장은 하겠지만 세르베투스가 쓴 편지의 기질로 미루어볼 때 별로 소득이 없을 것 같다고 말하였다. 같은 날 칼뱅은 파렐에게 편지하여(*CO* 12:282-284) 세르베투스가 자신에게 편지와 두꺼운 책을 보내왔다고 전하였다. 세르베투스가 보낸 "어리석음으로 가득 찬 책에서, 내가 놀라운 것과 지금까지 들어보지 못한 것을 발견하게 될 것이라고 그 자는 거만하게 허풍을 떨었다." 세르베투스는 칼뱅의 허락을 얻어 제네바로 가기를 원했지만, 칼뱅은 파렐에게 보낸 편지에서 자신이 이에 대해 할 말이 있다면 세르베투스가 결코 살아서는 제네바를 떠나지 못할 것이라는 말뿐이라고 하였다.

---

18) 세르베투스의 세 가지 질문과 칼뱅의 답변, 그리고 그 답변에 대한 세르베투스의 논박에 대해서는 *CO* 8:482-495를 참조하라.

19) 세르베투스의 요구에도 불구하고, 칼뱅은 결코 그것들을 되돌려주지 않았다.

1553년 8월 13일, 칼뱅은 마들렌(Madeleine) 교회에서 아침 예배를 인도한 후에 세르베투스가 그곳에 참석했다는 소식을 들었다. 세르베투스는 1553년 1월 비엔(Vienne)에서 익명으로(단지 M. S. V.라는 문자만 맨 뒤에 언급되었다.) 출판된 『기독교복원』의 저자였다.[20] 이 책에서 세르베투스는 몇 가지 그리스도교 교리들, 특히 삼위일체, 원죄, 유아세례, 이신칭의 등의 교리를 논박하고 있다.[21] 세르베투스는 특별히 칼뱅을 비난하고 있다. 이 책에는 앞에서 언급한 1546년 칼뱅에게 보낸 30통의 편지도 포함되어 있다. 책의 제목도 칼뱅의 『기독교강요』에 대항하고 있다는 인상을 준다. 아무튼 세르베투스가 그리스도교를 위한 새로운 기초를 제공하려고 했다는 것은 분명하다. 그에 따르면 현재의 그리스도교는 로마가톨릭교회와 종교개혁에 의해 훼손되었기 때문이다.

세르베투스는 리옹에 살던 한 사람이 제네바에 있는 사촌 기욤 드 트리(Guillaume de Trie)에게 편지를 보낸 1553년 2월에 곤경에 빠졌다. 그 편지는 제네바에서의 개혁에 대해 매우 부정적으로 언급하였다. 드 트리는 제네바의 개혁자들이 삼위일체 하나님을 믿기 때문에 이단들이 아니라고 답장하였다. 동시에 드 트리는 비엔의 리옹 인근에 머물고 있던 세르베투스에 대해 주의를 환기시켰다. 세르베투스는 이단적인 내용으로 가득 찬 책을 저술했지만 아무런 제재를 받지 않고 있었다.

아무리 조사해 봐도 세르베투스를 고발할 충분한 증거를 찾아내지 못하자, 드 트리의 사촌은 더 많은 자료를 요청하였다. 드 트리는 칼뱅에게 고발에 필요한 자료를 달라고 요청했고, 칼뱅은 결국 그에게 세르베투스에게서 받은 사적인 편지들과 『기독교강요』에서 유아세례를 다

---

20) 이 책은 1966년 프랑크푸르트에서 변경되지 않고 재간되었다.

21) 세르베투스는 1531년(*De Trinitatis erroribus libri septem*)과 1532년(*Dialogorum de Trinitate libri duo*)에 이미 삼위일체에 대해서 썼다. 이 작품들은 개정을 거쳐 『기독교복원』(*Christianismi restitutio*)에 수록되었다.

루고 있는 부분의 여백에 세르베투스가 남긴 비평적 주석들을 보내주었다. 세르베투스는 투옥되어 종교재판소의 심문을 받았으나 탈출하여(6월 17일 세르베투스의 허수아비가 비엔에서 화형되었다.) 8월 13일 제네바에서 칼뱅의 청중들 가운데 나타났다.

세르베투스는 제네바에서 체포되었다. 칼뱅의 비서였던 니콜라스 드 라 퐁텐(Nicolas de La Fontaine)이 39개 항목으로 된 공식적인 고소장(*CO* 8:727-731 참조)을 제출하였다. 당시의 관습에 따라 퐁텐 역시 (8월 17일) 소송 절차가 시작되기까지 투옥되었다.[22] 소송이 진행되는 동안 세르베투스가 바젤과 슈트라스부르크에 머물면서 잘못된 가르침으로 야기한 소동에 대해서도 논의가 이루어졌다. 왜 세르베투스가 비엔에서 체포되었고, 어떻게 그가 탈출할 수 있었는지를 밝히기 위해 비엔으로 사절을 보내 편지를 전달하기로 결정하였다.(*CO* 8:761 참조) 그러나 별다른 성과를 얻지는 못하였다. 비엔은 세르베투스를 넘겨줄 것을 요청하였지만(*CO* 8:783-784 참조) 제네바는 이를 거부하였다.(*CO* 8:790 참조)

의회가 다른 스위스 도시의 교회들(즉 의회와 목회자들)에 의견을 구하기로 결정함에 따라, 세르베투스가 하나님의 말씀과 일반적으로 받아들여지는 교리에서 벗어났다고 칼뱅과 다른 목회자들이 지적한 39개 항목에 대해서 서면으로 답해야만 했다.(*CO* 8:501-508 참조) 세르베투스는 그렇게 하였다.(*CO* 8:507-518 참조) 목회자들의 『간략한 반박』(*brevis refutatio*)이 뒤따랐고(*CO* 8:519-553 참조), 세르베투스는 그 여백에 비평적인 각주를 달아서 격렬하게 응수하였다.(*CO* 8:799-801 참조)

9월 21일 의회는 결국 조언을 구하는 편지를 취리히, 베른, 바젤, 그리고 샤프하우젠에 보냈다.(*CO* 8:802-803 참조) 이들 모두가 세르베투

---

22) *CO* 8:721-872("Actes du procès de Michel Servet, 1553") 참조.

스의 가르침을 정죄했지만 그에게 어떤 벌을 내려야 할지에 대해서는 제네바 의회에 그 결정을 일임하였다.[23)]

파문권을 둘러싸고 제네바 교회와 시민정부 사이에 일어난 다툼으로 인해 한껏 고무되었을 세르베투스는 9월 22일 의회에 편지를 보내어 칼뱅을 격렬하게 비난하였다. 그는 자신과 칼뱅 중 누가 사형선고를 받아야 할지 결정될 때까지 칼뱅도 수감되어야 한다는 의견을 밝혔다. 세르베투스는 칼뱅이 마술사로 정죄받아야 하고, 추방되어야 한다고 덧붙였다.(*CO* 8:804-806 참조)

10월 26일 세르베투스는 화형을 선고받았다. 칼뱅은 덜 잔인한 참수형으로 처형 방식을 바꾸려고 노력했으나 허사였다. 처형일인 10월 27일 파렐과 칼뱅은 감옥에 있는 세르베투스를 방문하였다. 세르베투스는 자비를 호소하면서 칼뱅의 용서를 구하였다. 칼뱅은 자신이 어떠한 사적인 감정 때문에 세르베투스의 기소에 개입한 것이 아니라고 말하였다. 그러면서 파렐과 칼뱅은 삼위일체에 대한 세르베투스의 생각을 바꾸기 위해 마지막 노력을 기울였지만 수포로 돌아갔다.

세르베투스가 화형대에 오르기 직전에 행정장관 중 한 명이 14가지 조목들이 적힌 판결문을 낭독하였다. 판결문에서 가장 먼저 언급된 것은 세르베투스의 책 『기독교복원』이었으며, 삼위일체와 유아세례에 관한 그의 이단적 사상도 언급되었다.(*CO* 8:827-830 참조) 화형대에서 죽기 바로 직전에 세르베투스는 "영원한 하나님의 아들 예수여, 나를 불쌍

---

23) *CO* 8:808(Réponse du Conseil de Zurich); *CO* 8:555-558(취리히 목회자들의 답변으로, 1554년 칼뱅의 *Defensio*에 수록되어 있다.); *CO* 8:809(Réponse du Conseil de Schaffhouse); *CO* 8:810(Réponse des ministres de Schaffhouse); *CO* 8:818(Réponse du Conseil de Berne); *CO* 8:818-819[Réponse des ministres de Berne; 또한 *CO* 8:811-817(Consultation des ministres de Berne touchant la doctrine de Servet)도 참조]; *CO* 8:820(Réponse du Conseil de Bâle); *CO* 8:820-823(Réponse des ministres de Bâle) 참조.

히 여기소서."라고 부르짖었다.[24)]

세르베투스의 처형 이후 그 일에 대한 비난에 직면한 칼뱅은 세르베투스와 그의 유죄판결에 대해 밝히는 글을 써야 할 필요를 느꼈다. 비난은 주로 바젤에서 나왔는데, 그곳에서 1553년 카스텔리옹이 쓴 것으로 추정되는 『세르베투스의 처형에 대한 이야기』(*Historia de morte Serveti*)라는 책이 나왔다.[25)] 불링거를 포함한 다른 사람들도 칼뱅에게 세르베투스 판결의 정당성을 밝히는 책을 써줄 것을 요청하였다.(칼뱅에게 보낸 1553년 11월 28일자 불링거의 편지를 보라－*CO* 14:684)

결국 『미카엘 세르베투스의 오류에 맞서 거룩한 삼위일체에 대한 정통신앙 변호』(*Defensio orthodoxae fidei de sacra Trinitate, contra prodigiosos errores Michaelis Serveti Hispani*…, *CO* 8:453-644)가 1554년 2월에 프랑스어 번역본과 함께 출판되었다.[26)] 제네바 목회자들의 전

---

24) 이런 식으로 세르베투스는 자신의 확신을 견고하게 지켰다. 그는 하나님의 영원하신 아들 예수라 하지 않고, 영원하신 하나님의 아들 예수라고 말했다.

25) 1554년 2월 10일 베른의 서기인 Nikolaus Zurkinden이 칼뱅에게 비판적인 편지를 썼지만(*CO* 15:19-22), 그는 이를 대외적으로 공표하지는 않았다. 바젤에서 야기된 더 많은 비판들에 대해서는 Uwe Plath, *Calvin und Basel in den Jahren 1552-1556*(Zurich, 1974), 88-93을 참조하라. 칼뱅과 카스텔리옹 사이의 논쟁에 대해 더 알고 싶으면 Uwe Plath, "Calvin und Castellio und die Frage der Religionsfreiheit," in *Calvinus ecclesiae Genevensis custos*, ed. Wilhelm H. Neuser(Frankfurt am Main, 1984), 191-195를 참조하라.

26) 전체 제목: *Defensio orthodoxae fidei de sacra Trinitate, contra prodigiosos errores Michaelis Serveti Hispani, ubi ostenditur haereticos iure gladii coercendos esse, et nominatim de homine hoc tam impio iuste et merito sumptum Genevae fuisse supplicium*. 『종교개혁총서』(*Corpus Reformatorum*)의 제목은 다음과 같다. *Calumniarum refutatio*.(*CO* 8:587-588 참조) 프랑스어 번역본의 제목은 *Déclaration pour maintenir la vraye foy que tiennent tous chrestiens de la Trinité des personnes en un seul Dieu. Contre les erreurs détestables de Michel Servet Espaignol. Où il est aussi monstré qu'il est licite de punir les hérétiques, et qu'à bon droict*

폭적인 지지를 받은 이 책에서 칼뱅은 특히 세르베투스의 오류에 반대하여 삼위일체에 관한 정통교리를 변호하고, 성서의 여러 구절들에 근거하여 이단에 대한 관료들의 조처를 정당화하고 있다. 칼뱅은 또한 도나투스주의자들에 대항하면서 국가의 도움을 호소하는 교회를 옹호한 아우구스티누스를 자주 인용한다. 동시에 세르베투스의 체포와 기소에 대한 자신의 입장을 설명하고 있다.[27)]

칼뱅의 『거룩한 삼위일체에 대한 정통신앙 변호』가 나오자마자 3월에 『이단에 관하여』(*De haereticis an sint persequendi*)라는 책자가 바젤에서 마르티누스 벨리우스(Martinus Bellius)라는 이름으로 나왔다. 많은 이들은 이것이 카스텔리옹의 필명이라고 생각하였다.[28)] 크리스토프 폰 뷔르템베르크(Christoph von Württemberg)에게 부친 서문에서 카스텔리옹은 이단의 처형에 대한 자신의 견해를 밝히면서, 그것 대신에 종교적인 자유와 관용을 주창하였다. 그 다음에 루터, 브렌츠, 에라스무스, 크리소스토무스, 아우구스티누스, 그리고 심지어 칼뱅과 같은 사람들의 저작들에서 뽑은 인용문들을 늘어놓으며, 이들 모두가 이단을 죽이는 행위를 반대했다는 증거로 삼았다. 칼뱅의 경우 카스텔리옹은 『기독교강요』 초판(*CO* 1:77)과 사도행전 주석 서문(*CO* 14:294)에 나오는 진술들을 인용하고 있다.

---

ce meschant a esté executé par iustice en la ville de Genève(Geneva, 1554; *Recueil des opuscules*, 1315-1469에 수록)이다. 라틴어 본문(*CO* 8:587-608)의 부분적인 재수록과 독일어 번역 발행은 *Calvin-Studienausgabe*, 4:172-233(Peter Opitz의 "서론," 151-164)을 보라. 이 문서에 포함된 것은 칼뱅과 다른 설교자들의 첫 30개 진술에 대한 라틴어 본문과 독일어 번역이다.(*CO* 8:501-508)

27) Plath, *Calvin und Basel*, 93, 120-127 참조.

28) 복사본이 1954년에 Sape van der Woude에 의해 제네바에서 출판되었고, Roland H. Bainton은 *Concerning Heretics*(New York, 1935)라는 제목으로 영어 판을 냈다. 또한 Plath, *Calvin und Basel*, 128-136을 참조하라.

이 책은 게오르그 클라인베르크(Georg Kleinberg)의 글(*Quantum orbi noceant persecutiones, sententia Georgii Kleinbergii*)과 바실리우스 몽포르(Basilius Montfort)의 글(*Basilii Montfortii refutatio eorum, quae pro persecutione dici solent*)로 끝맺고 있다. 이 이름들도 아마 카스텔리옹의 또 다른 가명일 것이다. 『이단에 관하여』의 프랑스어 번역판은 1554년 루앙에서 출판되었다.[29]

칼뱅은 창세기 주석 작업으로 매우 바빴기 때문에, 베즈가 1554년 9월 『이단의 처벌에 관하여』(*De haereticis a civili magistratu puniendis*)로 카스텔리옹의 글에 응수하였다.[30] 카스텔리옹은 1555년 바실리우스 몽포르라는 이름으로 『이단을 처벌할 수 없음에 관하여』(*De haereticis non puniendis*, 1971년 제네바에서 출판)라는 글을 써서 다시 반박하였다.[31] 그는 또한 칼뱅의 『거룩한 삼위일체에 대한 정통신앙 변호』에 응수하여 『칼뱅의 글에 반대하여』(*Contra libellum Calvini in quo ostendere conatur haereticos iure gladii coercendos esse*)를 썼으며, 이 책은 1612년 네덜란드에서 출판되었다.

1557년 초반 익명으로 쓴 책에서 카스텔리옹은 칼뱅의 예정론을 공격하였다. 칼뱅은 같은 해에 『비방과 중상모략에 대한 응답』(*Responses*

---

29) *Traicté des hérétiques, à savoir, si on les doit persécuter, et comment on se doit conduire avec eux, selon l'advis, opinion, et sentence de plusieurs autheurs, tant anciens, que modernes*(Rouen, 1554).

30) 전체 제목: *De haereticis a civili magistratu puniendis libellus, adversus Martini Bellii farraginem, et novorum academicorum sectam, Theodore Beza Vezelio auctore*(Geneva, 1554). 6년 후 Nicolas Colladon은 이 작품의 프랑스어 판을 출판했다. *Traité de l'authorité du magistrat en la punition des hérétiques et du moyen d'y procéder, fait en latin par Théodore de Besze*…(Geneva, 1560). 또한 Plath, *Calvin und Basel*, 221-230을 참조하라.

31) 전체 제목: *De haereticis a civili magistratu non puniendis pro Martini Bellii farragine, adversus libellum Theodori Bezae libellus, authore Basilio Montfortio*. 또한 Plath, *Calvin und Basel*, 231-244를 참조하라.

à certaines calomnies et blasphèmes)을 출판함으로 응수하였다. 이 두 글은 모두 분실되었지만, 칼뱅의 경우 프랑스어 판이 나오고 나서 몇 주 후에 출판된 라틴어 번역 개정판은 남아 있다.(*Brevis responsio Io. Calvini ad diluendas nebulonis cuiusdam calumnias quibus doctrinam de aeterna Dei praedestinatione foedare conatus est*, *CO* 9:257-266)[32)]
1558년 칼뱅은 『대적들의 비방, 그들에 대한 칼뱅의 응답』(*Calumniae nebulonis cuiusdam, quibus odio et invidia gravare conatus est doctrinam Ioh. Calvini de occulta Dei providentia. Ioannis Calvini ad easdem responsio*, *CO* 9:269-318)이라는 책을 출판하였다.[33)] 이 책의 전반부는 카스텔리옹이 칼뱅의 사상들에 대해 이의를 제기한 14개의 조항을 담고 있으며(*Calumniae nebulonis cuiusdam adversus doctrinam Iohannis Calvini de occulta Dei providentia*), 후반부는 칼뱅의 답변을 담고 있다. 이것이 카스텔리옹에 대한 칼뱅의 마지막 응수였으며, 카스텔리옹을 상대로 하는 그 이상의 논쟁은 베즈에게 맡겼다.

---

32) 분실된 프랑스어 판의 전체 제목은 *Responses à certaines calomnies et blasphèmes, dont quelsques malins s'efforcent de rendre la doctrine de la prédestination de Dieu odieuse*이다. 카스텔리옹에게 보낸 이 답장은 1562년의 *Treze sermons traitans de l'élection*…에 부록으로 첨부되어 있다. 이 설교들은 이미 1560년 *Traité de la prédestination éternelle de Dieu*…에 부록으로 수록되었다.(이 책 3장 각주 77) 참조) 프랑스어 본문은 *Recueil des opuscules*, 1767-75에서 볼 수 있다.

33) 프랑스어 번역본에 대해서 *Recueil des opuscules*, 1776-1822를 참조하라. 영어 번역본과 서문은 *Calvin: Theological Treatises*, ed. J. K. S. Reid(London and Philadelphia, 1954), 331-343을 참조하라.

3) 반(反)삼위일체론자들인 그리발디, 블란드라타, 그리고 젠틸리와의 논쟁

1558년 5월 제네바에 있던 이탈리아 피난민들의 교회에서 혼란이 증대하였는데, 이 교회는 이미 한동안 우여곡절을 겪은 적이 있었다.[34)]처음에는 주로 마테오 그리발디(Matteo Gribaldi 혹은 Gribaldo)가 문제를 일으켰다. 그리발디는 파도바(Padova)의 변호사로서, 제네바 인근에 있는 (베른의 영토였던) 젝스 근방의 파르게스(Farges) 영지에서 휴가를 보냈다. 그는 1554년 9월 삼위일체 교리를 비판함으로써 교회를 혼란으로 몰아넣고는, 얼마 후에 교회에 편지를 보내 자신의 견해를 설명하였다.(*CO* 15:246-248 참조) 칼뱅의 권유에 따라 그는 자신이 퍼트린 사상과 관련하여 1555년 6월 29일 컨시스토리에 출두하였지만, 이 회합은 별다른 결실을 맺지 못하였다. 그 다음에 그리발디는 자신의 입장을 변호하기 위해 의회에 출두해야 했지만, 베른의 영지에 거하고 있다는 이유로 그에게 아무런 조처도 취해지지 않았다.

그리발디의 정도를 벗어난 사상들은 그리스도와 아버지 하나님 사이의 관계에 관한 것이었다. 그리발디에게 그리스도는 하나님이었지만 그가 하나의 본질에 대해서는 결코 언급한 바가 없기 때문에, 칼뱅에 따르면(*CO* 15:644) 그는 실상 두 신을 말하고 있었던 것이다.[35)]

---

34) 칼뱅의 주제인 반삼위일체론자들, 그리고 세르베투스와 그들의 관계에 대해서는 Antonio Rotondò, *Calvin and the Italian Anti-Trinitarians*, trans. John and Anne Tedeschi(St. Louis, 1969)를 보라. 또한 E. David Willis가 이 책에 대해 쓴 논평을 수록한 *ARG* 62(1971): 279-282를 참조하라.

35) 또한 1555년 6월 Melchior Wolmar에게 보낸 칼뱅의 편지(*CO* 15:644)와, 1557년 5월 2일 백작 Georg von Württemberg에게 보낸 그의 편지(*CO* 16:463-466)를 참조하라. 백작은 그리발디를 튀빙겐 대학에 임명할 수 있을지 여부에 관해 칼뱅에게 문의했다.

1558년 5월에는 이탈리아인 의사 블란드라타(Giorgio Blandrata, 혹은 Biandrata)가 반삼위일체론적인 사상으로 이탈리아인 교회에 큰 혼란을 불러일으켰다.[36] 칼뱅은 7월 4일 베른의 주르킨덴(Nikolaus Zurkinden)에게 편지하여(*CO* 17:235-239), 베른으로 피신한 블란드라타와의 대화를 통해 자신이 이미 일 년간이나 그의 사상으로 인해 괴로움을 당했다고 말하였다. 주르킨덴은 칼뱅에게 보낸 편지에서 다소간 블란드라타를 옹호했었다.(*CO* 17:204-208 참조) 칼뱅은 여러 차례 그의 말에 귀를 기울였지만, 결국에는 이탈리아인들의 교회에서 일어나고 있는 상황을 참을 수 없게 되었다.[칼뱅이 7월 19일 디 비코(Galeazzo Caraccioli di Vico)에게 보낸 편지를 보라—*CO* 17:255-259] 칼뱅은 평온을 회복하고자 노력했지만 블란드라타는 멈춰야 할 때를 알지 못하였고, 결국 베른으로 도망하였다. 그리고 취리히를 거쳐 폴란드로 갔다.[37] 칼뱅은 블란드라타의 질문들에 대한 자신의 견해를 『블란드라타

36) *TRE*, s. v. "Biandrata"; Joseph N. Tylenda, "The Warning That Went Unheeded: John Calvin on Giorgio Biandrata," *CTJ* 12(1977): 24-62 참조. Tylenda는 블란드라타가 칼뱅에게 보낸 편지(*CO* 17:169-171)와 칼뱅의 *Responsum ad quaestiones Georgii Blandratae*(*CO* 9:321-332)의 영어 번역본을 제공하고 있다.

37) 폴란드에서 블란드라타는 교회에서 지도력을 얻었다. 몇 차례 칼뱅은 블란드라타와의 화해를 호소하는 편지를 폴란드로부터 받았다. Pinaczów에 있는 김나지움의 교장이었던 Pierre Statorius는 1559년에 칼뱅에게 편지를 보내어(*CO* 17:600-603), 폴란드에서의 그의 명망을 생각해서 블란드라타와 화해할 것을 부탁하였다. 칼뱅은 11월 15일에 답장을 보내어(*CO* 17:676-677), Statorius가 사실관계를 잘 알지 못하고서 자신에게 마땅히 행할 바가 무엇인지 충고를 해 와서 불쾌했다고 답하였다. Statorius는 나중에 칼뱅에게 사과했고 칼뱅은 그에 답하였다.(*CO* 18:101-102 참조) Francesco Lismanino(unitarianism의 영향을 받게 되었다.)와 빌뉴스(Vilnius)의 목회자들도 마찬가지로 칼뱅과 블란드라타를 화해시키려고 시도했다. 1561년 10월 9일 칼뱅은 빌뉴스의 목회자들과 Lismanino에게 이 문제에 대한 편지들을 썼다.(*CO* 19:38-39, 41-43) 빌뉴스에 보낸 편지에서 그는 블란드라타가 제네바에 머무는 동안 일어났던 일들

의 질문에 대한 응답』(*Responsum ad quaestiones Georgii Blandratae*)에 밝혀놓았다.[38)]

이탈리아 피난민 교회에서 발생한 또 다른 분란은 지오반니 발렌티노 젠틸리(Giovanni Valentino Gentilis, 혹은 Gentile)에 의한 것이었다. 그는 교회의 무질서를 끝내기 위해 작성된 신앙고백에 처음에는 서명하기를 거부하다가 1558년 5월에 서명하였다. 그러나 얼마 지나지 않아 또다시 반삼위일체론적인 목소리를 내기 시작했다. 그는 7월에 투옥되어 자신의 잘못된 가르침을 포기하였고, 의회와 칼뱅에게 자신이 말하고 행한 것들에 대해 용서를 구했다. 다섯 명의 법조인들로 구성된 위원회의 권고에 따라 젠틸리는 사형선고를 받았으나 다른 사람들의 중재로 형벌이 연기되다가 결국 공개적으로 회개하는 것으로 대체되었다. 젠틸리는 자기 손으로 자신의 책들을 불 속에 던져넣어야만 했다. 그는 9월 16일 석방되었으며, 제네바에 남겠다고 약속했음에도 불구하고 그리발디와 합류하기 위해 떠나갔다.

1559년 젠틸리는 자신의 또 다른 약속을 파기하면서, 칼뱅이 『기독교강요』(1.13. 20-29)에서 삼위일체에 관해 쓴 내용에 대해 자신의 책 『대응책』(*Antidoto*)에서 이의를 제기하였다. 이어서 칼뱅의 『젠틸리의 불경건』(*Impietas Valentini Gentilis detecta et palam traducta, qui Christum non sine sacrilega blasphemia Deum essentiatum esse fingit*, *CO* 9:361-420)이 1561년에 출판되었는데, 이 책에는 1558년에 일어난 사건의 전모

을 요약하고 있다.(*CO* 19:39-40)

38) 1567년 베즈의 편집에 의해 제네바에서 처음으로 이 책이 출판되었다. *Valentini Gentilis teterrimi haeretici impietatum ac triplicis perfidiae et perjurii, brevis explicatio, exactis publicis Senatus Genevensis optima fide descripta*…, 발렌티노 젠틸리와 관련된 자료모음집이다. 이 책의 내용 설명은 *Bibliotheca Calviniana*, 3:121-125를 보라. 칼뱅의 글에 대한 영어 번역은 위의 각주 36)을 보라.

가 기술되어 있고 관련 자료들도 포함되어 있다.[39] 젠틸리는 1563년부터 폴란드에서 일하였지만, 1566년 자신의 견해 때문에 그곳을 떠나야만 했다. 같은 해에 그는 (베른의 재판권 아래) 사형을 선고받고서 9월 10일에 참수되었다.

4) 폴란드 유니테리언주의자들과의 논쟁

제네바에 있는 다른 목회자들의 도움을 받아 칼뱅은 프란체스코 수도회 출신인 스탄카로(Francesco Stancaro)의 견해에 반대하여 두 차례 펜을 들었다. 1560년 6월에 작성한 『그리스도가 어떤 중보자인지에 대해 폴란드 형제들에게 보내는 응답, 스탄카로의 오류를 논박하면서』(*Responsum ad fratres Polonos, quomodo mediator sit Christus, ad refutandum Stancaro errorem*, *CO* 9:333-342)라는 편지,[40] 그리고 1561년 3월에 쓴 『중보자 논쟁에 관하여 폴란드 귀족들과 스탄카로에게 보내는 제네바 교회의 응답』(*Ministrorum ecclesiae Genevensis responsio ad nobiles Polonos et Franciscum Stancarum Mantuanum de controversia mediatoris*, *CO* 9:345-358)이라는 편지이다.[41]

---

39) 프랑스어 판에 대해서는 *Recueil des opuscules*, 1921-64를 참조하라. 또한 *Procès de Valentin Gentilis et de Nicolas Gallo(1558)*, ed. Henri Fazy(Geneva, 1879); *OS* 3:139-140; Wilhelm Niesel, "Zum Genfer Prozess gegen Valentin Gentilis," *ARG* 26(1929): 270-273을 참조하라.

40) 이 편지는 1561년 헤슈시오스에 반대하는 칼뱅의 작품(*Dilucida explication*…)에 첨부되었다. 또한 *Bibliotheca Calviniana*, 2:806-813을 보라.

41) *Responsum ad fratres Polonos*…의 프랑스어 판에 대해서는 *Recueil des opuscules*, 1755-59를 참조하라. 또한 Joseph N. Tylenda, "Christ the Mediator: Calvin versus Stancaro," *CTJ* 8(1973): 5-16. 그리고 같은 저자, "The Controversy on Christ the Mediator: Calvin's Second Reply to Stancaro," *CTJ* 8(1973): 131-157(두 논문에서 칼뱅의 두 편지에 대한 번역

스탄카로(ca. 1501-74)는 이탈리아 만토바(Mantova) 출신의 수도승이자 교사였다.[42] 그는 1540년 종교개혁에 가담하였고, 이후 14개월 동안 감옥에 갇혔다. 출소한 후에는 이탈리아를 떠나 1549년부터 1551년까지 폴란드 크라코프(Kraków)의 대학교에서 히브리어를 가르쳤다. 폴란드에 있는 동안 그는 그리스도는 오로지 그 인성에 의해서만 중보자가 되었다는 자신의 견해에 대해 사람들의 지지를 얻으려고 함으로써 혼란과 갈등을 빚었다. 1559년부터 1563년 사이에 그를 따르는 무리("스탄카로주의 이단")가 급격히 증가되었다는 보고가 있으며,[43] 1560년 핀초프(Pińczów) 대회에서 그리스도의 중보성에 관한 견해로 인해 그는 교회에서 추방을 당했다. 폴란드 프로테스탄트 신자들은 칼뱅과 다른 사람들에게 중보자로서의 그리스도에 대한 정통적 견해를 제시해달라고 요청하였다. 칼뱅은 1560년 6월 폴란드 형제들에게 앞에서 언급한 편지들 중 첫 번째 편지를 썼다. 칼뱅과 다른 사람들이 폴란드에 보낸 편지들은 더욱 거센 논쟁을 불러일으켰고(다른 무엇보다도 편지가 위조된 것이라는 혐의 때문에), 폴란드 형제들은 다시 칼뱅과 다른 이들에게 조언을 구하였다.

1561년 2월 26일 칼뱅이 스탄카로에게 보낸 개인적인 편지에서 알 수 있듯이(*CO* 19:230-231), 스탄카로는 멜란히톤을 상대로 논쟁을 벌이기도 하였다. 같은 날 칼뱅은 폴란드에서의 내적인 불화에 관해 스타드니츠키(Stanislaus Stadnitzki)에게 편지하여, 불화를 일으키고 있는 스탄카로를 경계하라고 주의를 주었다.(*CO* 18:378-380 참조) 1561년 3월 칼

을 제공하고 있다.), Stephen Edmondson, *Calvins Christology*(Cambridge, 2004), 16-39를 참조하라.

42) *TRE*, s. v. "Stancaro"와 거기에 언급된 2차자료들을 보라.

43) Waclaw Urban, "Die grossen Jahre der stancarianischen Häresie (1559-1563)," *ARG* 81(1990): 309-319 참조.

뱅은 제네바의 목회자들을 대표하여 앞에서 언급한 편지들 중 두 번째 편지를 썼다.

1563년 칼뱅은 다시 폴란드의 유니테리언주의에 연루되었다. 칼뱅은 폴란드에서 영향력을 키워가면서 혼란을 야기하고 있는 유니테리언주의에 대항하는 글을 써줄 것을 촉구하는 실비우스(Jakob Sylvius)의 편지(1562년 10월 20일자, *CO* 19:558-561)에 1563년 4월 대답하였다.(*CO* 19:729-730) 실비우스에게 보내는 답변에서 칼뱅은 다음의 책을 예고하였다. 『폴란드 형제들을 향한 칼뱅의 간략한 권고』.(*Brevis admonitio Ioannis Calvini ad fratres Polonos, ne triplicem in Deo essentiam pro tribus personis imaginando, tres sibi deos fabricent*, 제네바, 1563 – *CO* 9:629-638)[44] 여기서 칼뱅은 성서에 근거하여 정통적인 기독론을 옹호하였다. 마지막으로, 칼뱅은 1563년 4월 30일 폴란드 귀족들과 크라코프의 시민들에게 두 번째로 『장 칼뱅의 편지』(*Epistola Ioannis Calvini qua fidem admonitionis ab eo nuper editae apud Polonos confirmat*, 제네바, 1563 – *CO* 9:641-650)를 보냈다.[45]

5) 기독론에 대한 메노와의 논쟁

칼뱅은 메노 시몬스(Menno Simons)와 개인적으로 만난 적은 없었지만, 특별히 마르틴 미크론(Martin Micron)을 통해 메노의 사상들과 연관을 맺었다. 미크론은 그리스도의 성육신에 대해 메노와 논쟁하게 되었을 때, 칼뱅에게 메노를 논박할 수 있도록 도와달라고 요청했다. 메노는 그리스도가 이 땅에 오실 때 천상의 육체를 취하심으로써 인간이 되었

---

44) 프랑스어 판에 대해서는 *Recueil des opuscules*, 1964-70을 참조하라.
45) 프랑스어 판에 대해서는 *Recueil des opuscules*, 1970-74를 참조하라.

다고 주장하였다. 따라서 그는 그리스도가 마리아의 몸에서 나셨지만(in Mary), 마리아에게 속한 것은(of Mary) 아님을 강조하였다.

1558년 미크론에게 보낸 편지(『메노파를 논박하며』(*Contra Mennonem*, *CO* 10a:167-176)에서,[46] 칼뱅은 메노와 미크론 사이에 오간 문서 논쟁을 통해 잘 알고 있었던 메노의 견해를 논박했다.[47] 칼뱅은 메노가 제시한 주장들을 면밀하게 추적하면서 그리스도의 참된 인성을 강조하였다. 아담과 그리스도 사이의 관계가 메노가 주장하는 것처럼 그렇게 끊어진 것은 아니다. 그렇기 때문에 그리스도는 자신의 수난과 죽음을 통해 진정한 화해를 이루었다.[48]

4. 어떤 유대인과의 논쟁

칼뱅은 죽기 전 자신의 저작들을 테오도르 베즈에게 맡기면서 교회에 필요한 것이라면 출판할 수 있도록 위임하였다. 1575년 제네바에서 『칼뱅의 편지와 답장』(*Ioannis Calvini epistolae et Responsa*)을 출판하면서, 베즈는 서문을 붙여 팔츠의 프리드리히 3세에게 헌정하였다.[49] 이 책에는 칼뱅이 어떤 유대인과 벌인 논쟁이 포함되어 있다.(*Ad questiones et*

---

46) 영어 번역은 *Calvin's Ecclesiastical Advice*, trans. Mary Beaty and Benjamin Farley(Louisville, 1991), 34-46.

47) 1556년 미크론은 *Een waerachtigh verhaal der t'zamensprekinghe tusschen Menno Simons en Martinus Mikron van der menschwerdinghe Jesu Christi*를 출판했다. 메노는 *Een gantsch duidlyck ende bescheyden antwoordt*와 *Een seer hertgrondelycke(doch scherpe) sendt-brief aan Martinus Micron*으로 답하였다.

48) Balke, *Anabaptist Radicals*, 202-208과, 거기에 언급된 2차 문헌들을 참조하라.

49) 이 책에 대한 자세한 설명은 *Bibliotheca Calviniana*, 3:200-211을 참조하라.

obiecta Iudaei cuisusdam) 유대인이 질문을 제기하면 매번 칼뱅이 반대 질문으로 응대하면서 곧이어 더 자세한 답변을 제시하고 있다. 여기서 우리는 칼뱅이 특히나 구약성서에 호소하고 있다는 데 놀라게 된다.[50] 이 책에서 칼뱅은 23개의 질문을 검토하고 있다.

베즈는 이 논쟁을 출판한 첫 번째 인물이다. 칼뱅이 간행하지 않았던 것은 아마도 출판하기에는 미비한 점이 있었기 때문일 것이다. 예를 들어 이 책에는 논쟁에 관한 정보를 제공해주는 서론도 없다. 그 결과 우리는 무엇이 칼뱅으로 하여금 이 논쟁에 뛰어들어 글을 쓰도록 했는지 알 수가 없다. 실제로 논쟁이 있었던 것이 아님은 분명하며, 유대인이 제기한 질문들을 만들면서 칼뱅이 어떤 자료를 사용했는지도 확실하게 말할 수가 없다. 학자들은 서로 다른 자료들을 언급하고 있다.[51] 23개의 질문들의 출처로 가장 근접하게 일치되는 것은 장 뒤 티예(루이 뒤 티예의 형제)와 장 메르시에가 1555년 파리에서 출판한 책이다.[52] 이 책은 뒤 티예가 이탈리아에서 발견한 마태복음의 히브리어 번역 필사본이다. 이 필사본은 스페인 출신의 유대인 셈 토브(Shem Tov)가 1385년경 저술한

---

50) 칼뱅이 1563년경에 쓴 본문은 *CO* 9:657-675를 보라. 이 본문은 독일어 번역본과 함께 *Calvin-Studienausgabe*, 4:366-405에도 포함되어 있다. 본문의 다른 판본들, 요약된 영어 번역, 2차자료들, 칼뱅의 논쟁을 다루고 있는 것들을 위해서는 *Calvin-Studienausgabe*, 4:357-364에 수록되어 있는 Achim Detmers의 서론을 보라. 또한 같은 저자의 *Reformation und Judentum: Israel-Lehren und Einstellungen zum Judentum von Luther bis zum frühen Calvin*(Stuttgart, 2001), 293-297(*Calvin-Studienausgabe*, 4권에 있는 서론과 거의 비슷함)도 참조하라.

51) 다음 내용에 대해 내가 의존하고 있는 사람에 대해서는 Detmers, *Reformation und Judentum*, 294-295를 보라. S. G. Burnett는 13세기 익명의 유대인의 저술인 *Sefer Nizzachon jaschan*을 인용하고 있다. 칼뱅은 아마도 Sebastian Münster를 통해 이 작품에 대해 알게 되었을 것이다. 그는 마태복음을 히브리어로 번역한 사람으로서 이 책에서 작자 미상의 저술의 몇몇 부분을 인용한다.

52) Detmers, *Reformation und Judentum*, 295.

책 『시금석』(*Eben bōḥan*, 사 28:16)에 들어 있는 번역문임이 밝혀졌다. 뒤 티예는 메르시에에게 이 필사본을 라틴어로 번역해줄 것을 요청했다. 뒤 티예와 메르시에가 펴낸 책이 마태복음의 히브리어 번역에서 나타나는 상이한 대조문구들과 관련해 『시금석』에서 제기된 53개의 반론 중에서 23개의 비평적 질문을 선택해서 글을 마무리하고 있다는 점은 주목할 만하다. 뒤 티예와 메르시에의 책 말미에 나오는 23개의 질문은 칼뱅의 논쟁에서 유대인이 제기한 질문들과 매우 유사하다. 따라서 칼뱅이 뒤 티예나 메르시에 또는 두 사람 모두를 통해 23개 질문의 내용을 알게 된 것으로 보인다.

우리는 11세기 이후로 유대인 석의학자들의 주석들에서 반(反)그리스도교적 논쟁을 발견할 수 있다. 그들은 그리스도교 주석가들이 주어진 본문을 어떻게 해석하는지를 언급하는 데 그치지 않고, 그리스도인들과의 논쟁에서 유대인들이 내놓을 수 있는 대답들도 제시하고 있다.[53] 시편 주석을 쓰면서 칼뱅은 킴치(David Kimchi, 1160-1235)의 시편 주석을 활용하였다. 따라서 칼뱅은 킴치의 주석 몇몇 판들 끝에 독립적으로 붙어 있는 이른바 "그리스도인들에게 주는 대답들"에 대해 익히 알고 있었다.[54]

23개의 질문과 반대 질문을 작성하면서 칼뱅은 11세기 이후로 유대인과 그리스도인이 사용한 방법론을 따랐다. 그들은 동료들이 좋은 토론을 수행할 수 있도록 준비시키기를 원했다. 질문과 반대 질문뿐만 아니라 칼뱅이 그것들에 덧붙인 더 상세한 대답들을 통해서 우리는 칼뱅의 의도도 바로 그런 것이었음을 분명하게 알 수 있다.

---

53) E. I. J. Rosenthal, "Anti-Christian Polemic in Medieval Bible Commentaries," *Journal of Jewish Studies* 11(1960): 115-135; repr., in *Studia Semitica*, vol. 1(London, 1970), 165-185 참조.

54) Wulfert de Greef, *Calvijn en zijn uitleg van de Psalmen: Een onderzoek naar zijn exegetische methode*(Kampen, 2006), 102-103 참조.

제7장

일치를 위한 노력과 계속되는 논쟁

Streven naar eenheid en de daarop volgende discussie

1. 『성만찬에 대한 신앙고백』(1537)

1537년 칼뱅과 파렐은 베른 대회에 참석하였다. 베른 의회의 요청으로 제네바 의회가 그들을 그 모임에 파견한 것이다. 그 대회에는 슈트라스부르크와 바젤의 신학자들도 참석하였다. 그곳에서 칼뱅과 파렐은 카피토, 부처, 미코니우스, 그리내우스, 비레를 만났다. 토론은 삼위일체와 성만찬 교리에 집중되었다. 이와 같이 서로의 생각을 교환하는 일은 일치를 추구하는 데 결정적으로 중요하였다. 왜냐하면 1536년 5월 부처와 카피토는 성만찬을 둘러싸고 비텐베르크에서 열린 토론회에 슈트라스부르크 대표로 참석했고, 여기서 멜란히톤이 작성한 『일치신조』(*Formula concordiae*, *WAB* 12, no. 4261 참조)에 다른 참석자들(이들 중에 루터도 있었다.)과 함께 서명했기 때문이다.

베른 대회에서 부처와 카피토는 자신들이 비텐베르크 협약에 서명함으로써 루터와 화합한 것에 대해 변호하였다. 슈트라스부르크의 부처와 카피토는 성만찬에 관해 칼뱅이 쓴 신앙고백, 즉 『성만찬에 대한 신앙고백』(*Confessio fidei de eucharistia*, *CO* 9:711-712, *OS* 1:435)도 받아들였다.[1] 이 신앙고백에서 칼뱅은 믿는 자들이 성령을 통해 그리스도와, 그리스도의 살과 피뿐만 아니라 그의 영과 친교를 가진다는 것을

1) (서문이 있는) 영어 번역본에 대해서는 *Calvin: Theological Treatises*, ed. J. K. S. Reid(London and Philadelphia, 1954), 167-169를 참조하라. 칼뱅과 성만찬에 관한 2차 문헌에 대해서는 이 책 4장의 각주 27)을 보라.

강조하고 있다. 칼뱅은 빵과 포도주라는 물질 안에 그리스도가 임재한다는 것을 거부한다. 왜냐하면 그리스도는 하늘에 계시기 때문이다. 그럼에도 불구하고 성령을 통해 이루어지는 그리스도와의 교제는 진정한 교제이다.

2. 불링거를 위시한 취리히 사람들과의 합의(1549년의 『취리히합의』)

1544년 9월 루터는 『성례에 대한 간략한 신앙고백』(*Kurzes Bekenntnis vom heiligen Sakrament wider Schwenckfeld und die Schweizer*, WA 54:141-167)을 출판하였다. 이로써 루터와 츠빙글리 추종자들 사이에 오래된 갈등이 재개되었다. 칼뱅 역시 1544년 10월 10일 파렐에게 보낸 편지에서(*CO* 11:755) 루터와 취리히인들(불링거와 그 지지자들) 사이의 성만찬 논쟁을 언급했다. 파렐은 칼뱅이 취리히로 가서 평화를 되찾기 위해 그곳 형제들에게 호소해줄 것을 요청한 바 있지만, 칼뱅은 이 논쟁과 관련된 모든 서면 자료가 자기 재량권 아래에 있지는 않다고 답했다. 게다가 칼뱅은 취리히 사람들에게 이 주제에 관한 논쟁을 그만두라고 말하는 것은 별로 도움이 되지 않을 것이라고 생각했다. 싸움을 멈추라는 요구를 받아야 할 사람은 바로 루터라고 느낀 것이다.

루터와 취리히의 관계는 칼뱅이 불링거에게 보낸 1544년 11월 25일자 편지에서(*CO* 11:772-775) 토론의 주제로 떠올랐다. 칼뱅에 따르면, 루터는 마땅히 자신을 억제하려고 최대한의 노력을 기울였어야만 했다. 이제부터라도 루터는 자신의 타고난 열정을 그리스도의 종들을 향해 분출시키는 대신에 진리의 적들에게로 돌리는 것이 더 나을 것이다. 그가 자신의 결점을 보려고 노력했다면 좋았을 텐데 말이다. 그럼에도 불구하고 칼뱅은 우리가 루터의 잘못된 점을 지적할 때에라도 그의 뛰어난 은사들을 고려해야 한다고 말하고 있다. 불링거와 그의 동료들도 특별히 우리가 여기서 상대하는 사람이 그리스도의 종들 가운데 최고에 속하는 사람이고, 우리는 그에게 많은 빚을 지고 있다는 것을 기억해야만 한다. 루터와 싸우는 것은 불신자들을 기쁘게 하는 것 외에는 아무것도 이룰 수 없다. 루터가 우리를 다소 흥분시킨다고 할지라도, 전체 교회를 손상시키는 손해를 입히기보다는 싸움을 포기하는 것이 더 나을 것이다. 칼뱅은 성만찬 논쟁 자체에 뛰어들지는 않고, 대신에 그것들에 관해 구두로 토론하고자 했다.

11월 25일 불링거에게 보내는 편지에서 보여준 칼뱅의 호소에도 불구하고, 취리히 사람들은 『참된 신앙고백』(*Wahrhaftes Bekenntnis der Diener der Kirche zu Zürich*)이라는 논문으로(BSRK 153-159 참조) 루터의 『성례에 대한 간략한 신앙고백』에 응수하였다. 1545년 6월 28일 칼뱅은 멜란히톤에게 편지하여(*CO* 12:98-100) 성만찬을 둘러싼 루터와 취리히 사람들의 갈등에 대해 전하였다. 적어도 그 문제에 대한 취리히 사람들의 설명이 정확하다면, 그들은 그렇게 응수할 만했다고 칼뱅은 말하고 있다. 그러면서도 그들이 다르게 쓰든지 혹은 아무것도 쓰지 않았더라면 더 좋았을 것이라고 생각했다. 성만찬에 관한 그들 사이의 불화의 핵심적인 사항에 관해서, 칼뱅은 그들이 논제를 유감스러운 방식으로 다루어왔다고 느꼈다. 그러나 칼뱅은 루터에 대해서도 좋게 이야기할 수 없었으며, 그에 대해서 대단히 유감스럽게 생각했다. 칼뱅이 판단하기에, 최악의 사태는 루터가 페리클레스처럼 천둥같이 큰 소리를 지르는데도 아무도 그를 제지하려고 하지 않는 것이다. 우리는 그것에 대해 불만을 토로할 수 있는 대담함을 가져야만 한다고 칼뱅은 생각했다. 더 나아가 칼뱅은 멜란히톤이 성만찬에 대한 견해를 밝히기를 희망하였다. 의문을 가진 많은 사람들이 그것을 기다리고 있었기 때문이다.

1547년 1월 24일 의회의 지시로, 칼뱅은 주민들을 격려하기 위해 스위스의 여러 도시들을 여행하였다. 카를 5세가 독일 프로테스탄트 군주들과의 투쟁에서 승리하였고, 작센의 모리츠의 위협으로 인해 작센의 프리드리히와 헤센의 필립이 각기 자신의 영토로 퇴각했기 때문에 남부 독일은 카를의 통제 아래에 놓였다. 독일 프로테스탄트들은 어려운 상황에 처했고, 스위스 사람들은 위협을 느꼈다.

칼뱅이 여행 중 취리히를 방문했을 때, 불링거는 자신이 성만찬에 대해 쓴 논문 『주 그리스도의 절대성과 보편교회의 성례에 관한 논문』(*Absoluta de Christi Domini et catholicae ecclesiae sacramentis tractatio*, 1551년 인쇄)을 칼뱅에게 주었다. 칼뱅은 집에 오자마자 그 논문을 읽고, 불링거의 요청에 따라 내용 가운데 어떤 점이 자신의 마음에 들지 않는지를 편지로 알려주었다.(1547년 2월 25일자 편지를 보라－*CO* 12:480-489) 칼뱅이 다루는 것들 중 하나가 성만찬에서의 그리스도의 임재이다. 그리스도는 우리 눈앞에 임재하지 않는다. 왜냐하면 그의 육체는 하늘에 있고 성만찬은 땅에서 거행되기 때문이다. 그러나 신자들에게는 이런 공간적인 간격이 성령의 능력에 의해 메워진다. 빵과 포도주는 공허한 상징이 아니라 참된 표징이다. "빵은 그리스도의 육체가 이전에 나를 위해 희생되었음을 의미할 뿐만 아니라 지금 나를 살게 하는 양식으로 나에게 주어짐을 의미하는 것이다."

교회의 직제와 관련하여, 칼뱅은 하나님의 갱신의 역사가 직분자에게 달려 있는 것은 아니라는 불링거의 사상에 반대하고 있다. 말씀을 전하는 목회자가 하나님을 떠나서 자기 스스로는 아무것도 할 수 없지만, 다른 한편으로 성령의 역사가 함께한다면 인간의 노력은 높이 존중받아야 한다.

스위스 도시들을 여행하다가 칼뱅은 베른으로 갔다. 그곳에서도 칼뱅은 츠빙글리주의자들과 루터파 목회자들 사이에 많은 차이점이 있음을 확인하였다. 칼뱅은 이들 목회자들 사이에서 차이점이 증대되는 것을 매우 염려하여, 후에 양측이 열린 자세로 토론에 임한다면 차이점을 메워갈 수 있으리라는 소망으로 그들에게 편지를 썼다.(*CO* 12:675-679) 편지에서(불행히도 우리는 이 편지의 일부만 가지고 있다.) 칼뱅은 토론을 위해 세 가지 논제를 제시했는데, 영적 직분의 목적과 기능이 무엇인가, 성례가 우리에게 무엇을 가져다주는가, 그리고 어떻게 그리스도의 몸이 성만찬에서 우리에게 주어지는가 하는 것이었다.

그동안에 불링거는 성만찬을 다룬 자신의 논문에 대한 칼뱅의 논평에 답장하였다. 불행히도 이 편지는 분실되었지만, 칼뱅이 불링거에게 보낸 다음번 편지(1548년 3월 1일–*CO* 12:665-667)는 불링거가 칼뱅의 논평을 모두 논박하려고 했음을 분명하게 보여주고 있다. 칼뱅은 불링거와 논쟁하고 싶지 않다고 답변하고 있다. 칼뱅은 답변에서 자신은 단지 불링거의 요청에 따라 친구로서의 의무를 다하고자 했을 뿐이라고 밝히면서, 불링거와 합의에 이르기를 바란다는 뜻을 피력하고 있다. 칼뱅은 성만찬에서 이루어지는 그리스도와의 교제에 대한 자신의 이해가 불링거가 표현하는 것보다 훨씬 심오하다고 쓰면서, 서로 충분한 합의에 도달할 수 있기를 바라고 있다.

베른에서 킬흐마이어(Kilchmeier)가 주도하는 츠빙글리파 목회자들과 슐처(Sulzer), 게룽(Gerung), 슈미트(Schmidt)와 같은 루터파 목회자들 사이의 갈등이 점점 심각해지고 있었다. 비레와 로잔의 한 동료는 루터주의 사상을 가지고 있다고 고발을 당해, 4월에 베른에서 자신들을 변호해야 했다. 그들은 칼뱅에게 동행해줄 것을 부탁했지만, 칼뱅은 물러서 있는 것이 좋겠다고 생각했다.(4월 29일 편지를 보라–*CO* 12:687-689) 슐처와 베른에 있던 다른 두 명의 루터파 목회자들은 직위 해제되었다. 비레와 그 동료가 베른에서 아무런 긍정적인 결실을 거두지 못했기 때문에, 칼뱅은 비레의 요청에 따라 파렐과 함께 성령강림절 후에 취리히에 가기로 결심했다. 취리히가 베른에 유리한 영향력을 행사해주기를 기대했기 때문이다. 그러나 칼뱅 일행은 취리히에서 그곳의 동료들을 성만찬에 관한 실질적인 토론에 끌어들이는 데 별다른 성공을 거두지 못했고, 따라서 칼뱅은 취리히 목회자들이 베른과 관련된 문제에 적극적인 노력을 해주리라고 기대할 수 없었다.(강제로 베른을 떠난 후 바젤에서 교수가 된 슐처에게 보낸 칼뱅의 편지를 보라 - *CO* 12:720-721) 하지만 취리히 의회는 칼뱅 일행을 접견하였다.

제네바로 돌아온 후 6월 26일 불링거에게 보낸 편지에서(*CO* 12:727-731), 칼뱅은 자신과 파렐이 불링거와 그 동료들과 함께 성만찬에 대해 이야기할 수 없었던 데 대해 아쉬움을 표하였다. 그들은 합의를 원한 것이지 알력을 원한 것이 아니었다. 칼뱅은 또한 불링거가 베른과의 관계를 호전시키는 일에 협조해주리라는 희망을 표현하고 있다. 게다가 칼뱅은 자신이 상징들과 그 상징들이 뜻하는 바를 동일시하지 않고 있다는 점을 불링거에게 확신시키려고 노력하였다. 성례들이 우리를 직접적으로 그리스도에게로 인도하지 않는다면 그것들은 아무런 유익이 없으며, 따라서 우리는 모든 선한 것을 그리스도 안에서 찾는 것이라고 칼뱅은 말한다. 칼뱅은 계속하여, 구원은 오로지 그리스도 안에서만 찾아야 하고, 하나님만이 유일한 구원자이시며, 구원은 성령의 신비로운 역사를 통해서만 받을 수 있다는 것 외에 당신이 이 교리에서 정확하게 얻어내려는 것이 무엇인지 모르겠다고 말하고 있다.

칼뱅은 또한 편지에서 자신과 취리히에서 의심을 받고 있는 부처와의 관계에 대해서도 말한다. 자신이 올바르게 작성한 신앙고백에 부처가 서명한다면 자신이 무슨 권리로 부처와 거리를 두겠는가?

불링거는 1548년 11월에 칼뱅의 6월 26일자 편지에 답하였다. 그는 칼뱅이 성만찬에 관해 썼던 것들을 24개의 요점들로 정리하여, 거기에 자신의 주석을 덧붙여 칼뱅에게 보냈다.(*CO* 7:693-700) 1549년 1월 21일 칼뱅은 아무런 오해가 없도록 애쓰면서 24개의 요점들에 대한 불링거의 주석에 대해 답하였다.(*CO* 13:164-166) 그들 사이에 지금까지 근본적인 불신은 없었기에, 오랫동안 논쟁할 것은 아무것도 없거나 매우 적을 것이라고 칼뱅은 말하고 있다.

불링거는 (아마도 3월에 보낸) 편지에서(*CO* 13:221-223) 자신의 서투름에 대해 용서를 구하였고, 부처에 대한 자신의 호감도 표현하였다. 성만찬에 관한 고백의 일치가 이제 이루어질 수 있었다. 이것을 염두에 두면서 제네바의 목회자들은 성만찬에 대해 20개 조항으로 고백문서를 작성했다.(*CO* 7:723-726) 그들은 이 고백문서를 당시 대회가 열리고 있던 베른으로 발송했다. 그러나 이 고백문서가 대회에 제출된 것은 아니었다.

5월 20일 칼뱅은 파렐과 함께 취리히로 갔다. 그는 그 문제를 문서로 확정할 수도 있다고 제안하는 5월 11일자 불링거의 편지를(*CO* 13:278-280) 아직 받지 못했다. 이 여행은 칼뱅에게 공적인 성격을 띠었는데, 이는 그가 의회의 인가를 받아 베른과 취리히로 가서 그들에게 프랑스와 동맹을 맺을 필요성을 납득시키러 가는 길이었기 때문이다.[칼뱅이 불링거에게 보낸 5월 7일자 편지에서(*CO* 13:266-269), 칼뱅은 불링거에게 취리히의 시민정부가 프랑스의 박해받는 형제자매들을 생각하도록 요구할 것을 촉구하였다.] 칼뱅과 파렐은 곧장 취리히로 가서 몇 시간 만에 성만찬에 관한 합의에 도달했다. 제네바 신앙고백이 토론을 위한 토대가 되었고, 20개의 요점 중에서 17개가 거의 문자 그대로 채택되었다. 합의는 『취리히합의』(*Consensio mutua in re sacramentaria ministrorum Tigurinae ecclesiae, et D. Ioannis Calvini ministri Genevensis ecclesiae, iam nunc ab ipsis authoribus edita*, *CO* 7:735-744, *OS* 2:247-253)에 기록되었다.[2] 『취리히합의』는 26개의 조항

2) 라틴어 본문과 독일어 번역은 *Calvin-Studienausgabe*, vol. 4, *Reformato-*

으로 구성되었으며 이는 세 부분, 즉 기독론적 서론(1-6), 로마가톨릭과 루터파의 견해들을 배척하고 있는 성례들에 대한 설명(7-20), 여타 견해들을 논박하는 데 충당된 결론 부분(21-26)으로 나뉘어 있다.[3)]

칼뱅은 6월 5일 제네바로 돌아왔다. 그는 『취리히합의』를 빨리 출판할 것을 재촉했다. 그는 이 합의가 독일 교회들에게 중요하다고 생각했는데, 그것은 이제 독일 교회들이 스위스 사람들은 성례주의자들이 아니라고 말할 수 있게 될 것이기 때문이다. 그러나 『취리히합의』는 스위스 교회들이 이 합의를 공식적으로 채택한 1551년이 되어서야 출판되었다. 서문과 발문은 베른의 반대로 공식문서에서 제외되었다. 대신 칼뱅이 1549년 8월에 쓴 편지, 즉 몇 가지 점을 분명하게 할 것을 요구한 편지가 문서에 들어오게 되었고, 26개 조항의 마지막에는 1549년 8월 30일 취리히 신학자들이 답변한 편지가 삽입되었다.

『취리히합의』의 라틴어 본문은 취리히와 제네바에서 거의 동시에(2월과 3월) 나왔다. 칼뱅은 얼마 뒤에 프랑스어 번역판을 출판하였다. *L'Accord passé et conclud touchant la matière des sacremens, entre les ministres de l'église de Zurich, et Maistre Iehan Calvin ministre de l'église de Genève*(제네바, 1551).[4)] 불링거는 독일어 번역판을 출간하였다. *Einhälligkeit der Dienern der Kilchen zu Zürich und herren Joannis Calvini Dieners der Kilchen zu Genff deren sy sich im Handel der*

---

rische Klärungen(Neukirchen-Vluyn, 2002), 12-27("Intorduction" by Eberhard Busch, 1-10)에서 볼 수 있다. 영어 번역은 *Tracts and Treatises*, ed. Henry Beveridge(Edinburgh, 1844; repr., Grand Rapids, 1958), 212-220에서, 보다 최근에 나온 Ian D. Bunting의 영어 번역은 *JPH* 44(1966): 45-61에서 볼 수 있다.

3) Timothy George, "John Calvin and the Agreement of Zurich(1549)," in *John Calvin and the Church: A Prism of Reform*(Louisville, 1990), 42-58; *TRE*, s. v. "Consensus Tigurinus"를 보라.

4) *Recueil des opuscules*, 1337-1345.

heyligen Sacramenten gägen andern erklärt und vereinbared habend (취리히, 1551).

1549년 6월 28일, 칼뱅은 부처에게 편지와 함께(*CO* 20:393-395) 『취리히합의』 사본을 보냈다. 칼뱅은 아마도 부처가 『취리히합의』에서 다소 유감스러운 점을 발견하기는 하겠지만, 그것을 긍정적인 성취로 간주할 것이라고 말하고 있다. 부처는 8월 14일자 답장에서(*CO* 13:350-358 참조) 다소 비평적인 의견을 피력했다. 부처는 『취리히합의』가 루터에게 공정하지 못했다고 생각했다. 또한 그리스도와의 교통에 관해 너무나 조심스럽게 언급하고 있고 충분히 성서적이지 못했으며, 승천의 중요성에 대해서도 충분히 명료하게 표명하지 못했다고 지적했다.

칼뱅은 성례의 효력에 관한 한, 몇 가지 사항들이 더 광범위하게 토의되지 못한 것은 자신의 잘못이 아니라고 대답했다.(*CO* 13:437-440) 그러나 양측이 진리에 있어서 하나로 일치하였고, 중요한 요점을 고수했다는 점에서 가치가 있다고 생각하였다.

칼뱅은 바젤에 있던 미코니우스에게도 『취리히합의』에 관해 편지하였다. 왜냐하면 칼뱅이 미코니우스에게 조언을 구하지 않아 그가 감정이 상해 있다고 베즈가 일러주었기 때문이다. 칼뱅은 미코니우스에게 11월 13일 보낸 편지에서 어떻게 『취리히합의』가 이루어졌는지 설명하였다.(*CO* 13:456-457) 『취리히합의』가 칼뱅과 불링거 사이에 개인적인 편지들이 오간 다음 갑자기 이루어졌을 때, 베른과의 협의가 불필요하다고 생각한 사람들은 특히 취리히의 형제들이었다. 칼뱅은 그것이 미코니우스를 경멸해서가 아니었다고 믿고 있는데, 미코니우스에 대해서는 긍정적인 면들만 언급되었기 때문이다.

3. 『취리히합의』를 둘러싸고 루터주의자들인 베스트팔과 헤슈시오스와 벌인 논쟁

1554년 칼뱅은, 1549년에 합의가 이루어져서 1551년 출판된 『취리히합의』를 비난한 함부르크의 목회자 요아킴 베스트팔(Joachim Westphal)의 몇몇 작품들에 대응하였다.[5] 베스트팔은 성만찬에 대한 견해에서 루터의 추종자였으며, 칼뱅과 다른 사람들에 의해 점점 증대되고 있는 대중적인 견해를 경계해야 할 심각한 위협으로 간주하였다. 그가 쓴 『혼합사료, 즉 성례주의자들의 글에서 나온 주의 만찬에 관한 혼란스럽고 제각각 나뉜 이론들』(*Farrago confusanearum et inter se dissidentium opinionum de coena Domini ex sacramentariorum libris congesta*)이 1552년 마그데부르크(Magdeburg)에서 출판되었다. 여기에서 베스트팔은 츠빙글리, 오이콜람파디우스, 부처, 불링거, 칼뱅, 요하네스 아 라스코와 같은 사람들의 저술들에 근거하여 그들을 '성례주의자들'이라고 규정하였다. 탁월한 주석-교리서인 『주의 성찬에 관한 올바른 신앙』(*Recta fides de coena Domini ex verbis apostoli Pauli et evangelistarum demonstrata ac communita*) 역시 1553년 마그데부르크에서 출판되었다.

불링거의 강권에도 불구하고 칼뱅은 처음에는 대응하기를 거부하였지만(*CO* 15:95), 베스트팔의 비난이 여러 곳에서(프랑크푸르트와 베젤과 같은 지역들) 루터파와 개혁파의 관계에 악영향을 미치고 있음을 보았고, 또 이 문제에 대해 멜란히톤이 강 건너 불 보듯 물러서 있는 것

5) Joseph N. Tylenda, "The Calvin-Westphal Exchange: The Genesis of Calvin's Treatises against Westphal," *CTJ* 9(1974): 182-209; idem, "Calvin and Westphal: Two Eucharistic Theologies in Conflict," in *Calvin's Books*, ed. Wilhelm H. Neuser et al., 9-21; *TRE*, s. v. "Westphal"을 보라.

에 더욱 실망한 나머지, 마침내 베스트팔에게 응수하기로 결심한 것이다. 1554년 10월 6일, 칼뱅은 불링거에게 자신의 『성례에 대한 건전하고 정통적인 교리 변호』(*Defensio sanae et orthodoxae doctrinae de sacramentis*)를 보냈다. 여기에서 칼뱅은 루터주의자들 전체를 반대한 것이 아니라 베스트팔과 같은 광신자들에 반대하였다. 칼뱅이 불링거에게 이 책을 보낸 뜻은 이 책을 베스트팔의 글들에 대한 스위스 교회들의 공통된 답변으로 여겨달라는 것이었다. 칼뱅은 취리히가 이 책에 동의하고 나면, 베른과 바젤에도 이것을 보내려고 하였다.(10월 6일 불링거에게 보낸 칼뱅의 편지를 보라－*CO* 15:255-256)

취리히의 반응을 보고 칼뱅은 자신이 베스트팔에게는 너무 엄격했고 루터에게는 너무 부드러웠다는 것을 알게 되었다.(*CO* 15:272-290) 이에 응답하여 칼뱅은 약간의 수정을 제안하였다. 칼뱅은 베스트팔에 대해서는 다소 신중함을 보였지만, 루터와 관련해서는 스위스 사람들과 루터 사이에 합의한 것, 즉 하나님께서 성례들 안에 담으신 것들을 보증해주시기 때문에 성례들이 공허한 상징은 아니라는 합의를 다시 강조하려고 하지 않았다.

불링거는 취리히가 합의에 도달했다고 답장하였고, 제네바에 이어 취리히에서도 빨리 출판하자고 주장했다. 불링거는 시간 때문에 다른 교회들의 합의를 끌어내는 일은 보류해야 할 것이라고 생각했다.(*CO* 15:349-352) 『성례에 대한 건전하고 정통적인 교리 변호』(*CO* 9:5-36, OS 2:263-287)의 출판이 1555년 1월에 제네바와 취리히에서 이루어졌다.[6]

---

6) 전체 제목: *Defensio sanae et orthodoxae doctrinae de sacramentis eorumque natura vi fine usu et fructu, quam pastores et ministri Tigurinae ecclesiae et Genevensis antehac brevi consensionis mutuae formula complexi sunt una cum refutatione probrorum quibus eam indocti et*

그러나 제네바에서의 출판은 의회가 먼저 검열하기를 원했기 때문에 쉽게 진행되지 못했다.[7] 이 일이 칼뱅을 너무 화나게 만들어, 그는 원고를 거의 불살라버릴 뻔했다. 칼뱅은 "내가 또다시 100년을 산다 해도, 제네바에서는 아무것도 출판하지 않을 것이다."라고 파렐에게 편지하였다.(*CO* 15:356)

이 책은 다른 교회들에게 바치는 편지, 『취리히합의』에 대한 옹호, 그리고 『취리히합의』 본문, 이렇게 세 부분으로 구성되어 있다.

1556년 1월에 칼뱅은 베스트팔에 반대하는 두 번째 논문, 『요아킴 베스트팔의 비난에 답하는, 성례에 관한 경건하고 정통적인 두 번째 변호』(*Secunda defensio piae et orthodoxae de sacramentis fidei contra Ioachimi Westphali calumnias*, 제네바, 1556−*CO* 9:41-120)를 작성했다.[8] 이 작품으로 칼뱅은 베스트팔이 칼뱅의 『성례에 대한 건전하고

---

clamosi homines infamant. 1555년 칼뱅이 번역한 프랑스어 번역본: *La Brève Résolution sur les disputes qui ont été de nostre temps quant aux Sacrements, contenant l'approbation de l'Accord fait par ci-devant entre les ministres et pasteurs des églises de Zurich et Genève, touchant la nature, fin, usage et fruit des Sacrements, pour montrer que ceux qui en médisent sont gens écervelés qui ne cherchent qu'à obscurir ou pervertir la bonne et saine doctrine*(본문에 대해서는 *Recueil des opuscules*, [Geneva, 1566], 1469-1497과 *Calvin, homme d'église*: *Oeuvres choisies du réformateur et documents sur les églises réformées du XVIe siècle*[2nd ed., Geneva, 1971]을 참조하라.). 영어 번역으로는 Beveridge, *Tracts and Treatises*, 2:221-244를 보라. 2차자료로는 Bernard Cottret, "Pour une sémiotique de la Réforme: *Le Consensus Tigurinus*(1549) *et La Brève Résolution*…(1555) de Calvin," *AESC* 39(1984): 265-285; Rodolphe Peter and Jean-François Gilmont, *Bibliotheca Calviniana*: *Les Oeuvres de Jean Calvin publiées au XVIe siècle*, vol. 2, *Écrits théologiques, littéraires et juridiques, 1555-1564*(Geneva, 1994), 572-581을 참조하라.

7) 칼뱅의 논문 출판을 둘러싼 사건들의 전체 과정에 대해서는 Uwe Plath, *Calvin und Basel in den Jahren 1552-1556*(Zurich, 1974), 174-192를 참조하라.

8) *Bibliotheca Calviniana*, 2:607-613을 보라. 프랑스어 번역본은 *Recueil des*

정통적인 교리 변호』에 대응해서 쓴 『어떤 성례주의자의 잘못된 비난에 대항하는 정당한 변호』(*Adversus cuiusdam sacramentarii falsam criminationem iusta defensio*, 프랑크푸르트, 1555)에 다시 응수하고 있다. 베스트팔의 책 제목이 암시하듯이, 그는 스위스 사람들을 여전히 성례주의자들로 간주하였다. 더욱이 그는 루터의 입장에 대한 칼뱅의 해석은 오류투성이이며, 칼뱅이 『성례에 대한 건전하고 정통적인 교리 변호』에서 『취리히합의』와 『아우크스부르크 신앙고백』이 서로 일치한다고 주장하지만 전혀 그렇지 않다고 생각하였다.

불링거와 또 다른 사람들은 칼뱅이 다시금 스위스 교회들의 전체적인 가르침을 설명해주기를 바랐기 때문에(*CO* 15:854, 1555년 11월 2일자 편지), 칼뱅은 결국 1556년 『두 번째 변호』로 베스트팔의 최근 저작에 대해 대항하였다. 이 책이 나오기 직전에 칼뱅은 불링거에게 편지하여(1555년 12월 25일−*CO* 15:358-359), 자신이 적대자들을 아주 미약하게만 공격하는 묘기를 부렸다고 말했다. 이 책을 읽어보면, 불링거도 칼뱅이 아직 화해할 수 있는 사람들의 적의를 피하기 위해서 또한 그들의 분노를 진정시키기 위해서 얼마나 힘겹게 노력했는지를 알게 된다.

칼뱅은 이 책자를 작센의 목회자들에게 헌정하였다. 칼뱅은 헌정사에서 베스트팔과의 논쟁이 어떻게 시작되었는지를 설명하고 있다. 성만찬에 대해 25년 이상 논쟁한 후에 마침내 『취리히합의』에 도달했을 때, 베스트팔은 스위스 사람들에게 비난을 가함으로써 논쟁에 다시 불을 지폈다. 칼뱅은 자신이 이 싸움을 원한 것이 아님을 분명히 하였다. 불화는 훨씬 이전에 끝났어야만 했다. 다른 것이 아니라 베스트팔의 오만한 무분별이 다시 불화의 불씨를 지폈다. 칼뱅은 그리스도 안에서의 일치를

---

opuscules, 1498-1577을 참조하라. 영어 번역으로는 Beveridge, *Tracts and Treatises*, 2:245-345를 보라.

호소하면서 루터파 목회자들이 이 분열을 상대로 싸워줄 것을 요청하고 있다.

그러나 베스트팔에 대항하는 칼뱅의 두 번째 논문 이후에 문서를 통한 전쟁이 강도를 더해 갔다. 불링거는 해명서를 출판했고, 많은 루터파 목회자들이 베스트팔의 그늘 아래 다시 모여서 스위스 사람들에 대한 공격을 개시하였다.

칼뱅과 베스트팔의 논쟁은 1557년 재개되었다. 멜란히톤의 지지를 이용하여 베스트팔이 칼뱅의 『두 번째 변호』에 대항하는 세 편의 새로운 소책자들을 저술한 이후였다. 칼뱅은 『베스트팔에 대한 최후의 권고』(*Ultima admonitio ad Westphalum*, 제네바, 1557 – *CO* 9:137-252)로써 대응하였다.[9] 이 대응에서 놀라운 것은 칼뱅이 반복적으로 아우구스티누스를 인용한다는 점이다. 이것은 베스트팔이 칼뱅이 거의 교회 교부들을 읽지 않았다고 비난했기 때문이다. 이 책의 두 번째 장에서 칼뱅은 자신이 『두 번째 변호』를 헌정한 작센 목회자들의 신앙고백(*Confessio fidei ministrorum Saxoniae inferioris*)을 다루는데, 그것은 칼뱅이 이 신앙고백에 대해 공정하지 못하다고 혹평하면서 베스트팔이 그 증거로 자신의 마지막 논문에 이 신앙고백을 부록으로 덧붙였기 때문이다.

베스트팔은 1558년에 다시 두 개의 소논문으로 칼뱅의 『최후의 권고』에 대응하였지만,[10] 칼뱅은 이에 대해 별도의 책을 써서 대응하지는

---

9) 전체 제목: *Ultima admonitio Ioannis Calvini ad Ioachimum Westphalum, cui nisi obtemperet, eo loco posthac habendus erit, quo pertinaces haereticos haberi iubet Paulus. Refutantur etiam hoc scripto superbae Magdeburgensium et aliorum censurae, quibus coelum et terram obruere conati sunt*. 프랑스어 번역본에 대해서는 *Recueil des opuscules*, 1578-1694를 참조하라. 영어 번역으로는 Beveridge, *Tracts and Treatises*, 2:346-494를 보라. *Bibliotheca Calviniana*, 2:652-657도 참조하라.

10) 그것들은 *Confutatio aliqout enormium mendaciorum Ioannis Calvini*,

않았다. 우리는 1559년 『기독교강요』(4.17.20-34)에서 다시 한 번 베스트팔과의 논쟁을 발견하게 된다.

베스트팔과의 모든 논쟁이 끝난 후에도, 칼뱅은 1561년 성만찬을 주제로 하나의 작품을 더 썼다. 왜냐하면 1559년 이후에 하이델베르크에서 이 주제에 대해 격렬한 논쟁이 일어났기 때문이다. 하이델베르크 대학에서 가르쳤던 엄격한 루터파 틸레만 헤슈시오스(Tilemann Heshusius, 칼뱅은 그를 루터의 원숭이들 중 하나로 취급했다–*CO* 18:84)는 팔츠의 선거후 앞에서 답변을 요구받았을 때, 칼뱅과 불링거와 함께 성만찬에 참여할 수 없다고 주장했다. 그러자 종교고문 게오르그 폰 에르바흐(Georg von Erbach)가 그에게 만일 칼뱅과 불링거가 천국에 있다면 그곳에 가기를 원치 않느냐고 물었다.(1559년 10월 5일자 칼뱅의 편지를 보라–*CO* 17:655-656) 헤슈시오스는 1560년 예나(Jena)에서 『주의 성찬에 임하는 그리스도의 몸의 현존에 관하여, 성례주의자들에 반대하며』(*De praesentia corporis Christi in coena Domini contra sacramentarios*)라는 논문을 출판하였다. 칼뱅은 불링거를 통해 그것을 입수했고, 『성만찬에서 참으로 그리스도의 살과 피에 참여하는 것에 대한 건전한 교리의 분명한 해설』(*Dilucida explicatio sanae doctrinae de vera participatione carnis et sanguinis Christi in sacra coena ad discutiendas Heshusii nebulas*, 제네바, 1561–*CO* 9:457-517)을 써서 이에 대응하였다.[11] 이 책에서 칼뱅은 우리가 성만찬을 거행할 때 어떻게

그리고 *Apologia confessionis de Coena Domini contra corruptelas et calumnias Io. Calvini scripta*이고, 둘 다 Ursel에서 출판되었다.

11) 프랑스어 번역본은 *Recueil des opuscules*, 1694-1751, 영어 번역본은 Reid, *Calvin: Theological Treatises*, 258-324를 참조하라. 출판될 때 두 개의 논문이 이 책자에 덧붙여졌다.(*Bibliotheca Calviniana*, 2:806-813 참조) *Calvin, Optima ineundae concordiae ratio, si extra contentionem quaeratur veritas*(*CO* 9:517-524, *OS* 2:291-295, 프랑스어 번역은 *Recueil*

그리스도의 몸과 피에 참여하는지를 매우 자세하게 논하고 있다. 그는 교회 교부들의 사상에도 상당한 관심을 기울이고 있다.

칼뱅은 헤슈시오스와의 이후 논쟁을 베즈에게 넘겼다. 베즈는 1559년에 베스트팔과의 논쟁 또한 재개한 바 있다.

---

des Opuscules, 1751-1755); 그리고 그가 Stancaro와 관련해 폴란드 형제들에게 1560년 6월 9일에 쓴 편지는 *Responsum ad fratres Polnos, quomodo mediator sit Christus, ad refutandum Stancaro errorem*.(*CO* 9:333-342) *Optima ineundae concordiae ratio*에 관해서는 Wim Janse, "Calvin, à Lasco, und Beza: Eine gemeinsame Abendmahlserklärung(Mai 1556)? Bericht eines Forschungsseminars mit offenem Ausgang," in *Calvinus Praeceptor Ecclesiae: Papers of the International Congress on Calvin Research, Princeton, Ausust 20-24, 2002*, ed. Herman J. Selderhuis(Geneva, 2004), 209-231을 보라. 이 작품이 나오게 된 맥락을 규명하는 것은 어려운 일이다. Janse는 칼뱅이(그리고 부분적으로는 베자까지 합세해) 브레멘의 목회자인 Hardenberg의 요청에 따라 작성한 것이 "summa"라고 생각하고 있다. Hardenberg는 이 "summa"를 헤슈시오스와의 논쟁에서 사용할 수 있었을 것이다.(Hardengerg에게 보낸 1560년 11월 5일자 칼뱅의 편지에 대해서는 *CO* 18:233-234 참조) 영어 번역은 Reid, *Calvin: Theological Treatises*, 325-330을 보라.

제8장

기독교강요

Institutie

1. 『기독교강요』(1536)

1533년 말 혹은 1534년 초에 칼뱅은 상당 기간 동안 샤를 데스페빌이라는 가명으로 남부 프랑스에서 클레의 목회자이자 앙굴렘 대성당의 참사회 의원이었던 루이 뒤 티예(Louis Du Tillet)의 집에서 머물렀다. 거기서 칼뱅은 평화롭고 조용한 분위기 속에서 뒤 티예의 이례적으로 넓은 도서관을 이용하면서 더욱 깊은 연구와 『기독교강요』 초판 작업에 몰두할 수 있었다.

칼뱅은 1535년에 초판을 완성하였다. 초판은 국왕 프랑수아 1세에게 보내는 1535년 8월 23일자 편지로 시작하고 있다.[1)] 편지에서 칼뱅은 『기독교강요』를 통해 사람들이 얼마간의 지식이라도 갖출 수 있도록 그리스도인의 신앙에 대한 가르침을 제공하려 한다고 밝히고 있다. 그는 고국의 많은 사람들이 예수 그리스도에 대해 알고 싶어 목말라하지만,

---

1) 칼뱅은 『기독교강요』 1541년 프랑스어 판을 위해 이 편지를 직접 번역했다. 이 편지는 또한 1541년 *Epistre au trèschrétien Roy de France, Françoys premier de ce nom, en laquelle sont démonstrées les causes dont procedent les troubles qui sont auiourdh'huy en l'église*라는 제목으로 따로 출판되었다. Jacques Pannier는 이 편지에 서문과 주를 달아 출판했다. Jean Calvin, *Epître au Roi*…(Paris, 1927). 편지의 라틴어 본문과 독일어 번역은 *Calvin-Studienausgabe*, vol. 1, *Reformatorische Anfänge*(1533-1541)(Neukirchen-Vluyn, 1994), 66-107(Christian Link의 "서론," 59-65). 『기독교강요』의 특징에 대해서는 Harmannus Obendiek, "Die Institutio Calvins als 'Confessio' und 'Apologie,'" in *Theologische Aufsätze: Karl Barth zum 50. Geburstag*, ed. Ernst Wolf(Munich, 1936), 417-431을 보라.

정작 그리스도에 대해 올바른 지식을 지니고 있는 사람은 대단히 적다고 쓰고 있다.

칼뱅이 이런 편지를 책에 실은 것은 이전에 프랑스에서 출판된 두 책의 전례를 따른 것이었다. 파렐의 책 『개요와 간략한 선언』(*Summaire et briefve déclaration d'aucuns lieux fort nécessaires à ung chascun chrestien pour mettre sa confiance en Dieu et ayder son prochain*)은 1525년 바젤에서 출판되어 프랑스의 국왕 프랑수아 1세에게 헌정되었고, 아비뇽의 프랑수아 랑베르(François Lambert of Avignon)가 마르부르크의 교수로 있을 때 쓴 1529년 『기독교의 개요』(*Somme chrestienne*)는 황제로 하여금 프로테스탄트 가르침의 진리를 깨닫게 하기 위해 헤센의 필립의 명에 따라 황제 카를 5세에게 헌정되었다.

칼뱅이 평범한 사람들을 가르치기 위해 1536년 판 『기독교강요』를 저술했음에도 불구하고, 우리가 그 책의 프랑스어 번역판에 대해서 전혀 아는 바가 없다는 사실은 놀라운 일이다. 칼뱅은 또한 프랑스에 있는 복음주의 프로테스탄트들을 위해 『기독교강요』가 왕에게 신앙고백적인 변호의 역할을 하게 될 것을 기대하였다. 프랑스 복음주의 프로테스탄트들은 재세례파 반역자들과 동일시되어 심하게 박해를 받고 있었다. 전통적인 로마가톨릭인들(Johannes Cochlaeus, Robert Ceneau)과 그리스도교 인문주의자들(Guillaume Budé, Cardinal Sadoleto)도 비슷하게 그들의 저작들에서 복음주의 프로테스탄트들을 재세례파 선동가들과 동일시하였다. 왕은 또한 2월 1일 독일 프로테스탄트 군주들에게 보내는 선언서에 서명함으로써, 플래카드 사건 이후의 프로테스탄트 박해를 숨기려고 애썼다. 왕에 따르면, 복음주의 프로테스탄트(evangelicals)는 독일의 프로테스탄트(protestants)와 동격이 아니었다. 왜냐하면 복음주의 프로테스탄트들은 재세례파 반역자들이기 때문에 세속 권위자들은 이들에 대응해 어떤 조처를 취해야만 하기 때문이다. 칼뱅은 『기독교강요』로 왕에게 종교개혁적인 성향을 지닌 사람들의 동기에 대해 알리고자 하였다. 왕에게 보내는 편지에서, 칼뱅은 재세례파와 거리를 두면서 복음주의 프로테스탄트들에게 가해진 비난에 대해 논박하고 있다. 특별히 분파주의라는 로마가톨릭의 비난에 대해 대단히 민감한 반응을 보였다. 여기서 칼뱅이 강조하는 것은 하나의, 거룩한, 보편적인 교회이며, 그는 그러한 교회에 대한 진정한 윤곽을 그리고 있다.

『기독교강요』 라틴어 초판은(*CO* 1:1-252, *OS* 1:11-283) 1536년 3월 바젤에서 플라터(Thomas Platter)와 라시우스(Balthasar Lasius)가 출판하였다. 전체 제목은 다음과 같다. *Christianae religionis institutio, totam fere pietatis summam, et quidquid est in doctrina salutis cognitu necessarium, Complectens; omnibus pietatis studiosis lectu dignissimum opus, ac recens editum.*[2] 이처럼 긴 제목은 당시에 매우 흔했는데, 제목으로 책 내용을 분명하게 설명해서 호감을 가지도록 하기 위함이었다. 『기독교강요』의 제목은 이 책이 전체적인 경건의 개요를 제공하고, 구원의 교리에 관해 꼭 알아야 하는 모든 것을 기술하고 있음을 말해주고 있다. 제목은 또한 새로 출판된 이 책이 경건을 이루고자 열망하는 모든 사람이 꼭 읽을 만한 가치가 있는 책이라고 말하고 있다.

칼뱅은 거룩한 교리의 전체 총합은 두 부분, 즉 하나님에 대한 지식과 우리 자신에 대한 지식으로 이루어져 있다고 말함으로써 『기독교강

2) 영어 번역은 John Calvin, *Institutes of the Christian Religion*(1536년판), ed. Ford Lewis Battles, rev. ed.(Grand Rapids, 1986); Walter G. Hards, *A Collation of the Latin Texts of the First Edition of Calvin's Institutes*(Baltimore, 1958); H. W. Simpson, "The *Editio Princeps* of the *Institutio Christianae Religionis* by John Calvin," in *Calvinus Reformator: His Contribution to Theology, Church and Society*(Potchefstroom, 1982), 26-32; Peter Barth, "Die Erwählungslehre in Calvins Institutio von 1536," in *Theologische Aufsätze*, ed. Wolf, 432-442.

요』를 시작하고 있다. 칼뱅은 서두를 이렇게 시작하는 것은 전적으로 자신이 고안해낸 독창적인 아이디어라고 말한다.(*CO* 1:27 참조) 전체 『기독교강요』가 그러한 관점에서 씌어졌다는 의미에서는 정말로 독창적이지만, 이 진술 자체가 완전히 그러한 것은 아니다. 왜냐하면 루터, 츠빙글리, 부처 역시 이런 식으로 자신들을 표현했기 때문이다.

라틴어 판은 신속히 팔려 매진되었다. 칼뱅은 『기독교강요』의 프랑스어 번역에 착수했다. 하지만 그는 그것을 마무리하여 출판할 기회를 갖지 못했다.[3)]

칼뱅에 대한 연구에서 학자들은 칼뱅이 『기독교강요』를 쓸 때 영향을 준 자료들이 무엇인지에 많은 관심을 기울여 왔다.[4)] 형식 면에서 『기독교강요』는 교리문답과 유사하다. 책의 구성에 있어서 특히 처음 네 장의 순서에서 칼뱅은 루터의 1529년 『소교리문답』(*Der kleine Catechismus*)을 따르고 있다. 이 장들에서 중세시대의 관례대로 칼뱅 또한 율법, 사도신경, 주기도문, 성례(세례와 성만찬—그는 성만찬이 적어도

---

3) R. Peter에 따르면 이것은 "La première édition de *l'Institution de la religion chrétienne* de Calvin," in *Le Livre dt la Réforme*, Revue française d'histoire du livre, n.s., 50(1986), 17-34(또한 in *Le Livre dt la Réforme*, ed. Rodolphe Peter and Bernard Roussel[Bordeaux, 1987])이다. Peter는 1536년 판 『기독교강요』의 프랑스어 번역판이 있었음에 틀림없다고 생각하는 Barth, Niesel, Pannier에 동의하지 않는다. Wilhelm Niesel and Peter Barth, "Eine französische Ausgabe der ersten Institutio Calvins," *ThBl* 7(1928): 2-10; Jacques Pannier, "Une Première *Institution* française dès 1537," *RHPhR* 8(1928): 513-534 참조.

4) August Lang, "The Sources of Calvin's Institutes of 1536," *EvQ* 8(1936): 130-141; François Wendel, *Calvin: The Origins and Development of His Religious Thought*, trans. Philip Mairet(New York, 1963; reprint, Durham, N.C., 1987), 122-144; Alexandre Ganoczy, *The Young Calvin*, trans. David Foxgrover and Wade Provo(Philadelphia, 1987), 133-181. 또한 Calvin, *Institutes*(1536), ed. Battles에 실린 주들을 참조하라.

매주 거행되어야 한다고 믿었고, 그런 교회예배를 위해 예배순서를 제안했다는 것은 주목할 만하다—*CO* 1:139-140, *OS* 1:161)에 대한 설명을 제공한다. 책의 변증적인 성격은 다음 두 개의 장, 즉 남아 있는 다섯 개의 (잘못된) 성례들에 관한 장과 그리스도인의 자유, 교회와 국가, 영적인 그리고 세속적인 정부에 대한 그리스도교적 가르침에 관한 장에서 알 수 있다.[5]

우리는 『기독교강요』의 형식뿐만 아니라 내용에서도 루터의 영향을 발견할 수 있다. 칼뱅은 1520년에 루터가 쓴 가장 중요한 저작들(예를 들어 『그리스도인의 자유』(*Von der Freiheit eines Christenmenschen*)나 『교회의 바빌론 포로』(*Von der Babylonischen Gefangenschaft der Kirche*)의 영향을 분명히 받았을 뿐만 아니라 그의 다른 저작들도 이용하였다.[6] 이 밖에 멜란히톤,[7] 부처,[8] 츠빙글리[9]의 영향도 받았다.

---

5) George H. Tavard, *The Starting Point of Calvin's Theology*(Grand Rapids, 2000), 119-123을 참조하라.

6) Wendel, *Calvin*, 131-134; Ganoczy, *Young Calvin*, 137-145를 보라. Wilhelm Diehl, "Calvins Auslegung des Dekalogs in der ersten Ausgabe seiner *Institutio* und Luthers Katechismen," *ThStKr* 71(1898): 141-162은 칼뱅의 십계명 해석에 루터가 미친 영향을 지적하고 있다. 또한 Willem van 't Spijker, *Luther en Calvijn: De invloed van Luther op Calvijn blijkens de Institutie*(Kampen, 1985), 16-21; 같은 저자, "The Influence of Luther on Calvin according to the Institutes," in *John Calvin's Institutes: His Opus Magnum*(Potchefstroom, 1986), 83-105를 참조하라. 일반적으로 칼뱅과 루터의 관계에 대해서는 Willem Balke, "Calvijn en Luther," in *Luther en het gereformeerd protestantisme*(The Hague, 1982), 99-117. 그리고 거기 언급된 2차 문헌들을 참조하라. 또한 Joachim Rogge, "Themen Luthers im Denken Calvins," in *Calvinus servus Christi*, ed. Wilhelm H. Neuser(Budapest, 1988), 53-72를 참조하라.

7) Wendel, *Calvin*, 134-135; Ganoczy, *Young Calvin*, 146-151을 참조하라. 후자는 멜란히톤의 *Loci communes*(1521)과 *Institutes* 사이의 관계에 대해서 다루고 있다. 칼뱅과 멜란히톤의 관계에 대해 더 알고 싶으면 August Lang, "Melanchthon und Calvin," in *Reformation und Gegenwart*(Detmold,

2. 『기독교강요』(1539)

칼뱅이 제네바에서 추방되고 나서 1538년 바젤에 정착했을 때 라틴어 『기독교강요』 제2판을 쓸 기회가 생겼다. 1539년 8월 1일에 그는 새로운 판의 서문을 작성했으며, 제2판은 초판보다 3배나 많은 분량으로 슈트라스부르크에서 출판되었다.[10] 많은 사본들이 로마가톨릭 영토 내에 배

1918), 88-135; Richard A. Muller, "*Ordo docendi*: Melanchthon and the Organization of Calvin's *Institutes*, 1536-1543," in *Melanchthon in Europe: His Work and Influence beyond Wittenberg*, ed. Karin Maag(Grand Rapids, 1999), 123-140을 참조하라.

8) 부처의 복음서 주석 2쇄는 1530년에 나왔다. 부처의 영향은 칼뱅의 회심 교리에서 주목할 만하고, 칼뱅은 또한 부처의 주기도문 해설의 안내를 받았다. Wendel, *Calvin*, 137-144; Ganoczy, *Young Calvin*, 158-168; 그리고 Willem van 't Spijker, "The Influence of Bucer on Calvin as Becomes Evident from the *Institutes*," in *John Calvin's Institutes: His Opus Magnum*, 106-132 참조. 일반적으로 칼뱅과 부처의 관계에 대해서는 Wilhelm Pauck, "Calvin and Butzer," *JR* 9(1929): 237-256(이 글은 또한 같은 저자의 *The Heritage of the Reformation*[Glencoe, IL. 1961], 85-99에도 나타난다.); Jaques Courvoisier, "Bucer et Calvin," in Jean-Daniel Benoit et al., *Calvin à Strasbourg, 1538-1541*(Strasbourg, 1938), 37-66; 그리고 H. Strohl, "Bucer et Calvin," *BSHPF* 87(1938): 354-360; W. Van 't Spijker, "Bucer und Calvin," in *Martin Bucer and Sixteenth Century Europe*, 461-470을 보라.

9) 츠빙글리에 대해 말하자면, 칼뱅은 그의 *Commentarius de vera et falsa religione*(1525)를 알고 있었음에 틀림없다. Ganoczy, *Young Calvin*, 151-158을 참조하라. 일반적으로 칼뱅과 츠빙글리의 관계에 대해서는 Fritz Blanke, "Calvins Urteile über Zwingli," *Zwingliana* 11(1959): 66-92[이 글은 또한 같은 저자의 *Aus der Welt der Reformation: Fünf Aufsätze*(Zurich, 1960), 18-47에도 수록되어 있다.].

10) 『기독교강요』의 다양한 판에 대한 설명은 Wilhelm Niesel, "Descriptio et historia editionum Institutionis latinarum et gallicarum Calvino vivo emissarum," in *OS* 3:vi-l을 보라. 『기독교강요』의 다양한 판들과 칼뱅 사상의 발전의 관련성에 대해서는 J. Köstlin, "Calvins Institutio nach Form und Inhalt in ihrer geschichtlichen Entwicklung," *ThStKr* 41(1868): 7-62, 410-486;

포되어야 했기 때문에 이 책은 칼뱅의 필명인 알쿠이누스(Alcuinus)라는 이름으로 인쇄되었다.

칼뱅이 이 새로운 판의 제목에다가 이 책이 이제야 제목에 걸맞게 되었다고 덧붙인 것은 놀라운 일이다.[11] 1536년 초판은 교리문답 안내서의 성격으로 주로 평범한 사람들의 교육과 연관되어 있었다. 그런데 새로운 판에서 칼뱅은 특별히 신학을 공부하는 학생을 고려하여 이 책을 통해 학생들이 성서가 가르치는 교리의 목적과 내용에 친숙해지기를 바랐다. 여기서 우리는 칼뱅이 이후로는 자신의 주석에서 성서를 해석하는 것과 『기독교강요』에서 신학적 주제를 논하는 것을 구별할 것임을 알 수 있다.

새로운 『기독교강요』 판에서 칼뱅은 원래 1536년 초판에 있던 6장을 그대로 유지했지만, 새로운 장들을 여럿 추가하여 전부 17장으로 확장하였다. 처음 두 개의 장에서는 하나님에 관한 지식과 인간 자신과 자유의지에 관한 지식을 다루고 있다. 우리는 칼뱅이 이 장들을 포함하여 다른 새로운 장들에서 다룬 주제들에서 멜란히톤의 영향력을 간파할 수

B. B. Warfield, "On the Literary History of Calvin's *Institutes*," *Presbyterian and Reformed Review* 10(1899) : 193-219 ; Jean-Daniel Benoit, "The History and Development of the *Institutio* : How Calvin Worked," in *John Calvin*, ed. Gervase E. Duffield, Courtenay Studies in Reformation Theology, vol. 1(Grand Rapids, 1966), 102-117 ; Pierre Imbart de La Tour, *Calvin et l'Institution de la religion chrétienne*(Paris, 1935) ; Wendel, *Calvin*, 111-149 ; Ford Lewis Battles, "Calculus fidei," in *Calvinus ecclesiae doctor*, ed. Wilhelm H. Neuser(Kampen, 1980), 85-110 ; 그리고 Wilhelm H. Neuser, "The Development of the *Institutes* 1536 to 1559," in *John Calvin's Institutes : His Opus Magnum*, 33-54 ; Richard A. Muller, *The Unaccommodated Calvin : Studies in the Foundation of a Theological Tradition*(New York and Oxford, 2000), 118-158을 참조하라.

11) *Institutio christianae religionis nunc vere demum suo titulo respondens* (Strasbourg, 1539). 본문은 *CO* 1:253-1152를 보라.

있다. 멜란히톤은 그의 1535년 『신학총론』(*Loci communes*)의 자료 선택과 배열에서 바울의 로마서를 따랐다.[12)]

구약성서와 신약성서의 관계에 관한 장, 유아세례에 대한 분명한 옹호, 교회에 관해 쓰고 있는 것들로 미루어볼 때, 칼뱅이 슈트라스부르크에서 재세례파와 상당한 접촉을 했음을 알 수 있다. 칼뱅은 그 도시의 시민이 되기 위해 재단사 길드에 가입했는데, 그 조합의 많은 사람들이 재세례파에 속해 있었다.

『기독교강요』 제2판에서는 1536년에 이미 『로마서 주석』을 출간한 부처의 영향을 간파할 수 있을 것이다. 이런 영향력은 특히 칼뱅이 예정론에 관해 쓰고 있는 부분에서 발견할 수 있다.[13)] 칼뱅이 같은 장에서 함께 논하고 있는 예정과 섭리의 교리들은 구원에 관한 실제적인 질문들과 분리될 수 없다. 왜 어떤 사람은 설교를 듣고서도 복음에 대해 아무것도 알고 싶어 하지 않는가? 왜 다른 어떤 사람은 하나님의 은혜의 풍성함으로 인해 감사하고 믿음의 능력을 달라고 하나님께 기도하게 되는가?

---

12) 『기독교강요』 이 판에 미친 멜란히톤의 *Loci communes*의 영향력에 대해서는 앞의 각주 7)에 나오는 Richard A. Muller의 논문을 참조하라. 또한 idem, *The Unaccommodated Calvin*; 그리고 Olivier Millet, "Les *Loci communes* de 1535 et l'*Institution de la Réligion chrétienne* de 1539-41, ou Calvin en dialogue avec Melanchthon," in *Melanchthon und Europa*(Stuttgart, 2002), 85-96을 보라.

13) Willem van 't Spijker, "Prädestination bei Bucer und Calvin: Ihre gegenseitige Beeinflussung und Abhängigkeit," in *Calvinus theologus*, ed. Wilhelm H. Neuser(Neukirchen, 1976), 85-111을 보라. van 't Spijker는 다음과 같은 말로 자신의 글을 끝맺고 있다. "『기독교강요』 제2판에서 칼뱅이 자신의 예정론 논의에 덧붙인 것은 대부분 방어를 위한 것이었다. 여기서 이중예정의 교리가 강하게 강조된 것도 그에 대한 반대가 가장 거셌던 데서 기인한 것이다. 그럼에도 불구하고 이러한 확장들이 교리의 실제적-종교적인 차원과 성서에 대한 그의 신뢰에 해로운 영향을 미치지는 않았다. 이 점에서 칼뱅은 여전히 부처에게 충실하였다."

칼뱅은 라틴어를 읽지 못하는 사람들의 편의를 위해 1539년 판 『기독교강요』를 프랑스어로 번역하였다. 번역판(*Institution de la religion chrestienne*)은 칼뱅이 제네바로 돌아온 뒤 얼마 지나지 않은 1541년 출판되었다.[14] 라틴어 판과 프랑스어 판 모두 프랑스에서 정죄를 받았으며, 파리 의회는 누구라도 『기독교강요』를 소지하고 있으면 보고해야 한다는 명령을 담은 칙령을 1542년 7월 1일 반포하였다.

3. 『기독교강요』(1543, 1545)

새로운 『기독교강요』 라틴어 판이 1543년에 나와서 1545년에 재판되었다.[15] 4개의 장들이 덧붙여져 전체가 21개의 장이 되었다. 새로운 『기독교강요』에는 수도원 생활과 서약에 관한 장이 포함되었고, 사도신경에 대한 설명이 네 개의 장으로 확장되면서 교회에 대한 조항이 더 상세하게 다루어졌고, 직책들의 신학적 기초에 대한 광범위한 항목도 포함되었다.[16] 이 책의 프랑스어 번역판도 1545년 제네바에서 출간되었는

---

14) 전체 제목: *Institution de la religion chrestienne: en laquelle est comprinse und somme de pieté, et quasi tout ce qui est necessaire a congnoistre en la doctrine de salut*. 본문은 *CO* 3-4; Jean Calvin, *Institution de la religion chrestienne*, ed. Jacques Pannier(Paris, 1936-39; repr., 1961)를 보라.

15) 제목은 1539년 판과 같다. *Institutio totius christianae religionis nunc vero demum suo titulo respondens*. 본문은 *CO* 1:253-1152(1539년 본문에 1543-54년 판들의 추가 내용을 담고 있다.)를 보라.

16) P. Fraenkel은 추가 내용들을 칼뱅이 슈트라스부르크에서 머무는 동안 경험한 것들과 1540-41년의 종교회담들에 참여한 경험과 연관 짓고 있다. P. Fraenkel, "Trois passages de l'Institution de 1543 et leurs rapports avec les colloques interconfessionels de 1540-41," in *Calvinus ecclesiae Genevensis custos*, ed. Wilhelm H. Neuser(Frankfurt am Main, 1984), 149-157 참조.

데, 제목이 기록된 페이지에 요하네스 슈투름의 승인 표시가 있었다. 이 프랑스어 번역판의 15장은 콘라트 바디우스의 협력으로 장 크레스팽(Jean Crespin)이 1551년 『우리 주 예수 그리스도의 기도에 관한 강해』(*Exposition sur l'oraison de nostre Seigneur Iésus Christ*, *CO* 3:424-450)라는 제목으로 다시 출판하였다. 1550-52년 크레스팽은 1550년 『기독교강요』의 몇몇 항목들을 재출간하기도 하였다.

4. 『기독교강요』(1550)

1550년 봄에 제네바에서 라틴어 『기독교강요』 제4판이 나왔고, 1553년과 1554년에 재판되었다.[17] 1550년 판은 이전에 비해 부피 면에서 좀 더 두꺼워졌다. 다른 것들과 함께 양심에 관한 설명(『기독교강요』 3. 19. 15-16 참조)도 추가되었다. 몇 개의 장들이 숫자를 매긴 절들로 세분되기도 하였다. 풀랭(Valérand Poullain)은 두 개의 색인을 덧붙였는데, 하나는 중요하게 다루어진 주제 색인이고 다른 하나는 인용된 성서 본문과 다른 신학서적들의 색인이었다. 이 책의 몇몇 부분들은 독립적으로 출판되기도 하였다.

이 책의 프랑스어 번역판이 1551년에 나왔으며, 똑같은 책이 1553년, 1554년, 1557년에 재판되었다. 1551년의 번역판은 1550년 라틴어판에 몇 가지를 보충하였는데, 특히 육체적인 부활에 대한 설명(*CO* 4:443-445 참조)이 포함되었다. 이것은 1549년 칼뱅과 소키누스(Laelius Socinus)의 서신교환에서 비롯된 것이었다. 이 보충자료는 결국 1559년

---

17) 본문은 *CO* 1:253-1152(1539년 본문에 1543-54년 판들의 추가내용을 담고 있다.)를 보라.

라틴어 판에 포함되었다.(『기독교강요』 3. 25. 7-8 참조)

1550년 『기독교강요』의 몇몇 부분들 역시 크레스팽이 독립적으로 출판하였다.[18)]

5. 『기독교강요』(1559)

1559년 8월 1일, 칼뱅은 『기독교강요』 최종판의 서문을 작성하였고, 이 책은 같은 해에 출판되었다.[19)] 그는 또한 1560년에 프랑스어 번역판도 출간하였다.[20)] 칼뱅은 서문에서 1558-59년 겨울에 중병에 걸려 죽을지

---

18) 소책자로 출판된 것은 *De praedestinatione et providentia Dei*(*CO* 1:861-902)와 *De libertate Christiana*(*CO* 1:830-840)이다. 다른 부분은 *De vita hominis Christiani*(Geneva, 1550 – *CO* 1:1123-1154)로 출판되었고, 또한 프랑스어 번역본이 그해 제네바에 나타났다. *Traicté de la vie chrestienne. Exposition des dix commandments du Seigneur*(Geneva, 1551)는 칼뱅의 십계명 해설을 담고 있다. 이 작품에 Crespin은 멜란히톤의 『신학총론』에 있는 십계명 해설을 덧붙였다. 『신학총론』은 벌써 1546년 Jean Girard에 의해 프랑스어로 번역되어 출판된 바 있다. 1552년에는 *Disputatio de cognitione hominis*(*CO* 1:305-372)가 제네바에서 출판되었는데, 아우구스티누스의 *De praedestinatione sanctorum*을 두 번째 장으로 수록하였다.(J. P. Migne, ed., Patrologia latina 44:961-964)

19) 제목: *Institutio christianae religionis, in libros quatuor nunc prima digesta, certisque distincta capitibus, ad aptissimam methodum: aucta etiam tam magna accessione ut propemodum opus novum haberi possit*(Geneva, 1559). 본문은 *CO* 2와 *OS* 3-5를 보라. 영어 번역은 *Institutes of the Christian Religion*, ed. John T. McNeill, translated and indexed by Ford Lewis Battles, *LCC* 20-21(Philadelphia and London, 1960).

20) Jean Calvin, *Institution de la religion chrestienne*, critical edition by Jean-Daniel Benoit(Paris, 1957-63). 처음에는 이 프랑스어 판이 칼뱅의 저작인지에 대해 상당히 불확실했다. Wendel, *Calvin*, 118-119를 보라. Jean Cadier는 근대 프랑스어 번역본, *Institution de la religion chrétienne*(Geneva, 1955-58)

도 모른다고 생각했다고 말하고 있다. 그 일이 있고 나서 칼뱅은 이전에 낸 『기독교강요』들에 완전히 만족하지 못했기 때문에, 새로운 판을 내려고 많은 노력을 기울였던 것이다. 그는 서문에서 신학을 공부하는 학생들이 성서를 이해하는 데 도움을 주려는 것이 『기독교강요』를 집필한 의도라고 계속하여 쓰고 있다. 『기독교강요』는 우리가 성서에서 발견해야 하는 것과 성서 내용이 지향하고 있는 것 둘 다를 분명하게 해주는 경건의 총합으로 간주되어야 한다.[21]

1559년의 최종판과 그 이전의 판들의 형식적인 차이는 놀라울 정도이다.[22] 1559년 『기독교강요』는 4권 80장으로 구성되어 있다. 제1권은 창조자 하나님에 대한 지식을 다루고 있고, 제2권은 그리스도 안의 구속자 하나님에 관한 지식을 다루고 있다. 이 지식은 먼저 율법 아래 있던 조상들에게 계시되었고 그 후 복음 안에서 우리에게도 드러났다. 제3권은 그리스도의 은혜를 받는 방법과 거기서 우리가 얻게 되는 유익, 그리고 그에 따르는 효력에 대해 다루고 있다. 제4권은 하나님께서 우리를 그리스도의 교제 안으로 초대하고 그 안에서 우리를 보존하시는 외적인 수단과 방편에 대해 다루고 있다.

『기독교강요』 최종판의 내용은 이전 판의 내용을 넘어서서 다시 한

을 출판하였다.

21) Paul C. Böttger, *Calvins Institutio als Erbauungsbuch: Versuch einer literalischen Analyse*(Neukirchen-Vluyn, 1990); *Interpreting John Calvin: Ford Lewis Battles*, ed. Robert Benedetto(Grand Rapids, 1996), 139-246; Randall C. Zachman, "What Kind of Book Is Calvin's Institutes?," *CTJ* 35(2000): 238-261; W. van 't Spijker, *Bij Calvijn in de leer: Een handleiding bij de Institutie*(Houten, 2004) 참조.

22) 칼뱅이 최종적으로 내놓은 『기독교강요』의 형태에 대한 2차자료로는 Muller, *The Unaccommodated Calvin*, 132-139를 보라. 1559년 라틴어 판과 1560년 프랑스어 판 이후에 칼뱅이 살아 있는 동안 나온 판들은 모두 재판된 것들이었다.

번 확장되었다. 이 점은 제목에서도 분명한데, 제목은 이 책이 권과 장으로 구분되었음을 말해줄 뿐 아니라, 자료가 많이 보강되어 거의 새로운 책이라 할 수 있을 정도라고 말해주고 있다. 자료의 확장에 관해서, 우리는 무엇보다 칼뱅이 다른 사람들과 나눈 교리적인 논쟁들의 영향을 간파할 수 있다. 루터주의자들, 특히 성만찬을 둘러싼 베스트팔과의 논쟁, 하나님의 형상, 그리스도의 사역, 그리고 칭의에 관한 오지안더(Andreas Osiander)와의 논쟁, 그리스도의 공적과 죽은 자의 육체적 부활에 관한 소키누스와의 논쟁과 같은 것들이다. 하지만 칼뱅은 또한 인간이 타락하여 죄를 범하게 된 것과 자유의지의 상실과 같은 특정 주제들에 대한 자료도 증보하였다.

제 9 장

그 밖의 출판물

Overige publicaties

이 장에서 우리는 앞에 나온 장들 어디에서도 언급할 수 없었던 몇몇 저작들에 관심을 집중할 것이다. 우리는 먼저 칼뱅이 다른 사람들 특히 기욤 드 퓌르스텐베르크(Guillaume de Fürstenberg)와 자크 드 부르고뉴(Jacques de Bourgogne)가 자신들의 입장을 방어할 수 있도록 돕기 위해 쓴 몇몇 작품들을 언급할 것이다. 이 범주에 속하는 것들을 다루기 위해 우리는 "법학자로서의 칼뱅"이라는 제목을 택했다. 칼뱅은 또한 교회 재산에 대해 논한 글의 저자일 것이다. 게다가 그는 멜란히톤의 『신학총론』(*Loci communes*)과 프란체스코 스피에라(Francesco Spiera)에 관한 책의 서문을 썼다. 마지막으로 우리는 칼뱅이 가브리엘 드 사코네이(Gabriel de Saconay)에게 써 보낸 풍자적인 축사와 프랑수아 보두앵(François Baudouin)과의 논쟁에 관계된 글들도 언급할 것이다.

1. 법학자로서의 칼뱅

1) 기욤 드 퓌르스텐베르크를 위한 변호(1539-40)

1539년에 칼뱅은 슈트라스부르크에서 퓌르스텐베르크와 만나게 되었다. 그는 남부 독일의 백작으로, 종종 슈트라스부르크에 머물렀다. 1535년 이래 백작은 자신을 보(Vaud) 지방의 통치자로 임명한 국왕 프랑수아 1세를 지지해왔다. 1538년 초엽 프랑수아 1세가 카를 5세와의 전투로 얼마간의 사단 병력을 필요로 했을 때 퓌르스텐베르크에게 도움을 요청했다. 병력 모집을 위해 퓌르스텐베르크는 이전에 자신의 참모였던 자로 최근 왕이 해임한 포겔스페르거(Sébastien Vogelsperger)를 불러들였다. 그러나 어느 시점에서 포겔스페르거는 자기 휘하 사람들과 더불어 퓌르스텐베르크를 떠나기로 작정했고, 이로 인해 퓌르스텐베르크는 특권을 상실하게 되었다. 그뿐만 아니라 슈트라스부르크, 바젤, 제네바, 베른과 같은 도시들이 프랑스의 복음주의 프로테스탄트들을 돕기 위해 퓌르스텐베르크가 왕에게 영향력을 행사해 주기를 바라고 있던 바로 그때, 프랑스 왕은 퓌르스텐베르크의 권한을 축소시키려고 마음먹고 있었다.

칼뱅은 두 개의 변호문을 써 보내어 퓌르스텐베르크를 도왔다. 먼저는 『퓌르스텐베르크의 백작 기욤 선생의 선언』(*Déclaration faicte par Monsieur Guillaulme, conte de Fürstenberg*)으로 1539년 9월 15일자로 되어 있고, 두 번째 보낸 글 『기욤 선생의 두 번째 선언』(*Seconde déclaration faicte par Monsieur Guillaulme*)은 1540년 2월 9일자로 되어 있다.[1] 두 글 모두 독일어 판으로도 나왔는데, 각각 1539년과 1540년에 슈트라스부르크에서 출간되었다.

2) 팔레의 군주 자크 드 부르고뉴를 위한 변호(1548)

1548년 2월에 제네바 의회는 칼뱅에게 바젤로 갈 수 있도록 허락

---

1) *Plaidoyers pour le comte Guillaume de Fürstenberg. Première réimpression de deux factums publiés à Strasbourg en 1539-1540, avec introduction et notes par Rodolphe Peter*, Études d'histoire et de Philosophie Religieuses publiées sous les auspices de la Faculté de Théologie Protestant de l'Université de Strasbourg, no. 72(Paris, 1994). 또한 Rodolphe Peter, "Jean Calvin, avocat du comte Guillaume de Fürstenberg," *RHPhR* 51(1971): 63-78 참조.

하였고, 그곳에서 칼뱅은 팔레와 브레다의 군주인 부르고뉴(Jacques de Bourgogne)와 그의 아내 욜란드(Yolande)를 방문하였다. 드 팔레(부르고뉴)는 카를 5세의 궁에서 자랐고 젊은 시절에 종교개혁 진영에 가담하였다. 고향에서는 더 이상 안전하지 않다고 느끼고 있던 그에게 칼뱅은 샤를 데스페빌이라는 가명으로 1543년 10월 14일 편지하여 망명을 권하였다.(*CO* 11:628-631) 드 팔레와 그의 아내는 1545년 제네바로 출발했지만, 드 팔레가 병을 앓게 되어 슈트라스부르크까지밖에 갈 수 없었다. 슈말칼덴 전쟁으로 인해 그들은 1547년 1월에 바젤로 옮겨갔고, 칼뱅은 그곳으로 가서 그들을 방문하였다. 칼뱅은 그들이 제네바에서 살 수 있는 집을 마련하려고 무척 애썼으며 아미 페랭과 의논하기까지 하였다. 페랭은 드 팔레에게 보내는 칼뱅의 편지를(*CO* 12:529-530) 가지고 1547년 5월 말에 바젤을 거쳐 파리로 갔다.[2] 제네바로 드 팔레 부부를 옮겨오는 일은 칼뱅이 그들과 그 문제를 의논한 1548년 2월에도 여전히 가로막혀 있었다. 그러나 그해 여름에 드 팔레 부부는 제네바 시 외곽 베른 영토에 속해 있던 베이지(Veigy) 영지에 정착하였다.

드 팔레는 1545년 4월 16일 쾰른에서 카를 5세에게 한 통의 편지를 보내어 수많은 소문(예를 들어 그가 재세례파가 되었다는 소문)으로부터 자신을 방어하였다. 그는 단지 가톨릭교회 안에서 죽기를 원했다. 황제가 1546년 6월 10일 드 팔레의 소유물을 몰수하자 칼뱅은 드 팔레와 상의하여 황제에게 드 팔레의 행동을 정당화하는 변호문을 썼다. 이 글은 출판 장소나 칼뱅의 이름을 밝히지 않은 채로 1548년 3월에 출판되었다. 그 제목은 다음과 같다. 『자크 드 부르고뉴를 위한 변호』(*Excuse de*

2) 이 두 편지는 또한 Jean Calvin, *Lettres à Monsieur et Madame de Falais*, ed. Françoise Bonali-Fiquet(Geneva, 1991). 35-40, 149-151에서도(편지 1과 34로) 볼 수 있다.

noble Seigneur Jaques de Bourgoigne, S. de Fallez et Bredam, Pour se purger vers la M. Imperiale, des calomnies à luy imposées, en matière de sa foy, dont il rend confession).[3)]

2. 교회 재산에 관한 문서(1545)

교회들의 관심을 끈 문제 하나는 시민정부가 소유하고 있던 교회 재산 문제였다. 예를 들면 수도원을 폐쇄한 후에 시민정부가 소유하게 된 재산 문제였다. 파렐은 1545년 뇌샤텔의 세속 권력자들과의 논쟁에서 칼뱅의 도움을 구하였다. 하지만 칼뱅은 10월 13일 파렐에게 편지하여(*CO* 12:189-190) 뇌샤텔 의회에 호소하지 않는 것이 더 나을 것 같은데, 그것은 교회 재산의 사용권에 대해 이러쿵저러쿵하는 것은 역효과를 낼 수 있기 때문이라고 말하였다. 칼뱅 자신도 그 일에 대해서는 자신이 하고 싶은 바를 지금껏 제네바에서 이루지 못하고 있었다.(파렐에게 보내는 11월 2일자 편지도 참조하라－*CO* 12:205-206) 그럼에도 불구하고 파렐이 계속 요구했다면 칼뱅도 거기에 응답했을 것이다.

아마도 이것이 이 일의 경위였을 것이다. 뇌샤텔의 목회자 도서관에는 일단 하나님께 바친 교회 재산의 사용과 법적 소유권에 대한 해설서가 필사본으로 남아 있다.(*CO* 10a:249-251 참조) 또 다른 필사본의 첫머

---

3) François Baudouin의 1548년 판 라틴어 번역본에 대해서는 *CO* 10a:273-294를 보라. A. Cartier는 재발견된 원본 프랑스어 판을 1896년(제2판, 제네바, 1911)에 (서문을 달아) 재판하였다. *L'excuse de noble Seigneur Jacques de Bourgogne, Seigneur de Falais et de Bredam, par Jean Calvin, réimprimée pour la primière fois sur l'unique exemplaire de l'édition de Genève 1548, avec une introduction*(Paris, 1896; rev. ed., Geneva, 1911). Conrad Hubert는 1549년 칼뱅의 변호문을 독일어로 번역하였다.(*CO* 13:297-298)

리에 있는 메모는 이 문서가 칼뱅의 견해를 담고 있음을 설명해준다.[4)]

3. 칼뱅이 쓴 두 개의 서문

1) 멜란히톤의 『신학총론』 서문(1546)

1546년에 멜란히톤의 『신학총론』(*Loci communes*, 1545) 프랑스어 번역판이 제네바에서 나왔다.(*La Somme de théologie, ou Lieux communs, reveuz et augmentez pour la dernière foys, par M. Philippe Melancthon*) 칼뱅은 이 번역판에 덧붙인 서문에서(*CO* 9:847-850) 먼저 하나님께서 멜란히톤에게 특별한 은사들을 주셨음을 언급한 다음 독자들에게 이 책을 소개하고 있다. 칼뱅은 멜란히톤에 대해 비판적이지 않았으며, 심지어 자유의지와 예정론에 관한 내용에서도 그러하였다. 이것은 놀라운 점인데, 이후에(1552) 예정론을 둘러싼 장 트롤리에(Jean Trolliet)와의 논쟁에서 칼뱅과 멜란히톤이 모든 점에서 일치하지는 않았다는 것이 분명해졌기 때문이다. 트롤리에는 칼뱅이 죄를 하나님께 되돌리고 있다고 비난하면서 멜란히톤을 인용하였다.(*CO* 14:334-335 참조) 칼뱅은 1552년 10월 6일 의회에 서면으로 된 답변서를 제출하였다.(*CO* 14:371-377) 칼뱅에 따르면 멜란히톤과 자신을 싸움붙이는 자들은 전체 교회에 중대한 불의를 행하는 것이 분명했다. 그러나 그는 자신과 멜린히톤이 가르치는 방식에서 차이가 난다는 점은 인정한다. 멜란히톤은 호기심 많은 사람들에게 하나님의 비밀을 너무 깊이 탐구할 기회를 주

4) 영어 번역은 *Calvin's Ecclesiastical Advice*, trans. Mary Beaty and Benjamin Farley(Louisville, 1991), 143-145를 보라.

지 않으려고 주의하면서도, 인간의 이해력에 기꺼이 순응하고자 하였다. 따라서 멜란히톤은 예정론의 문제에 대해 신학자로서보다는 철학자(그는 심지어 플라톤도 언급한다.)로서 말하였다.[5]

2) 프란체스코 스피에라에 관한 책에 붙인 서문(1550)

이탈리아 파두아 출신의 법률가 프란체스코 스피에라가 종교개혁 진영에 동참하였지만 종교재판소의 심한 압력으로 자신의 프로테스탄트 신앙을 철회하였다. 이후 그가 심각하게 아팠을 때, 그는 이것이 신앙을 철회함으로써 용서받을 수 없는 죄를 저질렀기 때문이라고 생각하면서 1548년 절망 가운데서 죽었다. 헨리쿠스 스코투스(Henricus Scotus, Henry Scriniger 혹은 Scrimger)는 의사들이 확증한 진단들을 검토하여 1550년 제네바에서 보고서를 출판하였다. *Exemplum memorabile desperationis in Francisco Spera, propter abiuratam fidei confessionem*. 여기에 칼뱅이 1549년 12월에 쓴 서문이 포함되어 있다.(*CO* 9:855-858)[6]

---

5) 멜란히톤에게 보낸 칼뱅의 1552년 11월 27일자 편지(*CO* 14:415-418)와 1554년 8월 27일자 편지(*CO* 15:215-217)를 참조하라.

6) Francesco Spiera 이야기는 몇몇 언어로 출판되었다.(라틴어, 독일어, 이탈리아어 등) 네덜란드어 번역은 1669년 Utrecht에서 나왔다. *De verschrickelijcke historie van Franciscus Spira*…; 칼뱅의 서문은 189-194에서 볼 수 있다. 2차 자료는 Mirjam van Veen, "*Verschooninghe van de roomsche afgoderye*": *De polemick van Calvijn met nicodemieten, in het bijzonder met Coornhert*('t Goy-Houten, 2001), 44-45(그녀는 Spiera가 경험한 두려움의 관점에서, 칼뱅이 독자들에게 "참된 신앙을 위해 견고히 설 것을" 촉구했다고 쓰고 있다.); A. J. Schutte, *Pier Paolo Vergerio: The Making of an Italian Reformer*(Geneva, 1977)는 Spiera의 병중에 Bishop Vergerio의 중요성에 특별한 관심을 기울인다.

4. 가브리엘 드 사코네이에게 보낸 풍자적인 축사(1561)

1561년에 칼뱅은 가브리엘 드 사코네이에게 보내는 풍자적인 축사를 썼다. *Gratulatio ad venerabilem presbyterum dominum Gabrielem de Saconay, praecentorem ecclesiae Lugdunensis, de pulchra et eleganti praefatione quam libro regis Angliae inscripsit*.(*CO* 9:421-456)[7] 드 사코네이는 리옹의 사제로, 루터의 『교회의 바빌론 포로』(*De captivitate Babylonica ecclesiae*)를 비난한 잉글랜드 왕 헨리 8세의 『7성례의 옹호』(*Assertio septem sacramentorum*, 1521)를 재출간하고 거기에 서문을 덧붙인 인물이다. 칼뱅은 이 책에 대해 '축사'로 답하였다.

5. 프랑수아 보두앵과의 논쟁(1561-63)

프랑수아 보두앵(라틴 이름은 발두이누스)이 앙투안 드 부르봉(Antoine de Bourbon)에게 이끌려서 앙투안의 서자의 교육을 맡게 되었다는 소식을 들은 후에, 칼뱅은 1561년 12월 24일 앙투안의 아내인 잔 달브레(Jeanne d'Albret)에게 편지하였다.(*CO* 19:196-198) 칼뱅은 잔에게 보두앵이 배교자이며 하나님의 종들에 대항하기 위해 높은 지위에 있는 사람들의 호감을 얻으려고 하고 있으니 그를 경계하라고 경고하였다.

---

7) 1561년에 프랑스어로 번역되어 나왔다. *Congratulation à venerable Prestre Messire Gabriel de Saconnay*. 프랑스어 본문은 *Recueil des opuscules* (Geneva, 1566), 1822-1850을 참조하라. Douglas Floyd Kelly의 영어 번역본에 대해서는 *Calvin Studies II*, ed. John H. Leith and Charles Raynal(Davidson, NC, 1985), 109-118("Congratulations to the Venerable Presbyter, Lord Gabriel of Saconay, Precentor of the Church at Lyon for the Beautiful and Elegant Preface That He Wrote for the Book of the King of England")을 보라.

프랑수아 보두앵은 잘 알려진 변호사로 한동안 칼뱅과 친하게 지냈으며, 칼뱅의 비서로 일하기도 했다. 그러나 보두앵은 칼뱅의 편지들을 훔침으로써 자신에게 주어진 신임을 남용하였다. 1556년 관계가 회복되었지만, 보두앵은 1561년 프랑스로 떠나 추기경 샤를 반 로타링겐(Cardinal Charles van Lotharingen)을 위해 일하였다. 보두앵이 추기경에게 종교개혁을 지지하고 있는 푸아시 회담 참가자들을 체포하도록 권고했다는 말을 칼뱅이 들었을 때, 두 사람의 관계는 결정적으로 끝나고 말았다. 게다가 보두앵은 1561년 익명으로 출판된 『직무에 대하여』(*De officio pii ac publicae tranquillitatis vere amantis viri, in hoc religionis dissidio*)라는 소책자의 저자로 의심을 받았다. 그 책은 사실 카산더(George Cassander)의 것이었지만, 보두앵이 프랑스 전역으로 보급하였다. 이 책에서 카산더는 무엇보다도 칼뱅과 몇몇 사람들이 로마가톨릭교회로부터 떠나는 분열의 죄를 범했다고 비난하였다.

『표변하는 중재자에 대한 응답』(*Responsio ad versipellem quendam mediatorem*)에서 칼뱅은 보두앵을 "믿지 못할 중재자"라고 불렀다.[8] 칼뱅은 보두앵을 니고데모주의자라고 비난했다. 이전에 쓴 니고데모주의에 반대하는 글에서처럼 칼뱅은 로마가톨릭교회가 바알 숭배의 죄를 범했고 따라서 사람들은 그것으로부터 거리를 두어야만 한다고 지적하였다.

---

8) 전체 제목: *Responsio ad versipellem quendam mediatorem, qui pacificandi specie rectum Evangelii cursum in Gallia abrumpere molitus est*(Geneva, 1561).(*CO* 9:525-560) 프랑스어 번역본은 1561년 파리에서 나왔다. *Response a un cauteleux et rusé moyenneur*…(*Recueil des opuscules*, 1885-1918). Richard Stauffer, "Autour du colloque de Poissy: Calvin et le De officio pii ac publicae tranquillitatis vere amantis viri," in *L'Amiral de Coligny et son temps*(Paris, 1974), 135-153(또한 이 글은 같은 저자의 *Interprétes de la Bible: Études sur les réformateurs du XVIe siécle*(Paris, 1980), 249-267에서도 볼 수 있다.]; Van Veen, "Verschooninghe van de roomsche afgoderye," 49-54를 참조하라.

칼뱅과 보두앵의 문서 전쟁은 1562년에도 계속되었다. 보두앵은 1562년 파리에서 출판된 『중상하는 책들과 무고하는 주석들에 대하여』(*Ad leges de famosis libellis et de calumniatoribus commentarius*)에서 비록 자신이 카산더의 견해를 지지하는 것은 맞지만 자신을 『직무에 대하여』의 저자로 간주한 칼뱅에게 분노를 표하면서 그를 맹렬하게 비방하였다.

칼뱅은 『보두앵의 비방에 대한 응답』(*Responsio ad Balduini convicia*, 제네바, 1562–*CO* 9:561-580)을 써서 자신에게 가해진 비난에 답하였다.[9] 이 답변은 보두앵이 칼뱅을 전적으로 지지하던 시절에 칼뱅에게 써 보낸 14통의 편지들을 포함하고 있고, 또 다른 사람들이 보두앵에 반대하여 쓴 몇몇 글들도 담고 있다.[10] 보두앵도 『칼뱅에 대항하는 또 다른 응답』(*Responsio altera ad Ioan. Calvinum*)이라는 책을 1562년 파리에서 출판함으로써 응수하였다. 이에 대해서 칼뱅은 편지로 짤막하게 응답했는데, 이 편지는 1563년 제네바에서 출판된 테오도르 베즈의 소책자 『배교한 프랑수아 보두앵에게 보내는 베즈의 응답과 칼뱅의 짤막한 편지』(*Ad Francisci Balduini apostatae Ecebolii convicia, Theodori Bezae Vezelii Responsio, et Joannis Caivini brevis Epistola*)의 서문이 되었다.(*CO* 9:859-862)[11] 칼뱅은 이후의 논쟁을 베즈에게 넘겼다. 보두앵은 또다시 『칼뱅과 베즈에 대항하는 프랑수아 보두앵의 응답』(*Pro Fr. Balduino Responsio ad Calvinum et Bezam cum refutatione Calvini de scriptura et traditione*, 1564)으로 응수하였지만, 베즈는 아무런 답도 하지 않았다.

---

9) 프랑스어 번역본에 대해서는 *Recueil des opuscules*, 1974-91을 보라.

10) 또한 Rodolphe Peter and Jean-François Gilmont, *Bibliotheca Calviniana: Les Oeuvres de Jean Calvin publiées au XVIe siècle*, vol. 2, *Écrits théologiques, littéraires et juridiques, 1555-1564*(Geneva, 1994), 969-973을 참조하라.

11) 프랑스어 번역본에 대해서는 *Recueil des opuscules*, 1918-1920을 보라.

제10장

편지

Brieven

칼뱅의 편지는[1]『칼뱅전집』(*Calvini Opera*)에서 확인할 수 있듯이, 그의 저작의 중요한 부분을 형성한다. 바움(Johann Wilhelm Baum), 쿠니츠(August Eduard Cunitz), 뢰스(Eduard Reuss)는 칼뱅이 쓴 많은 편지들뿐만 아니라 칼뱅이 받은 편지들도『칼뱅전집』10b-20편에 포함하고 있다.[2] 그러나 이 편지들이『칼뱅전집』을 통해 처음 출간된 것은 아

---

1) 2차자료: Jacques Pannier, *Calvin écrivain: Sa place et son rôle dans l'histoire de la langue et de la littérature française*(Paris, 1930); Hedwig Ruff, *Die französischen Briefe Calvins: Versuch einer stilistischen Analyse*(Glarus, Switz., 1937); Jean-Daniel Benoît, "Calvin the Letter-Writer," in *John Calvin*, ed. Gervase E. Duffield, Courtenay Studies in Reformation Theology 1(Grand Rapids, 1966), 67-101; Douglas Kelly, "The Transmission and Translation of the Collected Letters of John Calvin," *SJTh* 30(1977): 429-437; Paul Gerhard Chee, "Johannes Calvin — ein Bild nach seinen Briefen," *RKZ* 21(1980): 159-161; J. Swanepoel, "Calvin as Letter-Writer," in *Our Reformational Tradition: A Rich Heritage and Lasting Vocation*(Potchefstroom, 1984), 279-299; William G. Naphy, "Calvin's Letters: Reflections on Their Usefulness in Studying Genevan History," *ARG* 86(1995): 67-89; Cornelis Augustijn, Christoph Burger, and Frans P. van Stam, "Calvin in the Light of the Early Letters, in *Calvinus Praeceptor Ecclesiae: Papers of the International Congress on Calvin Research, Princeton, August 22-24*, 2002, ed. Herman J. Selderhuis(Geneva, 2004), 139-157. Willem Nijenhuis, *Calvinus oecumenicus: Calvijn en de eenheid der kerk in het licht van zijn briefwisseling*(The Hague, 1959)은 칼뱅의 서신교류에 많은 관심을 기울인다.
2) *Ioannis Calvini Opera*(Brunswick, 1872-79)의 Parts 10b-20은 *Thesaurus epistolicus Calvinianus*를 구성한다. 이 부분들은 4,302개의 편지를 담고 있는데, 이중에 대략 1,300개는 칼뱅이 쓴 것이다. 이 판에 대한 서술은 "General Introduction," in *Ioannis Calvini Epistolae*(1530-Sep. 1538), ed. Cornelis

니다. 칼뱅은 죽기 직전에 자신의 편지가 교회의 유익을 위해 사용될 수 있다면 그것들을 출판할 수 있도록 베즈에게 위임했다. 베즈는 샤를 드 종빌러(Charles de Jonviller)의 도움을 받아 1575년에 편지들을 처음으로 출판하였다.[3] 많은 다른 판들도 뒤를 이었는데,[4] 그 중에 보네(Jules Bonnet)의 2부로 된 프랑스어 번역판, 『처음으로 수집하여 원고에 따라 발간한 장 칼뱅의 편지들』(*Lettres de Jean Calvin, recueillies pour la première fois et publiées d'après les manuscripts origineaux*, 파리, 1854)[5]과 헤르민야드(A.-L. Herminjard)의 9부로 된 『종교개혁자들의 서신교환』(*Correspondance des réformateurs dans les pays de la langue française recueillie et publiée avec d'autres lettres relatives à la Réforme et des notes historiques et bibliographiques*, 제네바, 1866-97)[6]이 있다. 헤르민야드 판은 1544년 이후의 편지들은 포함하지 않고 있지만, 편지에 설명적인 메모들을 덧붙이고 있어 중요하다. 가끔씩 지금까

Augustijn and Frans Pieter van Stam(Geneva, 2005), 1:24를 보라.

3) *Ioannis Calvini epistolae et responsa, quibus interiectae sunt insignium in ecclesia Dei virorum aliquot etiam epistolae. Eiusdem I. Calvini vita a Theodoro Beza Genevensis ecclesiae ministro accurate descripta*(Geneva, 1575). 이 책은 399통의 편지를 담고 있는데, 이 가운데 칼뱅이 쓴 것은 299통이다. 더 많은 정보를 위해서는 *Ioannis Calvini Epistolae*, 1:17-18을 보라.

4) 특히 *Ioannis Calvini Epistolae*, 1:11-31에 있는 "전체적 서론"을 참고하라.

5) 원래 278통의 편지를 담고 있는 이 판은 David Constable과 Marcus Robert Gilchrist에 의해 영어로 번역되었고 여러 차례 다시 인쇄되었다. *Letters of John Calvin*, ed. Jules Bonnet, 4 vols.(vols. 1-2, Edinburgh, 1855, 1857; vols. 3-4, New York and Philadelphia, 1858, repr., New York, 1972). *Letters of John Calvin*은 Henry Beveridge and Jules Bonnet이 7권으로 편집한 *Selected Works of John Calvin: Tracts and Letters*(Grand Rapids, 1983)에 포함되어 있으며, *The Comprehensive John Calvin Collection*[CD-ROM](Albany, 1998)에도 포함되어 있다.

6) 이 저작에 대한 자세한 설명은 *Ioannis Calvini Epistolae*, 1:22-26에 있는 "전체적 서론"을 참고하라. 1965-66년 Nieuwkoop에서 다시 출판되었다.

지 출판된 적이 없는 칼뱅의 편지가 발견되고 있다.[7] 현재 칼뱅 편지의 새로운 판이 『칼뱅전집』의 개정판으로 출판 중이다.[8]

칼뱅의 편지들은 여러 측면에서 중요하다. 무엇보다도 편지들은 칼뱅과 다른 사람들의 상호작용을 통해, 그리고 다양한 상황에 대한 그의 분석을 통해 그를 개인적으로 알 수 있는 기회를 우리에게 제공해준다. 칼뱅은 특히 뇌샤텔의 파렐, 로잔의 비레, 취리히의 불링거와 같은 동료들과 자주 편지를 주고받았다.[9] 그는 또한 이런저런 위기를 겪고 있는 사람들에게 많은 목회서신을 보내어 특별한 처지에 놓여 있는 그들에게 영적인 도움을 주고자 했다.[10] 그는 종종 주님을 섬기려고 애쓰는 고위

---

7) Uwe Plath는 자신의 글 "Ein unbekannter Brief Calvins vom Vorabend der Religionskriege in Frankreich," *ARG* 62(1971): 244-266(244-245, n. 2 참조)에서 몇 가지 예를 제공한다. 또한 Sarrau collection의 편지들: *Les Lettres à Jean Calvin de la collection Sarrau*, ed. Rodolphe Peter and Jean Rott, *CRHPhR* 43(Paris, 1972)을 참조하라. 그리고 "General Introduction" in *Ioannis Calvini Epistolae*, 1:26도 참조하라.

8) 1권이 이미 출판되었다. *Ioannis Calvini Epistolae*, vol. 1, *1530-Sep. 1538*, ed. Cornelis Augustijn and Frans Pieter van Stam(Geneva, 2005).

9) 칼뱅과 비레의 서신교류에 대해서는 Robert D. Linder, "Pierre Viret and John Calvin As Soul-Mates and Co-Laborers in the Work of the Reformation," in *Calvin Studies Society Papers: 1995, 1997*, ed. David Foxgrover(Grand Rapids, 1998), 134-158; Willem Balke, "Jean Calvin und Pierre Viret," in *Calvin im Kontext der Schweizer Reformation*, ed. Peter Opitz(Zurich, 2003), 57-92를 보라. 칼뱅과 불링거의 서신교류에 대해서는 André Bouvier, *Henri Bullinger, réformateur et conseiller oecuménique, le successeur de Zwingli, d'après sa correspondance avec les réformés et les humanistes de langue française*(Neuchâtel/Paris, 1940); W. Kolfhaus, "Der Verkehr Calvins mit Bullinger," in *Calvinstudien: Festschrift zum 400. Geburtstage Johann Calvins*, ed. Josef Bohatec(Leipzig, 1909), 27-125; F. Büsser, "Calvin und Bullinger," in *Calvinus servus Christi*, ed. Wilhelm H. Neuser(Budapest, 1988), 107-126; Aurelio A. Garcia, "Bullinger's Friendship with Calvin: Loving One Another and Edifying the Churches," in *Calvin Studies Society Papers: 1995, 1997*, ed. David Foxgrover, 119-133 참조.

직 인사들에게도 편지하여 그들이 선택한 바른 길에 계속 머물도록 권고하였다. 우리는 이미 칼뱅이 자신의 책들을 유명한 사람들에게 헌정하면서 쓴 많은 편지들에서 이런 격려를 살펴보았다. 또한 자신에게 제기된 문제들을 다룬 편지들, 예를 들면 이 장에서 다루게 될 소키누스와의 서신교환이나 포피우스(Menso Poppius)에게 보낸 편지와 같은 것도 상당히 많이 있다. 몽벨리아르(Montbéliard)의 목회자들과 교환한 편지(이 장에서 다룬다.)도 칼뱅이 조언을 요청받고 그에 응하여 어떻게 조언하는지를 보여주는 예이다. 이런 편지들은 매우 중요한 정보들을 담고 있다.

첫 번째 장에서, 그리고 계속해서 우리는 칼뱅의 편지에서 얻은 자료들을 빈번하게 사용하였다. 이 장에서 우리는 칼뱅이 다른 사람들과 편지로 나누었던 몇몇 친교들을 다루게 된다. 우리는 이미 소키누스와의 서신교환, 포피우스에게 보낸 편지, 몽벨리아르의 목회자들과의 서신교환에 대해 언급하였다. 우리는 또한 칼뱅이 폴란드와 접촉한 데 대해서 그리고 잉글랜드와 스코틀랜드(에드워드 시모어, 토머스 크랜머, 존 녹스)와 주고받은 편지에 대해서도 살펴볼 것이다. 이렇게 해서 칼뱅의 편지들이 중요하다는 말이 무슨 뜻인지 조금이라도 전달되기를 바란다.

---

10) 예를 들어 1552년 프랑스로 여행하는 중에 리옹에 수감되었다가 1553년 5월 16일에 공개처형된 로잔 학생 다섯 명에게 칼뱅이 써 보낸 편지들을 보라. 칼뱅, 불링거, 그리고 비레는 자유를 쟁취하려 한 학생들에게 지지를 표명했던 사람들 중에 속하였다. 칼뱅은 또한 그들에게 순교를 준비하라고도 썼다.(*CO* 14:331-334, 423-425, 469-471, 490-492, 544-547 참조) 2차자료는 Mirjam van Veen, " '…les sainctz Martyrs…': Die Korrespondenz Calvins mit fünf Studenten aus Lausanne über das Martyrium(1552)," in *Calvin im Kontext der Schweitzer Reformation*, ed. Opitz, 127-145.

1. 소키누스와의 서신교환

1549년 칼뱅은 시에나 출신 이탈리아 피난민으로 처음에 취리히에 정착했다가 나중에 폴란드로 옮긴 라일리우스 소키누스(Laelius Socinus, 1525-62)와 편지 왕래를 시작했다.[11] 소키누스는 1547년부터 1552년까지 유럽의 많은 지역을 여행하였고, 1548-49년 겨울에 제네바에 들렀다. 그는 조카인 파우스투스 소키누스(Faustus Socinus)를 통해 폴란드에서 반(反)삼위일체의 흥기에 영향력을 미쳤다. 라일리우스 소키누스의 『간략한 설명』(*Brevis explicatio in primum Johannis caput*)이 1561년에 나왔는데, 이것은 이탈리아 반삼위일체론자들 중에서 소키누스의 새로운 위상을 알리는 신호탄이었다.[12]

소키누스는 1549년 5월 14일 칼뱅에게 복합결혼(mixed marriage), 자녀들을 로마가톨릭교회에서 세례 받게 하는 것, 육체의 부활에 관해 칼뱅의 견해를 묻는 편지(*CO* 13:272-274)를 보냈다. 칼뱅의 말에 따르면, 자신이 처한 상황으로 인해 그는 첫 번째 편지에서(7월 말–*CO* 13:307-311) 그 문제들을 매우 간단하게 다룰 수밖에 없었다. 칼뱅은 부활에 관한 문제에 대해서는 성서의 많은 본문들을 인용하고, 부활이 육체를 포함한다는 사실을 강조하기 위하여 테르툴리아누스를 인용하는 등 교회 교부들의 견해를 제시하면서 비교적 상세하게 답하였다. 주 하나님께서 우리의 육체를 일으키지 않으신다면, 아무도 죽은 자들의 부

---

11) 1549년 이후의 4통의 편지는 Ralph Lazzaro, trans. and ed., "Four Letters from the Socinus-Calvin Correspondence 1549," in *Italian Reformation Studies in Honor of Laelius Socinus*, ed. J. A. Tedeschi(Firenze, 1965), 215-230을 보라.

12) *The Oxford Encyclopedia of the Reformation*, s.v. "Sozzini, Fausto and Lelio."

활을 말할 수 없을 것이다.(『기독교강요』 3. 25. 7-8 참조) 그러나 우리가 소키누스의 답장(7월 25일, *CO* 13:336-340)에서 알 수 있듯이 그는 이런 답변들에 충분히 만족하지 못하였다.

두 번째 편지에서(1549년 12월 7일—*CO* 13:484-487), 칼뱅은 성서에서 말하고 있는 것을 벗어나고 싶지 않기 때문에 죽은 자들의 육체적 부활에 관해 더 이상 말할 수 있는 게 없다고 쓰고 있다. 하지만 칼뱅은 복합결혼과 로마가톨릭교회에서 아이들에게 세례를 받도록 하는 문제에 대해서는 자신의 견해를 더 많이 밝히고 있다. 칼뱅은 그리스도인은 자신과 함께 그리스도를 따라가도록 예비된 한 여자와 결혼해야만 한다고 믿었다. 교회가 복합결혼을 인정해야 하는가에 관한 소키누스의 질문에 대해, 칼뱅은 결혼할 때 한 약속은 유효하게 남아 있다고 대답한다. 세례에 관해서는, 자기 자녀들이 로마가톨릭교회에서 세례를 받지 못하도록 하는 사람은 그곳에서 세례를 받도록 하는 사람보다 더 나쁘다. 그러나 후자의 경우에는, 세례에서 그리스도의 명령에 어긋나는 부분에 대해서 공개적으로 정죄해야 하는 것이 그리스도인의 책임이다. 세례의 효력은 그것을 베푸는 사람에게 달려 있는 것이 아니다. 세례의 시행에 많은 결점이 있다고 하더라도, 그것은 중생의 증거로서 아버지와 아들과 성령의 이름으로 그리스도의 명령에 따라 이루어지는 것이다. 칼뱅이 로마가톨릭 안에서도 교회의 흔적이 발견될 수 있다고 말할 때, 그는 선택받은 자들을 언급하는 것이 아니라 교황제도 아래 있는 황폐화된 교회의 잔해를 언급하는 것이다.

서신교환은 칼뱅이 다시 소키누스에게 편지하여(*CO* 14:229-230) 절제를 요청한 1552년 1월 1일까지 계속되었다.(말씀의 학교에서는 모순된 말이나 모호한 말이 아니라 유익한 것만 배운다.) 칼뱅은 더 이상 소키누스가 제기하는 사색적인 질문들로 괴롭힘을 받고 싶지 않다는 소망을 피력하였다.

1555년 칼뱅의 『라일리우스 소키누스의 질문에 대한 응답』(*Responsio ad aliquot Laelii Socini senensis quaestiones*, *CO* 10a:160-165)이 출간되었다.[13] 여기에서 칼뱅은 소키누스가 자신에게 제기한 네 가지 질문들에 대답한다. 우리는 질문이 정확하게 무엇이었는지 알 수 없기 때문에 칼뱅의 대답들에 의지할 수밖에 없다. 첫째는 소키누스가 피하고자 한 공덕(merit)이라는 단어와 관계가 있고(『기독교강요』 2. 17. 1 참조), 둘째는 예정론, 셋째는 믿음, 그리고 넷째는 하나님의 진노와 사랑에 대한 경험과 관계되어 있다.[14]

2. 폴란드와의 서신교환

1555년 12월 29일 칼뱅은 폴란드에 9통의 편지를 보냈다.(*CO* 15:900-914)[15] 이것은 프란체스코 리스마니노(Francesco Lismanino)의 요청에 따른 것으로, 그는 1546년 고해신부의 자격으로 이탈리아 출신 여왕 보나 스포르차(Bona Sforza)와 폴란드에 동행한 인물이다. 폴란드에서 리스마니노는 칼뱅의 영향을 받게 되었고, 심지어 지기스문트 아우구스트(Sigismund August) 국왕에게 일주일에 두 번씩 『기독교강요』를 읽어주기도 했다. 1553년 제네바에서 칼뱅을 방문할 기회가 있었을 때, 그는 수도승으로서의 관습을 버리고 결혼하였다. 그는 1556년 초에 폴란드로

13) 영어 번역은 *Calvin's Ecclesiastical Advice*, trans. Beaty and Farley, 25-32.

14) David Willis, "The Influence of Laelius Socinus on Calvin's Doctrines of the Merits of Christ and the Assurance of Faith," in *Italian Reformation Studies in Honor of Laelius Socinus*, ed. Tedeschi, 231-241을 보라.

15) 칼뱅과 폴란드의 관계에 대한 보다 폭넓은 내용은 Nijenhuis, *Calvinus Oecumeniscus*, 22-35를 참조하라.

돌아갔는데, 떠나기 전에 칼뱅이 편지할 만한 폴란드 귀족들의 명단을 담은 편지를 칼뱅에게 남겼다.(*CO* 15:868-871)

앞에서 언급한 9통의 편지에서 칼뱅은 폴란드 사람들에게 믿음 안에 굳게 설 것과 종교개혁의 도입을 열심히 추진할 것을 요청한다. 칼뱅은 성서를 폴란드어로 번역하는 일과 목회자들을 계속 훈련할 수 있는 학교를 세우는 일을 염두에 두고 있었다.

핀초프(Pińczów)에서 개최된 대회에서 7명의 목회자와 10명의 귀족들은 1556년 5월 2일 날짜로 서명한 편지에서 칼뱅이 폴란드로 와줄 것을 요청하였다.(*CO* 16:129) 목회자들은 제네바 의회에 편지를 보냄으로써 이 요청을 지원하였다.(*CO* 16:131-132) 그 편지에서 그들은 칼뱅이 폴란드로 올 수 있도록 몇 개월간 제네바를 떠날 수 있게 해달라고 요청했다.

칼뱅은 폴란드 목회자들과 귀족들에게 1557년 3월 8일에 편지를 보내어(누군가를 통해 편지를 더 빨리 전할 수 있는 기회가 없었다.) 자신이 제네바를 떠날 수 없어 폴란드를 방문해달라는 요청을 따를 수 없음을 알려주었다.(*CO* 16:420-421) 그러는 동안 요하네스 아 라스코(Johannes à Lasco)가 폴란드에 도착했기 때문에, 칼뱅의 방문이 그렇게 절박하게 필요하지도 않았다.

1558년 11월 19일 칼뱅은 유력한 폴란드 사람들에게 몇 통의 편지를 썼다. 그들 중에 타르노프스키(Jan Tarnowski)도 있었는데, 그는 칼뱅이 1555년 12월 29일에 보낸 편지에 대해 1556년 6월 26일 답장을 했다.(*CO* 16:215) 타르노프스키는 종교개혁을 도입하면 불안을 초래할 것이라고 생각했다. 칼뱅은 1558년의 편지에서(*CO* 17:382-383 참조) 타르노프스키의 정직한 답변에 감사를 표하였다. 그런 후에 칼뱅은 아폴로가 신탁을 통해 종교의 중요성을 말하고 있는 크세노폰의 한 구절을 인용하면서, 국가의 평화를 위해 종교는 대단히 중요함을 지적하였다. 칼뱅은 지도력을 가진 사람들이 자신들의 의무를 다해야 하며 하나님의 인도를 받아야 한다고 생각했다. 칼뱅은 시편 46편을 언급하면서 주님은 피할 수 없는 어떤 불안이라도 넉넉히 이기시는 분이라고 말하였다.

타르노프스키는 1559년 5월에 답장하였고(*CO* 17:517-520 참조), 칼뱅은 11월 15일에 다시 답장하면서(*CO* 17:673-676) 하나님을 섬기는 것과 정치적인 책임 사이의 관계에 대해 진전된 고찰을 제시했다. 타르노프스키는 국가의 책임을 맡은 사람들은 무엇보다 평화와 안정을 추구해야 한다고 주장했지만, 칼뱅은 그것만이 그들의 유일한 책임은 아니라고 말했다. 바울은 디모데전서 2:2에서 "모든 경건과 단정함으로 고요하고 평안한 생활"에 관해 말하고 있다. 우리는 하나님께서 이 구절에서 거룩한 끈으로 함께 묶어 놓으신 것을 분리해서는 안 된다. 칼뱅은 종교를 모든 종류의 혼란의 근원이라고 말하는 것도 옳지 않다고 지적한다. 정치적인 행동을 함에 있어서 시간과 때를 고려하여 신중하게 진행하는 것은 좋은 일이다. 하지만 교활함이 신중함의 자리를 대신해서는 절대 안 된다. 만일 타르노프스키가 미신을 없애고 하나님에 대한 참된 예배를 도입하려는 시도를 하지 않는 것이 낫다고 생각한다면, 그는 자신이 하나님보다 지혜롭다고 생각하는 것인가?

계속된 편지에서(1560년 6월 9일-*CO* 18:102-103) 칼뱅은 타르노프스키가 행하고 있는 모든 선한 일 위에 교회의 개혁을 위한 우호적인 관심을 더하기만을 바란다고 말하였다.

칼뱅이 1558년 11월 19일에 편지한 사람들 가운데는 쿠야비아(Kujavia)의 주교 우칸스키(Jacob Uchanski)도 있다. 우칸스키는 자신의 관구에 다수의 혁신적 조처들을 도입하고자 했는데, 빵과 포도주로 성만찬을 거행하고, 사제의 독신을 금지하는 조항을 폐기하며, 교회예배에 폴란드어를 도입하는 것 등이었다. 칼뱅은 편지에서(*CO* 17:380-382) 온갖 종류의 문제에 봉착하고 있음에 틀림없을 이 주교에게 격려의 말을

전하고 있다. 그러나 이 주교는 후에 자신의 계획을 바꾸어서 로마와 화해하고 대주교가 되었다.[16]

3. 포피우스에게 보내는 편지

1559년 2월 26일 칼뱅은 망슬라트(Manslagt, 동 프리슬란트)의 목회자인 포피우스(Menso Poppius)에게서 편지를 받고 그에게 답신을 보냈다.[17] 포피우스는 교회생활과 관련된 많은 문제들, 즉 목회자의 훈련, 아이들의 교육, 비상시의 세례, 치리와 같은 문제들에 관해 칼뱅에게 조언을 구했다. 칼뱅은 그 문제들에 대해 너무 간략하게 답해서 미안하게 생각하지만, 온갖 종류의 공식적인 책무와 자신이 깊이 관련된 공적이고 사적인 문제들로 인해 너무 짓눌려 있다고 썼다. 더군다나 그는 병 때문에 5개월 동안 거의 집에만 있어야 했다. 그는 이제 어느 정도 회복되었지만 병으로 쇠약해져서 아직은 모든 일들을 다 처리할 수 없었다. 그럼에도 불구하고 그는 질문들에 답하였으며, 포피우스에게 얼마간 재정적인 지원도 해주었다.(*CO* 17:451-454를 보라. 포피우스의 응답에 대해서는 9월 10일자 편지를 보라－*CO* 17:629-632)

---

16) 칼뱅과 폴란드와의 관계는 6장을 참조하라.

17) *Biografisch Lexikon voor de geschiedenis van het Nederlandse Protestantisme*, pt. 2, s.v. "Poppius, Menso"(Poppius의 저작 목록과 2차자료를 포함하고 있다.).

4. 몽벨리아르 목회자들과의 서신교환

1543년 10월 14일 칼뱅은 피에르 투생(Pierre Toussaint)을 위시한 몽벨리아르의 목회자들에게 편지하였다.(*CO* 11:624-626) 공작이 루터파 예식을 성만찬에 도입한 데 대해 그들이 어찌해야 할지 모르고 있었기 때문이다. 칼뱅은 성만찬에 참여하고자 하는 사람들이 점검을 받아야 한다는 데 찬성을 표하였지만, 이 일이 남용되는 것을 막기 위해 이런 점검이 무엇을 지향해야 하는지를 규정하였다. 그것이 지향해야 하는 바는 무지한 자들을 개인적으로 가르치고, 매일의 삶에서 그리스도인으로서의 책임을 다하지 못하는 사람들을 권면하며, 괴로움을 당하는 양심을 위로하는 것 등이다. 병자들과 함께 성만찬을 거행하는 것은 그 일이 필요하고 적절하다면 좋은 일이다.[18] 처형을 앞두고 있는 범죄자들의 경우도, 그들이 성만찬에 참여하기를 원하고 성만찬을 위해 준비가 되어 있다면 마찬가지로 좋은 일이다. 하지만 성만찬의 거행은 신자들의 교제 안에서 이루어져야 한다. 단지 회중 가운데 한 사람의 요청에 따라 정규 예배 후에 그 사람에게만 성만찬을 거행하는 것은 좋지 않다. 성만찬은 미리 예고되어야 하며, 그래야 모든 사람이 그 일을 알고 준비할 수 있다. 만약 좀 더 자주 성만찬을 하기 원하는 사람들이 있다면 그것을 거절해서는 안 된다.

칼뱅은 비상시의 세례를 강하게 반대한다. 장례와 관련해서는 관을 교회 안으로 들여오지 않고 곧장 묘지로 운구해 가서 거기서 장례 설교를 행하는 것이 좋다고 생각하였다. 또한 칼뱅은 벨을 사용하지 말라고

18) 제네바 컨시스토리는 취리히와 베른의 관례를 따랐고, 병자의 집에서 성찬식을 거행하는 것이 옳다고 생각하지 않았다. 이에 대한 칼뱅의 관점에 대해서는 1563년 12월 1일에 Caspar Olevianus에게 보낸 그의 편지를 참조하라.(*CO* 20:200-201)

권하였지만, 그 일이 싸울 만한 일은 아니라고 생각했기 때문에 강하게 반대하지는 않았다. 하지만 그는 덕이 되지도 않고 미신적인 성격이 다분한 축제일에 대해서는 반대의 뜻을 분명하게 했다. 더욱이 목회자들이 군주들과의 관계에서 문제를 일으키거나 자기 고집을 세우는 일이 없도록 하라고 충고하고 있다. 목회자들이 호소하는 이유가 있다는 것을 알게 되면 군주는 분명히 관대한 태도를 보일 것이다.

1544년 5월 8일 칼뱅은 동료들과 협의한 후에 몽벨리아르르의 목회자들에게 다시 편지를 썼다.(*CO* 11:705-708) 루터파 예식들을 받아들인 후 상황이 어떻게 진행되고 있는지에 관해 그들에게서 소식을 전해 들었기 때문이다. 칼뱅은 이 일을 실행에 옮기고 있는 사람들이 비텐베르크 교회를 지향하고 있다면 그것은 잘못된 것이라고 생각했다. 칼뱅은 루터도 우리처럼 그것에 동의하지 않을 것이라고 말했다. 칼뱅은 비상시의 세례에 관해서, 구원은 세례에 근거한 것이 아니라고 지적한다. 세례는 우리가 하나님의 백성 중에 포함되어 있고 선택되었다는 그 언약을 인(印)치는 것이다. 신자들의 자녀들도 하나님의 약속에 기초한 그 언약에 속해 있다. 약속을 보증하는 세례가 거행되지 못한다 해도, 약속은 그것 자체로 스스로 충분하다. 세례는 교회의 영역에 속하는 것이지, 그것을 매개하는 집례자에게 속한 것이 아니다. 세례는 반드시 하나님의 말씀의 도움과 연결되어야만 한다. 비록 아우구스티누스가 초대교회의 평신도 세례 관습에 관해 분명하고 명확하게 말한 것은 아니지만, 그럼에도 불구하고 그는 그것을 승인하지 않았다. 칼뱅에 의하면, (4차) 카르타고 종교회의에서 여성들이 감히 세례를 베풀 수 있다고 생각해서는 안 된다고 결정되었다.

목회자들이 무엇을 해야 하는가라는 질문에 대해서, 칼뱅은 목회자들이 군주에게 무엇이 자신들로 하여금 군주에게 복종하지 못하도록 하는지 설명해야 한다고 말하고 있다. 만약 군주가 거기에 아무런 관심도 보이지 않는다면, 목회자들은 사람보다 하나님께 복종하라는 베드로의 가르침을 따라야 한다.

벨을 울리는 문제와 축제일을 지키는 문제와 관련해서, 칼뱅은 목회자들에게 하나님께서 그들에게 주신 직책들을 버리기보다는 그런 것들을 참으라고 부탁하고 있다. 그러나 자신들이 그런 것들에 반대하고 있다는 것을 숨겨야 한다는 뜻은 아니다.

칼뱅이 참으로 참을 수 없는 것으로 규정한 것은 목회자들이 함께 모이는 것을 군주들이 금하는 것이다. 목회자들이 더 이상 함께 의논하지 못한다면 교회가 어떻게 될 것인가? 칼뱅은 교회를 붕괴시키려는 이런 시도를 승인하기보다는 백 번이고 죽는 것이 낫다고 생각했다.

1544년 10월 10일, 칼뱅은 뷔르템베르크의 목회자 슈네프(Erhard Schnepf)에게 부탁하여(*CO* 11:751-754), 엥겔만(Engelmann)을 제지함으로써 몽벨리아르의 형제들을 도와달라고 하였다. 엥겔만은 몽벨리아르의 목회자 중 한 사람으로 슈네프에게 호소한 사람이었다. 엥겔만은 불신자들이 성만찬 예식에서 그리스도의 몸을 받을 수 있는가 하는 문제를 전면에 제기함으로써 문제를 일으켰다. 칼뱅은 두 가지가 분명해져야 한다고 생각했다. 즉 불신자들의 사악함이 성례의 본질이나 효력에 영향을 미치지 못한다는 것과, 불신자들은 성례에서 그리스도와 교제하는 방식으로 그리스도를 받는 것이 아니라는 것이다. 그러나 칼뱅은 또한 그러한 질문을 둘러싸고 싸우기보다는 아예 그런 종류의 질문을 제기하지 않는 것이 낫다는 의견이었다. 결국 앞에서 언급한 두 가지가 유지되기만 한다면 교회에 그런 질문을 제기해서 무슨 유익이 있겠는가?

5. 잉글랜드와 스코틀랜드와의 서신교환

1549년 혹은 1550년 어느 시점에[19] 칼뱅은 에드워드 시모어(Edward Seymour)에게 상세한 편지를 보냈다.(*CO* 13:65-77) 시모어는 잉글랜드 왕 에드워드 6세가 아직 어렸기 때문에 1547년 섭정의회의 수장이 되었다.[20] 칼뱅은 이미 1548년 7월 15일 시모어에게 『디모데전·후서 주석』을 헌정한 바가 있으며, 지금은 (시모어가 감옥에 있는 것을 모른 채) 그에게 잉글랜드에서 종교개혁을 계속하여 수행하라고 격려하는 편지를 쓰고 있다. 그는 시모어에게 복음을 가장하여 모든 것을 무질서로 몰고 가는 영성주의자들과 로마에 있는 적그리스도의 미신들에 붙들려 있는 자들을 경계하라고 일렀다. 권세자들은 마땅히 그리스도에게 복종해야 한다. 칼뱅은 교회개혁을 위해 대단히 중요한 세 가지를 구체적으로 언급한다. 사람들을 가르치는 올바른 방법, 악습들의 폐지, 죄와 죄를 유발하는 것들과 무규범에 대항하는 싸움이 그것들이다.

첫 번째 주제를 논하면서, 칼뱅은 좋은 설교, 마땅히 가르쳐야 할 것을 담고 있는 신앙고백, 그리고 건전한 교리를 아이들과 지식이 부족한 사람들에게 전해주는 교리문답의 중요성에 대해 지적하고 있다. 그것들을 통해 사람들은 건전한 교리와 거짓되고 왜곡된 것들을 구분할 수 있게 된다.

악습들의 폐지를 논하면서, 칼뱅은 구체적인 예로서 성만찬을 거행

19) 정확한 날짜는 다소 불확실하다. Rodolphe Peter and Jean-François Gilmont, *Bibliotheca Calviniana: Les Oeuvres de Jean Calvin publiées au XVIe siéle*, vol. 1, *Écrits théologiques, littéraires et juridiques 1532-1554*(Geneva, 1991), 365를 참조하라.

20) 칼뱅과 잉글랜드와 관계에 대해서는 Nijenhuis, *Calvinus Oecumeniscus*, 19-22, 200-219를 참조하라.

할 때 죽은 자들을 위해 기도하는 것을 언급한다. 칼뱅은 세례와 종부성사 때에 기름 바르는 것을 폐지하고, 말씀과 교회를 세우는 데 유익한 것들에 충실을 기하는 것이 더 낫다고 생각했다. 영적인 문제들을 지도하는 사람들은 누구나 연약한 자들을 고려해야 하지만, 언제나 그들을 든든히 세우고 온전케 하려는 목적을 잃어버려서는 안 된다. 교회 외적인 문제들에서 일어나고 있는 것처럼 평화를 위해서 누군가를 강제하는 것은 적절하지 않다. 우리는 하나님의 말씀의 인도를 받아야 한다.

세 번째 주제인 치리에 관해서, 칼뱅은 주교들과 목회자들에게 성만찬이 죄악된 생활을 하는 사람들로 인해 더럽혀지지 않도록 살필 것을 요청하였다. "교리가 말하자면 교회에 생명을 주는 영혼인 것처럼, 치리와 죄에 대한 벌은 몸을 유지하고 힘을 주는 근육이다."

1552년에 캔터베리의 대주교 토머스 크랜머와 칼뱅 사이에 서신교환이 이루어졌다. 크랜머는 3월에 칼뱅에게 복음주의적 종교회의를 개최하여 모든 교리를 논의할 뿐만 아니라 후손들에게 물려줄 수 있는 권위 있는 공동의 신앙고백을 작성하자고 제안하였다.(*CO* 14:306) 크랜머는 멜란히톤과 불링거에게도 편지하였다. 칼뱅은 4월에 크랜머에게 답장하였다.(*CO* 14:312-314) 칼뱅은 크랜머의 계획이 마음에 들었지만, 실행하기가 쉽지는 않다고 생각했다. 칼뱅은 "내가 조금이라도 도움이 된다면, 그리고 필요하다면 열 개의 바다를 건너는 일도 마다하지 않겠다."고 말하였다. 그는 크랜머에게 모든 일이 뜻대로 진행되지 않더라도 뭔가 이루어질 때까지 계속 추진하라고 격려했다.

크랜머는 1552년 10월에 칼뱅에게 또 다른 편지를 썼다.(*CO* 14:370) 그는 멜란히톤에게서는 아무런 소식도 들을 수 없었고(칼뱅은 이를 예상했는데, 멜란히톤이 너무 멀리 떨어진 곳에 살고 있어 편지가 전달되기 어려웠기 때문이다.) 불링거는 카를 5세와 프랑스 왕 사이의 전쟁 때문에 자신이나 멜란히톤에게는 그런 종교회의를 개최할 만한 적절한 때가 아니라고 생각하였다. 크랜머는 당분간 자신의 계획이 전혀 실현될 수 없음을 깨달았다. 한편 크랜머는 칼뱅에게 자신이 잉글랜드에서 종교개혁을 열정적으로 수행할 것임을 확신시켰다.

칼뱅은 또한 존 녹스와도 서신교환을 하였다.[1559년 11월 8일자 편지(*CO* 17:665-668)와, 1561년 4월 23일자 편지(*CO* 18:434-435)를 보라.] 녹스는 스코틀랜드로 돌아가 칼뱅에게 여러 주제들에 관한 조언을 구하였다. 예를 들면 파문당한 부모가 아무런 회개의 징후를 보이지 않는데도 그 자녀들이 세례를 받을 수 있는가와 같은 질문이 있었다. 이 서신교환이 순조롭게 진행된 것은 아니었다. 편지가 분실되는 바람에 칼뱅은 편지를 다시 써야만 했다. 칼뱅은 녹스가 엄격함을 얼마간 누그러뜨리기를 원했다. 세례는 거룩하게 유지되어야 한다. 우리는 세례에서 무엇보다 하나님이 말씀하시는 것에 집중해야 한다. 하나님이 그토록 오랫동안 유지해오신 언약이, 조부모와 부모가 그것을 저버렸다고 해서 갑자기 파기되지는 않는다. 하나님의 약속은 첫 세대에게 적용될 뿐만 아니라 천 대까지 이어진다. 세례 때에 부모 이외의 다른 사람들이 대답할 수도 있다. 물론 부모들에게 자신들의 책임을 알게 해주어야 하지만, 만약 다른 누군가가 세례의 언약과 더불어 좋은 교육을 제공해주고자 한다면 세례를 거부할 이유가 없다.

1차자료 참고문헌

『칼뱅전집』(*Calvini Opera*), 59권, 461-586쪽의 『칼뱅저작목록』(*Bibliographia Calviniana*)은 칼뱅 저작의 연표와 더불어, 칼뱅에 관한 저작들을 저자 이름순으로 체계적으로 정리해 싣고 있다. 이 저작 목록은 Alfred Erichson에 의해 1900년에 베를린에서 출판되었다가 1960년과 1979년에 Nieuwkoop에서 재판되었다.

Wilhelm Niesel, Dionysius Kempff, Joseph Tylenda, Peter de Klerk가 이런 작업을 계속하였다. Wilhelm Niesel, *Calvin-Bibliographie, 1901-1959*(Munich, 1961); Pierre Fraenkel을 비롯한 몇 사람은 Niesel의 작품을 보충하는 글, "Petit supplément aux bibliographies calviniennes, 1901-1963," *BHR* 33(1971): 385-413을 썼다. "Corrigenda et addenda à W. Niesel: Calvin-Bibliographie"; 392-413: "Supplément bibliographique 1901-1963"); Dionysius Kempff, *A Bibliography of Calviniana 1959-1974*(Potchefstroom, 1975; 2nd ed., 1983); "Calvin Bibliography, 1960-1970," compiled by Joseph N. Tylenda, ed. Peter de Klerk, *CTJ* 6(1971): 156-193; supplements: *CTJ* 7(1972): 221-250; 9(1974): 38-73, 210-240; 10(1975): 175-207; 11(1976): 199-243; 12(1977): 164-187; 13(1978): 166-194; 14(1979): 187-212; 15(1980): 244-260; 16(1981): 206-221; 17(1982): 231-247; 18(1983): 206-224; 19(1984): 192-212; 20(1985): 268-280; 21(1986): 194-221; 22(1987): 275-294; 23(1988): 195-221; 24(1989): 278-299; 25(1990): 225-248; 26(1991): 389-411; 27(1992): 326-352; 28(1993): 393-419; 29(1994): 451-485; 30(1995): 419-447; 31(1996): 420-463; 32(1997): 368-394(compiled by Peter de Klerk and Paul Fields); 33(1998): 375-398(compiled by Paul Fields); 34(1999): 396-416; 35(2000): 297-314;

36(2001): 343-364; 37(2002): 297-317; 38(2003): 299-320; 39(2004): 357-376; 40(2005): 291-311; 41(2006): 297-320; 42(2007): 346-376.

*Archiv für Reformationsgeschichte*의 부록들도 살펴보라. 부록은 1972년 이래 매년 나왔으며, 특별히 칼뱅에 관한 2차자료들을 담고 있다. *ARG.B* 1(1972): 35-38; 2(1973): 30-33; 3(1974): 31-34; 4(1975): 24-26; 5(1976): 21-23; 6(1977): 23-25; 7(1978): 28-31; 8(1979): 21-23; 9(1980): 26-27; 10(1981): 22-23; 11(1982): 24-27; 12(1983): 40-41; 13(1984): 45-46; 14(1985): 36-38; 15(1986): 32-34; 16(1987): 28-30; 17(1988): 23-24; 18(1989): 22-25; 19(1990): 19-23; 20(1991): 20-24; 21(1992): 23-25; 22(1993): 14-17; 23(1994): 18-20; 24(1995): 17-19; 25(1996): 21-22; 26(1997): 17-18; 27(1998): 20-21; 28(1999): 37-39; 29(2000): 25-29; 30(2001): 26-29; 31(2002): 31-33; 32(2003): 33-36; 33(2004): 25-27; 34(2005): 21-24; 35(2006): 33-36; 36(2007): 24-27.

3권으로 된 중요한 칼뱅 작품집은 Rodolphe Peter and Jean-François Gilmont, *Bibliotheca Calviniana: Les Oeuvres de Jean Calvin publiées au XVIe siècle*, vol. 1, *Écrits théologiques, littéraires et juridiques 1532-1554*(Geneva, 1991); vol. 2, *Écrits théologiques, littéraires et juridiques 1555-1564*(Geneva, 1994); vol. 3(with the collaboration of Christian Krieger), *Écrits théologiques, littéraires et juridiques 1565-1600*(Geneva, 2000)이다.

마지막으로 언급해야 할 작품은 M. Bihary, *Bibliographia Calviniana*, 3rd ed.(Prague, 2000)로, 이 책은 칼뱅의 작품들과 1850-1997년 사이에 그 작품들을 독일어, 프랑스어, 영어, 헝가리어로 번역한 책들에 대한 조사연구서이다.

칼뱅 저작선

1552년에 한 권으로 된 칼뱅 저작선이 제네바에서 출간되었다. *Ioannis Calvini opuscula omnia in unum volumen collecta*. 여기 실린 저작들은 모두 라틴어로 씌어져 있다. 원래는 모두 프랑스어로 기록된 것들로, Nicolas Des Gallars가 라틴어로 번역한 것이다.

칼뱅의 신학저작 전부를 포괄한 라틴어 판은 1576년 베즈의 서문과 함께 William of Orange에게 헌정하는 형식으로 제네바에서 출간되었다. 이 책 제목은 이 책이 이전에 라틴어로든 프랑스어로든 출간된 적이 없는 논문들을 포함하고 있다는 것과, 세네카의 『관용론』에 대한 칼뱅의 주석 또한 담고 있다는 것을 말해주고 있다. 이 책의 전체 제목은 다음과 같다. *Tractatus theologici omnes, nunc primum in unum volumen, certis classibus congesti: quorum aliqui nec latine nec gallicae prius editi fuerunt. His accsserunt eiusdem Calvini in libros Senecae "De clementia" Commentarii*. 칼뱅의 1552년 *Opuscula omnia* 판과는 달리 이 책은 그의 저작들을 교육적인 부분과 논쟁적인 부분으로 나누고 있다.

1566년에 칼뱅 저작에 관한 책이 프랑스어로 나왔다. *Recueil des opuscules, c'est à dire, Petits traictez de M. Iean Calvin. Les uns revues et corrigez sur le latin, les autres translatez nouvellement de latin en françois*(Geneva, 1566). 이 책은 베즈에 의해 프랑스의 르네에게 헌정되었다. 2003년에 Librairie Droz가 제네바에서 CD-ROM 형태로 1566년 판을 내놓았다.

칼뱅의 작품들은 또한 소위 Schipper edition으로도 출간되었는데, 1667년에 암스테르담에서 이 책을 출간한 Johannes Jocob Schipper의 이름을 따라 그렇게 불린다. 19세기에 August Tholuck은 신약성서, 창세기, 그리고 시편에 관한 칼뱅주석을 발간할 때 이 책을 사용하였다. 그렇지만 학자들은 주로 이 책이 아니라 *Calvini Opera*를 인용한다.

Johann Wilhelm Baum, August Eduard Cunitz, 그리고 Eduard Reuss는 *Ioannis Calvini opera quae supersunt omnia*라는 제목으로 칼뱅 저작들을 묶어 내었는데, 59권으로 이루어져 있다.(1863-1900) 대부분의 학문적인 저작들에서 이 책은 *CO*라는 약어로 명명된다. 하지만 이 책은 또한 멜란히톤과 츠빙글리의 저작들까지 담고 있는 *Corpus Reformatorum*, 29-87권을 구성하기도 하기 때문에, 칼뱅의 저작들은 때때로 약어 *CR*로 불린다.(그래서 *CR* 29는 *CO* 1에 해당한다.)

Peter Barth, Wilhelm Niesel, 그리고 Dora Scheuner는 5권으로 된 칼뱅 저작선을 내었다. *Johannis Calvini Opera Selecta*(Munich, 1926-52). 이 책은 몇 차례 재판되었다.(*OS*로 인용된다.)

칼뱅의 많은 설교들도 *Calvini Opera*에 실려 있다. 그 밖에 중요한 자료는 *Supplementa Calviniana: Sermons inédits*로서, 그 가운데서 1936년 이후에 나온 것들로는 다음과 같은 것들이 있다. 제1권, *Predigten über das 2. Buch Samuelis*, ed. Hanns Rückert(Neukirchen, 1936, 1961); 제2권, *Sermons sur le*

Livre d'Isaïe, chapitres 13-19, ed. Georges Barrois(Neukirchen, 1961, 1964); 제5권, *Sermons sur le Livre de Michée*, ed. Jean-Daniel Benoit(Neukirchen-Vluyn, 1964); 제6권, *Sermons sur les livres de Jérémie et des Lamentations*, ed. Rodolphe Peter(Neukirchen-Vluyn, 1971); 그리고 제7권, *Psalmenpredigten, Passions, Oster-, und Pfingstpredigten*, ed. Erwin Mülhaupt(Neukirchen-Vluyn, 1981); 제8권, *Sermons on the Acts of the Apostles*, ed, Willem Balke and Wilhelmus H. Th. Moehn(Neukirchen-Vluyn, 1994); 제10/3권, *Sermons sur le Livre des Revelations du prophete Ezechiel, Chapitres* 36-48, ed. Erik A. de Boer and Barnabas Nagy(Neukirchen-Vluyn, 2006); 제11/1권, *Sermons sur la Genèse, Chapitres 1,1-11,4*, ed. Max Engammare(Neukirchen-Vluyn, 2000); 제11/2권, *Sermons sur la Genèse, Chapitres 11,5-20,7*, ed. Max Engammare(Neukirchen-Vluyn, 2000).

Max Engammare는 Francis Higman의 설교에 대한 영어 번역을 덧붙인 판인, Jean Calvin, *La famine spirituelle: Sermon inédit sur Esaïe 55, 1-2*(Geneva, 2000)를 펴내었다.

아직 출간되지 않은 자료들에 대한 연구는 이 책 3장의 "칼뱅의 설교" 부분을 참조하라.

1992년 이후 제네바에서 Librairie Droz가 세계칼뱅학회(International Congress on Calvin Research)의 지도 아래 비판적인 장치와 주석을 달아 *Calvini Opera* 개정판을 출판하고 있다. *Calvini opera: Denuo recognita*. *Calvini Opera* 주석서 시리즈들 가운데 다음과 같은 것들이 나왔다. vol. 11/1, *In Evangelium secundum Johannem Commentarius. Pars prior*, ed. Helmut Feld(Geneva, 1997); vol. 11/2, *In evangelium secundum Johannem Commentarius. Pars altera*, ed. Helmut Feld(Geneva, 1998); vol. 12/1, *Commentariorum in acta apostolorum liber primus*, ed. Helmut Feld(Geneva, 2001); vol. 12/2, *Commentariorum in acta apostolorum liber posterior*, ed. Helmut Feld(Geneva, 2001), vol. 13, *Commentarius in Epistolam Pauli ad Romanos*, ed. T. H. L. Parker and D. C. Paker(Geneva, 1999); vol. 15, *Commentarii in secundam Pauli Epistolam ad Corinthios*, ed. Helmut Feld(Geneva, 1994); vol. 16, *Commentarii in Pauli Epistolas ad Galatas ad Ephesios ad Philippenses ad Colossenses*, ed. Helmut Feld(Geneva, 1992);

vol. 19. *Commentarius in Epistolam ad Hebraeos*, ed. T. H. L. Parker(Geneva, 1996).

Scripta ecclesiastica 시리즈로는 다음과 같은 책들이 나왔다. vol. 1, *De aeterna Dei Praedestinatione*, ed. Wilhelm H. Neuser(Geneva, 1998); vol. 2, *Instruction et confession de foy dont on use en l'Église de Genève—Catechismus seu christianae religionis institutio Ecclesiae Genevensis*, ed. Anette Zillenbiller; *Confessio Genevensium praedicatorum de Trinitate*, ed. Marc Vial(Geneva, 2002).

Scripta didactica et polemica 시리즈로는 다음과 같은 책이 출간되었다. vol. 1, *Contre la secte phantastique et furieuse des libertins qui se nomment spirituelz(avec une epistre de la mesme matiere, contre un certain cordelier, suppost de la secte: lequel est prisonnier à Roan) en Response à un certain holandois, lequel sous ombre de faire les chrestiens tout spirituels, leur permet de polluer leur corps en toutes idolatries*, ed. Mirjam van Veen(Geneva, 2005).

최근에 칼뱅의 작품들은 또한 CD-ROM과 같은 현대적인 형태로 접할 수 있게 되었다. 나는 이미 2003년에 제네바에서 Librairie Droz에 의해 나온 *Recueil des opuscules*(1566)의 CD-ROM 판에 대해 언급한 바가 있다. Droz는 또한 칼뱅의 다른 작품들, 즉 *Supplementa Calviniana*에 실려 있는 그의 설교들이나 앞서 언급한 *Calvini opera: Denuo recognita*에 수록된 그의 저술들이 전자 판의 형식으로 나올 것을 예고한 바 있다.

1998년에 AGES Software(Albany, Oregon)에서 *The Comprehensive John Calvin Collection*이라는 제목의 CD-ROM을 내놓았다. 여기에는 영어로 번역된 많은 칼뱅 작품들(그중에서도 특히 성서주석들, 『기독교강요』 Beveridge 판과 Battles 판, 그리고 『세네카의 "관용론" 주석』)이 담겨 있다.

2008년에 Westminster John Knox Press는 칼뱅의 1559년 『기독교강요』 LCC 판을 CD-ROM에 담아 내놓았다.

네덜란드 아펠도른에서는 *Corpus Reformatorum*에 실린 칼뱅의 작품 전체를 담은 DVD 판이 Herman J. Selderhuis의 지도 아래 준비되었다.

기타 중요 편집본들

기독교강요

1541(프랑스어): *Institution de la religion chrestienne*, ed. Jacques Pannier(Paris, 1936–39).

1560(프랑스어): *Institution de la religion chrestienne*, ed. Jean-Daniel Benoit(Paris, 1957–63).

주석서

Iohannis Calvini Commentarius in Epistolam Pauli ad Romanos, ed. T. H. L. Parker(Leiden, 1981).

다른 저작들

Advertissement contre l'astrologie judiciaire, ed. Olivier Millet(Geneva, 1985).

Calvin's Commentary on Seneca's "De Clementia," trans. and ed. Ford Lewis Battles and André Malan Hugo(Leiden, 1969).

Calvin's First Psalter, ed. Richard R. Terry(London, 1932).

Des Scandales, ed. Olivier Fatio and C. Rapin(Geneva, 1984).

Deux congrégations et Exposition du catéchisme(1563), ed. Rodolphe Peter(Paris, 1964).

La Forme des prières et chantz ecclésiastiques, avec la manière d'administrer les sacremens, et consacrer le mariage, selon la coustume de l'église ancienne(1542), ed. Pierre Pidoux(Kassel and Basel, 1959).

L'ABC françois(Geneva, 1551). Reproduction by Rodolphe Peter in *Regards contemporains sur Jean Calvin. Actes du colloque Calvin Strasbourg, 1964*(Paris, 1965), 182–202.

Le Catéchisme français de Calvin publié en 1537, réimprimé pour la première fois d'après un exemplaire nouvellement retrouvé, et suivi de la plus ancienne Confession de foi de l'église de Genève, avec deux notices, ed. Albert Rilliet and Théophile Dufour(Geneva, 1878).

L'excuse de noble Seigneur Jacques de Bourgogne, Seigneur de Falais et de Bredam, par Jean Calvin, réimprimée pour la première fois sur l'unique exemplaire de l'édition de Genève 1548, avec une Introduction, 2nd, rev. ed.(Geneva, 1911).

Plaidoyers pour le comte Guillaume de Fürstenberg. Primière réimpression de deux factums publiés à Strasbourg en 1539-1540, ed. Rodolphe Peter, Études d'histoire et de philosophie religieuses publiées sous les auspices de la Faculté de Théologie Protestant de l'Université de Strasbourg, no. 72(Paris, 1994).

Pseaumes octantetrois de David, mis en rime françoise par Clément Marot et Théodore de Bèze(Geneva, 1551), 그리고 *La Forme des prieres et chantz ecclesiastiques en Catéchisme*(Geneva, 1552)(New Brunswick, NJ, 1973).

Psychopannychia, ed. Walther Zimmerli(Leipzig, 1932).

Three French Treatises[*Traité des des Reliques, Traitéde la Cène, Excuse aux Nicodémites*], ed. Francis M. Higman(London, 1970).

편지

A.-L. Herminjard, *Correspondance des réformateurs dans les pays de langue française recueillie et publiée avec d'autres lettres relatives à la Réforme et des notes historiques et bibliographiques*, 9 vols.(Geneva, 1866-97 ; reprint, Nieuwkoop, 1965-66).

Lettres de Jean Calvin recueillies pour la première fois et publiées d'après les manuscrits originaux par Jules Bonnet, 2 vols.(Paris, 1854).

Lettres anglaises 1548-1561, ed. Albert-Marie Schmidt(Paris, 1959).

Les Lettres à Jean Calvin de la collection Sarrau, ed. Rodolphe Peter and Jean Rott, CRHPhR 43(Paris, 1972).

Lettres à Monsieur et Madame de Falais, ed. Françoise Bonali-Fiquet(Geneva, 1991).

중요한 현대어 편집본들과 번역서들

기독교강요(1536)

Institution of the Christian Religion(1536 ed.), ed. Ford Lewis Battles(Atlanta, 1975).

Institutes of the Christian Religion(1536 ed.), ed. Ford Lewis Battles, rev. ed.(Grand Rapids, 1986).

Institutie 1536, trans. Willem van 't Spijker(Kampen, 1992; repr., Houten, 2005).

기독교강요(1559)

Institutes of the Christian Religion, ed. John T. McNeill, trans. Ford Lewis Battles, 2 vols., *LCC* 20-21(Philadelphia and London, 1960).

Institution de la religion chrétienne, ed. Jean Cadier and Pierre Marcel, 4 vols.(Geneva, 1955-58; repr., 1978, 1995).

Unterricht in der christlichen Religion, trans, and ed. Otto Weber, 6th ed.(Neukirchen-Vluyn, 1997).

Institutie of onderwijzing in den christelijken godsdienst, trans. Alexander Sizoo(Delft, 1931).

주석서

Calvin's Commentaries(Edinburgh, 1843-55; reprint, Grand Rapids, 1981).

Calvin's New Testament Commentaries, ed. David W. Torrance and Thomas F. Torrance, 12 vols.(Edinburgh, 1972).

Calvin's Old Testament Commentaries, vol. 18, *Ezekiel I*(*Chapter 1-12*), trans. D. Foxgrover and D. Martin(Grand Rapids, 1994); vol. 20, *Daniel I*(Chapter 1-6), trans. T. H. L. Parker(Grand Rapids, 1993).

설교

Sermons on Isaiah's Prophecy of the Death and Passion of Christ, ed. T. H. L. Parker(London, 1956).

Sermons on the Epistle to the Ephesians(London, 1973; revised edition of *The Sermons upon the Epistle of S. Paule to the Ephesians*, trans. Arthur Golding, London, 1577).

Sermons on the Epistles to Timothy and Titus [Edinburgh and Carlisle, PA, 1983; facsimile edition of *Sermons on the Epistles of S. Paule to Timothie and Titus*, trans. Laurence Tomson(London, 1579)].

Sermons on Deuteronomy [Edinburgh and Carlisle, PA, 1987; facsimile-uitgave of *The Sermons upon the fifth Booke of Moses called Deuteronomie*, trans. Arthur Golding(London, 1583)].

Sermons on 2 Samuel, Chapters 1-13, trans. Douglas Kelly(Edinburgh, 1992).

Sermons on the Book of Job [(Edinburgh, 1993; facsimile edition of *Sermons upon the booke of Job*, trans. Arthur Golding(London, 1574)].

Sermons on Galatians, trans. Arthur Golding(London, 1574; repr., Audubon, NJ, 1995).

Sermons on Election and Reprobation, trans. John Field(London, 1579; repr., Audubon, NJ, 1996).

Sermons on Psalm 119, trans. Thomas Stocker(London, 1580; repr., Audubon, NJ, 1996).

Sermons on Galatians, trans. Kathy Childress(Edinburgh, 1997).

Sermons on the Book of Micah, trans. and ed. Benjamin Wirt Farley(Phillipsburg, NJ, 2003).

다른 저작들

Petit traité de la sainte cène, ed. H. Châtelain and P. Marcel(Paris, 1959).

Calvin, homme d'Église: Oeuvres choisies du réformateur et documents sur les églises réformées du XVIe siècle, 2nd ed.(Geneva, 1971).

La Vraie Piété: Divers traités de Jean Calvin et Confession de foi de Guillaume Farel, ed. Irena Backus and Claire Chimelli(Geneva, 1986).

Calvin: Oeuvres choisis, ed. Olivier Millet(Paris, 1995).

Calvin-Studienausgabe(Neukirchen-Vluyn, 1994-): vols. 1/1-1/2,

Reformatorische Anfänge, 1533-1541(1994); vol. 2, *Gestalt und Ordnung der Kirche*(1997); vol. 3, *Reformatorische Kontroversen*(1999); vol. 4, *Reformatorische Klärungen*(2002).

John Calvin's Tracts and Treatises, trans. Henry Beveridge(1884, repr., with historical notes and introduction by Thomas F. Torrance, Grand Rapids, 1958): vol. 1, *On the Reformation of the Church*; vol. 2, *On the Doctrine and the Worship of the Church*; vol. 3, *In the Defense of the Reformed Faith*.

Calvin: Theological Treatises, ed. J. K. S. Reid(London and Philadelphia, 1954).

Concerning the Eternal Predestination of God, trans. and ed. J. K. S. Reid(London, 1961).

Catechism 1538, trans. and ed. Ford Lewis Battles(Pittsburgh, 1976).

Concerning Scandals, trans. John W. Fraser(Grand Rapids, 1978).

Treatises against the Anabaptists and against the Libertines, trans. and ed. Benjamin Wirt Farley(Grand Rapids, 1982).

"Congratulations to the Venerable Presbyter, Lord Gabriel of Saconay, Precentor of the Church at Lyon for the Beautiful and Elegant Preface That He Wrote for the Book of the King of England," trans. Douglas Floyd Kelly, in *Calvin Studies II*, ed. John H. Leith and Charles Raynal(Davidson, NC, 1985), 109-118.

Calvin's Calvinism: Treatises on the Eternal Predestination of God and the Secret Providence of God, trans. Henry P. Cole(Grand Rapids, 1987).

John Calvin and Jacopo Sadoleto, A Reformation Debate, ed. John C. Olin(New York, 1966; reprint, Grand Rapids, 1987).

Calvin's Ecclesiastical Advice, trans. Mary D. Beaty and Benjamin Wirt Farley(Louisville, 1991).

Instruction in Faith(1537), trans. and ed. Paul T. Fuhrmann(Philadelphia, 1949; reprint, Louisville, 1992).

Apology of John Calvin, to Messrs. the Nicodemites upon the Complaint that they make of his too great Rigor(1554), trans. Eric Kayayan, *CTJ*

29(1994), 346-363.

The Bondage and Liberation of the Will: A Defense of the Orthodox Doctrine of Human Choice against Pighius, ed. A. N. S. Lane, trans. G. I. Davies(Grand Rapids, 1996).

I. John Hesselink, *Calvin's First Catechism: A Commentary; Featuring Ford Lewis Battles's Translation of the 1538 Catechism*(Lousville, 1997).

Von der ewigen Vorherbestimmung Gottes…: Übereinkunft der Pastoren der Kirche zu Genf, entworfen von Johann Calvin, Genf 1552, trans. and ed. Wilhelm H. Neuser(Düsseldorf, 1998).

편지들

Letters de Jean Calvin, recueillies pour la première fois et publiées d'après les manuscrits origineaux, ed. Jules Bonnet, 2 vols.(Paris, 1854).

Letters of John Calvin, ed. Jules Bonnet, 4 vols., trans. David Constable and Marcus Robert Gilchrist(vols. 1-2, Edinburgh, 1855, 1857; vols. 3-4, New York and Philadelphia, 1858; repr., New York, 1972).

Johannes Calvins Lebenswerk in seinen Briefen: Eine Auswahl von Briefen Calvins in deutscher Übersetzung, ed. Rudolf Schwarz, 2 vols. (Neukirchen, 1961-1962).

2차자료 참고문헌

Augustijn, Cornelis. "Die Autorschaft des 'Consilium admodum Paternum.'" In *Calvin: Erab und Auftrag; Festschrift für Wilhelm Heinrich Neuser zum 65. Geburtstag*, edited by W. van 't Spijker, 255-269, Kampen, 1991.

________. *De godsdienstgesprekken tussen Rooms-Katholicken en Protestanten von 1538 tot 1541*. Haarlem, 1967.

________. "Das Wormser Buch: Der letzte ökumenische Konzens versuch Dezember 1540." *BPfKg* 62(1995): 7-46.

Augustijn, Cornelis, Christoph Burger, and Frans P. van Stam. "Calvin in the Light of the Early Letters." In *Calvinus Praeceptor Ecclesiae: Papers of the International Congress on Calvin Research, Princeton, August 20-24, 2002*, edited by Herman J. Selderhuis, 139-157. Geneva, 2004.

Autin, Albert. *L'Echec de la Réforme en France*. Paris, 1918.

________. *Un Episode de la vie de Calvin: La Crise du nicodémisme, 1535-1545*. Toulon, 1917.

Babelotzky, Gerd. *Platonische Bilder und Gedankengänge in Calvins Lehre vom Menschen*. Wiesbaden, 1977.

Baehler, E. "Petrus Caroli und Johann Calvin." *JSG* 29(1904): 41-169.

Bainton, Roland H. *Hunted Heretic*. Boston, 1953.

Bakhuizen van den Brink, J. N. *La Confession de foi des églises réformées de Francd de 1559, et la Confession des Pays-Bas de 1561*. Bulletin des

Églises Wallones 5.6. Leiden, 1959.

________. *Protestantse pleidooien*. Vol. 2. Section 3, "Frankrijk en Calvijn." Kampen, 1962.

Balke, Willem. "Het avondmaal bij Calvijn." In *Bij brood en beker: Leer en gebruik van het heilig avondmaal in het Nieuwe Testament en in de geschiedenis van de esterse kerk*, edited by Willem van 't Spijker et al., 178-225. Goudriaan, 1980.

________. "Calvijn en de vier koninkrijken in de profetie van Daniël." In *Calvijn en de bijbel*, 175-210. Kampen, 2003(an earlier, shorter version in *Hoffnung für die Zukunft: Modelle eschatologischen und apokalyptischen Denkens*, editen by Ed Noort and Mladen popovic, 46-64. Groningen, 2001).

________. "Calvijn en Luther." In idem, *Luther en het gereformeerd protestantisme*, 99-117. The Hague, 1982.

________. "Calvijn over de geschapen werkelijkheid in zijn Psalmencommentaar." In *Wegen en gestalten in het gereformeerd protestantisme: Een bundel studies over de geschiedenis van het gereformeerd protestantisme aangeboden aan Prof. Dr. S. van der Linde*, edited by Willem Balke et al., 89-103. Amsterdam, 1976.

________. *Calvin and the Anabaptist Radicals*. Translated by William J. Heynen. Grand Rapids, 1981.

Bartel, Oscar. "Calvin und Polen." In *Regards contemporains sur Jean Calvin: Actes du colloque Strasbourg 1964*, edited by Wilhelm Niesel and François Wendel, 253-268. Paris, 1965.

Barth, Peter. "Die Erwählungslehre in Calvins Institutio von 1536." In *Theologische Aufsätze: Karl Barth zum 50. Geburtstag*, edited by Ernst Wolf, 432-442. Munich, 1936.

Barthel, Pierre, et al. *Acts du colloque Guillaume Farel, Neuchâtel 29 septembre-1e octobre 1980*. 2 vols. Cahiers de la revue de théologie et de philosophie 9.1-9.2. Lausanne, 1983.

Barthélemy, Dominique, Henri Meylan, and Bernard Roussel. *Olivétan: Celui qui fit passer la Bible d'hébreu en français*. Textes de Calvin et d'Olivétan. Biel, 1986.

Battles, Ford Lewis. "Calculus fidei." In *Calvinus ecclesiae doctor*, edited by Wilhelm H. Neuser, 85-110. Kampen, 1980.

________. "The Sources of Calvin's Seneca Commentary." In *John Calvin*, edited by G. E. Duffield, 38-66. Courtenay Studies in Reformation Theology 1. Grand Rapids, 1966.(This article also appears in *Interpreting John Calvin: Ford Lewis Battles*, edited by Robert Benedetto [Grand Rapids, 1996], 65-89.)

Bauer, Karl. *Die Beziehungen Calvins zu Frankfurt a. M.* SVRG 38. Leipzig, 1920.

Bavaud, Georges. *La Dispute de Lausanne*(1536): *Une Étape de l'évolution doctrinale des réformateurs romands*. Fribourg, 1956.

Beeke, Joel. R. *Assurance of Faith: Calvin, English Puritanism, and the Dutch Second Reformation*. New York, 1991.

Beekenkamp, W. H. "Calvijn en Sadoleto." *Veritatem in Caritate* 4(1959): 21-27.

Benedetto, Robert, ed. *Interpreting John Calvin: Ford Lewis Battles*(Grand Rapids, 1996).

Benoît, Jean-Daniel. *Calvin, directeur d'âmes*. Strasbourg, 1947.

________. "Calvin the Letter-Writer." In *John Calvin*, edited by G. E. Duffield, 67-101. Courtenay Studies in Reformation Theology 1. Grand Rapids, 1966.

________. "The History and Development of the *Instotutio*: How Calvin Worked." In *John Calvin*, edited by G. E. Duffield, 102-117. Courtenay Studies in Reformation Theology. Grand Rapids, 1966.

Benoît, Jean-Daniel, J. Courvoisier, and P. Scherding. *Calvin à Strasbourg, 1538-1541*. Strasbourg, 1938.

Barriot, M. François. "Un Procès d'athéisme à Genève: L'Affaire Gruet(1547-1550)." *BSHPF* 125(1979): 577-592.

Berthoud, Gabrielle. *Antoine Marcourt, réformateur et pamphlétaire du "Livre des Marchans" aux placards de 1534*. Geneva, 1973.

Beza, Theodore. *Correspondance de Théodore de Bèze*. Edited by Hippolyte Aubert et al. 12 vols. Geneva, 1960-86.

Billings, J. Todd. *Calvin, Participation, and the Gift: The Activity of Believers in Union with Christ*. Oxford, 2007.

Blacketer, Raymond Andrew. *L'École de Dieu: Pedagogy and Rhetoric in Calvin's interpretation of Deuteronomy*. Dordrecht, The Netherlands, 2006.

_______. "Smooth Stones, Teachable Hearts: Calvin's Allegorical Interpretation of Deuteronomy 10:1-2." *CTJ* 34(1999): 36-63

Blanke, Fritz. "Calvins Urteile über Zwingli." *Zwingliana* 11(1959): 66-92.(This article also appears in idem, *Aus der Welt der Reformation: Fünf Aufsätze* [Zurich, 1960], 18-47.)

Blaser, Emil. "Vom Gesetz in Calvins Predigten über den 119. Psalm." *In Das Wort sie sollen lassen stehn: Festschrift für D. Albert Schädelin*, 67-78. Bern, 1950.

Böttger, Paul C. *Calvins Institutio als Erbauungsbuch. Versuch einer literalischen Analyse*. Neukirchen-Vluyn, 1990.

Bohatec, Josef. *Budé und Calvin: Studien zur Gedankenwelt des französischen Frühhumanismus*. Graz, 1950.

_______, ed. *Calvinstudien: Festschrift zum 400. Geburtstage Johann Calvins*. Leipzig, 1909.

Borgeaud, Charles. *Histoire de l'Université de Genève*. Vol. 1, *L'Académie de Calvin*, 1559-1798. Geneva, 1900.

Bouvier, André. *Henri Bullinger, réformateur et conseiller oecuménique, le successeur de Zwingli, d'après sa correspondance avec les réformés et les humanistes de langue française*. Neuchâtel/Paris, 1940.

Breen, Quirinus. *John Calvin: A Study in French Humanism*. Grand Rapids, 1931.

Brienen, T. *De liturgie bij Johannes Calvijn*. Kampen, 1987.

Buisson, Ferdinand. *Sébastien Castellion, sa vie et son oeuvre*. 2 vols. Paris,

1892. Reprint, Nieuwkoop, 1964.

Bürki, Bruno. "Jean Calvin avait-il le sens liturgique?" In *Communio sanctorum: Mélanges offerts à Jean-Jacques von Allmen*, 157-172. Geneva, 1982.

Büsser, F. "Bullinger as Calvin's Model in Biblical Exposition: An Examination of Calvin's Preface of the Epistle to the Romans." In *In Honour of John Calvin, 1509-64: Papers from the 1986 International Calvin Symposium McGill University*, edited by E. J. Furcha, 64-95. Montreal, 1987.

________. "Calvin und Bullinger." In *Calvinus servus Christi*, edited by Wilhelm H. Neuser, 107-126. Budapest, 1988.

Cadier, Jean, "Sadolet et Calvin." *RHPhR* 45(1965): 72-92.

Capri-Maily, Olvia. "Jean Calvin et Louis du Tillet: Entre foi et amitié, un échange révélateur." In *Calvin et ses contemporains*, edited by Olivier Millet, 7-19. Geneva, 1998.

Cambridge History of the Bible. Vol. 3, *The West from the Reformation to the Present*. Edited by S. L. Greenslade. New York, 1978.

Casalis, George, and Bernard Roussel, eds. *Olivétan, traducteur de la Bible: Actes du colloque Olivétan Noyon, mai 1985*, 163-168. Paris, 1987.

Chee, Paul Gerhard. "Johannes Calvin-ein Bild nach seinen Briefen." *RKZ* 21(1980): 159-161.

Chenevière, Marc-Edouard. *La Pensée politique de Calvin*. Geneva, 1937. Reprint, 1970.

Cole, Henry P., trans. *Calvin's Calvinism: Treatises on the Eternal Predestination of God and the Secret Providence of God*. London, 1856-57. Reprint, Grand Rapids, 1987.

Cornelius, C. A. *Der Besuch Calvins bei der Herzogin Renata von Ferrara im Jahr 1536*. Freiburg, 1892.

Cottret, Bernard. "Pour une sémiotique de la Réforme: Le *Consensus Tigurinus* (1549) et *La Brève Résolution*…(1555) de Calvin." *AESC* 39(1984): 265-285.

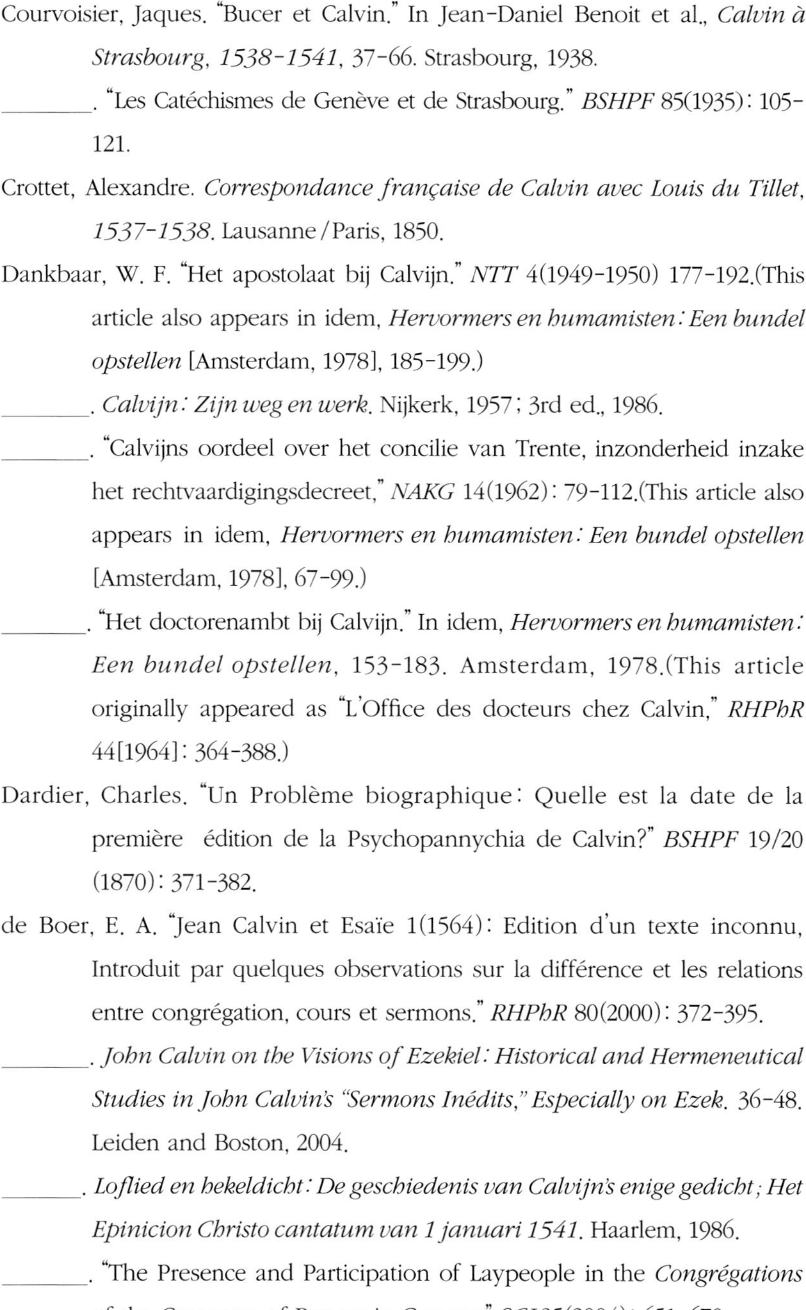

Courvoisier, Jaques. "Bucer et Calvin." In Jean-Daniel Benoit et al., *Calvin à Strasbourg, 1538-1541*, 37-66. Strasbourg, 1938.

_______. "Les Catéchismes de Genève et de Strasbourg." *BSHPF* 85(1935): 105-121.

Crottet, Alexandre. *Correspondance française de Calvin avec Louis du Tillet, 1537-1538*. Lausanne/Paris, 1850.

Dankbaar, W. F. "Het apostolaat bij Calvijn." *NTT* 4(1949-1950) 177-192.(This article also appears in idem, *Hervormers en humamisten: Een bundel opstellen* [Amsterdam, 1978], 185-199.)

_______. *Calvijn: Zijn weg en werk*. Nijkerk, 1957; 3rd ed., 1986.

_______. "Calvijns oordeel over het concilie van Trente, inzonderheid inzake het rechtvaardigingsdecreet," *NAKG* 14(1962): 79-112.(This article also appears in idem, *Hervormers en humamisten: Een bundel opstellen* [Amsterdam, 1978], 67-99.)

_______. "Het doctorenambt bij Calvijn." In idem, *Hervormers en humamisten: Een bundel opstellen*, 153-183. Amsterdam, 1978.(This article originally appeared as "L'Office des docteurs chez Calvin," *RHPhR* 44[1964]: 364-388.)

Dardier, Charles. "Un Problème biographique: Quelle est la date de la première édition de la Psychopannychia de Calvin?" *BSHPF* 19/20 (1870): 371-382.

de Boer, E. A. "Jean Calvin et Esaïe 1(1564): Edition d'un texte inconnu, Introduit par quelques observations sur la différence et les relations entre congrégation, cours et sermons." *RHPhR* 80(2000): 372-395.

_______. *John Calvin on the Visions of Ezekiel: Historical and Hermeneutical Studies in John Calvin's "Sermons Inédits," Especially on Ezek. 36-48*. Leiden and Boston, 2004.

_______. *Loflied en hekeldicht: De geschiedenis van Calvijn's enige gedicht; Het Epinicion Christo cantatum van 1 januari 1541*. Haarlem, 1986.

_______. "The Presence and Participation of Laypeople in the *Congrégations* of the Company of Pastors in Geneva." *SCJ* 35(2004): 651-670.

de Greef, Wulfert. *Calvijn en het Oude Testament*. Groningen, 1984.

________. *Calvijn en zijn uitleg van de Psalmen: Een onderzoek naar zijn exegetische methode*. Kampen, 2006.

________. "Das Verhältnis von Predigt und Kommentar bei Calvin, dargestellt an dem Deuteronomium Kommentar und den Predigten." In *Calvinus servus Christi*, edited by Wilhelm H. Neuser, 195-204. Budapest, 1988.

de Groot, D.-J. "Melchior Volmar, ses rapports avec les réformateurs français et suisses." *BSHPF* 83(1934): 416-439.

Denzinger, Henricus, and Adolfus Schönmetzer, eds. *Enchiridion Symbolorum definitionum et declarationum de rebus fidei et morum*. Freiburg, 1965.

Detmers, Achim. *Reformation und Judentum, Israel-Lehren und Einstellungen zum Judentum von Luther bis zum frühen Calvin*. Stuttgart, 2001.

DeVries, Dawn. "Calvin's Preaching." In *The Cambridge Companion to John Calvin*, edited by Donald K. McKim, 106-124. Cambridge and New York, 2004.

Diehl, Wilhelm. "Calvins Auslegung des Dekalogs in der ersten Ausgabe seiner Institutio und Luthers Katechismen." *ThStKr* 71(1898): 141-162.

Dörries, Hermann. "Calvins und Lefèvre." *ZKG* 44(1925): 544-581.

Douglas, Richard M. *Jacopo Sadoleto, 1477-1547: Humanist and Reformer*. Cambridge, 1959.

Doumergue, Émile. *Jean Calvin: Les Hommes et les choses de son temps*. 7 vols. Lausanne, 1899-1927.

Droz, Eugénie. "Calvin collaborateur de la Bible de Neuchâtel." In *Chemins de l'hérésie: Textes et documents*, 1:102-117. Geneva, 1970.

________. "Calvin et les nicodémites." In *Chemins de l'hérésie: Textes et documents*, 1:131-171. Geneva, 1970.

________. *Chemins de l'hérésie: Textes et documents*. 4 vols. Geneva, 1970-76.

Dubois, Claude-Gilbert. "Jean Calvin, commentaires sur le premier livre de Moyse." In idem, *La Conception de l'histoire en France au XVIe siècle(1560-1610)*, 307-315. Paris, 1977.

Dufour, Théophile. *Notice bibliographique sur le Catéchisme et la Confession de foi de Calvin(1537) et sur les autres livers imprimés à Neuchâtel dans les premiers temps de la Réforme(1533-1540)*. Geneva, 1878. Reprint, 1970.

Dumont, Eugène-Louis. "Histories des traités." In *Genève 26-27 mai 1976, commémoration des traités de combourgeoisie avec Fribourg, Berne 1526 et zürich 1584*, 49-59. Geneva, 1976.

Dunant, Émile. *Les Relations politiques de Genève avec Berne et les Suisses de 1536 à 1564*. Geneva, 1894.

Edomondson, Stephen. *Calvin's Christology*. Cambridge, 2004.

Eire, Carlos M. N. "Calvin and Nicodemism: A Reappraisal." *SCJ* 10(1979): 45-69.

_______. *War against the Idols: The Reformation of Worship from Erasmus to Calvin*. Cambridge, 1986.

Engamarre, Max. "Des sermons de Calvin sur Esaïe découverts à Londres." In *Calvin et ses contemporains*, edited by Olivier Millet, 69-81. Geneva, 1998. Cf. idem, "Calvin Incognito in London: The Rediscovery in London of Sermons on Isaiah." *Huguenot Society Proceedings 26*(1996): 453-462.

_______. "D'une Forme de l'autre: Commentaires et Sermons de Calvin sur la Genèse." In *Calvinus Praeceptor Ecclesiae: Papers of the International Congress on Calvin Research, Princeton, August 20-24, 2002*, edited by Herman J. Selderhuis, 107-138. Geneva, 2004.

Erichson, Alfred. *L'Église française de Strasbourg au XVIe siècle*. Strasbourg, 1886.

Fatio, Olivier et al., eds. *Registres de la Compagnie des Pasteurs de Genève au temps de Calvin*. Vol. 1, *1546-1553*, edited by Jean François Bergier. Geneva, 1964. Vol. 2, *1553-1564*, edited by Robert Kingdon and Jean François Bergier. Geneva, 1962. ET: Philip Edgcumbe Hughes, ed. *The Register of the Company of Pastors of Geneva in the Time of Calvin*. Grand Rapids, 1966.

Fazy, Henri. "Procès de Jacques Gruet, 1547." Mémoires de l'Institut national genevois 16(1886).

Feld, Helmut. "Um die reine Lehre des Evangeliums: Calvins Kontroverse mit Sadoleto 1539." *Catholica* 36(1982): 150-180.

Fischer, Danielle. "Jean Calvin: Congrégation sur Josué 1, 1-5(4 juin 1563)"(first printing of the original manuscript, with an introduction and notes). *FZPhTh* 35(1988): 201-221.

_______. "Jean Calvin: Congrégation sur Josué 11(Septembre 1563)"(first printing of the original manuscript, with an introduction and notes). *FZPhTh* 38(1991): 351-367.

_______. "Michel Cop: Congrégation sur Josué 1/6-11 du 11 juin 1563, avec ce qui a été ajouté par Jean Calvin"(first printing of the original manuscript, with an introduction and notes). *FZPhTh* 34(1987): 205-229.

Friedman, Jerome. *Michael Servetus: A Case Study in Total Heresy*. Geneva, 1978.

Gäbler, Ulrich. *Huldrych Zwingli: His Life and Work*. Translated By Ruth C. L. Gritsch. Philadephia, 1986.

Gagnebin, Bernard. "L'Historie des manuscrits des sermons de Calvin." In *SC* 2:xiv-xxviii.

Gamble, Richard C. "The Sources of Calvin's Geneisis Commentary: A Preliminary Report." *ARG* 84(1993): 206-221.

Ganoczy, Alexandre. *The Young Calvin*. Translated by David Foxgrover and Wade Provo. Philadelphia, 1987.

Ganoczy, Alexandre, and Klaus Müller. *Calvins handschriftliche Annotationen zu Chrysostomus: Ein Beitrag zur Hermeneutik Calvins*. Wiesbaden, 1981.

Garcia, Aurelio A. "Bullinger's Friendship with Calvin: Loving one Another and Edifying the Churches." In *Calvin studies Society Papers, 1995*,

1997, edited by David Foxgrover, 119-133. Grand Rapids, 1998.

Garside, Charles, Jr. "The Origins of Calvin's Theology of Music, 1536-1543." *Transactions of the American Philosophical Society* 69(1979): 1-36.

Gautier, Jean-Antoine, *Histoire de Genève des origines à l'année 1691*. 9 vols. Geneva, 1896-1914.

Geering, Arnold. "Calvin und die Musik." in *Calvin-studien 1959*, edited by Jürgen Moltrmann, 16-25. Neukirchen, 1960.

Geisendorf, Paul F. *Théodore de Bèze*. Geneva, 1949.

George, Timothy. "John Calvin and the Agreement. of Zurich(1549)." In *John Calvin and the Church: A Prism of Reform*, 42-58. Louisville, 1990.

Gilmont, Jean-Fraçois, et al. "Bibliotheca Gebennensis: Les Liveres imprimés à Genève de 1535 à 1549." *Geneva* 28(1980): 229-251.

________. *John Calvin and the Printed Book*. Translated by Karin Maag. Kirksville, MO, 2005.

Giran, Étienne. *Sébastien Castellion et la Réforme calviniste*. Paris, 1914.

Girardin, Benoit. *Rhétorique et théologique: Calvin, le commentaire de l'Épître aux Romains*. Paris, 1979.

Goeters, J. F. G. "Thomas von Kempen und Johannes Calvin." In *Thomas von Kempen: Beiträge zum 500. Todesjahr, 1471-1971*, 87-92. Kampen, 1971.

Govett, R., ed. *Calvinism by Calvin: Being the Substance of Discouerses Delivered by Calvin and the Other Ministers of Geneva on the Doctrine of Grace*. London, 1840. Reprint, Miami Springs, FL, 1984.

Greengrass, Mark *The French Reformation*. Oxford and New York, 1987.

Group of historians, professors, and pastors, A. *Guillaume Farel, 1489-1565: Biographie nouvelle*. Neuchâtel, 1930.

Guggisberg, Kurt. "Calvin und Bern." In *Festgabe Leonhard von Muralt*, edited by Martin Haas and René Hauswirth, 266-285. Zurich, 1970.

Halaski, Karl, ed. *Der Prediger Johannes Calvin: Beiträge und Nachrichten zur Ausgabe der Supplementa Calviniana*. Neukirchen. 1966.

Hards, Walter G. *A collation of the Latin Texts of the First Edition of Calvin's*

Institutes. Baltimore, 1958.

Hasper, H. *Calvijns beginsel voor den zang in den eredienst*. 2 vols. The Hague, 1955-76.

Haury, David A. "Engilsh Anabaptism and Calvin's *Briève instruction*." *MQR* 57(1983): 145-151.

Hazlett, W. Ian P. "Calvin's Latin Preface to His Proposed French Edition of Chrysostom's Homilies: Translation and Commentary." In *Humanism and Reform: The Church in Europe, England and Scotland, 1400-1643. Essays in Honour of James K. Cameron*, edited by James Kirk, 129-150. Oxford, 1991.

Hedtke, Reingold, *Eraziehung durch die Kirche bei Calvin: Der Unterweisungs- und Erziehungsauftrag der Kirche und seine anthropologischen Grundlagen*. Heidelberg, 1969.

Hein, Carl. "Eine vermeintliche Schrift Calvins: Ein Werk Johannes à Lascos." *ZKG* 24(1903): 323-325.

Herminjard, A.-L. *Correspondance des réformateurs dans les pays de langue Française recueillie et publiée avec d'autres lettres relatives à la Réforme et des notes historiques et bibliographiques*. Geneva, 1866-97. Reprint, Nieuwkoop, 1965.

Heyer, henri. *L'Église de Genève, 1535-1909*. Geneva, 1909.

Higman, Francis M. "Bucer et les Nicodémites." In *Matin Bucer and Sixteenth Century Europe: Actes du colloque de Strasbourg(28-31 août 1991)*, edited by C. Krieger and M. Liengard, 646-652. Leiden, 1993.(This article is also found in idem, *Lire et découvrir: La circulation des idées au temps de la Réforme* [Geneva, 1980], 637-650.)

________. "Un Pamphelt de Calvin restitué à son auteur." *RHPbR* 60(1980): 167-180, 327-337.(this article is also found in *Lire et découvrir. La circualation des idées au temps de la Réforme* [Geneva, 1998], 131-154.)

________. "The Question of Nicodemism." In *Calvinus ecclesiae Genevensis custos*, edited by Wilhelm H. Neuser, 165-170. Frankfurt am Main,

1984.

Hochuli-Dubuis, Paule, ed. *Registres du Conseil de Genève a l'epoque de Calvin*, n.s., vol. 1, *Du ler mai au 31 décembre 1536*. Geneva, 2003; vol. 2, *Du ler janvier au 31 décembre 1537*. Geneva, 2003.

Holtrop, Philip C. *The Bolsec Controversy on Predestination, from 1551-1555: The Statements of Jerome Bolsec, and the Responses of john Calvin, Theodore Beza, and Other Reformed Theologians*. Lewiston, NY, 1993.

Höpfl, Harro. *The Christian Polity of John Calvin*. Cambridge, 1982 Reprint 1985.

Hugo, André Malan. *Calvijn en Seneca: Een inleidende studie van Calvijns commentaar op Seneca, De clementia, anno 1532*. Groningen/Djakarta, 1957.

Hunt, R. N. Carew. *Calvin*. London, 1933.

Hwang, Jung-Uck. *Der junge Calvin und seine Psychopannychia*. Frankfurt, 1991.

Imbart de la Tour, Pierre. *Calvin et l'Institution de la religion chrétienne*. Paris, 1935.

Jahr, Hannelore. *Studien zur Überlieferungsgeschichte der Confession de foi von 1559*. Neukirchen, 1964.

Janse, Wim. "Calvin, à Lasco und Beza: Eine gemeinsame Abendmahlserklärung(Mai 1556)? Bericht eines Forschungsseminars mit offenem Ausgang." In *Calvinus Praeceptor Ecclesiae: Papers of the International Congress on Calvin Research, princeton, August 20-24, 2002*, edited by Herman J. Selderhuis, 209-231. Geneva, 2004.

Jenny, Beatrice. *Das Schleitheimer Täuferbekenntnis 1527*. Schaffhäuser Beiträge zur vaterländischen Geschihte 28. Thayngen, Switzerland, 1950.

Jenny, Markus. *Luther, Zwingli, Calvin in ihren Liedern*. Zurich, 1983.

John Calvin's Institutes: His Opus Magnum; Proceedings of the Second South African Congress for Calvin Research, July 31-August 3, 1984. Potchefstroom, 1986.

Junod, Eric, ed. *La Dispute de Lausanne(1536): La Théologie réformée après Zwingli et avant Calvin*. Lausanne, 1988.

Kelly, Douglas. "The Transmission and Translation of the Collected Letters of John Calvin." *SJTh* 30(1977): 429-437.

Kim, Yoon Kyung. "Hermeneutics and the Law: A Study of Calvin's Commentary and Sermons on Psalm 119." ThM thesis, Calvin Theological Seminary, 2000.

Kingdon, Robert M. "Calvin and the Government of Geneva." In *Calvinus ecclesiae Genevensis custos*, edited by Wilhelm H. Neuser, 49-67. Frankfurt am Main, 1984.

________. *Geneva and the Coming of the Wars of Religion in France, 1555-1563*. Geneva, 1956.

________, ed. *Registres du Consistoire de Genève au temps de Calvin*. Vol. 1, *1542-1544*, edited by T. A. Lambert, I. M. Watt, and J. R. Watt. Geneva, 1996. Vol. 2, *1545-1546*, edited by Wallace McDonald. Geneva, 2001. Vol. 3, *1547-1548*, edited by Wallace McDonald. Geneva, 2004. ET, *Registers of the Consistory of Geneva in the Time of Calvin*, vol. 1, *1542-1544*. Grand Rapids, 2000.

Kingdon, Robert M., and Linder, Robert D., eds. *Calvin Calvinism: Sources of Democracy?* Lexington, MA, 1970.

Koch, Ernst. "Erwägungen aum Bekehrungsbericht Calvins." *NAKG* 61(1981): 185-197.

Köhler, Walther. *Das Ehe- und Sittengericht in den süddeutschen Reichsstädten, den Herzogtum Württemberg und in Genf*. Vol. 2, *Zürcher Ehegericht und Genfer Konsistorium*. Leipzig, 1942.

Kok, Joel Edward. "The Influence of Martin Bucer on Calvin's Interpretation of Romans: A Comparative Case Study." PhD diss., Duke University, 1993.

Kolfhaus W. "Der Verkehr Calvins mit Bullinger." In *Calvinstudien: Festschrift zum 400. Geburtstage Johann Calvins*, edited by Josef Bohatec, 27-125. Leipzig, 1909.

Köstlin,J. "Calvins Institutio nach Form und Inhalt in ihrer geschichtlichen Entwicklung." *ThStKr* 41(1868): 7-62, 410-486.

Kraus, Hans-Joachim. "Calvins's Exegetical principles." *Interpretation* 31(1977): 8-18.

________. "Vom Leben und Tod In Den Psalmen: Eine Studie zu Calvins Psalmenkommentar." In *Bilblisch-theologische Aufsätze*, 258-277. Neukirchen, 1972.

Kuropka, Nicole. "Calvins Römerbriefwidmung und der Consensus Piorum." In *Calvin im Kontext der Schweizer Reformation: Historische und theologische Beiträge zur Calvinforschung*, edited by Peter Opitz, 146-167. Zurich, 2003.

Labarthe, Olivier. "La Relation entre le premier catéchisme de Calvin et la première confession de foi de Genève." Thèse de licence, University of Geneva, 1967

Lambin, Rosine. "Calvin und die adeligen Frauen in Frankreich." In *Reformierten perspektiven: Vorträge der zweiten Emder Tagung zur Geschichte des Refomierten Protestantismus*, edited by Harm Klueting and Jan Rohls, 37-51. Wuppertal, 2001.

Lane, Anthony N. S. "Calvin and Article 5 of the Regensburg colloquy." In *calvinus Praeceptor Ecclesiae: Papers of the Interrnational Congress on Calvin Research, Princeton, Angust 20-24*, 2002, edited by Herman J. Selderhuis, 233-263. Geneva, 2004.

________. *John Calvin: Student of the Church Fathers*. Grand Rapids, 1999.

Lang, August. *Die Bekehrung Johannes Calvins*. Leipzig, 1897. Reprint, Aalen, 1972.

________. "Melanchthon und Calvin." In *Reformation und Gegenwart*, 88-135. Detmold, 1918.

Lange van Ravenswaay, J. M. "Calvin und Farel—Aspekte ihres Verhältnisses." In *Actes du colloque Guillaume Farel*, edited by Pierre Barthel et al., 2 vols., 1:63-72. Lausanne, 1983.

Lazzaro, Ralph, trans. and ed. "Four Letters from the Socinus-Calvin

Correspondence 1549." In *Italian Reformation Studies in Honor of Laelius Socinus*, edited by J. A. Tedeschi, 215-230. Florence, 1965.

Lecoultre, H. "Calvin d'après son commentaire sur le De clementia de Sénèque." *RThPh* 24(1891): 51-77.

_______. "Le Séjour de Calvin en Italie d'après des documents inédits." *RThPh* 19(1886): 168-192.

Lecoultre, J. *Maturin Cordier et les origines de la pédagogie protestante*. Neuchâtel, 1926.

Léry, Jean de. *Histoire d'un voyage faict en la terre du Brésil*. La Rochelle, 1578. 2nd ed., Paris/Geneva, 1580. Edited by Frank Lestringant. Paris, 1994.

Lohse, Bernhard. "Wiedervereinigungsversuche zwischen Katholiken und Protestanten." In *Handbuch der Dogmen- und Theologiegeschichte*, edited by Carl Andresen, 3 vols., 2:102-108. Göttingen, 1980-84.

Lupton, Lewis F. "Calvin's Commentary on Genesis." In idem, *A History of the Geneva Bible*. Vol. 5, *Vision of God*, 107-117. London, 1973.

Mansson, Nicolaus. *Calvin och gudstjästen* [Calvin and worship]. Stockholm, 1970.

Márkus, Mihály. "Calvin und Polen. Gedankenfragmente in Verbindung mit einer Empfehlung." In *Calvinus Praeceptor Ecclesiae: Papers of the International Congress on Canvin Research, Princeton, August 20-24, 2002*, edited by Herman J. Selderhuis, 323-330. Geneva, 2004.

McDonnell, Kilian. "Conception de la liturgie selon Calvin et l'avenir de la liturgie catholique." *Concilium* 42(1969): 75-84.

McGrath, Alister E. "John Canvin and Late Mediaeval Thought: A Study in Late Mediaeval influences upon Calvins's Theological Development." *ARG* 77(1986): 58-78.

_______. *A Life of John Calvin*. Oxford, 1990.

Mckee, Elsie Anne. *Elders and the plural Ministry: The Role of Exegetical History in Illuminating John Calvin's Theology*. Geneva, 1988.

_______. *John calvin: On the Diaconate and Liturgical Almsgiving*. Geneva, 1984.

______, ed. *John Calvin: Writings on Pastoral Piety*. New York, 2001.

McKim, Donald K., ed. *The Cambridge Companion to John Calvin*. Cambridge, 2004.

______, ed. *Readings in Calvin's Theology*. Grand Rapids, 1984.

McNeill, John T. "John Calvin: Doctor Ecclesiae." In *The Heritage of John Calvin*, edited by John H. Bratt, 9-22. Grand Rapids, 1973.(This article also appears in *Readings in Calvin's Theology*, edited by Donald K. McKim [Grand Rapids, 1984], 11-20.)

Melles, Gerard. *Albertus Pighius en zijn strijd met Calvijn over het liberum arbitrium*. Kampen, 1973.

Meylan, Henri, and Deluz, R. *La Dispute de Lausanne*. Lausanne, 1936.

Millet, Olivier. *Calvin et la dynamique de la parole. Étude de rhétorique réformée*. Paris, 1992.

Milner, Benjamin Charles. *Calvin's Doctrine of the Church*. Leiden, 1970.

Moehn, Wilhelmus H. Th. *God roept ons tot zijn dienst: Een homiletisch onderzoek naar de verhouding tussen God en hoorder in Calvijns preken over Handelingen 4:1-6:7*. Kampen, 1996. ET: "*God Calls Us to His Service*": *The Relation between God and His Audience in Calvin's Sermons on Acts*. Geneva, 2001.

Moltmann, Jürgen, ed. *Calvin-Studien 1959*. Neukirchen, 1960.

Monter, E. William. *Calvin's Geneva*. New York, 1967.

Mooi, Remko J. *Het kerk- en dogmahistorisch element in de werken van Johannes Calvijn*. Wageningen, 1965.

Müller, Karl. "Calvin und die Libertiner." *ZKG* 40(1922): 83-129.

Muller, Richard A. *The Unaccommodated Calvin: Studies in the Foundation of a Theological Tradition*. Oxford Studies in Historical Theology. New York, 2000.

Naef, Henri. *La Conjuration d'Amboise et Genève*. Geneva, 1922.

______. *Les Origines de la Réforme à Genève*. 2 vols. Geneva, 1936; reprint, 1968.

Naphy, William G. *Calvin and the Consolidation of the Genevan Reformation*.

Manchester and New York, 1994.

________. "Calvin's Letters: Reflections on Their Usefulness in Studying Genevan History." *ARG* 86 (1995): 67-89

Nauta Doede. "Calvijns afkeer van een schisma." In *Ex auditu verdi: Theologische opstellen aangeboden aan Prof. Dr G. C. Berkouwer*, 131-156. Kampen, 1965.

________. *Guillaume Farel: In leven en werken geschest*. Amsterdam, 1978.

Neugebauer, R. "Exegetical Structure in the Institutes of the Christian Religion and the Biblical Commentaries of John Calvin: A Study of the Commentary on the Four Last Books of Moses, Arranged in the Form of a Harmony." Master's thesis, Columbia University, 1968.

Neuser, Wilhelm H. "Calvins Beitrag zu den Religionsgesprächen von Hagenau, Worms und Regensburg(1540/41)." In *Studien zur Geschichte und Theologie der Reformation: Festschrift für Ernst Bizer*, edited by Luise Abramowski et al., 213-237. Neukirchen, 1969.

________. "Calvins Stellung zu den Apokryphen des Alten Testaments." In *Text-Wort-Glaube: Studien zur Überlieferung, Interpretation und Autorisierung biblischer Texte*, edited by Martin Brecht, 298-323. New York, 1980.

________. "Calvins Urteil über den Rechtfertigungsartikel des Regenburger Buches." In *Reformation und Humanismus: Robert Stupperich zum 65. Geburtstag*, edited by Martin Greschat et al., 176-194. Witten, 1969.

________, ed. *Calvinus ecclesiae doctor. Die Referate des Internationalen Kongresses für Calvinforschung vom 25. bis 28. September 1978 in Amsterdam*. Kampen, 1980.

________, ed. *Calvinus ecclesiae Genevensis custos: Die Referate des Internationalen Kongresses für Calvinforschung vom 6. bis 9. September 1982 in Genf*. Frankfurt am Main, 1984.

________, ed. *Calvinus Reformator. His Contribution to Theology, Church and Society*. Potchefstroom, 1982.

________, ed. *Calvinus servus Christi: Die Referate des Congres International des Recherches Calviniennes… vom 25. bis 28. August 1986 in Debrecen*. Budapest, 1988.

________, ed. *Calvinus theologus: Die Referate des Europäischen Kongresses für Calvinforschung vom 16. bis 19. September 1974 in Amsterdam*. Neukirchen, 1976.

________. "The Development of the Institutes 1536 to 1559." In *John Calvin's Institutes: His Opus Magnrm*, 33-54. Potchefstroom, 1986.

________, ed. *Die Vorbereitung der Religionsgespräche von Worms und Regensburg 1540/41*. Texte zur Geschichte der evangelischen Theologie, vol. 4. Neukirchen, 1974.

Neuser, Wilhelm H, Herman J. Selderhuis, and Willem van 't Spijker, eds. *Calvin's Books: Festschrift Dedicated to Peter de Klerk on the Occasion of His Seventieth Birthday*. Heerenveen, 1997.

Niesel, Wilhelm, ed. *Bekenntnisschriften und Kirchenordnungen der nach Gottes Wort reformierten Kirche*. 3rd ed. Zurich, 1985.

________. "Calvin und die Libertiner." *ZKG* 48(1929): 58-74.

________. "Descriptio et historia editionum Institutionis latinarum et gallicarum Calvino vivo emissarum." In *OS* 3:vi-1.

________. "Zum Genfer Prozess gegen Valentin Gentilis." *ARG* 26(1929): 270-273.

Niesel, Wilhelm, and Barth, Peter. "Eine französische Ausgabe der ersten Institutio Calvins." *ThBl* 7(1928): 2-10.

Nijenhuis, Willem. "Calvijns 'subita Conversio': Notities bij een hypothese." *NTT* 26(1972): 248-269.

________. "Calvin's Attitude towards the Symbols of the Early Church during the Conflict with Caroli." In idem, *Ecclesia Reformata: Studies on the Reformation*, 73-96. Leiden, 1972.

________. *Calvinus oecumenicus: Calvijn en de eenheid der kerk in het licht van zijn briefwisseling*. The Hague, 1959.

Obendiek, Harmannus. "Die Institutio Calvins als 'Confessio' und 'Apologie.'"

In *Theologische Aufsätze: Karl Barth zum 50. Geburtstag*, edited by Ernst Wolf, 417-431. Munich, 1936.

Oberman, Heiko A. ed. "Die Genferkirchenordnung(1561)." In *Die Kirche im Zeitalter der Reformation*, 246-249. Neukirchen, 1981.

Our Reformational Tradition: A Rich Heritage and Lasting Vocation. Potchefstroom, 1984.

Pannier, Jacques. *Calvin à Strasbourg*. Strasbourg, 1925.

________. *Calvin écrivain: Sa place et son rôle dans l'histoire de la langue et de la littérature Française*. Paris, 1930.

________. *Les Origines de la Confession De foi et la Discipline des églises réformées de France*. Paris, 1936.

________. "Une Première 'Institution' française dès 1537." *RHPhR* 8(1928): 513-534.

Parker, T. H. L. *Calvin's New Testament Commentaries*. 2nd ed. Louisville, 1993.

________. *Calvin's Old Testament Commentaries*. Louisville, 1993.

________. *Calvin's Preaching*. Edinburgh, 1992.

________. "Calvin the Exegete: Change and Development." In *Calvinus ecclesiae doctor*, edited by Wilhelm H. Neuser, 33-46. Kampen, 1980.

________. *John Calvin*. Glasgow, 1982.

________. *The Oracles of God: An Introduction to the Preaching of John Calvin*. London, 1947.

Partee, Charles B. *Calvin and Classical Philosophy*. Reprint, Louisville, 2005.

________. "Farel's Influence on Calvin: A 'Prolusion.'" In *Actes du colloque Guillaume Farel*, edited by Pierre Barthel et al., 2 vols., 1:173-186. Lausanne, 1983.

Pauck, Wilhelm. "Calvin and Butzer." *JR* 9(1929): 237-256.(This article is also found in idem, *The Heritage of the Reformation* [Glencoe, IL, 1961], 85-99.)

Peter, Rodolphe. "Clavin and Liturgy, according to the Institutes." In *John Calvin's Institutes: His Opus Magnum*, 239-265. Potchefstroom, 1986.

_______. "Calvin and Louis Budé's Translation of the Psalms." In *John Calvin*, edited by Gervase E. Duffield, 190-209. Courtenay Studies in Reformation Theology, vol. 1. Grand Rapids, 1966.

_______. "Calviniana et alia: Nouveaux compléments au répertoire des imprimés genevois de 1550 à 1600." *BHR* 34(1972): 115-123.

_______. "Études critiques: Notes de bibliographie calvinienne à propos de deux ouvrages récents." *RHPhR* 51(1971): 79-87.

_______. "The Geneva Primer or Calvin's Elementary Catechism." In *Calvin Studies V: Papers Presented at a Colloquium on Calvin Studies at Davidson College*…, edited by John H. Leith, 135-161. Davidson, NC, 1990.

_______. "Un Imprimeur de Calvin: Michel Du Bois." *BSHAG* 16(1978): 285-335.

_______. "Jean Calvin, avocat du comte Guillaume de Fürstenberg." *RHPhR* 51(1971): 63-78.

_______. "Oeuvres de Calvin publiées à Genève entre 1550 et 1600." *BHR* 31(1969): 181-183.

Peter, Rodolphe, and Jean-François Gilmont. *Bibliotheca Calviniana: Les Oeuvres de Jean Calvin publiées au XVIe siècle*. Vol. 1, *Écrits théologiques, littéraires et juridiques 1532-1554*. Geneva, 1991. Vol. 2, *Écrits théologiques, littéraires et juridiques, 1555-1564*. Geneva, 1994. Vol. 3, *Écrits théologiques, littéraires et juridiques*, 1565-1600. Geneva, 2000.

Peter, Rodolphe, and Bernard Roussel, eds. "La première édition de l'*Institution de la religion chrétienne* de Calvin." In *Le Livre et la Réforme*, 17-34. Revue française d'histoire du livre, n.s., no. 50. Bordeaux, 1986. Reprint, Bordeaux, 1987.

Piaget, Arthur, ed. "Les Actes de la dispute de Lausanne, 1536, publiés intégralement d'après le manuscrit de Berne." In *Mémoires de l'Université de Neuchâtel* 6(1928).

Pidoux, Pierre. "Albert Pighius de Kampen, adversaire de Calvin." Thèse de licence, University of Lausanne, 1932.

Pin, Jean-Pierre. "Pour une analyse textuelle du catéchisme(1542) de Jean Calvin." In *Calvinus ecclesiae doctor*, edited by Wilhelm H. Neuser, 159-170. Kampen, 1980.

Plath, Uwe. *Calvin und Basel in den Jahren 1552-1556*. Zurich, 1974.

________. "Calvin und Castellio und die Frage der Religionsfreiheit." In *Calvinus ecclesiae Genevensis custos*, edited by Wilhelm H. Neuser, 191-195. Frankfurt am Main, 1984.

________. "Ein unbekannter Brief Calvins vom Vorabend der Religionskriege in Frankreich." *ARG* 62(1971): 244-266.

Plomp, Johannes. *De kerkelijke tucht bij Calvijn*. Kampen, 1969.

Posthumus Meyjes, G. H. M. "Het doctorenambt in Middeleeuwen en Reformatie." *Rondom het Woord* 15, no. 3(September 1973): 21-45.

Probes, Christine McCall. "Calvin on Astrology." *WThJ* 37(1974-75): 24-33. (This article is also found in *Articles on Calvin and Calvinism*, edited by Richard C. Gamble, vol. 12, *Calvin on Science* [New York and London, 1992], 118-130).

Quack,Jürgen. "Calvins Bibelvorreden(1535-1546)." In *Evangelische Bibelvorreden von der Reformation bis zur Aufklärung*, 89-116. Gütersloh, 1975.

Regards contemporains sur Jean Calvin: Actes du colloque Calvin Strasbourg, 1964. Paris, 1965.

Rieser, Ewald. *Calvin-Franzose, Genfer oder Fremdling? Untersuchung zum Problem der Heimatliebe bei Calvin*. Zurich, 1968.

Rilliet, Jean. *Le Vrai visage de Calv*in. Toulouse, 1982.

Roget, Amédée. *Histoire du peuple de Genève depuis la Réforme jusqu'à l'Escalade*. 7 vols. Geneva, 1870-83.

Rogge, Joachim. "Themen Luthers im Denken Calvins." In *Calvinus servus Christi*, edited by Wilhelm H. Neuser, 53-72. Budapest, 1988.

Rosenthal, E. I. J. "Anti-Christian Polemic in Medieval Bible Commentaries." *Journal of Jewish Studies* 11(1960): 115-135.(This article is also found in *Studia Semitica*, vol. 1 [London, 1971], 165-185).

Roset, Michel. *Les Chroniques de Genève*. Edited and published by Henri Fazy. Geneva, 1894.

Rotondò, Antonio. *Calvin and the Italian Anti-Trinitarians*. Translated by John and Anne Tedeschi. St. Louis, 1969.

Rott, Jean. "Documents strasbourgeois concernant Calvin. I. Un Manuscrit autographe: La Harangue du recteur Nicolas Cop." *RHPhR* 44(1964): 290-311.(This material is also found in *Regards contemporains sur Jean Calvin:* Actes du colloque Calvin *Strabourg 1964* [Paris, 1965], 28-49.)

Roussel, B. "Un privilège pour la Bible d'Olivétan(1535)? Jean Calvin et la polémique entre Alexander Alesius et Johannes Cochlaeus." In *Le Livre et la Réforme*, edited by Rodolphe Peter and Bernard Roussel, 233-261. Revue française d'histoire du livre, n.s., no. 50. Bordeaux, 1986. Reprint, Bordeaux, 1987.

Ruff, Hedwig. *Die französischen Briefe Calvins: Versuch einer stilistischen Analyse*. Glarus, Switzerland, 1937.

Russell, S. H. "Calvin and the Messianic Interpretation of the Psalms." *SJTh* 21(1968): 37-47.

Rutgers, Frederik L. *Calvins invloed op de Reformatie in de Nederlanden, voor zooveel die door hemzelven is vitgeoefend*. Leiden, 1899. Reprint, Leeuwarden, 1980.

Schellong, Dieter. *Calvijns Auslegung der synoptischen Evangelien*. Munich, 1969.

Scholl, Hans. "Karl Barth as Interpreter of Calvin's Psychopannychia." In *Calvinus Sincerioris Religionis Vindex: Calvin as Protector of the Purer Religion*, edited by Wilhelm H. Neuser and Brian G. Armstrong, 291-308. Kirksville, MO, 1997.

________. *Reformation und Politik: Politische Ethik bei Luther, Calvin und Frühhugenotten*. Stuttgart, 1976.

Schreiner, Susan E. *The Theater of His Glory: Nature and the Natural Order in the Thought of John Calvin*. Durham, NC, 1991.

_______. *Where Shall Wisdom Be Found? Calvin's Exegesis of Job from Medieval and Modern Perspectives*. Chicago, 1994.

Schulze, L. F. *Calvin's Reply to Pighius*. Potchefstroom, 1971.

_______. "Calvin's Reply to Pighius—A Micro and Macro View." In *Calvinus ecclesiae Genevensis custos*, edited by Wilhelm H. Neuser, 171-185. Frankfurt am Main, 1984.

Schwendemann, Wilhelm. *Leib und Seele bei Calvin: Die erkenntnistheoretische und anthropologische Funktion des plationischen Leib-Seele-Dualismus in Calvins Theologie*. Stuttgart, 1996.

Selderhuis, Herman J. *Calvin's Theology of the Psalms*. Grand Rapids, 2007.

Simpson, H. W. "The Editio Princeps of the Institutio Christianae Religionis by John calvin." In *Calvinus Reformator: His Contribution to Theology, Church and Society*, 26-32. Potchefstroom, 1982.

Sprenger, Paul. *Das Rätsel um die Bekehrung Calvins*. Neukirchen, 1960.

Staedtke, Joachim. *Johannes Calvin: Erkenntnis und Gestaltung*. Göttingen, 1969.

Stauffer, Richard. "L'Apport de Strasbourg à la Réforme française par l'intermédiaire de Calvin." In *Interprètes de la Bible: Études sur les réformateurs du XVle siècle*, 153-165. Paris, 1980.

_______. "Autour du colloque de Poissy: Calvin et le 'De officio pii ac publicae tranquillitatis vere amantis viri.'" In *L'Amiral de Coligny et son temps*, 135-153. Paris, 1974.(This article is also found in *Interprètes de la bible: Études sur les réformateurs du XVIe siècle* [Paris, 1980], 249-267.)

_______. *Dieu, la création et la Providence dans la prédication de Calvin*. Bern, 1978.

_______. "Eine englische Sammlung von Calvinpredigten." In *Der Prediger Johannes Calvin: Beiträge und Nachrichten zur Ausgabe der Supplementa Calviniana*, edited by Karl Halaski, 47-80. Neukirchen, 1966.

_______. "L'Exégèse de Genèse 1, 1-3 chez Luther et Calvin." In *Centre d'études*

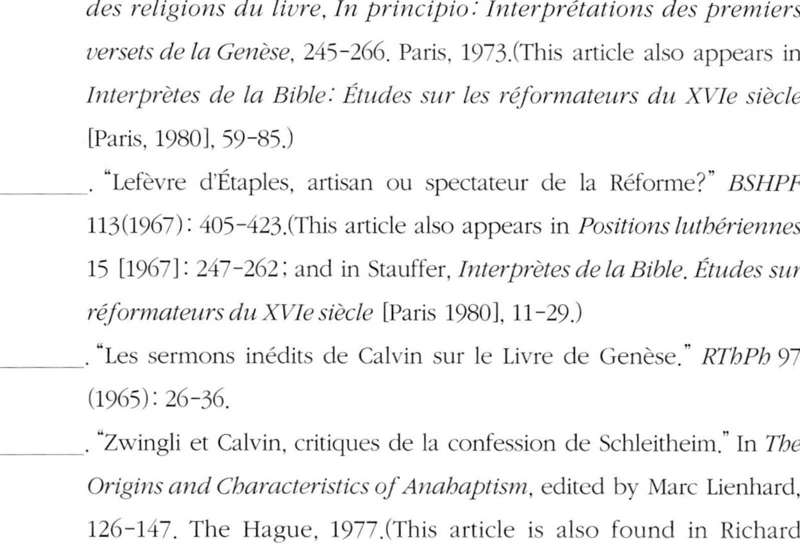

des religions du livre, In principio: Interprétations des premiers versets de la Genèse, 245-266. Paris, 1973.(This article also appears in *Interprètes de la Bible: Études sur les réformateurs du XVIe siècle* [Paris, 1980], 59-85.)

_______. "Lefèvre d'Étaples, artisan ou spectateur de la Réforme?" *BSHPF* 113(1967): 405-423.(This article also appears in *Positions luthériennes* 15 [1967]: 247-262; and in Stauffer, *Interprètes de la Bible. Études sur réformateurs du XVIe siècle* [Paris 1980], 11-29.)

_______. "Les sermons inédits de Calvin sur le Livre de Genèse." *RThPh* 97 (1965): 26-36.

_______. "Zwingli et Calvin, critiques de la confession de Schleitheim." In *The Origins and Characteristics of Anabaptism*, edited by Marc Lienhard, 126-147. The Hague, 1977.(This article is also found in Richard Stauffer, *Interprètes de la bible: Études sur les réformateurs du XVIe siècle* [Paris, 1980], 103-128.)

Steenkamp, J. J. "Calvin's Exhortation to Charles V(1543)." In *Calvinus Sinceriors Religionis Vindex: Calvin as Protector of the Purer Religion*, edited by Wilhelm H. Neuser and Brian G. Armstrong, 309-314. Kirsksville, 1997.

Steinmetz, David C. *Calvin in Context*. New York, 1995.

Stolk, J. M. *Johannes Calvijn en de godsdienstgesprekken tussen rooms-katholideken en protestanten in Hagenau, Worms en Regensburg (1540-1541)*. Kampen, 2004.

Strohl, H. "Bucer et Calvin." *BSHPF* 87(1938): 354-360.

_______. "La Théorie et la pratique des quatre ministères à Strasbourg avant l'arrivée de Calvin." *BSHPF* 84(1935): 123-144.

Stückelberger, Hans Martin. "Calvin und Castellio." *Zwingliana* 7(1939): 91-128.

Stupperich, Robert. "Calvin und die Konfession des Paul Volz." *RHPhR* 44(1964): 279-289.

Subilia, Charles. *La Dispute de Lausanne: Une page de l'histoire de la réformation dans le Pays-de-Vand, 1536*. Lausanne, 1885.

Swanepoel, J. "Calvin as Letter-Writer." In *Our Reformational Tradittion: A Rich Heritage and Lasting Vocation*, 279-299, Potchefstroom, 1984.

Tavard, George H. *The Starting Point of Calvin's Theology*. Grand Rapids, 2000.

Thiel, Albrecht. *In der Schule Gottes: Die Ethik Calvins im Spiegel seiner Predigten über Deuteronomium*. Neukirchen-Vluyn, 1999.

Thomas, Derek. *Proclaiming the Incomprehensible God: Calvin's Teaching on Job*. Rossshire, 2004.

Thompson, John L. *John Calvin and the Daughters of Sarah: Women in Regular and Exceptional Roles in the Exegesis of Calvin, His Predecessors, and His Contemporaries*. Geneva, 1992.

_______. "The Immoralities of the Patriarchs in the History of Exegesis: A Reappraisal of Calvin's Position." *CTJ* 26(1991): 9-46.

_______. "Patriarchs, Polygamy and Private Resistance: John Calvin and Others on Breaking God's Rules." *SCJ* 25/1(1994): 3-28.

Tylenda, Joseph N. "Calvin and Westphal: Two Eucharistic Theologies in Conflict." In *Calvin's Books*, edited by Wilhelm H. Neuser et al., 9-21. Heerenveen, 1997.

_______. "Calvin's First Reformed Sermon? Nicholas Cop's Discourse—1 November 1533." *WThJ* 38(1975-76): 300-318.

_______. "The Calvin-Westphal Exchange: The Genesis of Calvin's Treatises against Westphal." *CTJ* 9(1974): 182-209.

_______. "Christ the Mediator: Calvin versus Stancaro." *CTJ* 8(1973): 5-16.

_______. "The Controversy on Christ the Mediator: Calvin's Second Reply to Stancaro." *CTJ* 8(1973): 131-157.

_______. "The Warning That Went Unheeded: John Calvin on Giorgio Biandrata." *CTJ* 12(1977): 24-62.

Urban, Waclaw. "Die grossen Jahre der stancarianischen Häresie(1559-1563)." *ARG* 81(1990): 309-319.

Van der Linde, S. "Calvijn en Coornhert." *ThRef* 2(1959): 176-187.

Van der Merwe, N. T. "Calvin, Augustine and Platonism: A Few Aspects of Calvin's Philosophical Background." In *Calvinus Reformator: His*

Contribution to Theology, Church and Society, 69-84. Potchefstroom, 1982.

Van Ginkel, Albertus. *De ouderling*. Amsterdam, 1975.

Van Stam, Frans P. "Der Autor des Vorworts zur Olivétan-Bibel *A tous amateurs* aus dem Jahr 1535." *NAKG* 84(2004): 248-267.

________. "Farels und Calvins Ausweisung aus Genf am 23. April 1538." In *ZKG* 110(1999): 209-228.

________. "Die Genfer Artikel vom Januar 1537: Aus Calvins oder Farels Feder?" *Zwingliana* 27(2000): 87-101.

________. "Leo Jud als programmatischer Interpret Calvins." In *NAKG* 79 (1999): 123-141.

________. "Le livre de Pierre Caroli de 1545 et son conflict avec Calvin." In *Calvin et ses Contemporains*, edited by Olivier Millet, 21-41. Geneva, 1998.

van 't Spijker, Willem. *De ambten bij Martin Bucer*. Kampen, 1970.

________. *Bij Calvijn in de leer: Een handleiding bij de Institutie*. Houten, 2004.

________. "Bucer und Calvin." In *Martin Bucer and Sixteenth Century Europe: Actes du colloque de Strabourg(28-31 août 1991)*, edited by Christian Krieger and Marc Lienhard, 461-470. Leiden, 1993.

________. *Calvin: Bibliographie und Theologie*. Göttingen, 2001.

________. "The Influence of Bucer on Calvin as Becomes Evident from the Institutes." In *John Calvin's Institutes: His Opus Magnum*, 106-132. Potchefstroom, 1986.

________. "The Influence of Luther on Calvin according to the Institutes." In *John Calvin's Institutes: His Opus Magnum*, 83-105. Potchefstroom, 1986.

________. *Luther en Calvijn: De invloed van Luther op Calvijn blijkens de Institutie*. Kampen, 1985.

________. "Prädestination bei Bucer und Calvin: Ihre gegenseitige Beeinflussung und Abhängigkeit." In *Calvinus theologus*, edited by Wilhelm H. Neuser, 85-111. Neukirchen, 1976.

van 't Veer, M. B. *Cateehese en catechetische stof bij Calvijn*. Kampen, 1941.

van Veen, Mirjam G. K. "À les sainctz Martyrs…': Die Korrespondenz Calvins mit fünf Studenten aus Lausanne über das Martyrium (1552)." In *Calvin im Kontext der Schweitzer Reformation: Historische und theologish Beiträge zur Calvinforschung*, edited by Peter Opitz, 127-145. Zurich, 2003.

________. "Sursum corda: Calvijns polemiek tegen nicodemieten, in het bijzonder tegen Coornhert." *NAKG* 79(1999): 170-203.

________. "*Verschooninghe van de roomsche afgoderye": De polemiek van Calvijn met nicodemieten, in het bijzonder met Coornhert*. 't Goy-Houten, 2001.

Verboom, Willem. *De catechese van de Reformatie en de Nadere Reformatie*. Amsterdam, 1986.

Von Schultesz-Rechberg, G. *Der Kardinal Jacobo Sadoleto: Ein Beitrag zur Geschichte des Humanismus*. Zurich, 1909.

Walchenbach, John Robert. *The Influence of David and the Psalms on the Life and Thought of John Calvin*. ThM thesis, Pittsburgh, 1969.

________. *John Calvin as Biblical Commentator: An Investigation into Calvin's Use of John Chrtsostom as an Exegetical Tutor*. PhD diss., Pittsburgh, 1974.

Warfield, B. B. "On the Literary History of Calvin's 'Institutes.'" *Presbyterian and Reformed Review* 10(1899): 193-219.

Waskey, Andrew J. L., Jr. "John Calvin's Theory of Political Obligation: An Examination of the Doctrine of Civil Obedience and Its Limits from the New Testament Commentaries." PhD diss., University of Southern Mississippi, 1978.

Weerda, J. "Ordnung zur Lehre: Zur Theologie der Kirchenordnung bei Calvin." In *Calvin-Studien 1959*, edited by J. Moltmann, 144-171. Neukirchen, 1960.

Wendel, François. *Calvin: The Origins and Development of His Religious Thought*. Translated by Philip Mairet. New York, 1963. Reprint, Durham, NC, 1987.

________. *Calvin et l'humanisme*. Paris, 1976.

________. *L'Église de Strasbourg, sa constitution et son organisation*. Paris, 1942.

Wernle, Paul. *Calvin und Basel bis zum Tode des Myconius, 1535-1552*. Tübingen, 1909.

White, Robert, "Calvin and the Nicodemite Controversy: An Overlooked Text of 1541." *CTJ* 35(2000): 282-296.

________. "An Early Reformed Document on the Mission to the Jews." *WThJ* 53(1990-91): 93-108.

Wilcox, Peter, "'The Restoration of the Church' in Calvin's 'Commentaries in Isaiah the prophet.'" *ARG* 85(1994): 68-96.

Wilkie, Robert G., and Verhey, Allen. "Calvin's Treatise 'Against the Libertines.'" *CTJ* 15(1980): 190-219.

Willis, David. "The Influence of Laelius Socinus on Calvin's Doctrines of the Merits of Christ and the Assurance of Faith." In *Italian Reformation Studies in Honor of Laelius Socinus*, edited by J. A. Tedeschi, 231-241. Florence, 1965.

Willis, E. David. *Calvin's Catholic Christology: The Function of the So-called Extra Calvinisticum in Calvin's Theology*. Leiden: Brill, 1966.

Witvliet, John D. "Images and Themes in Calvin's Theology of Liturgy: One Dimension of Calvin's Liturgical Legacy." In *The Legacy of John Calvin: Papers Presented at the 12th Colloquium of the Calvin Studies Society, April 22-24, 1999*, edited by David Foxgrover, 130-152. Grand Rapids, 2000.

Wolf, H. H. "Die Bedeutung der Musik bei Calvin." *MGKK* 41(1936).

Woudstra, Marten H. *Calvin's Dying Bequest to the Church: A Critical Evaluation of the Commentary on Joshua*. Grand Rapids, 1960.

Zachman, Randall C. *The Assurance of Faith: Conscience in the Theology of Martin Luther and John Calvin*. Reprint. Louisville, 2005.

________. *Image and Word in the Theology of John Calvin*. Notre Dame, IN, 2007.

________. *John Calvin as Teacher, Pastor, and Theologian: The Shape of His Writings and Thought*. Grand Rapids, 2006.

칼뱅저작 연표

칼뱅의 설교 편집본들에 대해서는 이 책 3장의 "칼뱅의 설교" 부분을 보라. 이 목록은 단지 『우리 시대의 매우 중요한 주제들을 다루는 네 편의 설교… 시편 87편에 대한 간략한 주해와 함께』(1552)만 거론한다.

* 칼뱅이 공동집필한 저작들

† 칼뱅이 다른 사람의 작품을 엮은 것으로, 칼뱅 자신의 논평을 담고 있는 저작들

∮ 다른 사람이 번역한 저작들

1531 『니콜라스 두셔맹의 반박변증 서문』(*Praefatio in Nic. Chemini Antapologiam*)

1532 『세네카의 관용론 주석』(*L. Annei Senecae… libri duo "De clementia"… commentariis illustrati*)

1533 『학장취임연설』(*Concio academica…*)*

1535 『예수 그리스도와 그의 복음을 사랑하는 모든 사람들에게 평화가 있기를』(*A tous amateurs de Iésus Christ, et de son S. Évangile*)

『장 칼뱅이 그리스도의 통치 아래 있는 모든 황제, 국왕, 제후, 백성들에게 평화의 인사를』(*Caesaribus, regibus, principibus, gentibusque omnibus Christi imperio subditis*)

『크리소스토무스 설교집 서문』(*Praefatio in Chrysostomi homilias*)

1536 『기독교강요』(*Christianae religionis institutio*)

1537 『제네바 교회와 예배의 체제에 관한 조항들』(*Articles concernant l'organisation de l'église et du culte à Genève*)*

『카롤리의 비방으로 인한 삼위일체에 대한 고백』(*Confessio de Trinitate propter calumnias P. Caroli*)

『성만찬에 대한 신앙고백』(*Confessio fidei de eucharistia*)

『로잔 회담에서 행한 칼뱅의 두 편의 연설』(*Deux discours de Calvin au colloque de Lausanne*)

『두 서신』(*Epistolae duae de rebus hoc saeculo cognitu apprime necessariis*…)

『신앙교육과 신앙고백』(*Instruction et confession de foy dont on use en l'église de Genève*)*

1538 『제네바의 평화회복을 위한 제언들』(*Articuli a Calvino et Farello propositi ad pacem Genevae restituendam*)*

『교리문답 혹은 강요』(*Catechismus, sive christianae religionis institutio*…)*

1539 『기독교강요』(*Institutio christianae religionis*)

『찬양을 위한 시편과 찬송 모음』(*Aulcuns pseaulmes et cantiques mys en chant*)*

『사돌레토의 편지와 칼뱅의 답변』(*Jacobi Sadoleti Romani Cardinalis Epistola*… *Calvini Responsio*)†

『퓌르스텐베르크의 백작 기욤 선생의 선언』(*Déclaration faicte par Monsieur Guillaulme, conte de Fürstenberg*)

1540 『사돌레토의 편지와 칼뱅의 답변』(*Epistre de Iaques Sadolet*… *Avec la Response de Iehan Calvin*)†∮

『바울의 로마서 주석』(*Commentarii in Epistolam Pauli ad Romanos*)

『기욤 선생의 두 번째 선언』(*Seconde déclaration faicte par Monsieur Guillaulme*)

1541 『기독교강요』(*Institution de la raligion chrestienne*)

『우리 주 예수 그리스도의 성만찬에 관한 소논문』(*Petit traicté de la saincte cène de nostre Seigneur Iésus Christ*)

『로마 교황 바오로 3세의 자애로운 권면에 대한 신랄한 논평』(*Consilium*…

Pauli III… *Et Eusebii Pamphili* [=*Calvini*]… *explicatio*)†
『레겐스부르크 결의문』(*Les Actes de la iournée imperiale*… *de Regespourg*…)†
『신실한 그리스도교인이자 프랑스 국왕인 프랑수아 1세에게 보내는 편지』(*Epistre au trèschrétien Roy de France, Françoys premier*…)
『교회법령』(*Les Ordonnances ecclésiastiques*)*

1542 『그리스도를 믿는 믿음 안에서 죽은 거룩한 영혼들은 잠들지 않고 그리스도와 함께 삶』(*Vivere apud Christum non dormire animis sanctos, qui in fide Christi decedunt*)
『제네바 교회의 교리문답, 즉 아이들을 기독교 세계 속에서 교양할 교리문답』(*Le Catéchisme de l'église de Genève, c'est à dire le Formulaire D'instruire les enfants en la chrestienté*)
『프랑스 교회의 기도 방식』(*La Manyère de faire prières aux églises françoyses*)
『교회의 기도와 찬송의 형식, 그리고 고대교회의 관습에 따른 성례집행 방식과 결혼축성 방식』(*La Forme des prières et chantz ecclésiastiques, avec la manière d'administrer les sacremens, et consacrer le mariage, selon la coustume de l'église ancienne*)
『유다서 주석』(*Exposition sur l'Epistre de Sainct Iudas*…)

1543 『기독교강요』(*Institutio christianae religionis*)
『알베르투스 피기우스의 비방을 반박하며 인간 의지의 속박과 자유에 관한 건전하고 정통적인 교리를 변호』(*Defensio sanae et orthodoxae doctrinae de servitute et liberatione humani arbitrii adversus calumnias Alberti Pighii Campensis*)
『성유물에 관한 논문』(*Advertissement très utile du grand proffit qui reviendrait à la chrestienté*…[=*Traité des reliques*])
『교회개혁의 필요성』(*Supplex exhortatio ad*… *Carolum quintum et*… *principes*…)
『믿는 사람들이 교황주의자들 속에서 어떻게 행해야 하는지를 보여주는 소책자』(*Petit traicté, monstrant que c'est que doit faire un homme fidèle*… *entre les papistes*…)

『그리스도가 어떻게 율법의 마침이 되시는가』(*l'une demonstre comment nostre Seigneur Iésus Christ est la fin de la loy, et la somme de tout ce qu'il faut chercher en l'Escriture. Composée par M. I. Calvin*)
『파렐과 카롤리의 편지에 대한 서문』(*Préface des lettres de Farel et Caroli*)
『로마서 주석』(*Exposition sur l'Epistre de Sainct Paul aux Romains…*)
1544 『그리스도의 승리의 찬가』(*Epinicion Christo cantatum*)
『교회개혁의 필요성』(*Supplication et remonstrance sur le faict de la chrestientéet de la réformation…*)
『니고데모파를 향한 변명』(*Excuse de Iehan Calvin, à Messieurs les Nicodémites…*)
『파리대학 신학부 교수들이 합의한 조항들과 그에 대한 대응책』(*Articuli a facultate sacrae theologiae Parisiensi determinati super materiis fidei nostrae hodie controversis. Cum antidoto*)†
『파리대학 신학부 교수들이 합의한 조항들과 그에 대한 대응책』(*Les Articles de la faculté de Paris avec le remède*)†
『소르본 얼간이들의 이단서적 검열에 대한 경고』(*Advertissement sur la censure qu'ont faicte Les bestes de Sorbonne, touchant les livres qu'ilz appellent hérétiques*)
『재세례파를 반대하는 간략한 가르침』(*Briève instruction pour armer tous bons fidèles contre les erreurs de la secte commune des anabaptistes*)
1545 『기독교강요』(*Institutio religionis christianae*)
『기독교강요』(*Institution de la religion chrestienne*)
『제네바 교회의 교리문답』(*Le Catéchisme de l'église de Genève*)
『제네바 교회의 교리문답』(*Catechismus ecclesiae Genevensis…*)
『영혼수면설 논박』(*Psychopannychia*)
『스스로 신령파라고 주장하는 리버틴 분파 몽상가들과 방종주의자들을 반박하며』(*Contre la secte phantastique et furieuse des libertins, qui se nomment spirituelz*)
『강력한 황제 카를 5세에게 보내는 로마 교황 바오로 3세의 자애로운 권면, 비평적 해석과 함께』(*Admonitio paterna Pauli III. Romani pontificis ad invictissimum Caesarem Carolum V. Cum scholiis*)†

『파렐과 그의 동료들을 위하고, 피에르 카롤리의 비방을 반대하며, 니콜라스 갈라를 변호함』(*Pro Farello et collegis eius adversus Petri Caroli calumnias defensio Nicolai Gallasii*)

『로마서에 대한 논증과 요약』(*Argument et sommaire de l'Epistre Saint Paul aux Romains*)

『베드로전·후서와 유다서 주석』(*Exposition sur les deux Epistres de S. Pierre et l'Epistre de S. Iude*⋯)

『성만찬에 관한 소논문』(*Libellus de coena Domini*)ʃ

1546 『재세례파의 오류와 리버틴 분파를 반대하는 간략한 가르침』(*Brevis instructio adversus errores Anabaptistarum. Item adversus sectam Libertinorum*)ʃ

『멜란히톤의 신학총론 서문』(*Préface de "La Somme" de Melanchthon*)

『구약 외경들에 대한 서문』(*Préface mise en tête des livres apocryphes de l'ancien testament*)

『고린도전서 주석』(*Commentarii in priorem Epistolam Pauli ad Corinthios*)

『심방을 위한 규칙』(*Ordre sur la visitation des ministres et paroisses dépendantes de Genève*)*

1547 『리버틴 분파의 지지자인 한 프란체스코회 수도사를 반박하는 편지』(*Epistre contre un certain cordelier, suppost de la secte lequel est prisonnier à Roan*)

『트렌트 공의회의 결의문과 그에 대한 대응책』(*Acta Synodi Tridentinae cum antidoto*)†

『고린도전서 주석』(*Commentaire de M. Iean Calvin, sur la première Epistre aux Corinthiens*⋯)

『고린도후서 주석』(*Commentaire de M. Iean Calvin, sur la seconde Epistre aux Corinthiens*⋯)

『시골 교회의 치안유지에 관한 칙령』(*Ordonnances sur la police des églises de la campagne*)*

1548 『트렌트 공의회의 결의문과 그에 대한 대응책』(*Les Actes du Concile de Trente avec le remède*…)†

『성유물에 관한 논문』(*Admonitio de reliquiis*)∮

『고린도후서 주석』(*Commentarii in secundam Pauli Epistolam ad Corinthios*)

『바울의 네 서신서 주석: 갈라디아서, 에베소서, 빌립보서, 골로새서』(*Commentarii in quatuor Pauli Epistolas: Ad Galatas, ad Ephesios, ad Philippenses, ad Colossenses*)

『바울의 디모데전·후서 주석』(*Commentarii in utramque Pauli Epistolam ad Timotheum*)

『바울의 디모데전·후서 주석』(*Commentaire de M. Iean Calvin, sur les deux Epistres de Sainct Paul à Timothée*)

『자크 드 부르고뉴를 위한 변호』(*Apologia Iacobi a Burgundia*)

『자크 드 부르고뉴를 위한 변호』(*Excuse de noble Seigneur Jaques de Bourgoigne*…)

1549 『미신을 멀리함에 관하여』(*De vitandis superstitionibus*)

『점성술에 대한 경고』(*Advertissement contre l'astrologie qu'on appelle iudiciaire*…)

『점성술에 대한 경고』(*Admonitio adversus astrologiam*…)

『잘못된 독일 잠정협정, 진정한 그리스도교의 평화와 교회개혁의 방법과 관련하여』(*Interim adultero-germanum, cui adiecta est Vera Christianae pacificationis et ecclesiae reformandae ratio*)†

『잘못된 독일 잠정협정, 진정한 그리스도교의 평화와 교회개혁의 방법과 관련하여』(*L'Interim avec la vraye façon de réformer l'église*)†

『히브리서 주석』(*Commentarii in Epistolam ad Hebraeos*)

『히브리서 주석』(*Commentaire de M. Iean Calvin, sur l'Epistre aux Ebrieux*)

1550 『기독교강요』(*Institutio totius christianae religionis*)

『잘못된 독일 잠정협정에 반대하는 소책자의 부록』(*Appendix Libelli adversus Interim adultero-germanum*…)

『스캔들』(*De scandalis*…)

『스캔들』(*Des Scandales*…)

『프란체스코 스피에라에 관한 책에 붙인 서문』(*Praefatio in libellum de Francisco Spiera*)

『로마서 주석』(*Commentaire de M. Iean Calvin sur l'Epistre aux Romains*)[∮]

『디도서 주석』(*Commentarii in Epistolam ad Titum*)

『디도서 주석』(*Commentaire de M. Iean Calvin sur l'Epistre à Tite*)

『야고보서 주석』(*Commentaire… sur l'Epistre de Sainct Jacques*)

『데살로니가전서 주석』(*Commentarii in priorem Epistolam ad Thessalonicenses*)

『데살로니가후서 주석』(*Commentarii in posteriorem Epistolam ad Thessalonicenses*)

1551 『기독교강요』(*Institution de la religion chrestienne*)

『프랑스어 기초』(*L'ABC françois*)

『취리히합의』(*Consensio mutua in re sacramentaria ministrorum Tigurinae ecclesiae, et D. Ioannis Calvini ministri Genevensis ecclesiae, iam nunc ab ipsis authoribus edita*)[*]

『취리히합의』(*L'Accord passé et conclud touchant la matière des sacremens, entre les ministres de l'église de Zurich, et Maistre Iehan Calvin ministre de l'église de Genève*)[*]

『이사야 예언서 주석』(*Commentarii in Isaiam prophetam*)

『바울서신 전체와 히브리서에 관한 주석』(*Commentarii in omnes Pauli epistolas atque etiam in Epistolam ad Hebraeos*): 칼뱅의 빌레몬서 라틴어 주석이 이 책에 포함되어 있으며, 이 책의 프랑스어 번역은 1551년에 출판되었다).

『공동서신 주석』(*Commentarii in Epistolas Canonicas*…)

『공동서신 주석』(*Commentaires… sur les Canoniques*)

『데살로니가전·후서 주석』(*Commentaire sur les deux Epistres… aux Thessaloniciens*)

『베드로전·후서 주석』(*Commentaire sur la primiere et seconde Epistre de sainct Pierre Apostre*)

『요한1서 주석』(*Commentaire sur l'Epistre Canonique de sainct Iean*)
『유다서 주석』(*Commentaire sur l'Epistre Canonique de sainct Iude*)
『빌레몬서 주석』(*Commentaire sur l'Epistre de S. Paul à Philemon*)
『그리스도가 어떻게 율법의 마침이 되시는지 신자들에게 밝히는 편지』(*Epistre aux fidèles monstrant comment Christ est la fin de la loy*)
『독자들에게 쓰는 서문』(*Préface aux lecteurs*)(in Louis Budé, *Les Pseaumes*…)

1552 『하나님의 영원한 예정에 관하여』(*De aeterna Dei praedestinatione*…)
『하나님의 영원한 예정에 관하여』(*De la prédestination éternelle de Dieu*…)
『우리 시대의 매우 중요한 주제들을 다루는 네 편의 설교… 시편 87편에 대한 간략한 주해와 함께』(*Quatre sermons traictans des matiéres fort utiles pour nostre temps*… *avec briefve exposition du Pseaume LXXXVII*)
『이사야 예언서 주석』(*Commentaires sur le prophète Isaïe*)
『사도행전 주석 제1권』(*Commentariorum*… *in Acta Apostolorum, liber I*)
『사도행전 주석 제1권』(*Le Premier Livre des Commentaires*… *sur les Actes des Apostres*)

1553 『우리 주 예수 그리스도의 성찬을 받고자 하는 유아들을 문답하는 방법』(*La Manière d'interroguer les enfans qu'on veut recevoir à la cène de nostre Seigneur Iésus Christ*)
『요한복음 주석』(*In Evangelium secundum Iohannem, Commentarius*)
『요한복음 주석』(*Commentaire sur l'Evangile selon Sainct Iean*)

1554 『미카엘 세르베투스의 오류에 맞서 거룩한 삼위일체에 대한 정통신앙 변호』(*Defensio orthodoxae fidei de sacra Trinitate, contra prodigiosos errores Michaelis Serveti Hispani*…)
『미카엘 세르베투스의 오류에 맞서 거룩한 삼위일체에 대한 정통신앙 변호』(*Déclaration pour maintenir la vraye foy que tiennent tous chrestiens de la Trinité des personnes en un seul Dieu. Contre les erreurs détestables de Michel Servet Espaignol*…)
『유익에 관한 논문』(*Traité des bénéfices*…)

『창세기 주석』(*In primum Mosis librum, qui Genesis vulgo dicitur, Commentarius Iohannis Calvini*)
『창세기 주석』(*Commentaire de M. Iean Calvin sur le premier livre de Moyse dit Genèse*)
『사도행전 주석, 제2권』(*Commentarius Ioannis Calvini in Acta Apostolorum, liber posterior*)
『사도행전 주석, 제2권』(*Le Second Livre des Commentaires de M. Iean Calvin, sur les Actes des Apostres*)

1555 『성례에 대한 건전하고 정통적인 교리 변호』(*Defensio sanae et orthodoxae doctrinae de sacramentis…*)*
『성례에 대한 건전하고 정통적인 교리 변호』(*La Brève Résolution sur les disputes qui ont été de nostre temps quant aux sacrements…*)*
『라일리우스 소키누스의 질문에 대한 응답』(*Responsio ad aliquot Laelii Socini senensis quaestiones*)
『공관복음 주석』(*Harmonia ex tribus Evangelistis composita…*)
『공관복음 주석』(*Concordance qu'on appelle Harmonie…; item, l'Évangile selon Sainct Iehan…*)

1556 『요아킴 베스트팔의 비난에 답하는, 성례에 관한 경건하고 정통적인 두 번째 변호』(*Secunda defensio… contra Ioachimi Westphali calumnias*)
『사도 바울의 모든 서신과 히브리서와 일반서신들에 관한 주석』(*Commentaires sur toutes les Epistres de S. Paul, sur l'Epistre aux Hebrieux et les Épîtres canoniques*)
『사도 바울의 모든 서신과 히브리서와 일반서신들에 관한 주석』(*In omnes Pauli Epistolas atque in Epistolam ad Hebraeos, item in canonicas Petri, Iohannis, Iacobi, et Iudae, quae etiam catholicae vocantur*)
『강력한 황제 카를 5세에게 보내는 로마 교황 바오로 3세의 자애로운 권면, 비평적 해석과 함께』(*Admonition paternelle à l'Empereur avec expositions de Calvin*)
『일치를 얻기 위한 최선의 방법』(*Optima ineundae concordiae ratio, si extra contentionem quaeratur veritas*)
『앙투안 카데랑을 침묵시키기 위한 교정』(*Reformation pour imposer*

silence à un certain belistre nommé Antoine Cathelan, jadis cordelier albigeois)

1557 『비방과 중상모략에 대한 응답』(*Responses à certaines calomnies et blasphèmes*)

『칼뱅의 간략한 응답』(*Brevis responsio Io. Calvini ad diluendas nebulonis cuiusdam calumnias quibus doctrinam de aeterna Dei praedestinatione foedare conatus est*)

『베스트팔에 대한 최후의 권고』(*Ultima admonitio… ad Ioachimum Westphalum…*)

『시편 주석』(*In librum Psalmorum… Commentarius*)

『호세아 강의』(*In Hoseam prophetam, Io. Calvini Praelectiones a Ioanne Budaeo et sociis auditoribus assiduis bona fide exceptae*)

『호세아 강의』(*Leçons de Iean Calvin sur le prophète Hosée, recueillies fidèlement de mot à mot par Iehan Budé et autres ses compaignons auditeurs*)

1558 『대적들의 비방, 그들에 대한 칼뱅의 응답』(*Calumniae nebulonis cuiusdam, quibus odio et invidia gravare conatus est doctrinam Ioh. Calvini de occulta Dei providentia. Ioannis Calvini ad easdem responsio*)†

『블란드라타의 질문에 대한 응답』(*Responsum ad quaestiones Georgii Blandratae*)

『시편』(*Le Livre des Pseaumes*)

『메노파를 논박하며』(*Contra Mennonem*)

『영혼수면설 논박』(*Psychopannychie*)

1559 『기독교강요』(*Institutio christianae religionis*)

『이사야 주석』(*Commentarii in Isaiam prophetam…*)

『12 소선지서 강의』(*Praelectiones in duodecim prophetas… minores*)

1560 『그리스도가 어떤 중보자인지에 대해 폴란드 형제들에게 보내는 응답, 스탄카로의 오류를 논박하면서』(*Responsum ad fratres Polonos quomodo mediator sit Christus, ad refutandum Stancaro errorem*)

『12 소선지서 강의』(*Leçons… sur les douze petits prophètes…*)

『성만찬에 관한 간략하고 명확한 교리』(*Breve et clarum doctrinae de coena Domini compendium* [author: *Johannes à Lasco*])
『기독교강요』(*Institution de la religion chrestienne*)
『알베르투스 피기우스의 비방을 반박하며 인간 의지의 속박과 자유에 관한 건전하고 정통적인 교리를 변호』(*Response aux calomnies d'Albert Pighius…*)

1561 『중보자 논쟁에 관하여 폴란드 귀족들과 스탄카로에게 보내는 제네바 교회의 응답』(*Ministrorum ecclesiae Genevensis responsio ad nobiles Polonos et Franciscum Stancarum Mantuanum de controversia mediatoris*)*
『젠틸리의 불경건』(*Impietas Valentini Gentilis detecta et palam traducta, qui Christum non sine sacrilega blasphemia Deum essentiatum esse fingit*)
『가브리엘 드 사코네이에게 보내는 축사』(*Gratulatio ad venerabilem presbyterum dominum Gabrielem de Saconay…*)
『성만찬에서 참으로 그리스도의 살과 피에 참여하는 것에 대한 건전한 교리의 분명한 해명』(*Dilucida explicatio sanae doctrinae de vera participatione carnis et sanguinis Christi in sacra coena ad discutiendas Heshusii nebulas*)
『표변하는 중재자에 대한 응답』(*Responsio ad versipellem quendam mediatorem, qui pacificandi specie rectum evangelii cursum in Gallia abrumpere molitus est*)
『교회법령』(*Les Ordonnances ecclésiastiques…*)*
『시편 주석』(*Commentaires… sur le livre des Pseaumes…*)
『다니엘 강의』(*Praelectiones in librum prophetiarum Danielis…*)
『일치를 얻기 위한 최선의 방법』(*Optima ineundae concordiae ratio*)*
『표변하는 중재자에 대한 응답』(*Response à un cauteleux et rusé moyenneur*)

1562 『하나님의 영원한 선택에 대한 연구』(*Congrégation sur l'élection éternelle de Dieu*)
『보두앵의 비방에 대한 응답』(*Responsio ad Balduini convicia*)*

『어느 네덜란드 사람에게 쓴 답장』(*Response à un certain Holandois…*)

『다니엘 강의』(*Leçons de M. Iean Calvin sur le livre des prophéties de Daniel…*)

『황제에게 제출하기 위한 신앙고백』(*Confession de foy pour présenter à l'empereur*)

1563 『폴란드 형제들을 향한 칼뱅의 간략한 권고』(*Brevis admonitio Ioannis Calvini ad fratres Polonos, ne triplicem in Deo essentiam pro tribus personis imaginando, tres sibi deos fabricent*)

『장 칼뱅의 편지』(*Epistola Ioannis Calvini qua fidem admonitionis ab eo nuper editae apud Polonos confirmat*)

『배교한 프랑수아 보두앵에게 보내는 베즈의 응답과 칼뱅의 짤막한 편지』(*Ad Francisci Balduini apostatae Ecebolii convicia, Theodori Bezae Vezelii… Responsio, et Joannis Caivini brevis Epistola*)*

『예레미야와 예레미야애가 강의』(*Praelectiones in librum prophetiarum Ieremiae et Lamentationes…*)

『모세오경 주석』(*Mosis libri V. cum Ioannis Calvini Commentariis: Genesis seorsum; reliqui quatuor in formam harmoniae digesti*)

『갈라디아서 2장에 대한 두 차례의 논의, 그리고 교리문답 43항에 대한 해설』(*Deux congrégations… du second chapitre de l'Epistre… aux Galatiens… Item l'exposition du quarantetroisième dimanche du Catéchisme…*)

『유대인의 질문에 대한 반대질문』(*Ad questiones et obiecta Iudaei cuiusdam*)

1564 『모세오경 주석』(*Commentaires de M. Iean Calvin, sur les cinq livres de Moyse…*)

『여호수아 주석』(*Commentaires M. Iean Calvin, sur le livre de Iosué…*)

『황제에게 제출하기 위한 신앙고백』(*Confession de foy pour présenter à l'Empereur*)

『여호수아 주석』(*In librum Iosue brevis commentarius…*)

1565 『예레미야와 예레미야애가 강의』(*Leçons ou commentaires et expositions de Iean Calvin, tant sur les Révélations que sur les Lamentations du prophète Iérémie*…)

『예언자 에스겔의 첫 20장 강의』(*In viginti prima Ezechielis prophetae capita Praelectiones*…)

『예언자 에스겔의 첫 20장 강의』(*Leçons ou commentaires et expositions de M. Iean Calvin sur les vingt premiers chapitres des Révélations du prophète Ezéchiel*…)

찾아보기

옮긴이 소개

박경수

서울대학교 서양사학과(B. A.)를 졸업한 후 장로회신학대학교에서 교역학(M. Div.)과 신학석사(Th. M.) 과정을 마쳤다. 이후 미국 프린스턴 신학교에서 교회사로 석사 학위를, 클레어몬트 대학원에서 종교개혁사 전공으로 박사학위(Ph. D.)를 받았다.

저서로는 『박경수 교수의 교회사 클래스』, 『종교개혁, 그 현장을 가다』, 『한국교회를 위한 칼뱅의 유산』, 『교회의 신학자 칼뱅』 등이 있고, 이외에도 다수의 공저와 논문이 있다. 또한 『여성과 종교개혁』, 『츠빙글리의 생애와 사상』, 『스위스 종교개혁』, 『기독교 신학사』, 『초대기독교 교부』 등의 교회사 분야 번역서가 있다.

현재 장로회신학대학교에서 교회사 교수로 후학들을 양성하고 있다. 또한 한국칼빈학회 명예회장을 맡아 섬기고 있으며, 한국기독교교회협의회 신학위원회, 공적신학과교회연구소, 한국교회사학회 등에서 활동하고 있다.